MEIN
30 Minuten
GARTEN

Richtig pflanzen
Richtig pflegen
Zeit sparen

Reader's Digest

DEUTSCHLAND · SCHWEIZ · ÖSTERREICH

Autorinnen
Kapitel 1, 2, 4 sowie Wasser im Garten *(Kap. 3): Brigitte Kleinod (Waldems-Reichenbach)*
Kapitel 3 (ausgenommen: Wasser im Garten*) und Kapitel 5: Karin Greiner, Dr. Angelika Weber,*
Dr. Bernadette André-Wallis, Hanke Huber (München)

Illustrationen
Sylvia Bespaluk (Bietigheim), ausgenommen:
Pflanzvorschläge: Philip Marcel Schmidt (Hamburg)

Producing/Redaktion (Projektleitung): Ralph Henry Fischer – Texte, Bilder, Konzepte (Köln)
Schlussredaktion: Angelika Lenz (Steinheim/Murr)
Grafik und Satz: Birgit Beyer (Köln)
Bildredaktion: Regine Ermert (Köln)

Reader's Digest
Redaktion: Joachim Wahnschaffe (Projektleitung)
Grafik: Gabriele Stammer-Nowack (Projektleitung)
Bildredaktion: Christina Horut
Prepress: Andreas Engländer
Produktion: Andreas Schabert

Ressort Buch
Redaktionsdirektorin: Suzanne Koranyi-Esser
Redaktionsleiterin: Dr. Renate Mangold
Art Director: Rudi K. F. Schmidt

Operations
Leitung Produktion Buch: Norbert Baier

Reproduktion: Meyle+Müller GmbH+Co, Pforzheim
Druck und Bindung: Mateu Cromo, Pinto-Madrid

© 2006 Reader's Digest – Deutschland, Schweiz, Österreich
Verlag Das Beste GmbH – Stuttgart, Zürich, Wien

GR 1223/IC

Printed in Spain
ISBN 3-89915-319-7

Besuchen Sie uns im Internet: www.readersdigest.de

Kaum jemand, der nicht gern einen schönen Garten hätte – und kaum ein Gartenbesitzer, der nicht bisweilen darüber klagt, dass ihm die Gartenarbeit über den Kopf wächst. Dass **ein pflegeleichter Garten** kein unerreichbares Ideal bleiben muss, beweist dieses Buch. Wie sein Titel verspricht, lassen sich tatsächlich viele Aufgaben im Garten in nur **30 Minuten** erledigen. Und auch die übrige Arbeit geht leicht von der Hand, wenn man seinen Garten **durchdacht** anlegt, **zielgerichtet** gestaltet und mit **robusten Pflanzen** bestückt, die mit den vorherrschenden Bedingungen gut zurechtkommen. Bebilderte Schritt-für-Schritt-Anleitungen zeigen, wie es geht, und zahlreiche **Tipps und Tricks** verraten, wie sich noch mehr Kraft und Mühe einsparen lassen. Erzielen Sie durch **viel weniger Aufwand als bisher** ein schönes Ergebnis und fühlen Sie sich in Ihrem Garten rundum wohl!

Inhalt

Jetzt umgestalten – später Zeit sparen 240

Die besten pflegeleichten Pflanzen 266

10 goldene Regeln für

Sie möchten Ihren Garten genießen, ohne dafür allzu viel Zeit aufbringen zu müssen? Das gelingt, wenn Sie 10 einfache Regeln bei der Gartenpflege beachten.

1 Umsichtig planen.

Berücksichtigen Sie bei der Neuanlage oder Umgestaltung Ihres Gartens, wie viel Zeit und Geld Sie investieren wollen und können – das erspart Ihnen Enttäuschungen und Arbeit!

2 Naturnah gärtnern

Machen Sie sich mit den Klima- und Bodenverhältnissen in Ihrem Garten vertraut, um zu einer standortgerechten Pflanzenwahl zu kommen – das spart Nachpflanzen, Dünger und unnötigen Pflegeaufwand!

3 Pflanzen richtig einkaufen

Erwerben Sie pflegeleichte Pflanzen beim Händler Ihres Vertrauens, der Sie gut berät und Ihnen hochwertige Ware anbietet. Bevorzugen Sie Wildarten und bewährte Sorten – das spart Geld, Zeit und Ärger!

4 Vorausschauend pflanzen

Bedenken Sie, dass jede Pflanze, die Sie setzen, noch wachsen wird. Pflanzen Sie also stets auf Abstand, auch wenn Sie gern sofort einen lückenlosen Bewuchs hätten – das erspart mühsames Auslichten!

5 Den Boden bedecken

Halten Sie offene Bodenflächen stets mit einer Mulchschicht bedeckt, die Unkräuter unterdrückt und Feuchtigkeit speichert – das spart zeit- und kräfteraubendes Unkrautjäten sowie unnötiges Wässern!

den 30-Minuten-Garten

6 Nachhaltig wässern

Versorgen Sie Ihre Pflanzen je nach Niederschlagsmenge seltener, dafür aber jeweils intensiver mit dem lebensnotwendigen Nass – das spart Gießaufwand und Wasser!

7 Überlegt düngen

Verwenden Sie für Ihre Pflanzen den passenden Dünger zur rechten Zeit und immer sparsam – das verhindert übermäßigen Wuchs und spart Geld und überflüssigen Pflegeaufwand!

8 Natürliche Helfer einspannen

Machen Sie in Ihrem Garten nützliche Tiere wie Vögel und Insekten heimisch, die für Sie Schädlinge und Krankheiten bekämpfen – das spart Bekämpfungsmaßnahmen, chemische Mittel und Pflanzenverluste!

9 Das richtige Gerät verwenden

Wählen Sie für alle Arbeiten im Garten stets das geeignete Werkzeug und nutzen Sie bewährte Arbeitstechniken – das spart Kraft und Zeit und schont Ihre Gesundheit!

10 Zur rechten Zeit gärtnern

Erledigen Sie die anfallenden Gartenarbeiten zum günstigsten Zeitpunkt im Jahreszeiten- und Vegetationszyklus – das erspart Ihnen Misserfolge und unnötigen Pflegeaufwand.

Schöne Gärten

mit wenig Aufwand

Ob sonnig oder schattig, in der Stadt oder auf dem Land – für jeden Garten gibt es **einfache Lösungen**, die den **Pflegeaufwand verringern**. Lassen Sie sich durch die folgenden Beispiele überzeugen!

Ein Naturgarten mitten im Grünen

Oase für Mensch, Tier und Pflanze

Naturnah angelegte Gärten machen sehr **wenig Arbeit** und **viel Freude**, wenn man der Natur ihren Lauf lässt und nur dort, wo es nötig ist, **ordnend** eingreift.

Die Sumpfzone ist der natürliche Übergang vom Wasser zum Land und verlangt vom Gärtner so gut wie kein Eingreifen.

Kiesbeete bieten pflegeleichte Sonnenplätze für Pflanzen, Vögel und kleine Reptilien.

Vögel und Fledermäuse vertilgen Insekten und helfen dem Gärtner bei der Schädlingsbekämpfung.

In hübschen Gefäßen fügen sich auch einjährige Exoten in eine naturnahe Bepflanzung ein.

Pflasterfugen sind umweltfreundlich und mit duftendem Thymian sowie anderen anspruchslosen und trockenverträglichen Trittgewächsen bepflanzt.

Totholz in der Wiese ist ein begehrtes Versteck für Amphibien und Reptilien.

Ein gemütlicher Reihenhausgarten
Natur und Komfort auf kleinem Raum

Sorgfältig ausgewählt und **passend** zusammengepflanzt machen die **richtigen** Gewächse im kleinen Reihenhausgarten **kaum Arbeit**.

Panaschiertes Laub
wie hier von einer Funkie bringt helle Lichttupfer in schattige Ecken.

In geschützten Lagen
überwintern auch Fuchsien, die es in vielen leuchtenden Blütenfarben gibt.

Immergrüne Gehölze
sind ein Sichtschutz, um den man sich kaum kümmern muss.

Miniteiche in Kübeln
sind schnell bepflanzt und ohne großen Aufwand zu pflegen.

Frauenmantel
ist eine robuste Staude für Weg- und Beetränder.

Ein Trockenbachlauf
ist leicht angelegt, begehbar und einfach zu pflegen.

Ein unkomplizierter Hanggarten
Natürliches Amphitheater für alle Sinne

Hanggärten müssen keineswegs schwierig sein – bei **guter Planung**, Terrassierung und Bepflanzung lassen auch sie sich recht **einfach** und **schnell pflegen**.

Steingärten
mit anspruchslosen Polsterpflanzen zwischen großen Findlingen sind ideal zum Abstützen allzu steiler Hänge.

Trockenhänge
machen keine Arbeit, wenn man sie mit tief wurzelndem Storchschnabel begrünt.

Stufen ohne Wangen
lassen sich sehr leicht und bequem abkehren.

Gute Wegbeleuchtung
sorgt für Sicherheit im Garten und taucht ihn ins rechte Licht.

Der Trockenbachlauf
am Haus ist Dränage und pflegeleichtes Beet zugleich.

Pflanzen auf Stützmauern
lassen sich wie in Hochbeeten bequem im Stehen pflegen.

Ein schattiger Garten mit alten Gehölzen
Klassische Variationen zum Thema Grün

Die vielfältigen Formen und Farben des Blattwerks sorgen auch in einem schattigen Garten für **viel Abwechslung**, besonders wenn man dazu noch alle Sonnenfleckchen für **pflegeleichte Farbtupfer** nutzt.

Die Weiße Seerose blüht auch in der Natur in halbschattigen Teichen und Tümpeln.

Naturstein-pflaster aus robustem Granit ist hier kunstvoll als praktische Rampe neben einer Treppe verlegt.

Wie eine Skulptur
wirkt diese Pumpe vor der pflegeleichten Bambushecke, die den Schuppen verdeckt.

Gefäße
mit schattenverträglichen Pflanzen setzen in dunkleren Winkeln farbige Akzente.

Die Elfenblume
macht als schattentoleranter Bodendecker Unkrautjäten überflüssig.

Pestwurz
unterdrückt bodendeckend jedes Unkraut im Bereich rund um den Sprudelstein und verstärkt den Eindruck eines natürlichen Feuchtbiotops.

Abgestorbene Gehölze
kann man gut als Stützen für pflegeleichte Kletterrosen nutzen.

Ein moderner Garten mit Stil

Im sachlichen Rahmen viel Liebe fürs Detail

Weniger ist oft mehr – so könnnte die Devise für diesen modernen **pflegeleichten Garten** lauten, bei dem man allergrößte Sorgfalt auf die **reizvollen Einzelheiten** legte.

Das Holzdeck bietet einen geschützten, fast meditativen Raum, seine Einfassung lädt zugleich zum Sitzen ein.

Die Kiesdränage am Rand der Terrasse ist mit pflegeleichten mediterranen Kräutern bepflanzt.

Kletterpflanzen an Rankhilfen sind leicht zu lenken und verbinden das Haus optisch mit dem Garten.

Stets zur Hand sind die duftenden und lang blühenden mediterranen Kräuter an der sonnigen Terrasse.

Die Teichkante ist bodenbündig verlegt und kann Zeit sparend mit dem Mäher befahren werden.

Der Teichrand mit Horstgräsern und Steinen braucht kaum Pflege und sieht sogar im Winter noch hübsch aus.

Ein Bauerngarten wie auf dem Land

Nutzen und Schönheit ohne Mühe

Bunt, üppig und **ertragreich** kann ein Bauerngarten sein und dennoch nur **wenig Pflege** beanspruchen, wenn man ihn geschickt bepflanzt.

Mangold
ist wie die benachbarten Salate ein anspruchsloses Blattgemüse, das mit dekorativen Farben und Formen ziert.

Holzhäcksel
ist ein attraktiver, angenehm zu begehender, preiswerter und dazu noch pflegeleichter Wegbelag.

Tee- und Heilkräuter
gedeihen hier ohne viel Pflege und sind schön und wohlschmeckend zugleich.

Effektvoll und originell
sowie preiswert sind selbstgemachte Gartenskulpturen wie diese Vogelscheuche.

Der Baum fürs Haus
kann auch ein pflegeleichter Obstbaum mit wohlschmeckenden Früchten sein.

An den Zaun
gepflanzt brauchen hohe Bauerngarten-Stauden wie diese Dahlien keine zusätzlichen Stützhilfen.

Ein Dachgarten mit mediterranem Flair

Mit einfachen Mitteln Atmosphäre schaffen

Ein grünes Zimmer, das man immer wieder **umarrangieren** *und mit dem man sogar* **umziehen** *kann, ist dieser kleine Dachgarten.*

Hochbeete
kann man bequem im Stehen pflegen; die Pflanzen überstehen darin auch raue Winter und lange Trockenperioden gut.

Stecklinge
von vielen Kübelpflanzen kann man auch bei wenig Platz in kleinen Töpfen großziehen.

Polsterstauden
im Kies zwischen den Platten sind äußerst genügsam, wenn sie trockenresistent sind.

Viele Kübel-pflanzen kann man, gut eingepackt, auch im Winter auf dem Dach stehen lassen.

Immergrüne Pflanzen gewinnen optisch, wenn man sie mit einem Gefäß oder einer Skulptur kombiniert.

Aufstrebende Pflanzen mit schmalem Blattwerk bilden einen schönen Kontrast zu massiven Mauern.

Großblättrige Stauden neben dem Wasserbecken verstärken den Eindruck eines natürlichen Feuchtbiotops.

Filigranes Laub von bedürfnislosen Farnen umspielt luftig den sehr schönen Beckenrand.

Ein bequemer Wohngarten mit Charme

Die praktische Lösung für die Familie

Kleine Gärten und Höfe werden im Sommer meist **intensiv** genutzt und sollten darum auch wie ein **Wohnzimmer im Freien** geplant und möglichst praktisch eingerichtet werden.

Klappbare Möbel
kann man Zeit und Platz sparend einfach aufstellen und wieder verstauen.

Holzterrassen
sind einfach zu bauen, angenehm zu betreten und pflegeleicht.

Der kleine Arbeitstisch ist in einer bequemen Höhe an der Gartenhütte angebracht.

Eine kleine Gartenhütte bietet Platz für die Gartengeräte, die sofort zur Hand sind.

Die Sichtschutzwand aus robustem Lärchenholz muss nicht gestrichen werden.

Erhöhte Beeteinfassungen aus Natursteinen sehen auch im Winter gut aus und erleichtern sehr die Pflege.

Eine dicke Mulchdecke zwischen Gehölzen und Stauden spart Wässern und Hacken.

Gute Planung

– keine Mühe

Ob Sie sich **erstmals** *einen Garten* **zulegen** *oder* **schon** *einen* **besitzen**, *den Sie verändern möchten –* Sie können sich die nötige Arbeit durch eine **kluge Planung** erheblich **erleichtern**.

Wünsche und Änderungen
Gute Planung zahlt sich aus

Durch **intelligente Planung** *können Sie bei der* **Gestaltung** *Ihres Gartens zahlreiche Fehler vermeiden und sich sehr viel Zeit raubenden* **Pflegeaufwand ersparen***.*

✖ UNBEDINGT VERMEIDEN
Kaufen Sie keine Pflanzen, bevor Sie die Gartenplanung abgeschlossen haben. Scheinbar günstige Gelegenheitskäufe behindern eher eine stimmige Pflanzenzusammenstellung, als dass sie den Garten bereichern.

Familienrat
Wenn auch die kleinen Gartennutzer mitplanen können, helfen sie gern bei der Umsetzung ihrer Wünsche und der Pflege ihres Gartenteils.

Wünsche ordnen
Am Anfang der Planung steht die Erforschung der Wünsche aller Benutzer des Gartens. Sie sind praktischer Natur, betreffen aber auch die generelle Gestaltung und die Pflanzenwahl. Notieren Sie all das auf ein Blatt Papier und vermerken Sie dazu die geeigneten Standorte und den jeweiligen Pflegeaufwand. So kommt nicht allein Ordnung in die anfangs sicher chaotische Aufzählung, Sie können auch rasch entscheiden, von welcher Idee Sie Abschied nehmen wollen, und dann die verbliebenen Wünsche in einem stimmigen Gesamtkonzept vereinigen.

Für eine vorausschauende Gartenplanung genügt es aber nicht, die momentanen Bedürfnisse aller Beteiligten zu berücksichtigen. Denn Kinder werden größer und Hausbesitzer älter, die Arbeitsbelastung im Beruf kann sich ändern, das Haus soll womöglich vergrößert werden usw. Man kann sicher nicht alle, aber doch viele Eventualitäten vorweg in die Gartenplanung einfließen lassen, **sodass später die anfallenden Veränderungen weit weniger Aufwand erfordern.**

Etwa kann ein Sandplatz für Kinder zum Grillplatz, Teich oder Heidegarten werden. Und das Schaukelgerüst kann man gleich so bauen, dass es sich leicht zum Geräte- oder Gewächshaus oder zu einer Pergola umrüsten lässt. Solch umsichtige Planung kostet zwar zunächst mehr Zeit, auch mehr Investitionen in haltbare Materialien, langfristig aber sparen Sie damit an beidem.

Immergrüne Säulenform

Breiter Strauch

Kahlfüßiger Strauch

Zwerggehölz

Immergrüner kugelförmiger Strauch

Sommergrüner Baum

10 m

10 m

10 m

Pflanzenwachstum am Beispiel einer Hecke
Am Anfang sieht die Hecke noch sehr lückenhaft aus, denn die Gehölze wurden auf Abstand gepflanzt. Nach einigen Jahren hat die Hecke sich aber geschlossen und ist höher geworden.

Aus klein wird groß

Alle Pflanzen, ausgenommen Zwergformen, wachsen zeitlebens in die Höhe und in die Breite – ein Faktor, den man insbesondere bei Gehölzen, die die Gartenstruktur prägen, bedenken muss. Dem kann man zwar mit aufwändigen Schnittmaßnahmen begegnen, auf die sich aber verzichten lässt, wenn man gleich Gehölze pflanzt, die eine geplante Größe nicht überschreiten. Ähnliches gilt für ausdauernde Stauden, die erst 2–4 Jahre nach der Pflanzung flächendeckend zusammengewachsen sein werden.
Berücksichtigen Sie bei der Pflanzplanung für Ihren Garten also immer den Zuwachs und suchen Sie einen Kompromiss zwischen anfänglichen Lücken und späterer Auslichtung.

Alte Gärten verjüngen

Zugewucherte verwilderte Gärten machen es nicht leicht, eine Umgestaltung in Angriff zu nehmen, da man sich

Den richtigen Platz finden

Wunsch	Möglicher Standort	Pflegeaufwand
Blütensträucher	sonnig bis schattig, an der Gartengrenze	gering
Feiern, Essen, Grillen	große Terrasse	mittel, Überdachung sinnvoll
Hobbyplatz, Geräte	Hausnähe oder Gartengrenze	Gering, Installationen bedenken.
Naturnaher Teich	halbschattiger Platz	gering
Obstgehölze	sonniger Platz	mittel
Raum für Wildtiere	beinahe überall	gering
Ruhiger Sitzplatz	abgeschirmte Gartenecke zwischen Gehölzen	gering, meist nur im Sommer
Sichtschutz begrünt	Gartengrenze, sonnig bis schattig	gering
Sonnenbaden	sonnige Terrasse	keiner
Spielplatz für Kinder	ein sonniger Platz am Nachmittag	gering, wenn naturnah
Wäschetrockenplatz	in Hausnähe mit Luftbewegung	Gering, sollte überdacht sein.
Wasserspiel	sonnig, nahe Terrasse	gering bis mittel, abhängig von jeweiliger Technik
Wildstauden, Wiese	sonnig bis halbschattig	gering bis mittel

meist nur schwer eine Alternative vorstellen kann. Häufig dominieren hier zu groß gewordene Gehölze, die auch das Arbeiten mit Maschinen erschweren; oft kommt man mit ihnen gar nicht mehr in den Garten hinein. Auf der anderen Seite weisen alte Gärten aber meist eine reizvolle Grundstruktur und einen gesunden Boden auf. Entscheiden Sie darum zunächst, welche Pflanzen und welche Teile der Infrastruktur (Wege, Gebäude usw.) Sie erhalten wollen und auf welche Sie

gern verzichten möchten. Die Entscheidung fällt Ihnen umso leichter, je deutlicher Sie sich vor Augen halten, welche befriedigenden Gartenerlebnisse und **welche Zeitersparnis Sie durch eine Umgestaltung erzielen können**. Dabei kann Ihnen ein professioneller Gartenplaner helfen, denn er sieht den Garten mit ganz anderen Augen als Sie; und er kann auch den technischen Aufwand z. B. von Baumfällaktionen abschätzen und Sie zum zeitlichen Ablauf der Umgestaltung beraten.

Wünsche und Änderungen
Schwachstellen aufspüren

Wenn Sie mit Ihrem Garten unzufrieden sind, hilft nur eine systematische und **ehrliche Analyse**, *um seine* **Schwachstellen** *zu benennen – der erste Schritt, um dann eine* **überzeugende Gestaltung** *in Angriff zu nehmen.*

Auf dem Prüfstand

Es ist oft nicht einfach, die Gründe für die Unzufriedenheit mit dem eigenen Garten herauszufinden. Sie äußert sich meist in einem vagen Gefühl, dass dieses und jenes anders oder schöner sein könnte. Aber dieses Gefühl hat in der Regel konkrete Ursachen, nämlich **Schwachstellen in der Gartengestaltung, die häufig auch für unnötigen Pflegeaufwand verantwortlich sind**. Am besten gehen Sie einmal ehrlich mit Ihrem Garten ins Gericht, ganz so als ob es gar nicht Ihr eigener wäre.

Hauptwege
Wer saubere Abgrenzungen zwischen Wegen und Pflanzflächen liebt, plant zuerst alle Wege, Plätze und Beetgrößen.

Nebenwege
Flexibler ist man mit Schrittplatten, denn hier kann man den Wegeverlauf leicht verändern und ohne viel Aufwand neuen Situationen im Garten anpassen.

Streifen Sie aufmerksam durch Ihren Garten und notieren Sie alles, was Ihnen nicht gefällt. Beginnen Sie an der Gartengrenze und registrieren Sie die Einflüsse von außen, z. B. durch Nachbarn, den Lärm einer Straße, ungünstige Klimabedingungen usw. Prüfen Sie dann das Garteninnere, indem Sie alle Wege und Treppen, Pflasterflächen, Sitzplätze, dann die Einfassungen von Pflanzungen und mögliche Gebäude unter die Lupe nehmen. Verlaufen die Wege so, wie Sie sie brauchen? Sind noch alle Pflasterungen eben oder bilden sich hier und da Pfützen? Ärgert Sie der unsaubere Bereich zwischen Weg und Abschlusskante? Fehlt Ihnen ein Bewässerungsanschluss am äußersten Gartenende?

✗ UNBEDINGT VERMEIDEN

Alle hoch stehenden Kanten sind Stolperfallen – stattdessen bodenbündige Anschlüsse zwischen verschiedenen Flächen herstellen oder deutliche Stufen von mindestens 15 cm Höhe setzen.

DAS MACHT'S LEICHTER

● Sind alte Platten uneben geworden, muss man den Unterbau glätten und die Platten neu oder neue Platten verlegen. Statt dazu sämtliches alte Material mühsam aus dem Garten zu entfernen und neues heranzuschaffen, kann man die alten Platten wieder verwenden und mit nur wenig neuem Material in einem anderen Muster verlegen. Gleichzeitig kann man auch die Flächen oder Wege vergrößern.

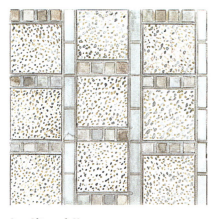

Aus Alt mach Neu
Die Pflasterung wirkt wie neu, wenn man gebrauchte Platten und Pflastersteine einfach in einem neuen Muster verlegt.

Nun sind die größeren Gehölze wie Bäume, Hecken und Strauchgruppen an der Reihe. Zuletzt analysieren Sie alle Staudenpflanzungen und den Rasen und notieren sich, was Sie zu den verschiedenen Jahreszeiten daran stört.

Unzufrieden – warum?

Jeder Garten durchläuft einen Lebenszyklus. In jungen Jahren ist er oft noch lückenhaft und eine klare Struktur ist nicht immer zu erkennen. Ungeduldige wollen aber schnell einen fertigen Garten und pflanzen ihn so schnell wie möglich zu. Nach einigen Jahren stellen sie dann erstaunt fest, dass die Pflanzen viel zu dicht stehen. Und schon müssen sie entscheiden, was den Garten wieder verlassen muss. Mit vorausschauender Planung und etwas Geduld **kann man unnötige Kosten und viel Zeit sparen**.

Jeder Garten hat nach etwa 5–7 Jahren seine Jugendphase hinter sich. Er ist nun erwachsen, Sträucher, Hecken und Kletterpflanzen sind so hoch und breit wie gewünscht, auch die Bäume haben eine angenehme Höhe. Der Boden ist in einem guten Reifezustand, die meisten Anfangsfehler wurden inzwischen beseitigt. Umgestaltungswünsche betreffen hier meist nur Ergänzungen oder Änderungen der Bepflanzung unter den Gehölzen, da sich dort die Lichtverhältnisse gewandelt haben. Prachtstauden müssen verjüngt werden, der erste Gehölzschnitt fällt an. Vielleicht wird auch das Auswechseln von Pflastermaterial nötig, falls man hier an der Qualität gespart hat. Reife Gärten verlangen meist nach einer Umgestaltung, wenn sich die Familienverhältnisse oder die Lebensgewohnheiten der Besitzer geändert haben. Die Kinder sind groß geworden und aus dem Haus, die Eltern haben ein neues Hobby oder keine Zeit mehr für aufwändige Pflegearbeiten. In diesen Fällen muss man sich gut überlegen, von welchen Gartenteilen man sich trennen möchte.

Überalterte Gärten

Wenn Materialien und Pflanzen an die Grenze ihrer Lebensdauer stoßen, muss man schon aus Sicherheitsgründen eingreifen, will man nicht eine schiefe Treppe hinunterfallen oder von einem morschen Ast erschlagen werden. Viele Gartenbesitzer bekämpfen anfangs nur die Symptome solcher Überalterung, müssen sich aber schließlich doch eingestehen, dass sie um eine Komplettsanierung mancher Gartenteile nicht herumkommen. Viele alte und liebgewonnene Bauteile und Gehölze **lassen sich aber mit einfachen Mitteln erhalten und verschönern**. Bedenken Sie zuletzt auch: So fit Sie im Augenblick sein mögen – in einigen Jahren kann das ganz anders aussehen und die heute willkommene Gartenarbeit zu einem zermürbenden Kampf gegen die Unzulänglichkeiten des Gartens werden. Bauen Sie dem vor.

SO SPAREN SIE ZEIT

■ Wer die nötige Geduld aufbringt und die natürliche Entwicklung der Pflanzen mitplant, erspart sich unnötige spätere Korrekturen an den Pflanzungen und damit viel Zeitaufwand.

Die häufigsten Schwachstellen im Garten

Problemstellen	Alternativgestaltung	Vorteile
Hohe Beet- und Wegkanten, Treppenwangen	Bodenbündige Übergänge und Anschlüsse herstellen.	beim Säubern, Mähen und Aufkehren
Kümmernde, nicht standortgerechte **Pflanzen**, Schädlingsbefall	Boden und Standort verbessern oder zum Standort passende Neupflanzung vornehmen.	bei der Boden- und Pflanzenpflege
Pfützen, matschige Stellen, **Unkraut** auf Wegen	Unterbau erneuern, Gefälle einbauen, auffüllen, befestigen.	beim Säubern, kein Unkraut jäten
Rutschende Erde, Unkraut und kümmernde Pflanzen am Hang	Hang terrassieren, Boden verbessern und ebene Beete neu bepflanzen.	weit einfachere Pflege des Hangs
Teilweise **vermooster**, **verkahlter** oder **verdichteter** Rasen	Im Schatten Bodendecker, in der Sonne Blumenrasen oder Staudenbeete anlegen.	Mähen, Vertikutieren, Wässern und Düngen entfallen.
Überalterte, blühunwillige, zu dicht stehende **Stauden**	Verjüngung durch Teilung, den Boden verbessern.	keine vergeblichen Pflegemaßnahmen mehr
Unebene Beläge von Wegen, Treppen, Plätzen	Platten neu verlegen, ggf. altes mit neuem Material mischen.	beim Kehren und Schnee schieben
Unkraut in Staudenbeeten und unter Gehölzen	Bodendecker oder wuchernde Stauden pflanzen, mulchen.	Unkraut rupfen und Hacken entfallen.
Zu große, alte **Schatten werfende Gehölze**	Gehölz radikal zurückschneiden oder fällen.	Kein Laub mehr entsorgen.

Wünsche und Änderungen
Auf dem Papier entwerfen

*Scheuen Sie sich nicht, einen **Gartenplan** zu skizzieren – er muss kein Kunstwerk werden. Eine **einfache** maßstabsgerechte **Skizze** ist eine unverzichtbare **Hilfe** für alle Neu- und Umgestaltungen. Dabei lässt sich nicht alles darstellen, aber vieles wird **klarer** und **übersichtlicher**.*

FERTIG IN 30 MINUTEN
► Einen Gartenplan skizzieren.

► In den Plan sämtliche Maße eintragen.

► Gewünschte Änderungen im Plan vermerken.

Der Weg zum Gartenplan
Wenn Sie keinen amtlichen Lageplan Ihres Grundstücks zur Hand haben, messen Sie es aus und fertigen eine maßstabsgerechte Skizze davon an (z. B. im Maßstab 1:100 = 1 cm auf dem Papier entspricht 1 m im Garten). In diese Skizze zeichnen Sie die Himmelsrichtung, Länge und Breite Ihrer Parzelle sowie die Lage Ihres Hauses und der Nachbargebäude ein.

Nun nehmen Sie den Erdgeschossplan Ihres Hauses zur Hand und übertragen in den Lageplan alle wichtigen Fenster und Türen, Dachvorsprünge, Terrassen, Wege, Plätze und Treppen. Für geplante Erdarbeiten und Baumpflanzungen müssen Sie auch unterirdische Strom-, Gas- und Wasserleitungen sowie Zisternen und Tanks berücksichtigen. Danach gehen Sie mit einem Maßband und einem Helfer in den Garten und tragen alle wichtigen Bauteile und erhaltenswerten Pflanzen mit ihrem Standort auf Ihrem Plan ein.

Das genaue Einmessen ist nicht immer ganz einfach: Man geht dabei von zwei

Beispiel eines Pflanzplans: ein Kräuterbeet mit Beeren-Hochstämmchen
Mit maßstabsgerechten unterschiedlichen Symbolen für die verschiedenen Pflanzenarten kann man einen sehr übersichtlichen Pflanzplan zeichnen. Wer mag, kann bei Stauden und Sommerblumen den Symbolen die Blütenfarben und die Blühmonate beifügen.

bekannten Punkten, z. B. einer Hausecke und einer Grundstücksecke, aus und misst beide Längen bis zum gesuchten Punkt. Je mehr Messpunkte (und rechte Winkel) man dabei verwendet, desto genauer die Messung.

Geländeniveaus zeichnen
Bei unebenem Gelände helfen bei großen Grundstücken nur Nivelliergeräte, bei kleinen geht es auch mit langen Richtlatten, Wasserwaage und Zollstock. Die Messpunkte werden dann mit Höhenlinien und Maßen eingetragen. Schnittbilder von verschiedenen Standorten veranschaulichen das Geländeniveau. **Diese Arbeit sollte man aber einem Profi überlassen.**

Sie können sich jedoch behelfen, indem Sie kleinere Unebenheiten unberücksichtigt lassen und Niveauunterschiede in Ihrer Skizze nur dort vermerken, wo Sie eine Treppe oder Stützmauer planen. Ist der Plan des Ist-Zustandes fertig, kopiert man ihn, um mehrere Vorlagen für unterschiedliche Planungsentwürfe zu besitzen. Oder man zeichnet die Entwürfe auf Transparentpapier, das man über den Plan legt. So kann man beliebig viele Entwürfe skizzieren und miteinander vergleichen.

Neues entwerfen
Wenn der Ist-Zustand bzw. der Zustand nach der Beseitigung störender Gartenteile festgehalten ist, kann man neue

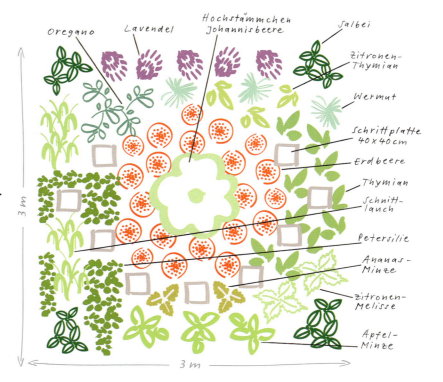

Maße und Raumwirkung im Garten

Maße	Raumwirkung
Bäume mit breiter Krone ...	... sollten eine Stammhöhe von mehr als 2 m haben, damit man unter der Krone hindurch gehen kann.
Die Körpermaße von Menschen ...	... sind für die Gestaltung von Sitzgelegenheiten, Hochbeeten und Ablageflächen entscheidend.
Freie Flächen ohne Unterteilung ...	... wirken kleiner als untergliederte, so wie auch ein leeres Zimmer kleiner wirkt als ein möbliertes.
Für Treppen und Schrittplatten ...	... gilt das bequemste Schrittmaß für alle Gartennutzer beim Hinauf- und Hinabgehen.
Gegenstände gleicher Größe ...	... sollen sich an der Augenhöhe im Sitzen oder Stehen orientieren. Die Oberkante soll entweder deutlich über oder unterhalb der Sichtkante liegen.
Grenzen wie Hecken oder Mauern ...	... wirken im Freien wesentlich kleiner als Wände in einem Raum, weil das Auge im Freien größere Bezugsgrößen vorfindet.
Lange Wege ...	... kann man optisch verkürzen, indem man ihre Breite variiert, Querbänder pflastert und sie geschwungen anlegt.
Hohe Stützmauern ...	... sollten in Stufenbeete von 1 m Höhe aufgeteilt werden.
Stützpfosten von Pergolen, Carports und Spielgeräten ...	... sollten immer ein bis zwei Stufen dicker gewählt werden als statisch erforderlich, da sie sonst optisch instabil wirken.
Wegebreiten ...	... orientieren sich an der Nutzung: Haupt- oder Nebenweg? Allein oder zu Zweit begehbar?

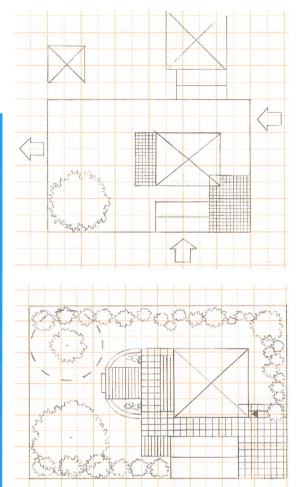

Ein Gartenplan
Die Ausgangslage (oben): Gebäude, PKW-Stellplatz, Terrasse und ein Baum sind eingezeichnet, außerdem wichtige Gegebenheiten der Umgebung: Nachbargebäude (oben), Straßenlärm (Pfeil rechts), Westwind (Pfeil unten) sowie ein schöner Ausblick (Pfeil links). Im Umgestaltungsentwurf (unten) sind die Pflasterflächen ergänzt. Ein halbrunder Hang vor der Terrasse und zwei Treppen fangen den Niveauunterschied auf. Pflegeleicht würde dieser Garten durch die Heckensträucher (Sicht-, Wind- und Lärmschutz) sowie Stauden- oder Kräuterbeete an der Terrasse.

Bauten und Pflanzungen angehen. Entweder plant man erst alles auf dem Papier und überprüft danach den vorgesehenen Standort im Garten, oder man plant im Garten und trägt die Maßnahme dann maßstabsgerecht in den Plan ein – geplante Gehölze z. B. mit ihrem Stamm- und ihrem endgültigen Kronendurchmesser.

Wem die abstrakte Vorstellung schwer fällt, der kann mit angespitzten Pflöcken Gehölze und Gebäudeecken simulieren. Ein Sonnenschirm, am gewünschten Pflanzplatz aufgestellt, kann einen kleinen Baum darstellen. Schauen Sie sich die geplante Pflanzung von allen Seiten, auch vom Haus und den oberen Stockwerken aus, an und be-

denken Sie dabei zugleich den Schattenwurf zu verschiedenen Tages- und Jahreszeiten sowie das Baumwachstum in Höhe und Breite. Für mögliche Wegverläufe und Teichformen eignen sich ausgelegte Dachlatten oder ein langer Gartenschlauch.

Pflanzpläne zeichnen

Pflanzungen müssen gut geplant werden, besonders wenn es sich um Gehölzgruppen handelt. Für den genauen Standort müssen Endhöhe und -breite der Pflanzen bekannt sein, **damit die Pflanzung auch noch in vielen Jahren harmonisch wirkt und pflegeleicht ist**. Berücksichtigen Sie den Pflanzabstand und die Breite bei

Schnitthecken und vergessen Sie nicht den notwendigen Arbeitsraum zum Schneiden. Vor allem bei Gehölz- und Staudengruppen muss man an die Form der einzelnen Pflanzen und an ihre Höhenstaffelung denken. Wenn Sie noch Blühzeitpunkt und Blühfarbe vermerken, haben Sie eine sehr gute Arbeitsgrundlage für Kauf und Pflanzung.

Ausführungspläne

Dem fertigen Entwurf folgt die Planung der Bauausführung sowie die Auswahl und Massenberechnung der benötigten Materialien. Diese Ausführungspläne sind im Gespräch mit einem Gartenbauer und zum Einholen von Kostenvoranschlägen sehr hilfreich.

DAS MACHT'S LEICHTER

● Fotos des eigenen Gartens, aus mehreren Blickwinkeln und zu verschiedenen Jahreszeiten aufgenommen, am besten mit Personen oder Gegenständen bekannter Größe, erleichtern die Planung am Schreibtisch. Auf die Abzüge kann man geplante Elemente einzeichnen und so deren optische Wirkung überprüfen.

Wünsche und Änderungen
Die Umgestaltung organisieren

Mit Ihren **Plänen** liegt der neue Garten bereits greifbar nahe vor Ihnen und sicher würden Sie ihn am liebsten direkt in die **Realität** umsetzen. Auch hier gilt: Gut organisiert ist halb gebaut – **das spart Zeit, Geld und Kraft**.

FERTIG IN 30 MINUTEN

▶ Vor Baubeginn alle Geräte auf ihre Einsatztauglichkeit überprüfen.

▶ Einen Gartenschlauch ausreichender Länge ordentlich verlegen und anschließen sowie Eimer bereitstellen – für die meisten Arbeiten unerlässlich.

▶ Planen bereitlegen, falls Erde oder andere Schüttgüter gelagert werden müssen.

Der richtige Zeitpunkt für Gartenumgestaltungen

Tätigkeit	Zeitpunkt
Betonieren, Mauern	frostfreie Zeiten
Einsäen von Rasen oder Wiese	März–Mai oder September–Oktober
Erdarbeiten, Pflasterarbeiten	frostfreie Zeiten
Pflanzung von Gehölzen mit Ballen bzw. im Container und von Stauden im Topf	frostfreie Zeiten, am besten Frühjahr oder Herbst, aber nicht im Hochsommer bzw. wenn anschließende Bewässerung nicht gewährleistet ist.
Pflanzung von Gehölzen ohne Ballen	Mitte Oktober–Dezember, auch Februar–April, sofern der Boden nicht durchgefroren ist.
Streichen, Lasieren	trockenes Wetter, ab 12 °C Außentemperatur
Teichfolie einbauen	trockenes warmes Wetter, möglichst sonnig
Teilen von Stauden	meist März, bei Frühjahrsblühern nach der Blüte
Zwiebelblumen pflanzen und stecken	die meisten im Spätsommer und Herbst, nicht winterharte im Frühjahr, Herbstblüher im Sommer

Hand in Hand
Viele Arbeiten lassen sich zu zweit wesentlich einfacher bewältigen. Einen Baum sollte man ohnehin nie allein fällen.

Materialmengen berechnen
Mit Ausführungsplänen können Sie alle Materialmengen exakt berechnen, auch um die Kosten im Blick zu haben. Erstellen Sie für jeden umzubauenden Gartenteil eine Positionsliste mit den benötigten Materialien für die erforderlichen Arbeitsschritte. Das verschafft einen guten Überblick, ordnet den Arbeitsablauf und erleichtert das Einholen von Kostenvoranschlägen.

Material liefern und lagern
Bei Schüttgütern wie Sand und Schotter schlagen die Lieferkosten häufig mehr zu Buche als das Material selbst. **Wer sich die benötigten Materialien komplett anliefern lässt, spart eine Menge Kosten.** Allerdings muss man sich über die Zufahrts-, Abkipp- und Lagermöglichkeiten im Klaren sein. Gerade bei Umgestaltungen geht es meist eng zu und die Baustelle kann nur begrenzt angefahren werden.

Aus Alt mach Neu
Bei Umgestaltungen darf man das anfallende Altmaterial nicht aus den Augen verlieren. **Am einfachsten ist eine Wiederverwendung im eigenen Garten.** Ob es sich um Erdaushub für einen Gartenteich, Stammholz von einer Baumfällung oder alte Platten und Steine handelt: Mit etwas Fantasie und Planung lässt sich das meiste wie-

Eine Umgestaltung (rechts)

Projektstufe	Material
1 Dach sanieren	Trennvlies, Dachfolie, Dachsubstrat, Dach-pflanzen
2 Treppe sanieren	Beton, Stufen, Gelän-der, Beleuchtung, Kabel
3 Rasen weg	kein Material
4 Weg bauen	Schotter, Splitt, Rand- und Pflastersteine
5 Staudenbeete anlegen	Kompost, Zuschlag-stoffe, Pflanzen, Mulch
6 Gehölze pflanzen	Stützpfosten, Anbinde-kordel, Gehölze
7 Kletterpflan-zen setzen und befestigen	Rankgerüste, Erdspieße oder Pfostenschuhe, Kletterpflanzen, Anbin-der/Bindegarn
8 Schmuckku-geln verteilen	Stangen, Halterungen, Kugeln

Reibungsloser Umbau
Diese Sanierung wurde gut um-gesetzt (Tabelle links). Durch Einbeziehung der Gebäude und die Anlage des Gründachs ist ein wunder-schöner Garten entstanden.

Arbeitsabläufe organisieren

Die Beseitigung alter Gartenteile und die Wiederverwendung von Materialien bestimmen neben anderen Faktoren auch die Arbeitsabläufe. So ist es sinn-voll, zuerst den Platz für die Wieder-verwendung gründlich vorzubereiten, **damit man z. B. den Aushub gleich an Ort und Stelle abkippen kann**. Ein anderer Faktor ist das Wetter, das so manche Arbeit diktiert – nicht alle Arbeiten können bei jedem Wetter aus-geführt werden. Und wer mit den Bau- oder Erdarbeiten zu spät dran ist, ver-passt fast ein ganzes Jahr, weil die Zeit zum Pflanzen verstrichen ist.

Um Hilfe bitten

Manche Arbeiten lassen sich nur mit Helfern ausführen. Aber gerade für eine Gemeinschaftsaktion ist eine gute Pla-nung und Organisation unerlässlich, will man die Helfer bei Laune halten. Neben der Bereitstellung von Werkzeu-gen, Hilfsmitteln und Materialien sowie klaren Arbeitsanweisungen gehören na-türlich auch genügend Getränke und ein Imbiss dazu, nicht zu vergessen die Arbeitshandschuhe, eine Waschgelegen-heit, Handtücher und Ersatzkleidung bei schlechtem Wetter oder großer Hitze. Eine gut organisierte Gemein-

der gebrauchen. So kann man mit anfal-lender Erde gut einen Hügel modellie-ren oder Kuhlen und Hochbeete füllen. Aus Hartholzstämmen lassen sich Beet-einfassungen, Hangabstützungen und Hochbeete bauen und aus dem Astwerk eine Benjeshecke aufschichten oder An-zündholz schneiden. Alte Platten kön-nen zusammen mit neuen zu neuen Mustern gelegt oder zu einer Trocken-mauer aufgeschichtet werden. Schotter und kleine Steine können die Trocken-mauer, einen Steingarten oder ein Hochbeet dränieren. Man kann im Gar-ten fast alles verwerten, es sei denn, es gehört wegen eines giftigen Bestandteils in den Sondermüll.

schaftsaktion kann dazu noch viel Spaß bereiten. Bedenken Sie aber auch das Risiko von Unfällen, besonders wenn Kinder dabei sind. Schließen Sie eine befristete Bauversicherung für sich und Ihre Helfer ab, **das kostet nicht viel, deckt jedoch viele Risiken ab**. Technisch anspruchsvolle Projekte, die viel Fachwissen und handwerkliche Er-fahrung verlangen, sollte man allerdings an ein Spezialunternehmen vergeben, besonders wenn dazu größere Maschi-nen erforderlich sind oder gefährliche Arbeiten wie das Fällen stattlicher Bäume anstehen.

Infrastruktur und Versorgung
Das Netz, das den Garten trägt

Mit einer gut durchdachten **Infrastruktur** – dazu gehören Wege, Strom, Wasser und Versorgungseinrichtungen – schaffen Sie die Voraussetzungen, um sich die **Gartenpflege** erheblich zu **erleichtern**.

FERTIG IN 30 MINUTEN

► Alle Wege im Garten einmal gehen und den Wegeverlauf aufzeichnen.

► Alle Spannungs- und Lichtquellen bedenken und die Stromversorgung dafür planen.

► Alle Wasserstellen planen und mit der Hauswasserversorgung abstimmen.

Eine sichere Einfriedung

Zur Infrastruktur jedes Gartens gehört auch die Einfriedung, denn sie wird möglichst zusammen mit Wegen und Plätzen geplant. Es gibt viele Möglichkeiten, sein Grundstück abzugrenzen. Neben geschmacklichen Fragen sollte man dabei immer den Zweck der Einfriedung vor Augen haben. Soll sie ungebetene Gäste aussperren oder Haustiere einsperren? Soll sie Sicht-, Wind- oder Schallschutz bieten? Soll sie dauerhaft oder nur vorübergehend sein? Soll sie begrünt werden? **Und welchen Pflegeaufwand bringt die jeweilige Variante mit sich?**

Jede Einfriedung benötigt Durchlässe, über deren Größe, Form und Sicherung man sich Gedanken machen muss. Denn die beste Umzäunung ist nur so sicher wie ihre schwächste Stelle, das sind meistens die Tore. Die Größe des Tores hat weitreichende Auswirkungen auf die spätere Grundstücksgestaltung, und zahllose Umgestaltungswünsche sind an zu schmalen Gartentoren gescheitert. Für den Einsatz von Maschinen und die Anlieferung von Material braucht man mindestens 2,5 m breite Durchlässe. Man kann dazu aber auch ein Zaunsegment so montieren, dass man es im Bedarfsfall abnehmen und später wieder einhängen kann. Ein Sichtschutz nützt wenig, wenn das Gartentor durchlässig für Blicke ist. Andererseits sieht man bei blickdichten Toren nicht, wer davor steht, sodass hier eine Gegensprechanlage sinnvoll ist. Für alle Gartentore müssen auch Schließanlagen geplant werden, für

automatische benötigt man zusätzlich eine Stromversorgung. Auch Licht dient der Sicherheit und sollte rechtzeitig in die Planung einbezogen werden. Überprüfen Sie genau, wie viel Platz für all diese Maßnahmen an den verschiedenen Teilen Ihres Grundstücks vorhanden ist. Ein begrünter Zaun etwa nimmt nur 30 cm Breite in Anspruch, für eine geschnittene Hecke muss man mindestens 1 m, für eine frei wachsende schon 2,5 m rechnen.

Praktischer Vorgarten

Die Gestaltung des Vorgartens muss sich meist den praktischen Erfordernissen unterordnen. Dazu zählen Wege zu Haustür, Gartentor und Stellplatz sowie Platz für Mülltonnen und Fahrräder. Im Erdreich befinden sich in der Regel Gas- und Wasserversorgung, Zisterne oder

Terrasse als Basisstation
Als der meistgenutzte Gartenteil benötigt sie Wasser- und Stromanschlüsse.

Tank sowie Strom- und Telefonanschlüsse, **die alle jederzeit gut zugänglich sein müssen**.

Je nach Niveau benötigt man für Kinderwagen, Fahrräder, Mülltonnen und viele Gartengeräte eine Rampe. Für Rollstühle darf die Steigung nicht mehr als 6 % betragen. Treppen sollten mit einem Handlauf und einer guten Beleuchtung gesichert werden.

Rund ums Haus

Das Haus ist der Mittelpunkt des Gartens. Von hier aus führen Ein- bzw. Ausgänge und Wege in den Garten, kommen Wasser und Strom und hier sind oft auch die Gerätschaften für die Gar-

Praktische Einrichtungen für den Garten

Infrastruktur	Platz im Garten	Ausführung und Ausstattung
Arbeitsplatz mit Tisch	nahe an Haus oder Gartenhaus	Wasser- und Stromversorgung, Regal und Wandhaken für Kleingeräte
Beleuchtungs-einrichtungen	Haus, Nebengebäude, Wege, Treppen, Terrasse, Plätze, Gartenhütte	Beleuchtungsart, Höhe des Leuchtmittels, evtl. automatische Steuerung bedenken.
Einfriedungen, Sicht- und Lärmschutz	Grundstücksgrenze, Vorgarten und/oder Wohngarten	Bauvorschriften bezüglich Material und Höhe, Haltbarkeit und Durchlässe beachten.
Gerätehaus, Gewächshaus	direkt am Haus oder beim Nutzgarten	Wasser- und Stromversorgung, hoch genug für langstielige Geräte
Kompostplatz	versteckte, gut zugängliche Ecke am Nutzgarten	Strom für Häcksler, Platz für Kompostsieb und Schubkarre
Lagerplatz für Kaminholz	nahe am betreffenden Zimmereingang	eben, überdacht, mit Anlieferungsweg und genug Platz
Spielplatz	Platz mit Nachmittagssonne und Schatten	Lagermöglichkeit für Spielsachen, Sonnen- oder Regenschutz
Stromversorgung	Außenhaus, Nebengebäude innen und außen, Terrasse, Ruheplatz, Arbeitsplätze, Kompostplatz	Wetterfeste, verschließ- oder von innen abschaltbare Steckdosen verwenden, auf Absicherung achten (Drehstrom für Häcksler).
Wasserzapfstelle	dort wo man Wasser braucht (Teich, Nutzgarten)	Ablasshahn, Absperrung, Schlauchhalterung, Bodenentwässerung
Zisterne, Wassertonne	nahe an Haus- bzw. Gartenhausdach	Stromanschluss für Pumpe, Schlauchhalterung, Deckel

und Plätze gesetzt. So kann man mit ansprechenden Materialien auch hässliche Zisternendeckel integrieren und andere unterirdische Versorgungseinrichtungen kaschieren.

Wohnliche Terrasse

Bei der Planung der Terrasse sollten Sie Ihre Lebensgewohnheiten berücksichtigen, damit Sie an schönen Tagen möglichst viel Zeit dort verbringen können. Im Sommer wird sie oft zum zweiten Wohnzimmer. Zugleich bietet sie Wind- und Sonnenschutz und schirmt vor Nachbarblicken und Lärm ab.

Platz auf der Terrasse

Für Nebensitzplätze oder Pavillons reichen meist wenige Quadratmeter befestigter Fläche, da hier kein Platz für einen  3 m x 3 m Durchgang vom Haus in den Garten berücksichtigt werden muss. Es sollte aber genug Freiraum zum Zurückschieben der Stühle bleiben (9 m²).

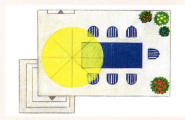

4,5 m x 3 m

Eine Terrasse am Haus muss Platz für Tische mit Stühlen, einen Sonnenschirm und einen bequemen Durchgang zum Garten bieten (13,5 m²).

Für ein zusätzliches Sonnenbad auf der Terrasse muss man fast die doppelte Fläche einplanen. Ein Eckschrank bietet Stauraum (23 m²).

7,75 m x 3 m

tenpflege untergebracht. Sinnvollerweise legt man eine Leitung, ob für Wasser oder Strom, stets unter oder neben einen Weg. **Planen Sie dabei die Beleuchtung gleich mit** und sparen Sie nicht an Stromanschlüssen und Wasserzapfstellen. Beides ist an allen zugänglichen Hausseiten sowie an Wegbiegungen, Treppenabsätzen und Plätzen gut aufgehoben. Bedenken Sie auch gleich einen Gully mit Entwässerung oder einen Sickerschacht sowie die Leitungsentwässerung im Winter.

Ein schöner Wohngarten

Alle Versorgungseinrichtungen im Garten bedingen Wege, deren Verlauf **praktisch und optisch einleuchtend** sein sollte. Kleine Plätze, Wegverbreiterungen, Richtungsänderungen oder Stufen lockern einen langen Weg auf und sind praktisch für Installationen. Besondere Akzente werden auch von der Oberflächengestaltung der Wege

Wasser und Strom
Selten verfügt ein Garten über einen Brunnen, sodass man für die Gartenbewässerung Leitungswasser nutzen muss. Eine Steckdose lässt sich gut in eine begrünte Trockenmauer integrieren (rechts).

Infrastruktur und Versorgung

Wege und Plätze sinnvoll planen

Wege **verbinden** *Gebäude und Plätze faktisch und optisch miteinander und* **gliedern** *das Areal. Plätze dienen nicht nur dazu,* **Tische und Bänke** *aufzustellen, sondern bieten auch* **Ruhepunkte** *für das Auge.*

nen auch die Flächen zu beiden Seiten voneinander. So prägen sie die Gestalt des Gartens entscheidend mit und sollten darum weitsichtig geplant und besonders solide gebaut werden – außerdem **verringern die festen Oberflächen von Wegen und Plätzen den Anteil zu pflegender Flächen im Garten erheblich.**

Die Gestaltung von Plätzen und Wegen sowie die Wahl ihrer Beläge orientieren sich an der beabsichtigten Nutzung, der voraussichtlichen Belastung und dem optischen Erscheinungsbild. Auch Gefälle und Entwässerung sind angemessen zu berücksichtigen.

Zunächst sollten Sie die Stellen bestimmen, an denen Sie z. B. ein Gartenhaus, einen Sitzplatz, eine Laube oder ein Beet unterbringen wollen, dann darüber entscheiden, welche Art von Weg Sie dorthin führen soll.

DAS MACHT'S LEICHTER
● Planen Sie die Beleuchtung und Stromversorgung sowie Wasserleitungen zusammen mit dem Wegeverlauf. Beim Bau können Sie alle Leitungen unter oder neben den Weg legen und ersparen sich so weitere Gräben.

Der Weg als Ziel

Wege bringen uns im Garten sicher von einem Ort zum andern. Dies muss aber nicht auf möglichst kürzester Strecke geschehen. Geschwungene Wege animieren zum geruhsamen Gehen und Wegkreuzungen laden zum Betrachten der Pflanzen ein. Wege verbinden nicht nur zwei Punkte oder Plätze, sie tren-

Schwungvoll
Diese Treppe (oben links) passt sich dem weiträumigen Gartengelände an.

Yin und Yang
Dieser Platz (links) lädt freundlich zur Besinnung ein.

Platten oder Pflastersteine
bilden eine saubere Deckschicht für Wege und Plätze.

Ein ebenes Splittbett
von etwa 5 cm Höhe dient als Sauberkeitsschicht zum Verlegen.

Die Höhe der Trageschicht
aus Schotter ist von der Belastung und den Bodenverhältnissen abhängig.

Halt für die Wegkante
Hier wurde ein normal belasteter Weg links ohne, rechts mit Randstütze ohne ein Betonfundament angelegt.

Die Planung von Wegen

Ein Hauptweg sollte mindestens 1,2 m breit sein, ein Nebenweg mindestens 60 cm. Bei ebenen Wegen sind alle Belagarten möglich, bei Gefälle über 6 % ist ein fester Belag nötig. Man muss entscheiden, ob der Weg offenporig oder gepflastert sein soll, ob er Stufen oder Rampen benötigt – im einen Fall fängt man die Steigung mit Serpentinen ab, im anderen mit Keilen. Zuletzt ist zu klären, ob der geplante Weg gerade oder kurvig verlaufen soll **und ob die Wegränder eine Einfassung erhalten, die die Pflege erleichtert**.

Plätze zum Innehalten

Wege und Plätze sollte man stets zusammen planen und anlegen. Wegenden, Wegkreuzungen, Wegverbreiterungen und Treppenpodeste bilden Plätze, die man sinnvoll nutzen kann. Die Belagmaterialien sollten immer in Farbe und Material miteinander harmonieren. Zwei bis drei verschiedene Materialien bzw. Formate reichen für eine abwechslungsreiche Gestaltung auch bei großen Flächen völlig aus. Ein Belagwechsel sollte immer an einer einleuchtenden Stelle erfolgen, z. B. an einer Stufe, einer Wegverbreiterung oder einem Wechsel der Verlaufsrichtung. Die Gestaltung und Größe eines Platzes hängt von der vorgesehenen Nutzung ab. Für eine Bank benötigt man nicht viel Platz, während man für einen Tisch mit Stühlen und Bänken auch deren Zurückschieben berücksichtigen muss. Die angrenzende Bepflanzung sollte man gleich mit bedenken: Überhän

gende Gehölze engen einen Platz stark ein, besonders nach Regen und bei Schnee, wenn die Zweige nach unten gedrückt werden. Dies gilt auch für hohe Stauden, Gräser und Farne.

Stufen und Treppen

Einen Ruhe- oder Sitzplatz baut man in der Regel 1–2 Stufen höher oder tiefer als die angrenzenden Pflanzflächen. Man errichtet dazu ein Holzdeck aus Dielen, die auf eine Unterkonstruktion geschraubt werden. Geriffelte Dielen,

quer zur Laufrichtung verlegt, sind auch bei Nässe nicht rutschig. Wenn Sie beim Verlegen gleich die Kehrrichtung beachten, **dann ist das Holzdeck später schnell und bequem von Schmutz befreit**. Zum Deck hin sollten Sie eine Rampe installieren, um Gartenmöbel und Kübel leichter transportieren zu können.
Die Geländestufen überwinden Sie durch Treppen. Sie sollten stets gut beleuchtet sein und über einen soliden Handlauf verfügen.

FERTIG IN 30 MINUTEN

► Den geplanten Wegeverlauf im Gartenplan skizzieren. Tipp: Legen Sie dazu im Garten an der gedachten Stelle zwei lange Schläuche als Markierungen für die Wegränder aus.

► Den markierten Weg allein, mit einer Schubkarre und zu zweit nebeneinander ablaufen und die Wegbreite entsprechend korrigieren (dabei den Breitenzuwachs der angrenzenden Gehölze berücksichtigen).

Für Rollen und Räder geeignet
Eine Rampe ist dort nötig, wo man mit Schubkarre und Rasenmäher, aber auch mit Kinderwagen oder Rollstuhl Treppen nicht überwinden kann.

Infrastruktur und Versorgung
Für Wasser, Strom und Licht sorgen

Ein guter Gartenplaner denkt auch gleich an die **praktische** Versorgung aller Gartenteile mit **Wasser** und **Strom**. Da man die erforderlichen Leitungen unterirdisch verlegt, kann man **Zeit und Geld sparen**, wenn man diese Installationen mit der Anlage der Wege und Plätze verbindet.

Wasser im Garten

Wasser wird im Garten hauptsächlich für die Pflanzen benötigt, aber auch zum Reinigen von Geräten und Gartenmöbeln, zum Säubern von Wegen und Plätzen, für Wasserspiele und Teiche. Da Trinkwasser kostbar und teuer ist, lohnt sich für Großverbraucher meist die Anschaffung einer Zisterne. Sie wird mit Wasser aus den Dachrinnen gespeist und mittels einer Pumpe entleert. Für die weitere Wasserverteilung im Garten legt man tunlichst unterirdische Leitungen, deren Durchmesser von ihrer Länge, der Anzahl der Zapfstellen und dem Wasserdruck bzw. der Pumpenleistung abhängt.

Mit mehreren Zapfstellen im Garten **fällt das Zeit raubende Ab- und Aufwickeln sowie das Auslegen und Wiedereinholen eines langen Gartenschlauchs weg.** Auch wenn Sie ein automatisches Bewässerungssystem für den Rasen und andere Pflanzungen verlegen möchten, sind mehrere Zapfstellen sehr praktisch.

Kaum wahrnehmbar sind die passend gefärbten Deckel der Wassersteckdosen, die man im Rasen versenken kann.

Noch unauffälliger fügen sie sich in eine Rasenkante oder ein Pflaster ein. So kann man an jeder beliebigen Stelle im Garten das Wasser mit einem Schlauch aus dem unterirdischen Pipelinesystem entnehmen. Da es immer unter Druck steht, muss man nur einen Schlauch mit passendem Schlauchanschluss aufstecken. Das System verfügt über automatische Entwässerungsventile, sodass es auch nicht vor Frost geschützt werden muss.

Wer eine Gießkanne füllen möchte, installiert in 90 cm Höhe einen Wasserhahn an einer Wand oder Mauer. Zum Reinigen von Geräten, zum Gemüseputzen oder Händewaschen sollte man sich ein großes Waschbecken in bequemer Höhe gönnen.

Regen aus der Steckdose
Sehr praktisch sind solche versenkten Wasseranschlüsse und automatischen Regner mit Deckel.

Wohldosiertes Nass im Garten
Anhand einer maßstabsgerechten Zeichnung lässt sich die benötigte Menge an Regnern für den Garten leicht ermitteln.

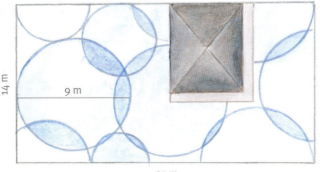

14 m

9 m

25 m

DAS MACHT'S LEICHTER

● Statt den Graben für eine Leitung mit dem Spaten auszuheben, kann man sich auch eine motorbetriebene Fräse im Baumarkt leihen. Für Gräben im Rasen sollte man jedoch die Rasensoden vorher mit dem Spaten sauber abstechen und daneben legen. So kann man sie nach der Leitungsverlegung wieder auf den verfüllten Graben legen und andrücken, sodass der Eingriff kaum auffällt.

FERTIG IN 30 MINUTEN

► Eine Niedervoltbeleuchtung selbst installieren.

► Niedervoltlampen mit Solarpaneel und Erdspießen im Garten verteilen. Hat jede Lampe ein eigenes Solarpaneel mit Akku, kann man ihre Position nach Wunsch korrigieren.

Immer noch aktuell ist die gute alte Tonne für Regenwasser – es bekommt den Pflanzen besonders gut, da es bereits wohltemperiert ist. Meist reicht zum Füllen die Dachfläche eines Gartenhauses oder einer Laube.

Automatisch bewässern

Bei den meisten Regnersystemen werden die Versorgungsleitungen eingegraben – nur die Versenkregner schauen im Betrieb aus dem Boden heraus. Sie werden vom Wasserdruck angehoben und sinken danach auf eine Höhe knapp über dem Erdboden zurück. Für kleine Beete, Rabatten und Nutzgärten kann man auch oberirdisch verlegte Bewässerungsanlagen mit Miniregnern verwenden. Hier werden die Verlegerohre mit Halterungen auf der Beetoberfläche befestigt. Darauf werden in Abständen Düsen mit verschiedenen Sprühwinkeln gesteckt. Für Hecken, Beete und Reihenkulturen gibt es auch Streifendüsen und Nebeldüsen.

Noch sparsamer ist eine Tröpfchenbewässerung, denn hier gelangt das Wasser direkt zur Pflanzenwurzel. Die regelbaren Tropfdüsen werden an die am Boden fixierbaren Verteilerrohre angeschlossen.

Alle automatischen Bewässerungssysteme lassen sich mechanisch oder elektronisch, mittlerweile sogar aus der Ferne über Internet oder Telefon steuern und programmieren. Sie eignen sich deshalb besonders gut für Gärten, deren Besitzer im Sommer länger abwesend sind und die Gartenbewässerung nicht den Nachbarn überlassen wollen.

Strom und Licht

Licht im Garten bietet Sicherheit, hebt einzelne Objekte hervor und schafft am Abend eine schöne Atmosphäre. Stromquellen sind die Voraussetzung für elektrische Geräte, Lichtinstallationen und viele automatische Systeme. Darum wird die Installation von Stromkabeln für Steckdosen, Wasserfilter, Pumpen und Lichtquellen gemeinsam geplant und ausgeführt. Auch hier ist ein maßstabsgetreuer Gartenplan unerlässlich für die genaue Verteilung und Mengenermittlung.

Es beginnt mit dem Vorgarten, der Eingangsbeleuchtung, dem Weg zur Haustür, der Schließanlage und anderen Sicherheitseinrichtungen. Anschließend planen Sie die Beleuchtung der Wege und Treppen ums Haus und sehen auch hier ausreichend Steckdosen vor, die Sie z. B. für den Betrieb der elektrischen Heckenschere benötigen. Bei der Terrassenplanung sollten Sie besonderes

Beleuchtung im Garten

Gartenteil	Geeignete Beleuchtungskörper und ihre Anbindung
Eingang, Vorgarten, Parkplatz	Lampen oder Strahler mit Sensortechnik, über Kopfhöhe gerichtet montiert, seitlich vom Betrachter (Netzstrom)
Einzelpflanzen, Objekte, Wasserspiele, Teich	Strahler oder Unterwasserstrahler, niedrig gerichtet, blendfrei, mit Fernbedienung (Niedervolt)
Gewächshaus	Feuchtraumlampe mit Spezial-Leuchtstoffröhren und Zeitschaltuhr (Netzstrom)
Hauptwege, Stufen, Treppen	Pylonen, Standleuchten, eingelassene Boden- und Stufenleuchten, niedrig gerichtet, blendfrei mit Zentralschalter (Netzstrom)
Hauswand, Hausnummer, Carport, Pergola, Terrasse	Wandlampen mit Energiesparlampen, blendfreies mattiertes Glas, Zentralschalter (Netzstrom)
Nebenwege, Teichrand, Pflanzung, Steinsetzung	Kugelleuchten, leuchtende Steine, mit Fernbedienung (Niedervolt)
Pavillon, Gerätehaus	Wandlampe, Deckenlampe, Arbeitslampe, nur Feuchtraumlampen (Netzstrom)

Augenmerk auf eine ausreichende Stromversorgung legen. Zu den benötigten Steckdosen für Haushalts- und Gartenpflegegeräte kommt hier vielleicht noch eine Leitung für die Pumpe eines

Stimmungsvoll
Schöne Pflanzen kann man nachts ins rechte Licht rücken.

Gut versteckt
Regensichere Steckdose im Kunststein

Wasserspiels hinzu. Planen Sie lieber einen Anschluss zu viel als einen zu wenig ein.

Ein Gartenhaus sollte ebenfalls unbedingt mit Steckdose und Licht bestückt

sein; außerdem benötigen Sie Strom für alle elektrischen Geräte möglichst in jedem Winkel des Gartens, **um sich das mühselige und mitunter gefährliche Hantieren mit einem Verlängerungskabel zu ersparen**. Die erforderlichen Erdkabel müssen 60–80 cm tief in ein Kiesbett gelegt und mit einer soliden Abdeckung versehen werden. Zusätzlich wird ein Sicherungsband aufgelegt, das beim versehentlichen Graben auf das Kabel aufmerksam macht.

Infrastruktur und Versorgung

Gartengeräte praktisch unterbringen

Bei Gartengeräten ist nicht nur die **Qualität** wichtig, sondern auch eine **gute Wartung** und **Lagerung**. Einwandfrei funktionierendes Werkzeug **spart Zeit** und **Mühe** – ebenso wie eine **ordentliche** Gartenhütte.

Mit Ordnung Zeit sparen

Egal wo sich Ihr Gerätelager befindet, die Gartenwerkzeuge sollten immer sicher und übersichtlich untergebracht sein. Denn wenn die Geräte in Garage oder Schuppen durcheinander liegen oder fallen, ist das nicht nur unpraktisch, sondern kann auch schmerzhaft oder gefährlich werden.

In Gartencentern oder Baumärkten finden Sie unterschiedliche Wandhalter, die sich besonders für langstielige Geräte eignen – ob Klemmhaken, Klemmbacken oder U-Haken, für jedes Gerät gibt es die passende Aufhängevorrichtung. Wer nicht für jeden einzelnen Haken mühsam ein Dübelloch in die Garagenwand bohren möchte, bringt an geeigneter Stelle einen Balken an, in den er die Haken in passender Höhe schraubt. Altbewährt sind Ordnungssysteme aus Holz, die man ohne viel Aufwand auch selbst bauen kann. Hier hängen die Geräte über Kopf, sodass man sich nicht an Zinken und Gabeln verletzen kann. Wer genügend Platz in einer Ecke hat, kann sich auch einen Geräteständer aus fertigen Holzgittern aus der Holzabteilung des Baumarkts zusammenschrauben.

Mobile Ordnungssysteme

Noch praktischer als Gitterständer sind Gartencaddies mit Halterungen für langstielige Geräte. **Man zieht sie einfach hinter sich her und hat stets alles dabei**, was man für die Gartenpflege benötigt. Solche Transporthilfen gibt es in den unterschiedlichsten Ausführungen, man kann sie aber auch selbst, z. B. aus einer Sackkarre, bauen. Wichtig ist, dass der Transporter auch voll beladen sicher steht und man sich beim Schieben nicht an den Geräten verletzen kann. Noch handlicher ist die berühmte Gartenliesel, die man mit einer Hand schieben und auf der man sogar problemlos Säcke und Pflanzkübel transportieren kann. Wer nicht viele Handgeräte benötigt, kann sie gleich auf dem Transportsystem lassen. Kleinere Handgeräte transportiert man am besten in einem Korb oder Eimer,

Mobil und aufgeräumt
Solch ein praktischer Gartencaddy kann als Ordnungssystem für langstielige und kleinteilige Gartengeräte dienen und jederzeit an den Einsatzort gerollt werden.

Sicher verstaut
Gartengeräte sollten immer möglichst sicher und übersichtlich aufbewahrt werden. Wer kein passendes Fertigsystem findet, baut sich solch einen Wandhalter oder Geräteständer mit ein bisschen handwerklichem Geschick ganz einfach selbst.

SO SPAREN SIE ZEIT

■ Lassen Sie Ihre Geräte nach Gebrauch niemals über längere Zeit im Freien liegen, sondern räumen Sie gleich alles wieder an seinen angestammten Platz. So müssen Sie nicht erst lange suchen, wenn Sie etwas benötigen, und die Geräte setzen nicht so schnell Rost an.

sende Rampen für innen und außen sollten darum zur Hütte dazugehören. Deren Tür sollte breit, eventuell zweiflügelig, nach außen zu öffnen und mit einem Schloss sicher verschließbar sein. Tageslicht als Beleuchtung ist ideal, trotzdem sollte man eine Lampe und eine Steckdose anbringen können. Ein Arbeitstisch in der Hütte selbst oder

erreicht damit, dass das Werkzeug viele Jahre lang hält, was sich nicht nur in ökologischer und finanzieller Hinsicht lohnt: Alte Gartengeräte liegen nach jahrelanger Benutzung auch wie angegossen in der Hand und die Arbeit mit ihnen macht weniger Mühe, dafür umso mehr Spaß.

Bereitet Ihnen das eine oder andere Gerät trotz jahrelanger Benutzung und Pflege keine Freude, dann trennen Sie sich getrost davon! Es gibt heute eine Vielzahl **neu entwickelter Gartengeräte, die weitaus leichter und pflegeleichter sind als ihre Vorgänger**. Besonders die Gerätegriffe und -stiele – die kritischsten Punkte – werden heute auch nach ergonomischen Gesichtspunkten gefertigt und sind so wesentlich gelenk- und rückenfreundlicher. Probieren Sie beim Kauf in Ruhe jedes Gerät aus, indem Sie die vertrauten Bewegungsabläufe simulieren, und achten Sie darauf, wie sich Ihr Rücken und Ihre Hände dabei anfühlen.

die man mit ins Beet nehmen und neben sich abstellen kann. In Putzeimern mit Gitterfach zum Auswringen kann man auch Kleinteile wie Bindegarn und Draht sehr übersichtlich aufbewahren. Führt man dazu noch einen S-Haken (Fleischhaken, Erntehaken) mit sich, kann man den Eimer jederzeit an der Leiter, einem Baum oder dem Gartenzaun aufhängen. **Besonders praktisch für Gartenscheren sind Gürteltaschen**, dank derer man freie Hände behält, wenn man z. B. auf eine Leiter klettern muss.

Im Nu aufgebaut
Haben Sie das Fundament vorbereitet, dann ist Ihr Fertig-Gartenhaus aus dem Katalog schnell errichtet.

Ordentlich
Auch an einer Wand mit Dachüberstand kann man Gartengeräte sehr praktisch unterbringen.

Praktische Gartenhäuser

Wer keinen Platz in Keller oder Garage hat, dafür aber einen genügend großen Garten, bewahrt seine Gartengeräte am besten in einer Gartenhütte auf. Es gibt die unterschiedlichsten Fertigmodelle, von kleinen Terrassenschränken bis hin zu richtigen Gartenvillen. Wofür man sich entscheidet, hängt von der Anzahl und Größe der Geräte ab und ist letztlich natürlich auch eine Platz- und

Geldfrage. Achten Sie bei der Auswahl aber auf folgende Punkte:
Tür und Innenraum der Hütte sollten ausreichend hoch sein, damit man sich nicht den Kopf stößt, und die Wände müssen stabil genug zum Aufhängen langstieliger Geräte sein sowie Platz für ein Regal, Laubkörbe und Maschinen wie den Rasenmäher bieten.
Mäher, Schubkarre und Häcksler müssen bequem durch die Tür hinaus zu schieben sein. Meist wird man dabei von der Türschwelle behindert. Pas-

eine Bank auf einer überdachten Veranda davor erlauben das Reparieren und Säubern der Geräte vor Ort. Unter einem breiten Dachüberstand kann man auch Grillholz regengeschützt lagern und an der Außenwand schließlich sollte ein Wasserhahn angebracht werden können.

Gartengeräte richtig pflegen

Wem sein Werkzeug etwas wert ist, der pflegt es selbstverständlich gut, zumindest vor Beginn der Winterpause. Man

Der Gartenboden
Entscheidend für gutes Gedeihen

Ihre Lieblingspflanzen machen Ihnen Sorgen? Dann stimmt vielleicht der Boden nicht. Hier hilft eine **Bodenanalyse**, die Ihnen verrät, was zu tun ist, um ihn **ohne viel Aufwand** erheblich zu verbessern – oder aber Sie müssen Pflanzen wählen, die für den Standort besser geeignet sind.

Erosion
Verwitterung des Bodenreliefs

Meteorologie
Klima, Wetter und Niederschlag

Biologie
Vegetation und Bodenorganismen

Gartenbau
Bodenbearbeitung und Düngung

Hydrologie
Oberflächenwasser und Grundwasserbildung

Bodenbildung
Viele Faktoren sind an der Bodenbildung und -veränderung beteiligt.

Geologie
Gestein und Bodenbestandteile

Ein dynamisches System

Der Boden – die oberste Schicht der Erdrinde – besteht aus verwittertem Gestein und organischen Substanzen. An der Bodenbildung sind physikalische, chemische und biologische Prozesse beteiligt. Sie werden vom Klima und den im Boden lebenden Organismen hervorgerufen. Der Boden ist ein dynamisches System: Ständig schreitet die physikalische Verwitterung des Gesteinsuntergrunds fort und setzt die vorhandenen Mineralien frei und fortwährend werden Pflanzen- und Tierabfälle von Bodenlebewesen abgebaut und in den Boden eingearbeitet. Gleichzeitig wirkt der Boden auch stark auf diese Organismen zurück: Seine physische Struktur ist in erster Linie für die Besiedlung ausschlaggebend.

Der Gartenboden besteht nicht nur aus festen mineralischen und organischen Bestandteilen, sondern auch aus wassergefüllten und luftgefüllten. Das Verhältnis dieser drei Bestandteile bestimmt die Eignung des Bodens als Lebensraum. Daneben ist noch die Form und Größenverteilung der Bodenpartikel (Körnung), der Anteil und die Größenverteilung der Bodenporen (Porung) und die Lagerungsdichte der Bodenpartikel entscheidend.

Bodenprofil, Bodentypen

In jedem natürlichen Boden kann man mehrere Schichten erkennen, die Horizonte. Ihre Abfolge, das Bodenprofil, wird zur Unterscheidung der verschiedenen Bodentypen herangezogen. Für den Garten sind nur die Streuschicht (Laub, Mulchdecke), der Oberboden (mit dem Mutterboden und einer humosen Übergangsschicht) und der Rohboden entscheidend. Größere Bäume und tief wurzelnde Sträucher dringen mit ihren Wurzeln aber auch in den mineralischen Unterboden vor.

In Gärten ist das natürliche Bodenprofil oft völlig verändert. Durch Baumaschinen wurde häufig der gesamte Boden verdichtet. Abtragung und Anfüllung legten den Rohboden frei oder schichteten ihn um, während der Mutterboden mit seiner lebendigen Humusschicht weggeschoben oder unter dem Oberboden begraben ist. Viele Gartenbesitzer plagen sich mit solch schlechten Ausgangsbedingungen ab und Pflanzen kümmern vor sich hin, ohne dass die Ursachen bekannt wären.

Eine Standortanalyse hilft

Schon aus dem natürlichen Bewuchs kann man auf die Bodenverhältnisse schließen. So wachsen an trockenen sonnigen Hängen ganz andere Pflanzen als an feuchten nährstoffreichen Senken, auf lockerem Boden andere als auf verdichtetem. Einige Pflanzen dienen als ausgesprochene Zeigerarten für die

Standortverhältnisse, da sie die Bedingungen sehr zuverlässig verraten. Aber während man das Klima im Garten nur wenig ändern kann, lässt sich auf die Beschaffenheit der obersten Bodenschicht durchaus Einfluss nehmen. Dazu muss man seinen Gartenboden allerdings kennen – eine detaillierte Bodenanalyse kann Ihnen nur ein Fachlabor liefern, dem Sie mehrere Einzelproben aus den obersten 30 cm des Bodens von verschiedenen Stellen im Garten schicken. Sie erfahren dann alles über seine physische und chemische Zusammensetzung sowie über seine Belastung mit Schadstoffen. Im Normalfall reicht es aber, wenn Sie schlicht wissen, welchen Boden Ihr Garten aufweist. Das können Sie mühelos selbst ermitteln – mehr dazu auf der folgenden Seite.

Leichte und schwere Böden

Leichte Böden sind durch einen hohen Sandgehalt porös und leicht zu bearbeiten (daher der Name), erwärmen sich schnell und zeigen gute Durchlüftung. Ihre Nachteile sind die schlechte Wasser- und Nährstoffspeicherung sowie das rasche Austrocknen.
Schwere Böden zeichnen sich durch einen hohen Tongehalt aus. Sie sind verdichtet, schlecht durchlüftet, neigen zu Staunässe, lassen sich nur schwer bearbeiten (darum ihr Name), klumpen leicht und erwärmen sich im Frühjahr nur langsam. Günstige Eigenschaften sind ihr hohes Wasser- und Nährstoffspeichervermögen.
Für die meisten Gartenpflanzen strebt man eine ausgewogene Zwischenform an: Der Boden soll leicht zu bearbeiten und gut belüftet sein, zugleich wasserspeichernd und ausreichend nährstoffreich. Generell erreicht man dieses Ziel durch Einarbeiten von Sand und Kompost in die obersten 30 cm. **Mit einer solchen Bodenvorbereitung erspart man sich später Mühe und Ärger.**
Ist der Gartenboden erst einmal bepflanzt, halten ihn Wurzeln und Bodentiere locker. Damit er beim nächsten Starkregen nicht verschlämmt, muss man die natürliche Streuschicht durch eine Mulchdecke simulieren, die den Oberboden auch vor starken Temperaturschwankungen schützt.

Löwenzahn – eine Zeigerpflanze
Er zeigt nährstoffhaltigen, besonders aber stickstoffreichen Boden an.

Standortfaktor Boden

Man unterscheidet den Boden nach folgenden Faktoren:

Feuchtigkeitsstufen:
trocken, mäßig trocken, frisch (= normal), feucht, nass

Bodenreaktion (pH-Wert):
stark sauer (3,5–4,5), sauer (4,5–5,5), schwach sauer (5,5–6,5), neutral (7), schwach alkalisch (7,5), alkalisch (7,5–8), stark alkalisch (8–8,5)

Bodenart:
Sand, lehmiger Sand, sandiger Lehm, Lehm, schwerer Lehm, Tonboden

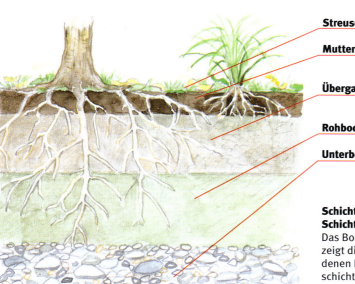

Streuschicht

Mutterboden

Übergangsschicht

Rohboden

Unterboden

Schicht auf Schicht
Das Bodenprofil zeigt die verschiedenen Bodenschichten in unterschiedlicher Tiefe.

Der Gartenboden
Erst analysieren, dann verbessern

*Es ist **überhaupt nicht schwierig**, einen mangelhaften Gartenboden zu verbessern. Bevor man damit beginnt, sollte man sich aber über die geplante **Bepflanzung** im Klaren sein.*

Den eigenen Gartenboden kennen lernen

Entscheidend für das Gedeihen der meisten Gartenpflanzen ist die Beschaffenheit der obersten Bodenschicht. Für eine einfache und schnelle Analyse reicht ein Spaten aus. Stechen Sie an verschiedenen Stellen einen keilförmigen Soden etwa 30 cm tief aus. Zerfällt der Boden dabei, handelt es sich um einen sandigen (hellen) oder krümelig-humosen (dunklen) Boden. Ist der Soden hell und bleibt am Spaten kleben, spricht man von lehmigem Boden. Eine Finger- und Riechprobe gibt weiteren Aufschluss: Sandiger Boden mit geringem Lehmanteil rieselt durch die Finger, humoser Boden riecht nach Pilzen. Je höher dagegen der Lehmanteil, desto formbarer und schmieriger ist die Erde, wenn man sie befeuchtet. Der optimale Gartenboden für die meisten Gehölze und Stauden sowie für Rasen besteht zu je einem Drittel aus Sand, Lehm und Humus (Kompost). **Man kann sich also das Gärtnern erheblich vereinfachen**, wenn man entweder die Bepflanzung auf die jeweilige Bodenart abstimmt oder den Boden durch Beigaben verbessert.

Den Boden verbessern

Es erfordert weit weniger Aufwand, den Boden einmal gut zu lockern und mit Zuschlagstoffen zu verbessern, als sich ständig mit einem allzu verdichteten und von Unkraut durchsetzten Boden abzumühen.
Nachdem man den Boden, am besten mit einer Fräse, grob gelockert hat, kann man ihn von größeren Steinen und Unkraut befreien. Danach sollte man ihn mit Gaben von Sand und Kompost gezielt im Hinblick auf die geplante Bepflanzung anreichern. Die dazu erforderlichen Materialmengen berechnet man für die obersten 25 oder 33 cm Bodenschicht. Dann werden die Zuschlagstoffe auf dem Boden verteilt und durch erneutes Fräsen, Umgraben oder Einhacken eingearbeitet. Nach dem sorgfältigen Glätten der Fläche ist sie bereit zum Einsäen oder Bepflanzen.
Sehr sandige Böden kann man mit Gaben von Gesteinsmehlen wie Bentonit bindiger machen. Sehr magere Böden kann man zusätzlich zu Kompostgaben mit 50–100 g Hornspänen pro Quadratmeter **für viele Jahre im Voraus schonend düngen.**

Humus – Freude für Pflanzen
Das Pflanzen in einen humosen, krümeligen und nährstoffreichen Gartenboden ist einfach und geht schnell von der Hand.

Der Boden als Standortfaktor

Die allermeisten Pflanzen sind auf ganz bestimmte Bodeneigenschaften angewiesen. Neben physikalischen Faktoren wirkt sich dabei insbesondere der pH-Wert als Standortfaktor aus. Er zeigt an, ob ein Boden alkalisch, neutral oder sauer ist. Dort, wo dem Boden mehr Stoffe entzogen als zugeführt werden, neigt er meist zum Versauern. Der saure Regen beschleunigt diesen Vorgang noch und es kommt zu einer Störung des wichtigen Ionentransports im Boden. Diese Störung wiederum verursacht eine Verzögerung der Mineralisa-

Einfache Analyse
Eine einfache Schlämmprobe bringt es an den Tag. Man schüttelt eine Hand voll Gartenerde in einem Glaszylinder mit Wasser auf und wartet, bis sich die Bestandteile gesetzt haben. Am Boden setzt sich Sand ab, darüber Lehm und darüber, schwebend, Humus. Die Bodenarten im einzelnen (von links nach rechts): sandiger Lehmboden, reiner Sandboden, humoser Sandboden.

Der richtige Boden für die richtigen Pflanzen

Pflanzung	Zuschlagstoffe	Maßnahmen
SANDIGE BÖDEN		
Gehölze	viel Kompost (1:1)	Im Pflanzloch mischen.
Prachtstauden, Nutzpflanzen	Kompost (1:2)	Unterharken oder mulchen.
Rasen	wenig Kompost (1:4)	Unterharken.
Wiese, Magerrasen	nicht erforderlich	keine
Wildstauden	etwas Kompost (1:3)	Unterharken, mulchen.
Zwerggehölze	etwas Kompost (1:3)	Untergraben, mulchen, ins Pflanzloch geben.
LEHMIGE BÖDEN		
Gehölze	wenig Kompost (1:4 bis 1:3)	Im Pflanzloch mischen.
Prachtstauden, Nutzpflanzen	etwas Sand (1:3) und etwas Kompost (1:3)	Untergraben oder -fräsen.
Rasen	etwas Sand (1:3)	Untergraben.
Wiese, Magerrasen	viel Sand (1:1)	Untergraben oder -fräsen.
Wildstauden	etwas Sand (1:3)	Untergraben oder Boden mulchen.
Zwerggehölze	wenig Kompost (1:4)	Untergraben oder ins Pflanzloch geben.
HUMUSREICHE BÖDEN		
Gehölze	keine	keine
Prachtstauden, Nutzpflanzen	keine	keine
Rasen	Sand (1:1)	Unterfräsen.
Wiese, Magerrasen	viel Sand (3:1)	Unterfräsen.
Wildstauden	etwas Sand (1:3)	Untergraben oder unterfräsen.
Zwerggehölze	etwas Sand (1:3)	Untergraben, -fräsen, ins Pflanzloch geben.

tion, was bei den Pflanzen schließlich zu Nährstoffmangel führt. Meist fehlt den Böden Kalk und Magnesium, worauf viele Pflanzen mit typischen Blattveränderungen reagieren. Diesen Mangel kann man mit Gaben mineralischer Zuschlagstoffe wie Algenkalk oder kalkhaltigem Gesteinsmehl, **aber auch mit Kompostgaben gut und rasch beheben.** Es gibt freilich Pflanzen, die gerade solch saure Bodenbedingungen lieben, z. B. die Heidekräuter und andere Bewohner bodensaurer Heiden.

Den Pflanzen geben, was sie brauchen

Bei der Pflanzenauswahl sollte man den Standortbeschreibungen auf den Steckbriefen oder Etiketten Aufmerksamkeit schenken. Hier findet man meist die Faktoren Bodenfeuchtigkeit, Bodenreaktion und Bodenart für die betreffende Pflanzenart aufgeführt, und zwar in der Reihenfolge ihrer Wichtigkeit sowie in verschiedenen Abstufungen. Damit ist der Standort Boden für die meisten Gartenpflanzen auch hinreichend genau beschrieben.

Wer einen frischen neutralen Lehmboden im Garten sein Eigen nennt, hat gute Ausgangsbedingungen für eine breite Palette von Gartenpflanzen. Aber auch für magere oder sandige Böden gibt es eine Vielzahl von geeigneten Pflanzen. Wer sich den Aufwand einer Bodenanpassung sparen möchte, wählt nur solche Pflanzen aus, die mit den vorhandenen Bedingungen gut zurechtkommen **und spart so eine Menge Zeit und Arbeitsaufwand.**

Der Gartenboden

Den Kompost richtig bereiten

Fristet der **Kompost** *auch bei Ihnen eher ein* **Schattendasein**? *Dann wissen Sie wohl noch nicht, dass er Ihnen helfen kann,* **viel Zeit und Geld zu sparen**!

Einen Kompostplatz anlegen

Richtig „komponierter" Kompost stinkt nicht und ist ein wertvoller organischer Dünger für den Garten. Für seine Zubereitung benötigt man eine halbschattige, windgeschützte Stelle, auf der mindestens zwei Behälter Platz finden. Etwas Arbeitsraum, eine ebene Fläche zum Abstellen der Schubkarre und ein Regenwasserfass komplettieren die Anlage. Am besten ist der Kompostplatz bei der Gartenhütte und beim Nutzgarten aufgehoben. Wer hier auch Zusatzstoffe lagern, Regenwasser sammeln, den Häcksler betreiben und den Reife-

Verhältnis von Kohlenstoff (C) zu Stickstoff (N)

Gartenabfall	C : N	Wirkung im Kompost
Abfälle von Hülsenfrüchten	15 : 1	Stickstoffgeber, trocken
Baum- und Heckenlaub	50 : 1	Stickstoffnehmer, nass
Brennnesseljauche	10 : 1	Stickstoffgeber, nass
Getreidestrohhäcksel	100 : 1	Stickstoffnehmer, trocken
Kartoffelkraut	25 : 1	ausgewogen
Küchenabfälle	20 : 1	Stickstoffgeber, feucht
Rasenschnitt	12 : 1	Stickstoffgeber, feucht
Sägemehl, Holzhäcksel, Pappe, Papier	500 : 1	Stickstoffnehmer, trocken, luftig
Strohmist, Kleintiermist	15 : 1	Stickstoffgeber, feucht

Kompostprofil
Hier sieht man reifen Kompost im unteren Drittel, halbgaren Kompost in der Mitte und obenauf unverrottetes Material aus dem Garten.

DAS MACHT'S LEICHTER

● Das kraftaufwändige traditionelle Kompostsieben erübrigt sich durch Anschaffung eines Feinkompostierers. Hier wird der Kompost mittels einer Handkurbel durch ein Gittersieb gepresst. Steine, Aststücke und andere grobe Teile bleiben zurück und nur der feine Kompost rutscht über ein Blech in den Auffangbehälter.

kompost sieben kann, hat einen optimalen Kompostplatz.

Dessen Größe und Komponenten hängen ganz entscheidend von der Gartengestaltung, dem anfallenden Material, dem Kompostbedarf und den Pflegetechniken der Gartenbesitzer ab. Wenn Sie z. B. allen anfallenden Grasschnitt zum Mulchen verwenden, das Laub unter die Hecke kehren und den Gehölzschnitt zu Haufen aufschichten, benötigen Sie auch bei einem großen Garten lediglich einen Thermokomposter für die Küchenabfälle. Wer dagegen alle Gartenabfälle kompostieren möchte und viel Reifekompost benötigt, braucht weit mehr Platz zum Sammeln der unterschiedlichen Materialien oder für mehrere Kompostbehälter.

Welcher Behälter?

Bei den Kompostsilos unterscheidet man offene und geschlossene Behälter. Offene Komposter bestehen entweder

Vielfalt
Grobe und feine, nasse und trockene Materialien werden im Wechsel in dünnen Schichten in den Komposter gefüllt (links).

Motorhäcksler
Im Häcksler (rechts) gut geschreddert verrotten die Materialien aus dem Garten viel schneller.

UNBEDINGT VERMEIDEN

Werfen Sie nie Teile von Wurzelunkräutern und deren Samen auf den Kompost. Viele vertragen Temperaturen bis zu 60 ºC, ohne Schaden zu nehmen.

Kompostbehälter

Drahtbehälter sind unauffällig, leicht zu transportieren und luftig. Sie eignen sich für große Mengen Laub, das nur langsam verrottet.

Bei einem stabilen Holzkomposter aus Rundbalken sollte die vordere Wand für die Beschickung und Kompostentnahme leicht zu öffnen sein.

Komposttonnen müssen genügend Lüftungslöcher in Boden und Seitenwänden aufweisen.

komplett aus Holz (meist als Bausatz erhältlich), aus Metalleckpfosten und Holzbrettern oder aus nicht verrottendem Recyclingkunststoff. Man kann einen offenen Kompostbehälter aber auch mauern. Dazu verwendet man am besten Lochziegel oder setzt die Mauersteine auf Lücke, damit auch seitlich Luft an den Kompost gelangt. Drahtbehälter sind besonders luftig, halten aber die Wärme schlecht, die bei der Rotte entsteht. Zum Kompostieren von Laub und Grasschnitt sind sie jedoch gut geeignet. **Man kann den leichten Behälter nach Abschluss der Rotte einfach hochheben**, um an den Kompost zu gelangen. Alle anderen Behälter sollten zu öffnen sein, damit man das Material leicht entnehmen kann. Geschlossene Behälter halten Wärme und Feuchtigkeit gut. Besonders in den isolierten Thermokompostern, die sich ausgezeichnet für Küchenabfälle und kleine Mengen organischen Materials eignen, verläuft die Rotte sehr schnell. Allerdings kann es dabei auch leicht zu Fäulnis kommen, wenn die Ausgangsmaterialien zu feucht sind.
Unten offene Behälter sollte man nur dann mit Essensresten füllen, wenn man den Boden vorher mit feinmaschigem Draht gegen Mäuse und Ratten

auskleidet. Rundum geschlossene Behälter mit seitlichen Lüftungsschlitzen kann man auch neben die Mülltonnen stellen. Leider sehen die meisten Silos nicht sonderlich dekorativ aus, sodass man sie gern in einem hübschen Verschlag versteckt.
Wer größere Mengen Laub, Grasschnitt und gehäckselte Zweige kompostieren will, braucht noch einen oder zwei weitere offene Kompostbehälter. Man kann das Material aber auch im Herbst als Miete aufsetzen und anschließend abdecken. Je nach Größe und Inhalt dauert die Rotte hier bis zu einem Jahr. Eine Miete setzt allerdings viel Platz und zusätzliche Fläche zum Sammeln des im Lauf des Gartenjahres anfallenden Materials voraus.

Kompost „komponieren"

In einem Komposthaufen laufen ähnliche Umsetzungsprozesse wie in der Humusschicht des Bodens ab. Die organischen Stoffe werden von Tieren mechanisch zerkleinert und anschließend von

Pilzen und Bakterien verdaut. Diese benötigen dazu Wärme, Luft und Feuchtigkeit. Außerdem muss für den Rotteprozess das Verhältnis von Kohlenstoff zu Stickstoff (etwa 30:1) in den Ausgangsmaterialien stimmen. Dann entsteht die für die Rotte benötigte Wärme von selbst. Für ausreichend Feuchtigkeit kann der Gärtner im Sommer durch Gießen sorgen. Ist der Kompost zu nass oder zu dicht, fehlt ihm allerdings die Luft.
Ein neu aufgesetzter Kompost sollte auf lockerem, gut dräniertem Boden stehen. Als unterste Schicht kann man grobere Materialien wie harte Stängel von Stauden, Stroh und grob gehäckseltes Astmaterial etwa 20 cm hoch aufschichten. Dann folgen weitere etwa 20 cm hohe Schichten unterschiedlichen organischen Materials. Dabei hat sich ein Wechsel von stickstoffreichem und stickstoffarmem Material bewährt. Ebenso sollte man auch zwischen trockenen und nassen, groberen und feineren Materialien abwechseln.

SO SPAREN SIE ZEIT

■ Das früher übliche Umsetzen des Komposthaufens und eine Lagerung von 2–3 Jahren sind überholt. Ein gut aufgeschichteter Kompost ist in der Regel nach 9, spätestens 12 Monaten fertig. Die Erde ist danach nicht vollständig mineralisiert, sondern enthält noch jede Menge aktiver Organismen, die auch dem Gartenboden zugute kommen.

Der Gartenboden

Mulchen schützt vor Unkraut

*Jeder Gärtner träumt von Beeten ganz **ohne Unkraut**, von einem lockeren Gartenboden ganz **ohne Hacken** und von üppigen Pflanzen ganz **ohne Gießen und Düngen**. Mulchen hilft diesen Traum weitgehend zu erfüllen.*

Wirksame Bodenbedeckung

Mulchen ist das Abdecken des Bodens zur Unkrautbekämpfung, Mulch heißt das dafür verwendete Material. Wurzelunkräuter kann man nur bekämpfen, indem man ihr Wachstum mit wuchshemmenden Stoffen oder mechanischen Sperren unterdrückt. Beides kann aber auch die Ausbreitung der erwünschten Pflanzen verhindern. Hacken und Unkrautrupfen dagegen fördert die Wurzelunkräuter sogar, denn die meisten können sich aus kleinsten Wurzelstücken regenerieren. Es gibt also nur zwei wirksame Methoden, die von der gewünschten Bepflanzung abhängen: Unter Gehölzen kann man den Boden mit mechanischen Sperren wie Mulchfolien freihalten oder eine sehr dicke Schicht von mindestens 10 cm wuchshemmendem Rindenmulch aus Nadelgehölzen ausbringen. In Stauden-

beeten sind beide Methoden nur bedingt anwendbar. Mechanische Sperren verhindern die Ausbreitung der erwünschten Stauden und Rindenmulch schadet den meisten Arten ebenso wie den Unkräutern. Gegen Wurzelunkräu-

ter hilft hier nur eine flächendeckende Bepflanzung, die weder Raum noch Licht übrig lässt. Da viele Unkräuter entweder verdichteten Boden oder ständiges Hacken sowie viel Sonne lieben, kann man sie mit einer dichten

Schotter
Auch mit mineralischen Materialien wie Natursteinen, Schotter, Kies und Splitt lässt sich der Boden optisch ansprechend mulchen. Pflanzen für magere Standorte fühlen sich hier ausgesprochen wohl.

Rindenmulch
Gehäckselte Nadelholzrinde enthält viele keimhemmende Stoffe und verhindert damit wirkungsvoll die Unkrautbildung. Allerdings wird sie nicht von allen Gartenpflanzen vertragen und versauert auf Dauer den Boden.

Bepflanzung auf einem gut gelockerten Boden vertreiben.
Samenunkräuter sind Pionierpflanzen. Sie lieben offenen unbedeckten Boden und treten am liebsten in den ordentlichsten Beeten auf. Mit einer keimhemmenden Mulchdecke kann man sie gut eindämmen. Diese kann aus mineralischen oder organischen Stoffen bestehen. Wichtig ist, dass die Schicht zur Pflanzung passt und diese fördert. Ist kein offener Boden vorhanden, können

✗ UNBEDINGT VERMEIDEN
Lassen Sie Unkraut niemals zur Samenreife kommen, denn so verbreitet es sich auch in entfernte Gartenecken.

Geräte zur Bodenbearbeitung
Spaten, Krail, Grabgabel, Kultivator, Ziehhacke, Sauzahn, Rechen, Fächerbesen und Schlaghacke (von links nach rechts) – mit diesen Geräten steht Ihnen ein bewährtes Arsenal zur Verfügung, um Ihre Böden optimal zu bearbeiten.

Mulchmaterialien für verschiedene Pflanzungen

Pflanzung	Mulchmaterial (Korngröße in mm)	Schichtdichte
Gemüse, Küchenkräuter	Papier, Mulchscheiben, Vlies Strohhäcksel, Rasenschnitt	einige mm 3– 8 cm
Halbschattige bis schattige Beete mit Waldstauden und Gehölzen	Holzhäcksel, Rindenmulch (10/40), Laub, Laub-, Mulchkompost, Rasenschnitt	5–10 cm 10–20 cm
Mediterrane Kräuter, Schotterrasen, Duftwege	Kalkschotter, Blähschiefer, Ziegelsplitt, Lava (0/32)	5–15 cm
Sonnige bis halbschattige Beete mit Stauden, Gehölzen, Obstgehölzen	Laub, Rasenschnitt, Strohhäcksel Rindenmulch, Laub-, Mulchkompost	3–8 cm 5–10 cm
Trockene, magere, sonnige Freiflächen mit Stauden, Horstgräsern, Halb- und Zwerggehölzen	Sand, Kies, Splitt, Kalkschotter (0/32) Blähschiefer, Ziegelsplitt, Lava, Rundkies (2/6)	5–15 cm 5–10 cm

Holz als Rohstoff
Je nach Ausgangsmaterial und Häckseltechnik ist das Mulchmaterial unterschiedlich gefärbt und strukturiert und verrottet langsamer oder schneller.

die meisten Samenunkräuter nicht mehr keimen. Wer also selbstaussamende Stauden pflanzt, der sollte die Mulchschicht so wählen, dass diese auch keimen und sich natürlich ausbreiten und verjüngen können. Wo saurer Boden vorherrscht und entsprechende Pflanzensamen wie von Birke und Ampfer umherschwirren, ist eine Kalk liebende Staudenpflanzung ideal. Sie wird von einer dicken Mulchdecke aus Kalkschotter gefördert und gedeiht, während die anfliegenden Samen vieler Unkräuter keine Chance zum Keimen finden. Umgekehrt wirkt eine Mulchdecke aus saurem Rindenschrot keimhemmend auf Kalk liebende Unkräuter.

Mulchen als Bodenschutz

Eine Mulchdecke hemmt nicht nur Unkraut, sie hat auch viele Vorteile für den Boden. So bleibt er darunter viel länger feucht **und muss im Sommer kaum noch gegossen werden**. Zudem kann er nicht verschlämmen, wie es bei nackter Erde der Fall ist. Gemulchter Boden bleibt selbst bei Platzregen und anschließender Hitze locker, denn das Wasser sickert nur langsam durch die dicke Schutzschicht und kann so die

Erde nicht verdichten. Eine Mulchdecke schützt außerdem vor großer Hitze und nächtlicher Kälte. In solch ausgewogenen Verhältnissen fühlen sich die Bodenlebewesen besonders wohl. All diese positiven Wirkungen gehen von sämtlichen natürlichen und künstlichen Mulchdecken aus, ob es sich nun um Laub, Vlies, Kies oder Hackschnitzel handelt.

Mulchfolien
Solche Folien sind für sehr stark verunkrauteten Boden und für Nutzpflanzenkulturen überaus praktisch – und preiswert.

Bei Verwendung von organischen Materialien wie Laub, Grasschnitt, eigenem Mulchkompost oder gekauftem Rindenkompost ernährt man den Boden außerdem noch mit der Mulchschicht, **sodass bei vielen Pflanzungen sogar das Düngen entfallen kann**.

Lebender Bodenschutz

Der beste Bodenschutz ist allerdings eine standortgerechte bodendeckende Bepflanzung. Sie verhindert zudem noch wirkungsvoll das Aufkommen von Unkraut. Planen Sie deshalb von vornherein eine dichte bodendeckende Bepflanzung oder Einsaat an allen Standorten mit bloßem Erdreich. Da man aber selbst Bodendecker nicht so dicht pflanzen kann, dass sofort alle Flächen bedeckt sind, muss man auch hier zu Anfang dick zwischen den jungen Pflänzchen mulchen.

DAS MACHT'S LEICHTER

● Mulchen Sie während dem Pflanzen von Stauden und nicht erst danach! Denn man zertritt frisch Gepflanztes oft aus Versehen. Am besten stellen Sie sich mehrere Eimer mit Mulchmaterial in Reichweite und bedecken immer gleich eine kleine, frisch bepflanzte Fläche, die in Armeslänge erreichbar ist. So können Sie an der Mulchdecke gut erkennen, wo Sie bereits gepflanzt und gegossen haben.

Gärtnern mit der Natur
Standortfaktoren kennen lernen

Wer das Klima in seiner Region kennt, der kann mit der richtigen Gestaltung und Bepflanzung in seinem Garten rund ums Jahr ein **angenehmes Kleinklima** *schaffen,* *das ihm* **viel Pflege abnimmt**.

Sonne und Schatten

„Wo viel Licht ist, ist auch viel Schatten", wusste schon Goethe. Allerdings verändert sich der Einfallswinkel der Sonnenstrahlung im Verlauf eines Jahres und selbst innerhalb eines Tages stark. Dementsprechend sind auch die Schatten kürzer oder länger. Bei der Gartenplanung und -gestaltung müssen daher größere Objekte und deren Schattenwurf berücksichtigt werden.

Wer schon einen Garten besitzt, kennt alle sonnigen und schattigen Plätzchen zu allen Jahreszeiten. Bei einer Neuanlage dagegen ist es nicht leicht, den Schattenwurf künftiger Gehölze abzuschätzen. Wer denkt schon an den Schattenwurf von Bäumen, Hecken, Gartenhäuschen und Stangenbohnen? Außerdem sind noch weitere Aspekte zu beachten. So ist der Spielbereich für die Kinder in der Regel im wärmeren Südwesten gut aufgehoben, denn sie spielen häufig erst nachmittags im Garten. Im Frühling und Herbst braucht der Spielplatz dafür meist keinen Schatten, im Sommer aber ist hier ein Schattenspender erwünscht. Für Berufstätige ist gerade im Sommer die tief stehende Abendsonne im Westen bis Nordwesten sehr wertvoll, hier sollte man keinen Schattenspender pflanzen.

Wärme und Kälte

Der Sonnenstand bestimmt neben den Lichtverhältnissen auch die Temperaturverhältnisse im Garten. Je höher die Sonne am Himmel steht, desto intensiver ist die Wärmestrahlung. Diese kann am Ort des Auftreffens teilweise

Natursteinpflaster als Heizung
Dunkle Steine heizen sich in der Sonne besonders auf und geben die Wärme am Abend noch lange ab.

gespeichert oder reflektiert werden. Dabei heizen sich z. B. dunkle Bodenbeläge im Sommer so stark auf, dass man darauf nicht barfuß gehen kann. Helles leichtes Holz und poröse Steine erwärmen sich dagegen kaum und speichern auch wenig Wärme. Man kann hier selbst im Sommer ohne Schuhe gehen. Der Bodenbelag kann also das Mikroklima auf der Terrasse stark beeinflussen.

Mit Schatten rechnen
Zu den verschiedenen Jahreszeiten werfen alle Objekte im Garten abhängig vom Stand der Sonne unterschiedlich lange und tiefe Schatten – bei der Pflanzenwahl sollte man vor allem den Schattenwurf des Hauses berücksichtigen.

Schatten am 20. Februar
Um 15 Uhr ist der Hausschatten im Nordosten etwa dreimal so lang wie die Haushöhe.

Schatten am 20. Mai
Um 7.15 Uhr ist der Schatten im Westen etwa zweimal so lang wie die Haushöhe.

Schatten am 20. Juni
Um 18.30 Uhr ist der Schatten im Südosten etwa fünfmal so lang wie die Haushöhe.

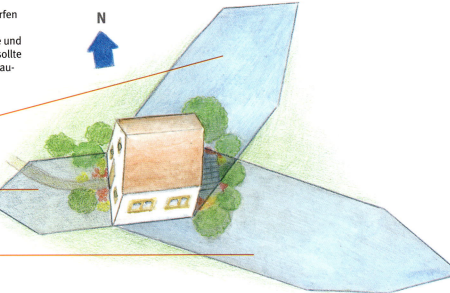

Sicht- und Windschutzmaßnahmen

Schutzmaßnahme	Pflanzenbeispiel	Pflegeaufwand/Maßnahme
Begrünte Mauer	Efeu, Kletter-Hortensie, Wilder Wein, Kletterrosen u. a.	gering/Wurzelsperre nötig, im Winter vor Nassschnee schützen.
Begrünte Trockenmauer (Mauerfußbegrünung)	Geißklee, Ginster, Spierstrauch, Gamander, Thymian u. a.	gering/Aussparungen in der Fundamentverbreiterung zum Pflanzen nötig.
Begrünte Trockenmauer (Mauerkronen- und Fugenbegrünung)	Mauerraute, Hauswurz, Sedum, Zwerg-Glockenblumen, Steinquendel, Zimbelkraut	sehr gering/Überhängende Zwerg- und Halbgehölze auf der Mauerkrone, für Fugen nur Kleintopfstauden verwenden.
Begrünter Erdwall	Weiden, Hartriegel, Rosen, Ginster, Mannsblut, Lavendel u. a.	mittel/Nur Trockenheit vertragende Gehölze und Halbgehölze mit reich verzweigtem Wurzelwerk pflanzen.
Begrünter Zaun	Waldrebe, Geißblatt, Kletterrose u. a.	gering/Nur schwach wachsende Kletterpflanzen verwenden.
Begrünte Sichtschutzwand	Bambus in Arten und Sorten	gering/Schwach bis mittelstark wachsende Pflanzen verwenden.
Frei wachsende Laubhecke (einreihig)	Hartriegel, Hasel, Schneeball, Weißdorn u. a.	gering/Erster Schnitt erst nach ca. 10 Jahren nötig.
Frei wachsende Laubhecke (zwei- bis dreireihig)	wie oben, auch Rosen, Weiden u.a.	gering bis mittel/Schnitt erst nach 10 Jahren, oder Einzelpflanzen nach und nach einkürzen.
Sommergrüne Laubhecke (geschnitten)	Rot-Buche, Hainbuche, Feld-Ahorn	gering bis mittel/Ein- bis zweimal jährlich schneiden.

Gartenthermometer
Die Temperatur in Bodennähe kann von der vorhergesagten Lufttemperatur (gemessen in 2 m Höhe) erheblich abweichen. Bodenthermometer messen die Temperatur in der Erde und geben Auskunft über die Aktivität der Bodenorganismen.

Temperaturunterschiede am Boden sind der Motor für Luftbewegungen. Auch im Garten entstehen Auf- und Abwinde. Achten Sie darum bei Sonnenschirmen und Markisen immer auf luftdurchlässige Gewebe, damit sich darunter die Hitze nicht staut. Wer aber seinen Sitzplatz abends nutzen möchte, ist mit einem Dach gut geschützt, das die Wärmeabstrahlung erheblich mindert. Das Blattwerk von Bäumen lässt immer Luft hindurch, darum ist es in seinem Schatten so viel kühler als unter einem Sonnenschutz.

Gefühlte Wärme ist aber auch eine Frage der Luftfeuchte, denn wir kühlen uns über den Schweiß auf der Haut ab. Je höher die Luftfeuchte und je schwächer der Wind, desto weniger transpirieren wir. Ein Windschutz ist im Herbst und Winter angenehm, im Sommer jedoch sind wir über jedes erfrischende Lüftchen froh.

Regen und Wind

In unseren Breiten gibt es rasche Wechsel zwischen Hoch- und Tiefdruckgebieten und damit zwischen trocken-kalten Ost- und feucht-warmen Westwinden. Vor Winden kann man sich wirksam mit Mauern, Sichtschutzwänden und Hecken schützen. Mauern und Gebäude lenken den Wind um, dabei entsteht an der Oberkante oder in Durchlässen ein Düseneffekt mit höherer Windgeschwindigkeit. Durchlässige Holzwände, begrünte Zäune und Hecken wirken dagegen als Windbremsen ohne nachteilige Nebeneffekte. Gut geschützt sitzt man auch an einem vertieften Platz, der mit einer Stützmauer gen Süden einen guten Wärmespeicher für die Abendstunden liefert.

Ein hoher Windschutz im Westen bietet zugleich guten Schutz vor Schlagregen, der meist aus dieser Richtung kommt. Feste Dächer mit Eindeckung spenden zwar Regenschutz und Schatten, können aber an der Terrasse die Räume dahinter verdunkeln.

Abhilfe schaffen hier durchsichtige Glas- oder Kunststoffdächer. Wichtig ist dabei eine ausreichende Neigung, **damit sich keine Algen und Moose festsetzen können**. Eine variable Schattierung über dem Dach verhindert im Sommer ein Treibhausklima darunter. Man sollte den Jahresdurchschnitt der Niederschläge für seine Region in Erfahrung bringen, um die Gartenbepflanzung gut darauf abzustimmen.

Laubhecken
Geschnittene Buchen und Hainbuchen verlieren ihr Herbstlaub selbst im Winter kaum und bieten daher rund ums Jahr einen guten Sicht- und Windschutz.

FERTIG IN 30 MINUTEN
► Ein Thermometer im Garten installieren, eine Wetterstation aufhängen und einen Regenmesser aufstellen.

Gärtnern mit der Natur
Das Klima ist wichtig für die Pflanzenwahl

Wenn Sie das spezielle Klima in Ihrem Garten **gut kennen**, *können Sie viel besser einschätzen, welche Pflanzen optimal zu diesen Standortbedingungen passen. Damit ist ihre* **gesunde Entwicklung** *fast schon* **garantiert**.

Frost, Schatten, Nässe
Bei der Pflanzenwahl sollte man alle Standortfaktoren berücksichtigen – für Frost (links), Schatten (unten links) und Feuchtigkeit (Moosbewuchs unten) eignen sich nur bestimmte Pflanzen.

Lebensbereiche erkunden

Wichtige Standortfaktoren im Garten sind an erster Stelle die Lichtexposition (Sonne, Halbschatten oder Schatten) und an zweiter die Bodenbedingungen (trocken, frisch, feucht, nass). Diese Daten dürfen Sie auf keinen Fall übergehen, wenn Ihre Pflanzen gut gedeihen sollen. Sie sind in der Regel in Pflanzenkatalogen und auf den Etiketten angegeben. Die Qualität des Bodens und seinen Nährstoffgehalt kann man für kleine Gehölze und für Stauden mit Zuschlagstoffen und organischem Dün-

ger anpassen. Bei großen, tiefer wurzelnden Gehölzen ist das wesentlich schwieriger. Größere Bäume und Sträucher beeinflussen jedoch das Klima und den Boden in ihrer Umgebung, stellen also ihrerseits wichtige Standortfaktoren für Stauden und Zwerggehölze dar. Darum bezeichnet man sie auch gern als Leitgehölze.

Das Gartenklima

Der Bodenzustand ist von den geologischen Ausgangsbedingungen, aber auch von den Niederschlägen abhängig. Mit künstlicher Bewässerung kann man sich in Maßen davon unabhängig machen, allerdings hat es keinen Sinn, etwa Feuchtgebiete in einer trockenen Ge-

gend anzulegen. Manche Pflanzen reagieren auch empfindlich auf zu viel Regen; besonders im Herbst und Winter kann das zu Wurzelfäule führen. Ein anderer wichtiger Standortfaktor ist die Frosttoleranz. Sie kann bei Gehölzen mit dem Alter zunehmen, sodass man nur junge Exemplare anfangs schützen muss. Immergrüne Gehölze erfrieren im Winter nicht, können aber bei sonnigem Winterwetter vertrocknen, da sie aus dem gefrorenen Boden kein Wasser ziehen können, über ihre Blätter aber auch im Winter Feuchtigkeit ausscheiden.
Stauden (alle nicht verholzenden Pflanzen) haben dagegen die unterschiedlichsten Überwinterungsstrategien entwickelt: Sie sind entweder frosttolerant und immergrün oder einjährig und überleben nur als Samen. Oder sie sind mehrjährig und ziehen sich in den Boden zurück, wo sie mit Speicherorganen wie Zwiebeln oder Knollen überdauern. Eine schützende Laubdecke hilft den meisten, sogar raue Winter zu überstehen. Eine lockere Schneedecke wirkt ebenfalls wärmend.

Klima und Habitus

Nicht nur die Größe, auch die Form eines Baumes und seiner Blätter kann das Gartenklima nachhaltig beeinflussen. So werfen schlanke Bäume weniger Schatten als ausladende, und unter einer geschlossenen Krone ist es dunkler als unter einer lichten. Die Feuchtigkeitsverhältnisse unter Bäumen können in der Folge ganz unterschiedlich sein. Lichte Kronen lassen den Regen selbst in Stammnähe durch, bei geschlossenen Kronen rinnt er nur am äußeren Rand, der Kronentraufe, herab. Dementsprechend ist auch die Wurzelausbildung im ersten Fall oberflächennah (z. B. bei der Birke) oder eben tiefer im Boden. Feuchtigkeit liebende Pflanzen haben meist große weiche Blätter, Schatten liebende dunkelgrüne, während Sonne liebende sich oft durch schmale silbrige oder behaarte Blätter auszeichnen. Windintolerante Pflanzen bleiben niedrig, lichthungrige streben dagegen zum Himmel. Am falschen Standort entwickeln viele Pflanzen aber oft auch ein ganz anderes Wuchsbild. Sie „schießen" bei Lichtmangel oder verkrüppeln im rauen Wind.

Auch das Wurzelwerk passt sich an die Bodenbedingungen an: Auf trockenen und mageren Böden ist es meist reich

verzweigt und weit ausgedehnter als die oberirdischen Teile, allerdings gibt es auch Pflanzen, die schnell eine lange Pfahlwurzel in den Boden treiben und so die Konkurrenten um Wasser ausschalten. All diese Faktoren bestimmen die Zusammensetzung einer Pflanzengemeinschaft, die sich unter natürlichen Bedingungen selbst bildet. Im Garten kommt es nun darauf an, das Wesentliche des Naturvorbildes zu erkennen und ästhetisch überzeugend umzusetzen.

Naturnah gestalten

Nur mit einer standortgerechten Artenauswahl können Sie auch klimatisch schwierige Plätze ansprechend begrünen. **Naturnah gestaltete Pflanzungen regulieren sich weitgehend selbst und benötigen nur minimale Pflege**. Sie bieten zudem das ganze Jahr über ein harmonisches Bild. Die Pflanzen ergänzen sich oberirdisch im Wuchsbild und kommen auch unterirdisch gut miteinander aus, ohne einander zu verdrängen. Das ist besonders unter Bäumen und vor Hecken wichtig, da hier großer Wurzeldruck mit einer scharfen Konkurrenz um Wasser und Nährstoffe einhergeht.

Schon aus diesen Gründen sollte man unbedingt die schützende Laubschicht des Herbstes liegen lassen, die den oberen Bodenschichten Nährstoffe zuführt, ebenso einen gehörigen Teil Totholz, denn in dem warmen verrottenden Holz überwintern viele Nützlinge, die Ihnen bei der Schädlingsbekämpfung im Garten helfen können.

Lebensbereiche im Garten
Unterschiedliche Bodenverhältnisse und der Grad der Besonnung zeichnen die verschiedenen Lebensräume aus.

Freiflächen
Sonnig bis halbschattig, Boden trocken bis frisch

Felsige, steinige Standorte
Sonnig, heiß, sehr trockener warmer Boden

Gehölzrand
Im Schatten frischer Boden, in der Sonne trockener Boden

Steppenheide, Mauerfuß
Sonnig bis absonnig, trockener kalkreicher Boden

Heide
Sonnig bis halbschattig, sandiger, nährstoff- und kalkarmer Boden

Wasserrand
Sonnig bis halbschattig, feuchter bis nasser Boden

Unter Laubgehölzen
Im Winter sonnig, im Sommer schattig, Boden humos, frisch

Unter Koniferen
Schattig bis dunkel, Boden trocken und sauer

Gärtnern mit der Natur
Der phänologische Kalender zählt anders

Oft ist es zum Frühlingsanfang fast sommerlich warm, dafür im Juni bitterkalt. Die **Natur** *entfaltet sich je nach Region und Jahr* **ganz unterschiedlich**. *Wenn Sie bestimmte Pflanzen länger* **beobachten**, *haben Sie bald einen eigenen* **Naturkalender** *für Ihren Garten zur Hand.*

Ein präziser Klimamesser
Der astronomische Datumskalender kennt nur vier Jahreszeiten. Aber der Naturzyklus ist nicht allein von Sonnenstand, Tageslänge und Großwetterlagen, sondern auch von lokaler Temperatur, Feuchtigkeit und anderen veränderlichen Faktoren abhängig. Auf viele jahreszeitlich bedingte Veränderungen reagieren die Pflanzen mit einer für sie typischen saisonalen Dynamik. Einige Bäume und Sträucher unserer Heimat dienen darum als zuverlässige Kennpflanzen, deren Entwicklungsstadien den Eintritt in eine bestimmte lokale Jahreszeit markieren. Aus den langjährigen Durchschnittswerten kann man für jede Region eine feinere Jahreszeitenuhr ermitteln. **So erfährt man viel über das eigene Regionalklima und kann sich bei der Gartenarbeit gut danach richten.**

Genauere Jahreszeiten
Die Phänologie, die Lehre von den Erscheinungen, unterteilt den Jahreszyklus in zehn Jahreszeiten und kommt damit den periodischen Entwicklungen in der Natur weit näher als die vier Jahreszeiten des Kalenders. Biologen und Meteorologen haben verschiedene, weit verbreitete Pflanzenarten ausgesucht, die mit bestimmten Wachstumsphasen den Vegetationsablauf übers Jahr zuverlässig markieren.
Saisonale Erscheinungen sind aber auch bei den Tieren zu verzeichnen. Die Rückkehr der Zugvögel, das Brüten einzelner Vogelarten, die Verpuppung von Schmetterlingsraupen, das Auftreten der fertigen Schmetterlinge, die Mauser der Vögel, ihr Abflug in die Überwinterungsgebiete, die Ankunft der Wintergäste und viele andere saisonale Erscheinungen sind zuverlässige Zeitgeber

Wirkt er oder wirkt er nicht?
Viele Gartenaktivitäten sollen besonders erfolgreich gelingen, wenn man sie zu bestimmten Mondphasen durchführt.

der Natur. Und wer die Jahresdynamik anhand von Pflanzen und Tieren im eigenen Garten und der Umgebung sorgfältig beobachtet, wird bald zum Experten in Sachen Phänologie und lernt, **bei Aussaat, Pflanzung und Überwinterung der Gartenpflanzen Zeit raubende Fehler zu vermeiden**.

Die Macht des Mondes
Für den richtigen Zeitpunkt des Säens, Pflanzens und Erntens gibt es in Gartenpraxis und -literatur unzählige Empfehlungen. Neben der vernünftigen Beachtung von Jahreszeit und Klima beziehen sich viele auch auf die Gestirne, besonders auf den Mond. Ohne Zweifel werden physikalische Vorgänge auf der Erde wie die Gezeiten vom Mond beeinflusst. Auch viele Tiere richten ihren Lebenszyklus nach unserem Trabanten. Seit der Antike wird dem Mond aber auch ein großer Einfluss auf das Pflanzenwachstum nachgesagt. Die biodynamische Anbaumethode, der Kalender der Maria Thun, die Empfehlungen der Hildegard von Bingen u. a. sind voll von astrologischen Bezügen. Viele Menschen richten sich bis heute danach, obwohl bisher keine wissenschaftlichen Nachweise für die Wirkung des Mondes auf Pflanzen erbracht werden konnten. Sein Licht ist dazu selbst bei Vollmond zu schwach, und seine Anziehungskräfte sind zu gering.

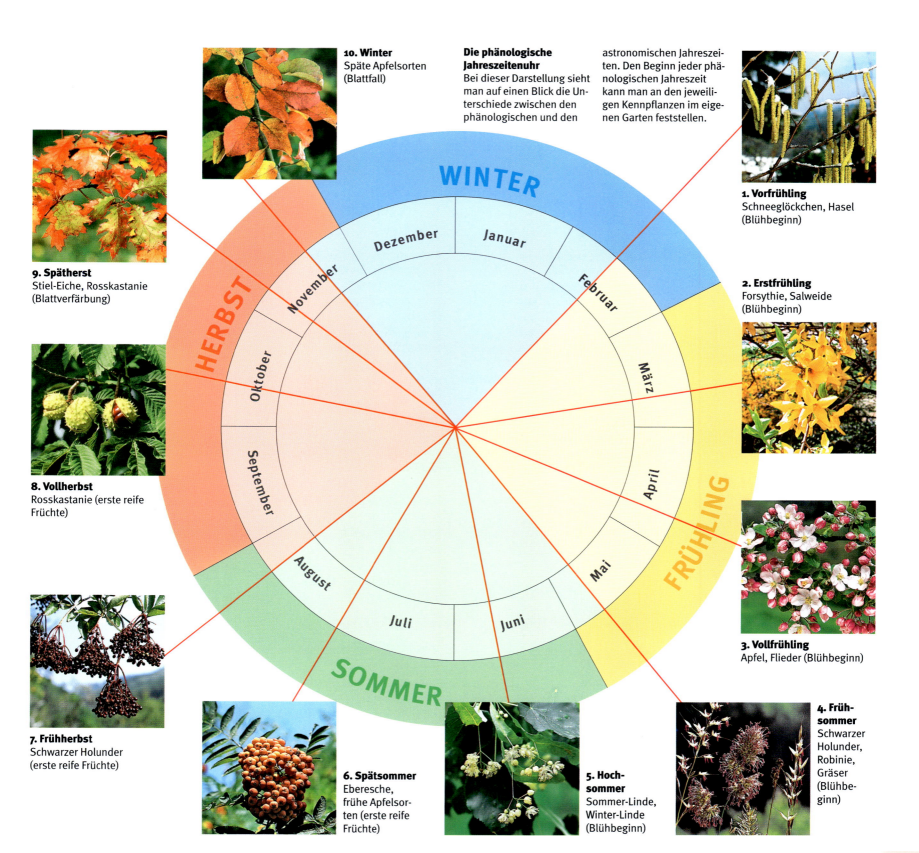

10. Winter
Späte Apfelsorten
(Blattfall)

Die phänologische Jahreszeitenuhr
Bei dieser Darstellung sieht man auf einen Blick die Unterschiede zwischen den phänologischen und den astronomischen Jahreszeiten. Den Beginn jeder phänologischen Jahreszeit kann man an den jeweiligen Kennpflanzen im eigenen Garten feststellen.

1. Vorfrühling
Schneeglöckchen, Hasel
(Blühbeginn)

2. Erstfrühling
Forsythie, Salweide
(Blühbeginn)

9. Spätherst
Stiel-Eiche, Rosskastanie
(Blattverfärbung)

8. Vollherbst
Rosskastanie (erste reife Früchte)

3. Vollfrühling
Apfel, Flieder (Blühbeginn)

7. Frühherbst
Schwarzer Holunder
(erste reife Früchte)

6. Spätsommer
Eberesche, frühe Apfelsorten (erste reife Früchte)

5. Hochsommer
Sommer-Linde, Winter-Linde
(Blühbeginn)

4. Frühsommer
Schwarzer Holunder, Robinie, Gräser
(Blühbeginn)

WINTER

HERBST

FRÜHLING

SOMMER

Dezember
Januar
Februar
März
April
Mai
Juni
Juli
August
September
Oktober
November

Gärtnern mit der Natur
Arbeiten im Frühling

Wenn der **Frühling beginnt**, hält es keinen Gartenbesitzer mehr im Haus, denn der Garten muss fit gemacht werden für die neue Saison – und wer das mit Bedacht durchführt, der legt jetzt **ohne unnötigen und Zeit raubenden Aufwand** den Grundstein für ein erfolgreiches Gartenjahr.

	Bäume und Sträucher	Stauden und Blumen	Rasen und Wiese
MÄRZ	• Winterschutz an Rosen entfernen und die Rosen schneiden. • Neue wurzelnackte Gehölze und Containerpflanzen wie z. B. Kletterpflanzen im Topf jetzt pflanzen. • Sträucher, die im Spätsommer blühten, jetzt auslichten, Frostschäden an Gehölzen beseitigen. • Starkwüchsige Sträucher wie Weiden und Hartriegel zurückschneiden. • Letzter Termin für den Heckenschnitt (wegen Beginn der Brutsaison).	• Pflanzflächen für Stauden vorbereiten: Mulchdecke entfernen, den Boden lockern und düngen. • Winterharte frühblühende Stauden pflanzen. • Frühblühende Zweijährige und winterharte Einjährige aussäen. • Ausdauernde Frühblüher wie Schneeglöckchen sowie Stauden, die im Mai blühen, teilen und umsetzen. • Sommerblumen auf der Fensterbank vorziehen.	• Der erste Rasenschnitt ist fällig, spätestens wenn das Gras bereits 7–8 cm hoch ist. • Nasse Kuhlen und beschädigte Stellen im Rasen beseitigen. • Rasenkanten sauber abstechen. • Für neu anzulegende Beete Rasensoden abstechen und damit beschädigte Stellen reparieren oder einen Rasensodenkompost aufsetzen.
APRIL	• Früh- und winterblühende Sträucher nach der Blüte schneiden. • Zwerg- und Halbgehölze (Erika, Lavendel, Buddleia) zurückschneiden. • Stecklinge jetzt schneiden und in Töpfe setzen. • Frisch gepflanzte Gehölze düngen und regelmäßig gießen. • Neue Triebe von Kletterpflanzen festbinden.	• Verwelkte Blüten der Zwiebelpflanzen entfernen. • Spätblühende Stauden pflanzen. • Robuste Sommerblumen ins Freiland setzen. • Zu groß gewordene oder blühfaule Stauden teilen. • Dahlien in Töpfen vortreiben (zu große Knollen vorher teilen). • Einjährige Sommerblumen aussäen.	• Den Rasen belüften, vertikutieren und düngen. • Für neuen Rasen das Saatbeet vorbereiten und bei warmer Witterung einsäen. Anschließend feucht halten. • Vermooste Rasenfugen reinigen, mit Sand auffüllen und mit Duftrasensamen neu einsäen. • Ein weiterer Rasenschnitt ist fällig. Das Schnittgut zum Mulchen von neu gepflanzten Stauden oder Nutzpflanzen verwenden.
MAI	• Frisch Gepflanztes gut wässern und mulchen. • Wurzelschösslinge (z. B. vom Flieder) und störende Absenker (z. B. vom Hartriegel) entfernen. • Empfindliche Kübelgehölze können nach den Eisheiligen ins Freie gepflanzt werden.	• Chrysanthemen und Dahlien ins Freie pflanzen. • Vorgezogene Einjährige ins Freie pflanzen. • Mehrjährige Stauden jetzt säen, Aussaat der Einjährigen beenden. • Große Stauden bei Bedarf stützen. • Verwelkte Blüten von Zwiebelblumen entfernen. • Unkraut jäten und Beete mulchen.	• Der Rasen muss wöchentlich bis 14-tägig gemäht, falls nötig auch bewässert und gedüngt werden. • Disteln und andere Unkräuter von Hand ausstechen. • Beschädigte Stellen ausbessern und nachsäen. • Rasen mit Zwiebelblumen erst mähen, wenn deren Laub abgestorben ist.

Gartengewässer	Obst und Gemüse	Topf- und Kübelpflanzen	Infrastruktur und Geräte
• Technische Geräte wie Pumpen und Beleuchtung am Teich auf Frostschäden untersuchen, warten, reparieren oder neu installieren. • Folienränder auf Frostschäden untersuchen und evtl. neu abdecken. • Falllaubreste und anderen schwimmenden Schmutz mit einem Käscher entfernen. • Holzdecks und Stege reinigen, auf Frostschäden untersuchen und Schrauben nachziehen.	• Obstbäume düngen und Baumscheiben mulchen. • Obstbäume vor der Blüte mit biologischen Schädlingsbekämpfungsmitteln behandeln. • Schwarze Johannisbeeren, Stachelbeeren und Himbeeren stark zurückschneiden. • Gemüsebeete für Aussaat und Pflanzung vorbereiten. • Unempfindliche Gemüse und Kräuter jetzt in Frühbeete säen.	• Neue Töpfe und Kübel für die Saison aussuchen. • Vorhandene Töpfe und Kübel reinigen. • Dränagematerial, Pflanzerde und Vlies besorgen. • Kübelpflanzen im Winterquartier wieder mehr gießen. • Alle Kübelpflanzen auf Schädlingsbefall kontrollieren.	• Kontrollieren Sie vorsichtig Ihr Gartenhaus (manchmal überwintern hier Schmetterlinge, Fledermäuse, Siebenschläfer oder Haselmaus und dürfen noch nicht gestört werden). • Wege und Plätze auf Frostschäden prüfen und Schadhaftes erneuern. • Spätestens jetzt alle Gartengeräte reinigen und warten. • In milden Lagen die Wasserleitungen wieder in Betrieb nehmen und die Regentonnen füllen.
• Gut abgetrocknete Holzteile bei sonnigem Wetter falls nötig lasieren. • Erstes Unkraut am Teichrand jäten. • Mit der Fischfütterung vorsichtig und niedrig dosiert beginnen. • Neue Pflanzungen im Teich und am Ufer jetzt beginnen. • Unkraut am Ufer entfernen und frische Mulchdecke aufbringen.	• Zwiebeln stecken, Kartoffeln setzen. • Küchenkräuter in Reihen säen. • Kopfsalat in Reihen, Pflücksalat in Reihen oder breitwürfig säen. • Vorgezogene Salat- und Gemüsepflänzchen ins Freie pflanzen. • Die vorgezogenen Pflänzchen nun pikieren. • Empfindliche Pflanzen nachts weiterhin mit Vlies abdecken.	• Ab Mitte des Monats Kübelpflanzen tagsüber aus dem Winterquartier holen und langsam abhärten. • Pflanzen mit dichtem Wurzelballen in größere Gefäße umpflanzen. • Neue Kübel und Tröge bepflanzen, Begonienzwiebeln eintopfen. • Mulchdecke auf Kübeln und Trögen erneuern. • Fuchsien und Pelargonien düngen und reichlich gießen.	• Sämtliche Kinderspielgeräte warten, alle Schrauben festziehen und im Sandkasten wenn nötig den Sand austauschen. • Die Gartenmöbel aus dem Winterlager holen und säubern, alle Scharniere und Holzteile ölen und die Schrauben festziehen. • Den Kompost vom Herbst bei Bedarf umsetzen. Mit halbreifem Kompost können Sie Beete mulchen, reifen Kompost für die Pflanzung in Töpfen und Beeten verwenden.
• Seerosen jetzt teilen. • Dicht wachsende Uferstauden teilen und neu pflanzen. • Zuviel an Algen entfernen. • Wasserspiele kontrollieren. • Trockene Stege und Holzdecks frisch ölen. • Pools säubern und Filtertechnik überprüfen. • Miniwassergärten in Kübeln jetzt anlegen und bepflanzen.	• Beim Obst evtl. Früchte ausdünnen. • Neue Triebe von Spalierobst festbinden. • Erdbeeren mit Stroh mulchen. • Die Beete für Gurken, Zucchini, Tomaten und Paprika vorbereiten. • Bohnen säen und Stangen für Stangenbohnen aufstellen. • Vorgezogenes Gemüse nach den Eisheiligen ins Freie pflanzen. • Stecklinge von Kräutern teilen.	• Blütensträucher nach der Blüte in Form schneiden. • Zwiebelgewächse aus Balkonkästen und Kübeln entfernen und lagern. • Pflanzbehälter mit frischem wasserspeicherndem Substrat und Langzeitdünger füllen. • Sommerblumen in Blumenampeln, Töpfe, Balkonkästen und Kübel setzen. • Die immergrünen Formgehölze und Azaleen nach der Blüte schneiden.	• Die Terrasse dekorieren sowie Sitz-, Sonnen- und Essplätze einrichten. • Den Sonnenschutz überprüfen, Markisen, Sonnenschirme und -segel flicken und reinigen. • Den Grillplatz bzw. Grill reinigen und für den ersten Grillabend vorbereiten. • Die Außenwasserversorgung wieder in Betrieb nehmen.

Gärtnern mit der Natur
Arbeiten im Sommer

Wie viel Gartenarbeit im Sommer für Sie anfällt, hängt ganz von Ihren **Vorlieben** ab. Wer reichlich Obst und Gemüse zieht, hat mehr zu tun. **Führen Sie Buch** über Ihren Arbeitsaufwand in einer Saison und entscheiden Sie danach, auf welche Pflegearbeiten Sie in Zukunft doch **lieber verzichten**.

	Bäume und Sträucher	Stauden und Blumen	Rasen und Wiese
JUNI	• Verwelkte Blütenköpfe von Rhododendren und Azaleen abknipsen. • Besenginster nach der Blüte zurückschneiden. • Lange Triebe an Kletterpflanzen einkürzen. • Ende des Monats Formgehölze und Schnitthecken schneiden. • Rosen düngen und Verblühtes regelmäßig mit der Schere entfernen.	• Letzte Einjährige pflanzen. • Hoch wachsende Arten stützen, damit sie bei Regen nicht umfallen. • Unkraut jäten und Beete mulchen. • Frühblüher wie Rittersporn (auf eine Handbreit über dem Boden) zurückschneiden (sie blühen dadurch im Spätsommer nochmals).	• Rasen mähen, wenn das Gras 7–8 cm hoch ist. • Nasse Kuhlen und beschädigte Stellen im Rasen per Bodenlockerung, Auffüllen von neuer Erde und Neueinsaat beseitigen. • Erster Wiesenschnitt ist ab Mitte Juni bei zweimähdiger Wiese fällig. • Blumenrasen vor dem Schnitt etwa 6–8 cm hoch werden lassen.
JULI	• Geeignete Stecklinge zur Vermehrung schneiden. • Verwelkte Blütenköpfe von Teehybriden und Floribunda-Rosen entfernen. • Beerenobst nach der Ernte zurückschneiden, Spalierobst neu anbinden. • Formschnittgehölze wie Buchs oder Thuja in Form schneiden. • Alle Gehölze bei Trockenheit direkt im Wurzelbereich ausgiebig wässern und den Boden mulchen (z. B. mit Grasschnitt).	• Früh blühende Zwiebeln und Knollen ausgraben und einlagern. • Zwerg-Iris und andere Iris-Sorten teilen und verpflanzen, das Laub auf die Hälfte kürzen. • Herbstzeitlose und Madonnenlilien jetzt pflanzen. • In die Lücken des Staudenbeets Polster bildende Sommerblumen pflanzen.	• Rasen belüften, vertikutieren und düngen. • Falls neuer Rasen angelegt werden soll, bereitet man jetzt das Saatbeet vor und sät bei warmer Witterung ein. Die Flächen anschließend etwa 6 Wochen lang permanent feucht halten (Urlaubsplanung berücksichtigen!). • Rasen nicht zu kurz schneiden, sonst verbrennt er an sonnigen Tagen. Regelmäßig wässern – je stärker gedüngt, desto mehr Wasser braucht der Rasen!
AUGUST	• Schnitthecken falls nötig erneut schneiden. • Rosen nicht mehr düngen, denn das verringert ihre Winterhärte. • Clematis und Immergrüne jetzt pflanzen und gut wässern. • Verblühtes aus den Rosen herausschneiden, ausgenommen Kletterrosen. • Gehölze bei lang anhaltender Trockenheit gründlich wässern.	• Samenstände abschneiden, sofern keine Selbstaussaat gewünscht ist. • Damit beginnen, herbstblühende Zwiebeln zu pflanzen. • Dekorative Blütenstände und Gräser für Trockensträuße abschneiden und trocknen. • Stauden auf Mehltau untersuchen und befallene Teile abschneiden. Nicht auf den Kompost, sondern in die Mülltonne geben!	• Der Rasen muss wöchentlich gemäht, bei Bedarf auch bewässert werden, Düngung aber jetzt einstellen. • Disteln und andere Unkräuter von Hand ausstechen. • Zweiter Wiesenschnitt gegen Ende des Monats. Schnittgut 2–3 Tage als Heu liegen lassen, damit die Samen der Gräser und Wiesenblumen herausfallen können.

Gartengewässer	Obst und Gemüse	Topf- und Kübelpflanzen	Infrastruktur und Geräte
• Zu üppig wuchernde Wasserpflanzen entfernen, dabei auf anhaftende Tiere achten. • Frisches Wasser bei Bedarf auffüllen und für ausreichende Sauerstoffzufuhr sorgen. • Plantschbecken für Kinder besorgen und installieren. • Wasserspiele in Betrieb nehmen und Wasservorräte in Zisterne und Regentonne anlegen.	• Ausläuferpflänzchen der Erdbeeren abnehmen und einpflanzen. • Triebe von Spalierobst anbinden und Obstbaumtriebe stützen. • Gemüse angemessen düngen, wässern und mulchen. • Alle Gemüse aus dem Gewächshaus ins Freie setzen. • Tomaten anbinden und regelmäßig ausgeizen. • Kräuter und Frühkartoffeln ernten.	• Alle Kübel fertig bepflanzen, mit Langzeitdünger versehen und möglichst mulchen. • Schädlingskontrolle und bei Bedarf biologische Schädlingsbekämpfung durchführen. • Blumenampeln drehen, damit die Pflanzen gleichmäßig wachsen. • Abgeblühte Tulpen einlagern; dazu Zwiebeln vorsichtig ausgraben, säubern sowie kühl und trocken bis zum Herbst lagern.	• Terrasse fertig einrichten und mit Blumen und Accessoires dekorieren. • Kinderspielplatz beschatten. • Gewächshaus frei räumen und gründlich säubern. • Kräuterbrühen und Jauchen für die Pflanzenpflege ansetzen. • Lager für Rasen-, Hecken- und Obstbaumschnittgut einrichten und Häcksler warten.
• Die Sumpfbeete wässern und von Unkraut befreien. • Zisternen und Regentonnen auffüllen. • Wasser bei der Gartenbewässerung sparsam und effektiv verwenden. • Kinderplanschbecken regelmäßig auf dem Rasen ein Stück weiterrücken, damit sich die Gräser regenerieren können. • Algen und Wasserlinsen regelmäßig aus allen Gartengewässern entfernen.	• Beeren und frühes Obst ernten. • Die abgeernteten Triebe der Himbeeren abschneiden. • Brombeertriebe anbinden. • Gemüsebeete bei Bedarf zurückhaltend nachmulchen. • Karotten, Radieschen und Wintergemüse in die abgeernteten Reihen der Gemüsebeete säen. • Zwiebeln stecken, Kartoffeln setzen.	• Nachdüngen, falls Langzeitdünger im Substrat erschöpft ist. • Für die Urlaubszeit Bewässerung entweder automatisch oder durch Nachbarn sicherstellen. • Abgeblühtes regelmäßig entfernen, das regt zum Weiterblühen an. • Jeden Morgen und Abend mit abgestandenem Wasser gießen, ohne die Blätter zu benetzen.	• Rechtzeitig Stützen für Obstbäume, Stangenbohnen, Tomaten und hohe Stauden besorgen. • Grillkohle, Grillsaucen, Gartenlichter usw. für spontane Grillabende bereit halten. • Neuen Kompost für Rasenschnitt und Ernterreste aufschichten. • Gartenbewässerung instand halten und Regenwasser regelmäßig auffangen.
• Wassergefäße für durstige Vögel und Insekten aufstellen. • Bei Abwesenheit für sparsame automatische Gartenbewässerung oder nachbarschaftliche Hilfe sorgen. • Ablauf von Teichen prüfen, die mit Regenwasser gespeist werden. Ein heftiges Sommergewitter kann zum Überlaufen führen! • Gartengewässer auch bei Abwesenheit gut sichern – sie sind eine Gefahr für Kinder und Tiere.	• Obst und Gemüse ernten sowie lagern oder verarbeiten. • Abgestorbene und beschädigte Obstbaumtriebe entfernen. • Alle Triebe von Schattenmorellen, Nektarinen und Pfirsichen abschneiden, die Früchte getragen haben. • Kräuter ernten und trocknen, nach Wunsch Stecklinge schneiden und im Anzuchtkasten vermehren. • Neue Triebe von Spalierobst anbinden.	• Sträucher und Immergrüne in Form schneiden. • Rankende Kübelpflanzen zurückschneiden. • Stecklinge von Fuchsien-, Pelargonien- und anderen Hybriden schneiden und anziehen. • Düngung einstellen. • Heidekraut und Chrysanthemen pflanzen.	• Flaschen, Gläser, Einmach- und Gelierzucker für die Obstverarbeitung besorgen. • Steigen für die Obsternte bereit halten, Regale mit Essigwasser reinigen, Obstlager frei räumen und Luftfeuchte überprüfen. • Gefrierbeutel bereit halten, Gefrierschrank leeren, abtauen und reinigen. • Platz und Gefäße zum Trocknen von Kräutern und Sommerblumen vorbereiten.

Gärtnern mit der Natur
Arbeiten im Herbst

Im Herbst genießt man die allerletzten warmen Sonnentage – Zeit, um **den Garten aufzuräumen**. Tun Sie dabei aber des Guten nicht zu viel, sondern **denken Sie an die Tiere**, die sich Winterspeck anfressen und Plätze zum Überwintern brauchen – sie werden Ihnen im nächsten Jahr **sehr nützlich** sein.

	Bäume und Sträucher	Stauden und Blumen	Rasen und Wiese
SEPTEMBER	• Letzten Hecken- und Formschnitt vornehmen. • Bei Bedarf Stecklinge zur Vermehrung schneiden. • Abgeerntete Himberrruten direkt über der Erde abschneiden und Pflanzen mulchen. • Obstbäume mit Leimringen ausstatten, durch die Ernte entstandene Wunden sauber schneiden und mit Wundwachs versorgen. • Birnen, Äpfel und Walnüsse ernten.	• Iris pflanzen, Blumenzwiebeln von Frühjahrsblühern stecken. • Winterharte Einjährige wie Rittersporn, Mohn- und Kornblumen säen. • Dahlien düngen, hohe Herbstblüher anbinden. • Vorgezogene Zweijährige spätestens jetzt pflanzen. • Horst bildende Stauden können jetzt geteilt (und neu ausgepflanzt) werden.	• Bei Bedarf vertikutieren und Moos entfernen. • Beschädigten Rasen neu einsäen oder mit Rasensoden ausbessern. • Zum letzten Mal die Wiese mit Sense oder Balkenmäher mähen. • Nasse und verdichtete Stellen in Rasen oder Wiese lockern und mit Sand abmagern. • Rasenkanten sauber abstechen.
OKTOBER	• Neue Gehölze und Kletterpflanzen mit Ballen pflanzen. • Sommergrüne Gehölze und Kletterrosen auslichten oder zurückschneiden. • Laub- und Reisighaufen für Igel aufschichten. • Zwetschgen und Quitten sowie letzte späte Äpfel ernten. • Abgeerntete Obstbäume können beschnitten werden. Die Baumscheibe säubern und mit halb verrottetem Kompost bedecken.	• Wuchernde Stauden und bewurzelte Absenker ausgraben, teilen und verpflanzen. • Letzte Zwiebelpflanzen stecken. • Nicht winterharte Zwiebelpflanzen ausgraben und die Zwiebeln trocknen. • Dahlien zurückschneiden, die Knollen ausgraben und frostfrei lagern. • Faulende Sommerblumen bodennah abschneiden, jedoch harte trockene Stängel von Wildstauden über Winter stehen lassen.	• Fallaub regelmäßig vom Rasen rechen und unter die Hecke schichten. • Jetzt nur noch selten, alle 2–3 Wochen, mähen. • Das Fallaub zusammen mit Rasen beim Mähen häckseln, dann zusammenrechen sowie als Kompost aufsetzen oder als Mulchmaterial verwenden. • Zwiebeln zur Verwilderung im Rasen unter Gehölzen stecken.
NOVEMBER	• Junge Gehölze anbinden, gelockerte Wurzelballen gut festtreten. • Gehölzschnitt an Obstbäumen vor dem Frost beenden. • Hecken und Sträucher nach dem Laubfall bei Bedarf ein letztes Mal formen oder ganz herunterschneiden. • Neue Bäume und Sträucher ohne Wurzelballen jetzt pflanzen. Danach gut einschlämmen, einen Gießrand formen und Baumscheibe mulchen.	• Staudenbeete mit Laub abdecken, vertrocknete Stängel stehen lassen. • Neue Staudenbeete vorbereiten durch Umgraben, Einarbeiten von Kompost und Ausbreiten einer schützenden Laubdecke. • Eingelagerte Knollen und Zwiebeln überprüfen. • Empfindliche Horstgräser zu einem Schopf zusammen binden und so vor eindingendem Wasser und Fäulnis schützen.	• Nasse Stellen mit Sand abmagern und Dränagelöcher in den Boden stechen. • Prüfen, ob nicht an häufig begangenen Stellen ein Weg sinnvoller wäre als verdichteter Rasen. • Strapazierte Rasenstellen an häufig benutzten Plätzen und Wegen durch Ökopflaster oder Grünsteinsysteme ersetzen oder in Schotterrrasen umwandeln.

Gartengewässer

- Abgestorbene weiche Pflanzen aus dem Sumpfgarten entfernen, trockene Staudenstängel und alle Gräser aber unbedingt stehen lassen.
- Algen aus dem Wasser fischen, abgestorbene Seerosenblätter entfernen.
- Fischfütterung reduzieren.
- Naturnahe Teiche möglichst in Ruhe lassen, denn jetzt schlüpfen noch viele Insekten, z. B. Libellenlarven.

- Netz gegen Fallaub über den Teich spannen oder regelmäßig das Fallaub entfernen.
- Regentonnen leeren, Regenfallrohre umklemmen, Regenrinnen vor Laubfall schützen.
- Zisterne für Gartenwasser leeren und säubern oder Sieb reinigen.
- Dicke Bündel langstieligen Strohs aufrecht in den Teich stellen.

- Fischfütterung einstellen.
- Netz nach dem letzten Laubfall wieder entfernen.
- Eisfreihalter installieren.
- Frostempfindliche Technik (Pumpen usw.) entfernen, Wasserleitungen leer laufen lassen und abstellen.
- Geleerte kleine Wasserbecken zum Überwintern von Kübelpflanzen nutzen.

Obst und Gemüse

- Gemüse ernten, trocknen lassen und lagern.
- Tomaten zum Nachreifen ins Haus holen, Pflanzen entfernen.
- Chicorée bleichen.
- Große Kräuterhorste von Liebstöckel, Ysop, Schnittlauch und Minze teilen und verpflanzen.
- Letzte Kräuter abschneiden und zum Trocknen aufhängen.

- In abgeerntete Beete Kompost oder gut verrotteten Mist untergraben.
- Bohnen- und Erbsenstroh abschneiden und entsorgen.
- Letzte Kartoffeln ernten.
- Rote Bete und Winterrettich ausgraben und einlagern.
- Winter- und Frühjahrssalate pflanzen.
- Feldsalat und Spinat säen.

- Den Kräutergarten aufräumen, den Boden lockern und mit Kompost abdecken. Um frostempfindliche Kräuter Reiser stecken und dazwischen locker Laub auffüllen.
- Knoblauch stecken.
- Mangold vor Frost schützen.
- Obst- und Gemüselager kontrollieren.
- Wintergemüse wie Rosenkohl und Grünkohl erst nach dem ersten Frost ernten.

Topf- und Kübelpflanzen

- Frühjahrsblühende Zwiebelgewächse pflanzen.
- Pflanzkästen mit Frühjahrsblühern wie Priemeln und Vergissmeinnicht sowie kleinblättrigem Efeu bepflanzen.
- Kräuter ausgraben und in Töpfe pflanzen.
- Stecklinge von Fleißigen Lieschen, Fuchsien und Pelargonien schneiden.
- Herbstblüher wie Erika und Chrysanthemen (zusammen mit Gräsern und Efeu) in Kübel setzen.

- Frostempfindliche Kübelpflanzen an windgeschützten Orten zusammenrücken und einpacken.
- Balkonkästen und Kübel mit Zwergkoniferen, Efeu, Erika u. a. frostharten Zwerggehölzen bepflanzen.
- Leere Töpfe und Kübel säubern, trocknen lassen und frostfrei lagern.
- Frostfeste Kübelpflanzen austopfen und in Beete setzen. Kübelpflanzen in Plastiktöpfen kann man auch zusammen mit dem Topf eingraben.

- Mediterrane Kübelpflanzen ins Gewächshaus bringen oder vom Überwinterungsservice abholen lassen.
- Frostempfindliche Beetpflanzen in Kübel setzen und geschützt überwintern.
- Kräuter in Töpfe setzen und für die Winterernte ins Haus holen.
- Immergrüne frostfeste Kübelpflanzen nur noch mäßig gießen, an die Hauswand rücken und an Frosttagen vor intensiver Sonneneinstrahlung schützen.

Infrastruktur und Geräte

- Sense schärfen, Balkenmäher überprüfen.
- Kompostbehälter leeren, dabei den Reifekompost für die Stauden und Nutzpflanzenbeete verwenden. Halbgarer Kompost kann auf die Baumscheiben der Obstgehölze und unter Beerensträucher gelegt werden.
- Platz für die Lagerung von Reisig, Laub, Wiesenschnitt und andere kompostierbare Gartenabfälle schaffen.

- Gewächshaus für die Überwinterung vorbereiten.
- Materialien für den Winterschutz besorgen.
- Materialien zum Festbinden von Kletterpflanzen und Gehölzen bereithalten.
- Laubschutznetz für den Teich sachgerecht anbringen.
- Laubgitter für Regenrinnen und Laubkörbe für die Regenfallrohre anbringen.

- Gerätehütte für den Winter reinigen und aufräumen.
- Alle Gartengeräte säubern, reparieren und ölen.
- Gartenmöbel säubern und geschützt verstauen.
- Nistkästen reinigen, aber vorher kontrollieren, ob sie nicht von Gartenschläfer, Siebenschläfer oder Haselmaus zum Überwintern genutzt werden. Wenn nicht, frisches Stroh, Hobelspäne oder Schafwolle einfüllen.

Gärtnern mit der Natur

Arbeiten im Winter/Traditionelle Gartenwettertage

*Der Winter ist für Tiere und Pflanzen die **Zeit der Ruhe**, und auch für Sie gibt es jetzt im Garten **nicht viel zu tun**. Sie können jetzt aber gut das zurückliegende Gartenjahr überdenken und **neue Pläne** für die nächste Saison schmieden.*

	Bäume und Sträucher	Stauden und Blumen	Rasen und Wiese
DEZEMBER	• Bei frostfreiem Wetter letzte Schnittarbeiten durchführen. • Letzte Gehölzpflanzungen ausführen. • Nassen Schnee von Immergrünen schütteln, damit sie nicht zerdrückt werden.	• Neue Samen, Blumenzwiebeln und Pflanzen für das nächste Jahr bestellen. Lassen Sie dazu den Sommer Revue passieren: Wo fehlten Farben, an welchen Plätzen hätten noch mehr Blumen stehen können? Nehmen Sie für Umgestaltungswünsche Ihren Gartenplan zur Hand oder schauen Sie sich Fotos von Ihrem sommerlichen Garten an.	• Allerletztes Falllaub entfernen. Bei nassem, verdichtetem und vermoostem Rasen kann jetzt auch noch einmal vertikutiert werden. Anschließend dünn Sand auf die nassen Stellen streuen, besonders auf den Rasenwegen, damit man nicht ausrutscht.
JANUAR	• Bei anhaltend gefrorenem Boden und Sonnenschein Immergrüne gießen. • Gehölze und Kletterpflanzen an frostfreien Tagen zurückschneiden, falls noch nicht geschehen.	• Einjährige wie Lobelien und Begonien unter Glas säen und bei etwa 18 °C vorziehen. Darauf achten, ob es sich um Licht- oder Dunkelkeimer handelt – Lichtkeimer wie Fleißiges Ließchen oder Sonnenhut gedeihen nur, wenn sie direkte Sonne erhalten. Die meisten Samen brauchen als Dunkelkeimer jedoch eine dünne Abdeckung aus Erde.	• Schneedecke nicht durch Gehen auf den immer gleichen Pfaden verdichten! • Empfindlichen Zierrasen bei Frost nicht betreten, denn die Halme brechen leicht, was im Frühjahr zu Faulstellen führen kann.
FEBRUAR	• Sommergrüne Hecken am Monatsende, vor Beginn der Brutsaison, schneiden. • Weidentriebe für Flechtzäune und Weidentipis schneiden, dann frostfrei, feucht, kühl und dunkel bis Ende März lagern.	• Dicke Laubdecken über Frühblühern etwas lockern (aber nicht entfernen), damit die Triebspitzen besser hindurchgelangen. • An geschützten Stellen und bei offenem Boden sowie gutem Wetter Stiefmütterchen und andere Zweijährige setzen.	• Zwiebelblumen im Rasen nicht betreten und dort keinen Schnee anhäufen! • Sommerblühende Knollen- und Zwiebelblumen wie Dahlien und Knollenbegonien in einem frostfreien Raum vortreiben. • Ab Ende des Monats Ziergräser zurückschneiden.

Traditionelle Gartenwettertage

Eisheilige

Die Eisheiligen gelten als die letzte jährliche Kälteperiode mit Nachtfrostgefahr. Sie treten für gewöhnlich Mitte Mai auf, und zwar der Überlieferung nach an den Namenstagen der katholischen Heiligen Pankratius, Servatius und Bonifatius. Der erfahrene Gärtner wartet mit dem Auspflanzen von Sommerblumen und der Aussaat von empfindlichen Sämereien bis zum Ende der Eisheiligen. Je nach Region werden diese Tage auch die „drei Gestrengen", die „Eismänner" oder „gestrenge Herren" genannt. In Norddeutschland wird noch Mamertus und in Süddeutschland die heilige Sophia dazugezählt, auch bekannt als „kalte Sophie".

Schafskälte

Bei der Schafskälte handelt es sich um einen Witterungsfall, der jedes Jahr mit 89%iger Wahrscheinlichkeit um den 11. Juni herum eintritt. Infolge kühler und feuchter Nordwestströmungen fallen die Temperaturen um 5–10 °C ab. Der Name rührt von den frisch geschorenen Schafen her, für die die Kälte eine Gefahr ist.

Gartengewässer

• Fischfütterung unbedingt völlig einstellen. Die Tiere nehmen jetzt keine Nahrung mehr zu sich und alles was am Teichgrund verrottet, nimmt ihnen Sauerstoff weg.

• Spätestens jetzt alle Laubschutznetze entfernen, damit genügend Licht in den Teich gelangen kann.

• Eisfreihalter installieren oder Schilfbündel aufrecht in den Teich stellen.

• Alle Störungen im Wasser vermeiden!

• Bei hohem Fischbesatz das Wasser auch im Winter mit Sauerstoff anreichern.

• Eis nicht aufhacken, da die Schläge Schocks für die überwinternden Tiere darstellen!

• Ist der Teich bereits zugefroren, kann man eine Stelle mit einem speziellen Tauchsieder für Fische frei halten.

Obst und Gemüse

• Letzte Schnittmaßnahmen an Beerensträuchern und -bäumen ausführen.

• Wintergemüse ernten, gelagertes kontrollieren.

• Auf der Fensterbank Sprossen und Kräuter wie Kresse und Petersilie ziehen und ernten.

• Kohl, Lauch und Topinambur ernten.

• Neue Gemüsebeete grob umgraben und Schollen im Frost liegen lassen.

• Gemüse und Salate wie Lauch, Rosenkohl, Grünkohl, Winterportulak, Feldsalat und Winterendivien unter einem Folientunnel oder einem Vlies überwintern. Hin und wieder lüften.

• Beetflächen für die frühe Aussaat mit schwarzer Mulchfolie bedecken.

• Frühe Möhren, Gartenkresse und Spinat jetzt im Freiland aussäen.

• Tomaten, Gurken, Kürbis, Zucchini und Auberginen in Anzuchterde säen und auf der Fensterbank keimen lassen.

Topf- und Kübelpflanzen

• Töpfe und Kübel im Freien dicht zusammenrücken, auf Holzklötzchen stellen, damit sie nicht festfrieren und rundherum gut einpacken.

• Frostharte Kübelpflanzen aus dem Übertopf nehmen und mit dem Pflanzkübel in ein Beet eingraben.

• Immergrüne bei sonnigem Wetter mit warmem Wasser gießen sowie aus der Sonne rücken oder mit Fichtenreisern, Bambusmatten oder Sackleinen beschatten.

• Weinstöcke in Kübeln beschneiden.

• Verwelkte Blütenköpfe von Winterblühern entfernen.

• Töpfe und Kübel in den neuen Saisonfarben besorgen und Pflanzarrangements für das Frühjahr planen.

Infrastruktur und Geräte

• Mäher warten, Sense und Scheren schärfen lassen.

• Verschmutzten Sand aus dem Sandkasten räumen, zum Abmagern des Rasens oder zum Streuen bei Glätte verwenden.

• Geräte und Materialien für den ersten Schneefall bereitstellen.

• Zäune und Spaliere reparieren.

• Teichpumpe säubern und warten.

• Für geplante Umbaumaßnahmen Kostenvoranschläge einholen.

• Baumaterialien mit Lieferzeiten fürs Frühjahr bestellen.

• Gewächshäuser und Unterglaskulturen an sonnigen Tagen lüften.

• Wege und Terrassen von Algen und Moosen befreien.

Siebenschläfer

Dieser volkstümliche Name des 27. Juni geht nicht auf das Nagetier, sondern auf eine Legende zurück, nach der sich im Jahr 251 sieben Brüder in einer Höhle versteckten, in Schlaf fielen und erst 200 Jahre später erwachten. Bauernregeln zufolge dauert das Wetter, das am 27. Juni herrscht, 4 Wochen an – auch das ist nur eine Legende.

Hundstage

Hundstage heißt von alters her eine Schönwetterperiode im Sommer, die etwa ab Mitte Juli die heißesten Tage des Jahres mit sich bringt. Der Name geht auf den Hundsstern Sirius zurück, der zu dieser Zeit mit der Sonne auf- und untergeht – der Zeitraum hat sich im Lauf der Jahrhundert etwas nach vorn verschoben.

Altweibersommer

Dieser volkstümliche Begriff verbindet Wetterbeobachtungen mit Mythologie: Ungewöhnlich warmen sonnigen Septembertagen folgen meist sehr klare kalte Nächte – in den Morgenstunden macht dann der Tau die Spinnfäden sichtbar, die wie die langen silbergrauen Haare alter Damen wirken. Bei den Germanen hielt *man sie für Spinnfäden der Schicksalsgöttinnen, im Christentum für Fäden aus dem Mantel der Maria. In Nordamerika heißt der Altweibersommer Indian Summer – für Indianer symbolisierte das herbstliche Rot des Laubs das Blut eines erlegten Bären. Andere Namen für den Altweibersommer sind hierzulande Flug- und Frauensommer.*

Richtig pflanzen

– richtig pflegen

Pflegeleichte Pflanzen, das **richtige** Arbeitsgerät und eine **erprobte** Gartenpraxis machen es Ihnen **leicht,** Ihren Garten **ohne viel Aufwand** in Topform zu bringen.

Rund ums Haus
Der Garten prägt das Haus

Damit sich die öffentliche und die private **Sphäre** *sowie Ihr Wohnraum und Ihr „Wohnzimmer im Grünen"* **harmonisch** *verbinden, sollten Sie die* **Gestaltung** *sämtlicher Bereiche rund um das Haus besonders sorgfältig* **planen**.

Der Eingangsbereich als Visitenkarte

Der Vorgarten verbindet Ihren Wohnbereich mit der Straße. Er soll den Weg ins Haus überbrücken und einladend wirken, ist also gewissermaßen die Visitenkarte Ihres Heims. Zugleich parkt man dort Fahrräder oder Autos und bringt die Mülltonnen unter. Solche ästhetischen und funktionellen Aspekte muss man bei der Gartengestaltung generell miteinander in Einklang bringen. **So sollten alle Wege bequem begehbar sein** und feste Beläge aufweisen, die zugleich ein dekoratives Element darstellen. Die Umpflanzung tritt dabei im Vorgarten eher zurück, man setzt niedrige Gewächse in den Vordergrund und höhere Arten nach hinten, so erscheint der Eingangsbereich großzügiger – insbesondere wenn er durch eine Hecke oder eine Mauer begrenzt ist.

Wege und Zufahrten

Die Wege, die vom Vorgarten in den hinteren Gartenbereich führen, verdienen ebenso Ihre Aufmerksamkeit wie Zufahr-ten zu Garage oder Carport. Gepflastert oder mit Platten belegt können solch funktionelle Anlagen durchaus ansprechende Gartenbereiche sein – auch durch schön bepflanzte Kübel und Pflanzstreifen oder begrünte Fugen.

Gebäude und Garten als Einheit

Eine besonders gelungene Verbindung zwischen Garten und Haus lässt sich durch Kletterpflanzen schaffen. Diese können an der Fassade emporklimmen oder dekorativ Pfeiler oder Pergolen umranken. Sie hüllen große, kahle Hauswände in ein freundliches Kleid oder kaschieren perfekt weniger ansehnliche Stellen.

Geschickt bepflanzte Traufstreifen, dazu Wege und Treppen, die von Polsterpflanzen in leuchtenden Farben gesäumt werden, und auch kleine Sitzplätze lassen eine stilvolle Einheit von Haus und Garten entstehen – nicht zu vergessen ein repräsentativer Hausbaum, der Ihr Haus mit seiner Krone beschirmt und es ansprechend dekoriert. Und selbstverständlich schmücken – wie Türsteher – bunt bepflanzte Kübel als Willkommensgruß jede Tür.

Ein freundlicher Empfang
Klettergewächse umrahmen hier die Haustür, blühende Kübelpflanzen und Kunstobjekte flankieren den Eingangsbereich und heißen jeden Besucher auf charmante Weise willkommen.

Blühender Blickfang
Sträucher mit üppiger Blüte, buntem Herbstlaub und Fruchtschmuck sind das ganze Jahr hindurch Anziehungspunkte.

Bequemer Zugang
Der Hauptweg sollte mindestens 1,5 m breit sein, damit zwei Personen nebeneinander gehen bzw. passieren können.

Umrahmende Hecke
Eine niedrige Hecke markiert deutlich die Grundstücksgrenze, ohne dabei den Garten von der Umgebung abzuriegeln.

Prägnanter Hausbaum
Ein formschöner Baum schafft eine harmonische Verbindung zwischen Gebäude und Garten-raum.

Berankte Pergola
Unter einer von blühenden Kletterpflanzen überwallten Pergola sitzt man besonders angenehm.

Lauschiger Rankbogen
Ein beblühtes Klettergerüst in Torbogenform ist eine märchen-hafte Alternative zu einer Gartentür.

Attraktive Wildnis
Schön anzusehende Wild-sträucher sind auch ein Refugium für viele Gartentiere.

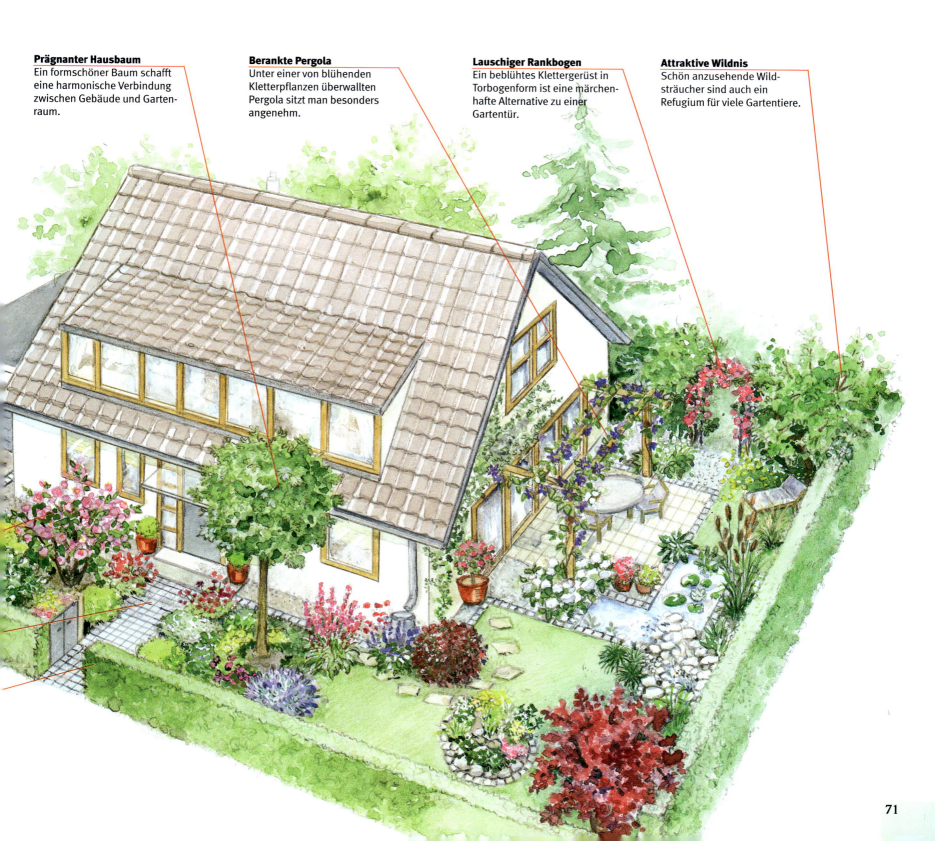

Rund ums Haus

Einen attraktiven Eingangsbereich schaffen

Der Eingangsbereich soll Besucher das ganze Jahr über **freundlich** *empfangen. Legen Sie hier* **Beete** *an, die zu jeder Jahreszeit* **Blickfänge** *sind und trotzdem* **kaum** *Pflege erfordern.*

Planung für ein ganzes Jahr

Damit ein Beet das ganze Jahr über die Blicke auf sich zieht, muss es nicht unbedingt immer neue Blüten zeigen. Blattschmuckpflanzen wie Purpurglöckchen oder Funkien ersetzen Blüten durch ihr überaus attraktives Laub. Blütensträucher wie Zierkirschen oder Felsenbirne sorgen nur für blühende Akzente, sind aber ganzjährig hübsch und bringen im Herbst mit Laubfarben noch einmal Feuer ins Spiel. Buntblättrige Gehölze, etwa zierliche Ahornarten oder Berberit-zen, lockern das vorherrschende Grün auf. Verzichten Sie im Vorgarten jedoch auf Stauden, die ihre Blätter einziehen und Lücken hinterlassen, wie das Tränende Herz. Entscheiden Sie sich stattdessen für solche, die wie der Frauenmantel schmuckvolle Blüten noch mit herrlich üppiger Blätterpracht vereinen. **Auch Farne und Gräser bieten sich mit ihrer dauerhaft ansprechenden Erscheinung an.**

Wenn von Frühjahr bis Herbst eine Pflanzung allein durch ihr schön wucherndes Blattwerk schon gut aussieht, Sie im Som-

Kugelrund und bunt
Buchskugeln, untermalt von blühenden Bodendeckern und überkront von einem hübschen Baum, bilden hier ein kunstvolles Ensemble.

Rabatte im Frühjahr
Das Grundgerüst für diese Rabatte bilden Berberitzen und ein Perückenstrauch. Tulpen und blühende Kissenstauden haben jetzt Saison.

Rabatte im Herbst
Zum Ausklang der Saison sind Fetthennen, Astern sowie ein Ziergras Hauptdarsteller zwischen den Gehölzen.

mer **etwaige Lücken rasch mit unkomplizierten Sommerblumen füllen** können, dann sollten Sie auch den Winter nicht vergessen. Höhepunkte in der kalten grauen Jahreszeit setzen vor allem immergrüne Gehölze wie Buchs, Mahonie oder kleinere Koniferen, aber auch Gewächse mit ausgefallener Wuchsform, z. B. Korkenzieherhasel oder eine in Form geschnittene Eibe. Farbenfrohe Blickfänge bilden Sträucher mit bunter Rinde, etwa der Hartriegel.

Eine Auswahl treffen

Entsprechend den Gegebenheiten des Standorts – sonnig oder schattig, trocken oder feucht – suchen Sie zunächst für das Grundgerüst der Pflanzung einige Gehölze aus. Dazu wählen Sie dann passende Begleiter, entweder **pflegeleichte Stauden, Gräser und Farne**, oder aber eher Blattschmuck

in abwechslungsreicher Sortierung. Reizvoll ist eine Gestaltung, bei der sich wenige, besonders sorgfältig ausgewählte Sträucher oder große Ziergräser aus einer flächenhaften Pflanzung von Bodendeckern wie Skulpturen erheben.

Kunstvolles Dekor

Vollenden Sie Ihren Vorgarten, indem Sie stilvolle Dekorationselemente integrieren, seien es Rosenkugeln, Schmuckstäbe, Terrakottavasen, Postamente, eine Sonnenuhr oder schmuckvolle Gießkannen – auch Beleuchtung können Sie sehr dekorativ einsetzen.
Für Frische und Abwechslung sorgen Sie mit Pflanzschalen oder mit Kübeln, die Sie passend zur Jahreszeit ausstatten – mit Frühlingsblumen, Sommerflor, Fruchtschmuck oder weihnachtlichen Gestecken.

DAS MACHT'S LEICHTER

● Verzichten Sie darauf, allzu kleine Rasenflächen in Ihrem Vorgarten anzulegen – sie zu mähen bedeutet viel Aufwand. Wenn Sie dennoch einen kleinen grünen Teppich wünschen, sollten Sie sich für pflegeleichte immergrüne Bodendecker entscheiden.

● Ersetzen Sie ein Formschnittgehölz, z. B. eine Buchskugel, eine Ligusterpyramide oder eine Eibenspirale, durch ein Dekorationselement wie eine schöne Säule, einen Obelisken, eine kunstvolle Plastik oder eine Sonnenuhr.

Pflanzvorschlag: ein Beet im Entree
Hier bestimmt eine Palmlilie das Bild. Sie wird flankiert von Ziergras und Wildstauden. Ein Band aus goldgrün belaubtem Oregano zieht sich durch die Pflanzung, und wie auf einem Pfad kann das Auge an ihm entlang schweifen und das Beet entdecken.

Sonnenröschen
Junkerlilie
Palmlilie
Federgras
Gold-Oregano
Silber-Perovskie
Feurige Wolfsmilch
1,5 m
4,5 m

FERTIG IN 30 MINUTEN

► Frühjahrspflege in einem etwa 20 m² großen Vorgarten: Gräser schneiden, Unkraut jäten.

► Sommerpflege in einem etwa 20 m² großen Vorgarten: Verblühtes entfernen, bei Trockenheit wässern.

Rund ums Haus

Den Vorgarten einladend gestalten

*Ihren Vorgarten können Sie zur Straße hin **offen** gestalten und dabei dennoch eine deutliche Grenze setzen. Dagegen sorgen Sie mit einem **geschlossenen** Vorgarten für etwas mehr **Diskretion**.*

Zweierlei Vorgärten

Liegt Ihr Haus in einer ruhigen Wohngegend, können Sie Ihren Vorgartenbereich offen gestalten, d. h. auf Zaun, Mauer oder Hecke verzichten. Damit rückt das Gebäude in den Mittelpunkt und heißt Besucher willkommen. Markieren Sie dennoch Ihren privaten Bereich deutlich, z. B. mit einer rundum verlaufenden Bepflanzung, mit einem niedrigen Streifen aus Naturstein oder mit einem abgesetzten Wegbelag. Ebenso gut kann der gesamte Vorgartenbereich aber auch von einer üppigen Pflanzgemeinschaft eingenommen werden, die eher teppichartig bleibt oder pultförmig von der Gartengrenze zum Haus hin ansteigt.

Nicht mit Reizen geizen
Vorwiegend immergrüne, teils sehr farbenfrohe Sträucher trumpfen in diesem offenen Vorgarten auf.

Bei der geschlossenen Gestaltung des Vorgartens riegeln Sie mittels blickdichter Zäune oder hoher Hecken Ihr Anwesen von stark benutzten Verkehrswegen ab, verdecken unschöne Aussichten und halten Schmutz und Lärm fern. Allerdings engen Sie so die oft ohnehin knapp bemessene Fläche optisch ein. Hier ist es wichtig, den Vorgarten so zu gestalten, dass Sie oder ein Besucher sich nicht ausgeschlossen fühlen. Platzieren Sie inmitten einer ruhigen und schlichten Grundbepflanzung besondere Attraktionen, etwa einen blühenden

Jahreszeitlicher Schick
Ein Streifen mit unkomplizierten kurzlebigen Arten wie Stiefmütterchen bringt Abwechslung in den Vorgarten.

Freundliche Türhüter
Torpfosten können Sie mit Schalen krönen, aus denen eine bunte Blütenpracht verschiedener Sommerblumen hervorwallt.

Zierstrauch, ein Wasserspiel oder eine Schalenpflanzung – so machen Sie die Enge leicht vergessen.

Offen und zugleich eindeutig eingegrenzt wird Ihr Vorgarten, wenn Sie ihn mit einem luftigen niedrigen Zaun, einer höchstens kniehohen Schnitthecke oder einem duftigen Staudenstreifen umfassen. So kann die Öffentlichkeit zwar Einblick nehmen, der Zugang bleibt aber verwehrt – und Sie genießen geschützt einen ungehinderten Ausblick. Ein berankter Torbogen, ein Paar Buchspyramiden, zwei kugelkronige Bäumchen oder links und rechts je eine Kübelpflanze – mit solchen „Wächtern" demonstrieren Sie zusätzlich auf charmante Weise, wo Ihr Privatraum beginnt.

Gehölze und Bodendecker

Wem Stauden und Sommerblumen zu arbeitsintensiv sind, der findet in immer- oder sommergrünen Gehölzen pflegeleichte Alternativen für den Eingangsbereich. **Vor allem niedrig wachsende Arten und Sorten brauchen beinahe keine Pflege**. Sind sie erst einmal gepflanzt, dann gedeihen sie auf fast jedem Boden und müssen nicht einmal gewässert werden. Wenn Sie dazu noch bodendeckende Gehölze wie Zwergmispel oder Immergrün setzen, können Sie den grünen Eingangsbereich nahezu sich selbst überlassen.

Bunte Zweige und buntes Laub

Ein offener Vorgarten verlangt eine robuste, das ganze Jahr über attraktive Bepflanzung – die auch noch **wenig Aufwand** erfordern soll. Dafür bieten sich in erster Linie anspruchslose Koniferen und Laubgehölze an.
Kombinieren Sie diese in ganz unterschiedlicher Form miteinander. Bodendeckende, flach ausgebreitet wachsende

Gehölze wie Schuppenwacholder, kleine Säulenbäume wie die Scheinzypresse 'Minima Glauca' oder fast kugelförmige Bäumchen wie die Zwergbalsamtanne 'Nana' lassen das Beet auch im Winter lebendig erscheinen. Dazwischen setzen Laubgehölze bunte Tupfer, mit frischem Blattwerk wie mit Blüten oder Fruchtschmuck, etwa der Erbsenstrauch, die Weigelie oder der Feuerdorn. Buschig bis elegant ausschwingend, bereichern sie das Arrangement zusätzlich. Nach Belieben können Sie dazwischen auch noch wuchsstarke Stauden einfügen, z. B. Goldgarbe, Sonnenbraut oder hohe Astern.

FERTIG IN 30 MINUTEN

► Vorbereitetes Vorgartenbeet mit 5 Gehölzpflanzen bestücken.

► Saisonpflanzen in ein pflegeleichtes Gehölzbeet einsetzen.

Pflanzvorschlag: ein geschlossener Vorgarten
Gleich hinter der Gartentür öffnet sich der im Schatten liegende Vorgarten zu einem einladenden Vorplatz. Eine streng geschnittene Buchskugel oder eine elegante Skulptur heißen willkommen. Flankiert wird der großzügige Weg von Stauden in Weiß und Blau – diese Farben lassen das Vorgärtchen größer erscheinen, als es ist.

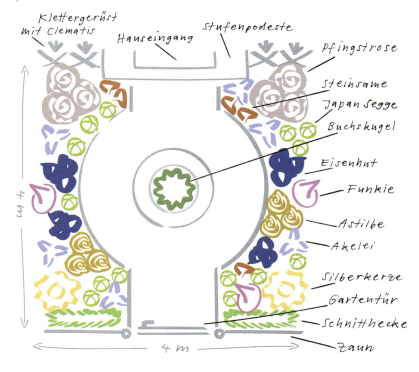

Klettergerüst mit Clematis
Hauseingang
Stufenpodeste
Pfingstrose
Steinsame
Japan Segge
Buchskugel
Eisenhut
Funkie
Astilbe
Akelei
Silberkerze
Gartentür
Schnitthecke
Zaun

4 m

75

Rund ums Haus
Nüchterne Traufstreifen begrünen

Rund ums Haus, unter dem **Dachvorsprung**, verläuft oft zwischen Mauer und Weg ein **Streifen**, der schlicht mit **Kies** belegt ist. Gestalten Sie ihn zu einem **attraktiven** Pflanzstreifen um.

Von Mini bis Maxi
In Traufstreifen können Sie zwergige Sukkulenten wie Hauswurz (oben links) ebenso wie abwechslungsreiche Sträucher (großes Foto rechts) oder auch Kletterpflanzen (Illustration) einsetzen.

Ein Kiesbeet im Kiesbett
Der Traufstreifen umgibt das Haus meist mit einem durchlässigen, Nässe ableitenden Kiesbett in einer Breite von etwa 50 cm, damit auch bei lang anhaltendem Regenwetter die Mauern nicht durchfeuchtet werden. Ein großzügiger Dachüberstand sorgt oft zusätzlich dafür, dass die direkte Umgebung des Hauses möglichst trocken bleibt. Das ist für die meisten Pflanzen kein idealer Standort. Aber **einige Überlebenskünstler fühlen sich gerade hier wohl**. Mit ihnen lässt sich im Traufstreifen ein ansprechendes Kiesbeet gestalten, das Haus und Garten ideal verbindet.

Kiesschicht
Unter einer Abdeckung aus mehr oder minder grobem Kies verbergen sich im Traufstreifen gewöhnlich Schotter und Sand, darunter wiederum bisweilen grober Bauschutt – insgesamt eine sehr wasserdurchlässige Materialschichtung. Die obere Kiesschicht dient in erster Linie der Optik. Häufig

Pflanzvorschlag: ein schmucker Traufstreifen
Diesen Pflanzvorschlag können Sie beliebig erweitern, indem Sie ihn spiegeln oder aneinander reihen.

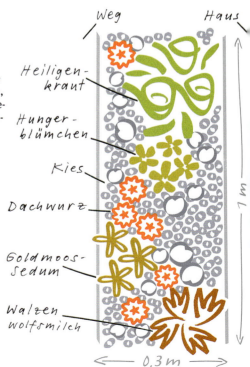

Weg

Haus

Heiligenkraut

Hungerblümchen

Kies

Dachwurz

Goldmoossedum

Walzenwolfsmilch

1 m

0,3 m

Blühende Kissen zwischen Stein
Mit den kargen Standortverhältnissen im Traufstreifen begnügen sich viele Polsterstauden wie Glockenblumen oder kleine Nelken, die sonst eigentlich in Steingärten gedeihen.

Ins Kiesbeet pflanzen

Zum Bepflanzen des Traufstreifens räumen Sie zunächst den Kies beiseite und graben in die darunter liegende Schicht mit durchlässiger Erde genügend große Löcher, in die Sie die Pflanzen einsetzen. Am besten setzen Sie dazu die verschiedenen Gewächse jeweils in einen geräumigen, mit geeignetem Substrat gefüllten Topf, stellen sie mitsamt diesem Gefäß in die ausgehobene Vertiefung und decken schließlich Topfrand und Substratdecke gut mit Kies ab. Zu Anfang, ehe die Wurzeln Fuß gefasst haben, sollten Sie die Pflanzen **hin und wieder sparsam gießen**. Später reicht dann das wenige Wasser, das bei Regen in den Traufstreifen gelangt, den Gewächsen und sie brauchen nicht gegossen zu werden. Die laufende Pflege des Traufstreifens besteht jetzt nur noch darin, von Zeit zu Zeit aufkommendes Unkraut zu entfernen und im Frühjahr altes Laub abzuharken.

besteht sie aus Kieseln in einer Größe von 16/32 mm: Damit sind die Steine einerseits nicht so groß, dass Lücken entstünden, in denen sich Laub und anderes Material ansammeln könnte, andererseits aber schwer genug, **um von ihnen leicht das Laub abharken zu können**. Man kann natürlich eine bereits vorhandene Kiesauflage belassen oder sie durch ansprechenderes Material ersetzen; auch eine Mischung verschiedener Kiesgrößen kann sehr reizvoll sein.

Geeignete Pflanzen

Traufstreifen sind extreme Trockenstandorte, die eine spezielle Bepflanzung mit Durstkünstlern erfordern. Zudem bietet der Untergrund den Gewächsen eine sehr karge Lebensgrundlage, also muss das Grün sich mit einem geringem Nährstoffangebot zufrieden geben. In keinem Fall sollten Sie hier Pflanzen ansiedeln, die Sie immer wieder gießen und düngen müssen – damit würden Sie nicht nur den Pflegeaufwand vergrößern, sondern auch die Funktion des Traufstreifens unterlaufen.

Es gibt aber eine Fülle schöner Stauden und Gräser, sogar kleiner Gehölze, die mit den widrigen Bedingungen zurecht kommen, ja sie sogar bevorzugen. Dazu zählen vor allem Sukkulenten wie Fetthenne oder Hauswurz, die in ihren dicken Blättern Wasser speichern. Polsterstauden wie Felsen-Steinkresse, Steintäschel, Nelken und Wolfsmilcharten (z.B. *Euphorbia polychroma, E. myrsinites*) fühlen sich hier ebenfalls wohl. Auch Steppenpflanzen und mediterrane Halbsträucher wie Rosmarin, Thymian oder Lavendel sind gut geeignet, daneben Gräser sowie Sommerblumen, z.B. farbenprächtige Mittagsblumen (etwa *Mesembryanthemum* oder *Dorotheanthus*) – **sie alle sind sehr anspruchslos**.

✕ UNBEDINGT VERMEIDEN
Die Pflanzen auch direkt nach dem Einsetzen nicht zu oft gießen. Die Trockenkünstler beginnen bei Nässe leicht zu faulen und gehen zugrunde.

Pflanzen ins Kiesbett einsetzen

1 Setzen Sie die Pflanzen für Ihr Kiesbett zunächst in einen großen Tontopf, den Sie mit geeigneter Erde (gleiche Teile Pflanzerde, Sand und Splitt oder aber Kakteenerde) füllen.

2 Bereiten Sie im Kiesbett die Stelle vor, wo Sie die Pflanze einsetzen wollen. Räumen Sie den groben Kies beiseite und heben Sie ein passendes Pflanzloch aus. Setzen Sie den Topf ein und füllen Sie verbliebene Lücken mit Sand, Splitt oder feinem Kies.

3 Zum Schluss bedecken Sie die Topfränder mit Kies. Der Vorteil dieser Pflanztechnik liegt darin, dass Sie so die eingesetzten Pflanzen gezielt pflegen können, ohne dass sich das Substrat großflächig im Kiesbett verteilt und Nährboden für Unkräuter bietet.

⏱ FERTIG IN 30 MINUTEN
► 5 Pflanzen in Töpfe umsetzen.

► 5 Pflanzlöcher ausheben und Pflanzen mit Töpfen darin einsetzen.

Rund ums Haus
Einen schmucken Hausbaum pflanzen

Ein **schöner** Hausbaum ist nicht nur ein ausdrucksvoller **Blickfang**, sondern spendet auch **Schatten**. Wenn er eine gewisse Größe erreicht hat, zieht er im Vorgarten ebenso wie im **Hauptgarten** die Aufmerksamkeit auf sich.

SO SPAREN SIE ZEIT

■ Wählen Sie einen Baum aus, der von Natur aus kugelkronig wächst, das spart im Jahr rund 5 Stunden Schnittmaßnahmen.

■ Ein Hausbaum beim Sitzplatz spendet Schatten und spart Ihnen lästiges Sonnenschirmschleppen.

Getreu altem Brauch
Wer ein Haus baut, soll auch einen Baum pflanzen – mit geeigneten Baumarten kann man dies selbst im kleinsten Vorgarten.

Ein Kugel- oder ein Säulenbaum?

Ein Hausbaum kann nicht nur im Vorgarten gleichsam wie ein Wächter den Eingang beschirmen – auch an jeder anderen Stelle im Garten dient er als Zierde und an heißen Tagen als willkommener Schattenspender.

Bei der Auswahl eines geeigneten Exemplars sind die endgültige Größe und Gestalt des Baumes ebenso wichtig wie sein Erscheinungsbild im Jahreslauf. Meistens werden Laubbäume als Hausbäume gewählt, sie zeichnen sich durch ihr veränderliches Blätterkleid aus, das den Verlauf der Jahreszeiten spiegelt.

Besonders attraktiv sind Bäume, die eine typische, in Krone und Stamm gegliederte Baumgestalt zeigen, und darüber hinaus noch weitere dekorative Akzente aufweisen. Dies kann etwa eine ebenmäßig geformte Kugelkrone sein, – so bei Kugel-Akazie (*Robinia pseudoacacia* 'Umbraculifera'), Kugel-Ahorn (*Acer platanoides* 'Globosum'), Kugel-Trompetenbaum (*Catalpa bignonioides* 'Nana') und Kugel-Esche (*Fraxinus excelsior* 'Nana'). **Sie alle werden kaum höher als 5 m.**

Säulenartig wächst dagegen beispielsweise die Säulen-Zierkirsche (*Prunus serrulata* 'Amanogawa'), die noch durch herrliche Blütenzierde auffällt. Besonders hübsch wirken auch kleine Obstbäume, insbesondere Halbstämme oder deren Zierformen, etwa Zierkirschen und Zieräpfel. Und von großem Reiz erweisen sich Gehölze mit einem außergewöhnlichen Blütenschmuck

Schützendes Schattendach
Ein großer Baum mit breit ausladender Krone beschirmt einen Sitzplatz optimal.

FERTIG IN 30 MINUTEN
► Pflanzgrube ausheben.
► Baum einpflanzen und wässern.

Legen Sie beim Einpflanzen die Pflanzgrube so groß an, dass sie den Wurzeln ausreichend Platz bietet, und pflanzen Sie dann den Baum so tief ein, wie er zuvor in der Baumschule gestanden hat. Die ausgehobene Erde verbessern Sie mit reifem Kompost.

Pflege in den ersten Jahren
Nach dem Pflanzen halten Sie den Wurzelbereich des jungen Baumes frei von Unkraut und legen ihn am besten als runde Baumscheibe an, die auch in den folgenden Jahren von Unkraut frei gehalten und regelmäßig, am besten im Frühjahr, mit Mulch und Kompost versorgt werden sollte. Junge Bäume brauchen in den ersten beiden Jahren nach dem Pflanzen zudem eine regelmäßige Bewässerung. **Kompostgaben im Frühjahr machen einen Mineraldünger überflüssig.** Auch sonst sollten Sie vorsichtig damit umgehen, denn die Mineralsalze können die zarten feinen Wurzeln der frisch eingepflanzten Bäume leicht verätzen. Bis der Baum dann endgültig festen Halt hat, sollten Sie ihm zumindest in den ersten 4–5 Jahren eine Stütze geben. Ein stabiler Pfahl, an den Sie den Stamm festbinden, ohne ihn einzuschnüren, hält Ihren Hausbaum auch bei Starkregen und Sturm aufrecht.

Hausbaum einpflanzen

1 Heben Sie die Pflanzgrube aus. Sie sollte mindestens zweimal so breit sein wie der Wurzelballen des Baums und eineinhalbmal so tief. Stellen Sie den Baum hinein und schlagen Sie etwas seitlich versetzt vom Wurzelballen den Stützpfahl ein.

2 Setzen Sie den Baum ein, füllen Sie die Pflanzgrube mit einem Gemisch aus Kompost und Erde auf, die Sie immer wieder festdrücken. Wässern Sie den Baum langsam und gründlich ein, mit mindestens 20 l Wasser.

3 Wenn Sie den Baumstamm am Stützpfahl anbinden, achten Sie dabei darauf, dass die Verbindung fest sitzt, jedoch den Stamm keinesfalls abschnürt. Bedecken Sie abschließend die Baumscheibe mit Rindenmulch oder einem anderen Mulchmaterial.

wie Magnolien oder mit besonders hervorstechender Blattfärbung, z. B. rotlaubige Ahornarten.
Wer das Glück hat, einen sehr großen Garten zu besitzen, der kann sich auch einen großen stattlichen Hausbaum leisten, etwa die traditionell gern gepflanzte Linde oder eine duftige Birke. Setzen Sie diese Großbäume aber unbedingt mit gehörigem Abstand zum Haus ein, damit ihre Wurzeln genügend Freiraum zur Entfaltung finden und die heranwachsenden Bäume nicht die Zimmer verdunkeln.

Makellose Bäume am richtigen Ort
Achten Sie schon bei der Auswahl in der Baumschule darauf, dass es sich bei Ihrem Hausbaum **um ein gesundes Exemplar von schöner Statur handelt** – immerhin muss dieser Baum für sich allein wirken. Der Stamm darf keine Verletzungen aufweisen, die Krone sollte symmetrisch aufgebaut und der Wurzelballen rund und fest sein.
Bei der Standortwahl müssen Sie sich außer nach den Erfordernissen Ihres Baumes auch nach den baulichen Gegebenheiten richten: Unterirdische Leitungen und Kabel, die im Wurzelbereich verlaufen, können leicht durch die Wurzeln beschädigt werden. Zu Gebäudewänden sollte möglichst ein Abstand eingehalten werden, der in etwa der Hälfte der endgültigen Baumhöhe entspricht.

Scheibe am Stammfuß
Der Bodenbereich unmittelbar um den Stamm sollte dem Baum vorbehalten sein; legen Sie hier eine Baumscheibe an, die mit Kompost und Mulch abgedeckt wird.

Rund ums Haus
Rosen am Bogen zum Erblühen bringen

Ein **üppig** bewachsener und von Blüten übersäter Rosenbogen gehört zu den **schönsten** Elementen im Garten. Es ist gar nicht schwer, an einem **Gerüst** Rosen empor zu leiten und zu einer eindrucksvollen **lang anhaltenden** Blütenpracht zu bringen.

FERTIG IN 30 MINUTEN
- ▶ Rosenbogen errichten.
- ▶ Rosenbogen bepflanzen.
- ▶ Kletterrose schneiden.

Ein einladender Blütenbogen

Ein Rosenbogen, der den Eingang zum Garten schmückt oder einen Weg überspannt, verleiht dem Areal etwas Märchenhaftes. Die bogenförmigen Kletterhilfen gibt es aus den unterschiedlichsten Materialien: Holz, kunstvoll geschmiedetes Eisen oder Stahlrohr, das mit Plastik ummantelt ist. Achten Sie beim Einkauf unbedingt darauf, dass der Bogen genügend Stabilität besitzt, um das Gewicht der blühenden Pflanzen zu tragen. Damit die gesamte Konstruktion unter der pflanzlichen Last nicht nachgibt, setzen Sie sie unbedingt auf solide Betonfundamente.

Kletterpflanzen erziehen

Am häufigsten schmücken Kletterrosen einen solchen Bogen, aber auch Clematis oder Geißblatt eignen sich dazu. Auf Kletterer, die wie Schling-Flügelknöterich, Blauregen oder Pfeifenwinde besonders üppig wuchern und sich kaum in Grenzen halten lassen, **sollte man hier allerdings verzichten**. Alle Kletterpflanzen wachsen schnurstracks dem Licht entgegen – auch am Bogen. Der Flor wird meistens im oberen Bereich gebildet. Doch die Blütenpracht soll sich nicht allein auf den First des Bogens beschränken, auch die Seitenstreben sollen von dem Flor nicht ausgenommen sein. Einen gleichmäßig verteilten Blütenschmuck erreichen Sie, indem Sie die Kletterpflanzen richtig erziehen. Dazu gehört vor allem ein sachgemäßer Schnitt. In den ersten Jahren nach der Pflanzung sollten Sie die Gewächse immer wieder einmal scharf zurücknehmen, damit sie viele kräftige Triebe entwickeln. Verteilen Sie diese Triebe gleichmäßig am Gerüst und heften Sie sie nach Bedarf am Bogen fest.

Rosen biegen für viele Blüten

Für eine üppige und gleichmäßige Blüte dürfen die Rosen nur langsam an Höhe gewinnen. Das erreicht man damit, dass man die Ranken behutsam leicht zur Seite biegt, denn waagrecht wachsende Zweige setzen die meisten Knospen an. Am Bogen führen Sie weiche elastische Triebe spiralig um das Gerüst herum, während Sie steife starke Zweige zwischen den Streben verspreizen. **Die beste Zeit dafür ist Ende Februar/Anfang März**. Fixieren Sie die Triebe,

wenn nötig, mit Bast oder speziellem Bindeband. Die austreibenden Seitensprosse können Sie bei Bedarf dann waagrecht biegen und in dieser Lage anheften.

Climber und Rambler

Bei den kletternden Rosenarten unterscheidet man zwei Gruppen: Die eigentlichen Kletterrosen (Climber) verspreizen sich mit starren Trieben zwischen den Stützen. Schlingrosen (Rambler) umgarnen dagegen mit dünnen elastischen Trieben die Unterlage. **Climber müssen Sie nur selten schneiden**. Die meisten blühen immer wieder üppig, auch wenn sie nicht eingekürzt werden. Für einen reichen zweiten Flor schneiden Sie bei den öfter blühenden Sorten die

Rosige Rundungen
Für den Rosenbogen können Sie unter verschiedenen Rosentypen wählen. Kletterrosen (Climber), wie hier 'Santana', sind meist öfter blühend, während Rankrosen (Rambler) vielfach nur eine, dafür besonders üppige Hauptblüte im Juni zeigen.

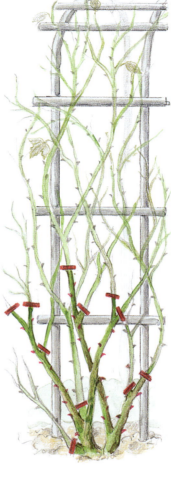

Alte Kletterrosen richtig schneiden
Um Kletterrosen, die nur noch in den oberen Bereichen ihrer Zweige blühen und unten verkahlt sind, wieder zu alter Fülle zu bringen, entfernen Sie schwache Triebe bis zur Basis und kürzen die kräftigen stark ein. Nutzen Sie gleich die Gelegenheit, um den Rosenbogen bei Bedarf zu streichen oder instand zu setzen.

Rosenbogen bepflanzen

1 Wurzelnackte Kletterrosen für 1–2 Stunden in eine Wanne oder einen Eimer voll Wasser stellen, damit sich ihre Wurzeln vollsaugen können.

2 Heben Sie am Fuß des Bogens ein Pflanzloch aus, in das die Rose bequem hineinpasst. Lockern Sie den Untergrund sehr sorgfältig auf.

3 Setzen Sie die Rose leicht schräg in die Pflanzgrube ein, sodass alle Triebe die unterste Stütze erreichen.

Wie bei Dornröschen
Mit einem romantischen Rosenbogen in voller Blüte lebt das Grimmsche Märchen in Ihrem Garten auf. Pflanzen Sie ein kräftiges Rosenpaar, es überwächst das Rankgerüst innerhalb von wenigen Jahren.

Seitentriebe nach der ersten Blüte auf 3–5 Augen zurück. Ansonsten werden lediglich im Frühjahr tote, schwache und kranke Triebe entfernt. Wenn die Pflanze über den ihr zugedachten Platz hinauswächst, dann stutzen Sie sie am besten im Herbst, indem Sie die Seitentriebe auf 3–4 Augen kürzen. Rambler müssen immer dann geschnitten werden, wenn sie an der Basis zu viele Triebe hervorbringen. Diese nehmen sich nämlich allzu leicht gegenseitig Luft und Licht weg und das Laub wird dann anfällig für Pilzerkrankungen.

Rosen brauchen Winterschutz

Frost und kalter Wind setzen den Rosen im Winter besonders zu, deshalb sollten sie eine wärmende Verpackung erhalten – vor allem an einem frei stehenden Rosenbogen ist dies wichtig. Die größte Gefahr besteht hier im Spätwinter sowie im beginnenden Frühjahr, denn an sonnigen Tagen beginnen die Rosen schon mit dem Triebwachstum und die zarten jungen Triebe fallen Spätfrösten recht schnell zum Opfer. Um diese Jahreszeit ist eine Schattierung angebracht, die die Sonnenstrahlen fern hält.

Winterschutz und Schattierung gewährleistet ein spezielles Vlies, das man um den Rosenbogen samt Rosen wickelt und locker mit einer Schnur fixiert. Verwenden Sie für den Winterschutz aber auf keinen Fall Kunststofffolie! Die sich darunter ansammelnde Feuchtigkeit bewirkt zusammen mit sich stauender Wärme, dass die Triebe faulen. An der Pflanzenbasis schützen Sie die empfindliche Veredelungsstelle, indem Sie Erde oder Laub anhäufeln. Dies ist bei robusten Rosensorten aber **nur im ersten Winter nach der Pflanzung erforderlich**. Der Winterschutz muss natürlich wieder entfernt werden. Häufeln Sie Ende März/Anfang April ab, die oberirdischen Teile dagegen sollten Sie so lange vom Vlies beschattet lassen, wie es stärkere Nachtfröste gibt.

Rund ums Haus
Unschönes geschickt kaschieren

Abfalltonnen *oder* **Regenrohre** *stören oft das schmucke Bild des Hauses. Machen Sie* **Unschönes** *einfach* **unsichtbar**, *ohne dass dabei die leichte* **Zugänglichkeit** *leidet.*

Schnitthecke als Versteck

Recycling- und Abfalltonnen haben auf den meisten Grundstücken ihren Platz im Vorgarten nahe dem Eingang, **um Wertstoffe und Müll problemlos entsorgen zu können**. Doch sollen die Behälter nicht gleich ins Auge fallen, dafür sind sie zu unansehnlich. Man kann aber den Platz, an dem die Tonnen untergebracht sind, ohne viel Aufwand rasch in ein kleines Gartenschmuckstück verwandeln.

Als einfache und dauerhafte Lösung, um die Mülltonnen zu verstecken, bietet sich dabei ein lauschiger Winkel aus einer Schnitthecke an, vor allem aus immergrünen Koniferen wie Lebensbaum oder Scheinzypresse. **Sie lassen sich leicht in Form schneiden** und bleiben das ganze Jahr über grün. Laub abwerfende Gehölze haben dagegen den Nachteil, dass sie im Winter den Blick freigeben. Allerdings braucht ein Heckenwinkel Platz, mindestens 5 m² sollten Sie für eine Hecke um einen Stellplatz für zwei Tonnen einplanen. Ist der Vorgarten klein und jeder Quadratmeter kostbar, sollten Sie andere Lösungen bevorzugen.

Schlingpflanzen als grüne Hülle

Eine besonders einfache Möglichkeit, mit geringem Flächenbedarf Mülltonnen zu verstecken, können Sie mit Schlingpflanzen verwirklichen, die sich an Spanndrähten entlang-

Sichtschutz

1 Mit fertigen Rankgittern lässt sich rasch ein Sichtschutz für Mülltonnen bauen. Dazu schlagen Sie im Abstand der Rankgitterbreite Bodenhülsen aus Metall in die Erde. Dort hinein setzen Sie Stützpfosten.

2 Schrauben Sie das Rankgitter an den Stützpfosten fest. Bei einer Pfostenhöhe von etwa 1,80 m sollten Sie mindestens zwei, besser noch drei Befestigungspunkte pro Pfosten einplanen – bei den meisten Gittern ist das Befestigungsmaterial dabei.

3 Zum Schluss setzen Sie Kletterpflanzen seitlich neben die Pfosten in vorbereitete Pflanzlöcher. Bringen Sie diese leicht geneigt zum Gitter hin ein. Damit sich bald ein grüner Vorhang entwickelt, befestigen Sie die Triebe am Gitter mit Bast oder Band.

Hinter einem Vorhang verborgen
Wilder Wein webt rasch eine undurchsichtige Blättergardine an unschöne Umbauungen von Mülltonnen. Mit immergrünen Kletterern wie Efeu bleibt diese auch im Winter blickdicht.

FERTIG IN 30 MINUTEN

► Auf dem Dach eines Müllhäus-chens geeignetes Substrat verteilen und Pflanzen einsetzen.

► Ein Rankgitter zwischen zwei Pfosten anbringen und Kletterpflanze einsetzen.

hangeln. Sie brauchen dazu lediglich an den Ecken des Stell-platzes Pfosten in den Boden zu treiben. Spannen Sie dazwi-schen Drähte, am besten mit Spannschrauben, um die Span-nung bei Bedarf leicht regulieren zu können. An diesen Dräh-ten lassen Sie nun Kletterpflanzen wachsen, die bald einen dichten, bisweilen blühenden Blättervorhang entwickeln. Statt einer Drahtverspannung können Sie ebenso Rankgitter zwischen den Pfosten montieren, **es gibt sie als Fertig-bauteile in jedem Baumarkt**. Mit ein paar Latten können Sie eine solche Umbauung aber auch schnell selbst herstellen – sie wird dann bald von selbstklimmenden Pflanzen wie Efeu oder Wildem Wein überwallt.

Müllhäuschen mit begrüntem Dach

Häufig sind Tonnen in festen Müllhäuschen aus Beton oder Holz untergebracht, die meist ebenso unattraktiv wie die Be-hälter selbst sind. Setzen Sie darum dem Häuschen einfach eine grünende und blühende Haube auf.

Pflanzen für das Müllhäuschen

Pflanze	Eigenschaften
Dachtrespe	zierliche Horste, filigrane Blüten im Frühsommer
Felsennelke	kleine Polster, im späten Frühjahr rosa oder weiße Blüten
Hauswurz (Sempervivum-Arten)	dekorative Blattrosetten, meist purpurrote Blüten im Sommer
Mauerpfeffer (Sedum-Arten)	Teppich, Blüten bis Sommer
Rotes Seifenkraut	Matten bildend, weiße Blüten bis zum Spätsommer
Silbergras	Blütenrispen von Juni bis August
Zwergglockenblume	weiße/blaue Blüten im Sommer
Weniger geeignete Pflanzen	
Elfenblume	Matten bildend, cremefarbene bis rote Blüten im Frühjahr
Nachtkerze	dichtbuschig, gelbe Blüten von Juni bis September

Schön bepflanzt
Mit einer fülligen, bunt blühenden Pflanzgemeinschaft auf dem Dach wird aus dem Mülltonnenhäuschen ein Schmuckstück.

Pflanzvorschlag: blühendes Müll-häuschendach
Kleine Polster, die überschwänglich blühen, dazwischen sorgen Sedum-Tep-piche ganzjährig für Grün.

Orangenrotes Habichtskraut *Pfingstnelke* *Goldlein*
Thymian *Fetthenne „Immer-grünchen"* *Seifenkraut*
0,8 m   1,6 m

Um die Bepflanzung aufbringen zu können, benötigen Sie eine spezielle Dachkonstruktion. Bauen Sie einen Rahmen aus Kanthölzern, der auf das Müllhäuschen montiert wird. Die Dachfläche ist gewöhnlich leicht geneigt, setzen Sie darum den Kantholzrahmen an der tiefer liegenden Kante mit einem Spalt auf, damit Regenwasser ablaufen kann. Beim Schlosser können Sie sich eine passende, mit Abflusslöchern versehene Pflanzwanne aus Blech anfertigen lassen, die Sie in den Rahmen setzen. Alternativ kleiden Sie diesen mit ei-nem Stück Teichfolie aus, lassen einen Abzug offen und fül-len zur Dränage eine Schicht Blähton ein. Darauf kommt ein Vlies, das verhindert, dass Erde in die Dränageschicht gespült wird. Füllen Sie dann eine 5–10 cm starke Schicht Substrat ein, und zwar eine Mischung aus gleichen Teilen Gartenerde, Sand und Blähton oder Bimskies bzw. eine Fertigsubstrat-mischung zur Dachbegrünung.
Setzen Sie nun Pflanzen ein, die mit stark wechselnden Be-dingungen zurechtkommen. Mit kleinkörnigem Kies, Lava-grus oder Bimskies decken Sie freie Stellen zwischen ihnen ab. Gießen Sie nur zu Anfang bei Trockenheit vorsichtig, **dann können Sie die Anlage sich selbst überlassen**.

Ein Regenfallrohr verbergen
An einem grobma-schigen kunststoff-ummantelten Gitter, das rund um das Fallrohr installiert wird, können Klet-terpflanzen empor-wachsen – bald ist vom Rohr nichts mehr zu erkennen.

Rund ums Haus
Die Fassade pflegeleicht begrünen

Ein lebendiges Kleid aus **Kletterpflanzen** *verleiht dem Haus nicht nur einen besonderen* **Charme**, *sondern schützt vor* **Regen**, *hält* **Hitze** *ab und spart im Winter etliches an* **Heizkosten**.

✗ UNBEDINGT VERMEIDEN

Kletterpflanzen mit starren Trieben, z. B. Kletterrosen, nicht an ein Klappspalier pflanzen. Die Triebe würden brechen, wenn Sie das Spalier umklappen.

Kräftige Kletterpflanzen wie Blauregen auf keinen Fall an Regenrohr und Regenrinne pflanzen. Solch starke Schlinger können die Rohre eindrücken.

Hilfe im Notfall
Die Haftscheiben des Wilden Weins lassen sich sehr viel leichter lösen, wenn man sie befeuchtet und das Wasser für eine Weile einwirken lässt.

Klettertechniken

Viele Pflanzen eignen sich dazu, Fassaden zu begrünen, egal ob Sie das Haus ganz einhüllen oder nur an einzelnen Stellen grüne und blumige Akzente setzen wollen.

Man unterscheidet die Kletterpflanzen nach der Technik, mit der sie in die Höhe gelangen. Efeu, Wilder Wein oder die Kletterhortensie gehören zu den Selbstklimmern. **Sie benötigen keinerlei Kletterhilfe**, weil sie sich mit Haftwurzeln oder Haftscheiben direkt am Mauerwerk festkleben. Kletterrosen und Winterjasmin gehören zu den Spreizklimmern: Sie verspreizen ihre steifen, oft mit Stacheln oder Dornen versehenen Triebe zwischen diagonal verlaufenden Stützen, z. B. denen eines Holzgerüsts. Ranker wie die Clematis verhaken sich mit speziell umgebildeten Organen, den Ranken, um dünne Stützen wie Gitterspaliere. Schlinger wie Blauregen winden sich mit ihren Trieben um möglichst vertikal verlaufende Stützen, z. B. Spanndrähte.

Je nach Art der Kletterpflanze, die Sie einsetzen, sollten Sie für entsprechende Kletterhilfen sorgen, oder umgekehrt die geeigneten Kletterer auswählen.

Blaue Blütenvorhänge
Hier darf sich ein Blauregen zum Balkon in die Höhe schwingen und seine traumhaften Blütentrauben präsentieren.

FERTIG IN 30 MINUTEN

► Spanndraht montieren.

► Eine Kletterpflanze einpflanzen.

Filigran umgarnt
Ein Gitter aus dünnen Holmen bietet Rankern bestens Halt. Unbedingt mit einigen Zentimetern Abstand von der Wand montieren!

Kletterpflanzen an der Hauswand

Direkt an einer Mauer ist der Boden meistens sehr trocken, denn dorthin gelangt nur wenig Regen. Daher kommt es den Kletterpflanzen, mit denen Sie die Hauswand begrünen wollen, zugute, wenn Sie sie im Abstand von etwa 50 cm vor der Mauer einpflanzen. Damit die Triebe schnell Kontakt zur Kletterunterlage bekommen, setzen Sie die Kletterpflanzen schräg zur Mauer geneigt ein. Dazu ist es wichtig, dass Sie ein besonders geräumiges Pflanzloch ausheben. Es sollte mindestens anderthalb mal so breit und tief sein wie der Wurzelballen. Zur Verbesserung der Bodenqualität arbeiten Sie organisches Material unter die Aushuberde. Bei veredelten Pflanzen wie Rosen oder Blauregen müssen Sie darauf achten, dass die Veredelungsstelle mindestens 5 cm unter der Erdoberfläche zu liegen kommt.

Dann führen Sie die Triebe zur Kletterhilfe, verteilen sie dort fächerförmig und fixieren sie mit Bindebast. Bei Selbstklimmern heften Sie die Triebe anfangs mit Klebestreifen an der Wand fest, bis sie von allein haften.

Nur unbeschädigte Wände bepflanzen!

Überprüfen Sie unbedingt zuerst den Zustand des Mauerwerks oder Verputzes, insbesondere wenn Sie Efeu oder

Klappspalier
Im Hinblick auf Ausbesserungsarbeiten, die womöglich an der Fassade vorgenommen werden müssen, empfehlen sich Klappspaliere. Unten verbinden Sie das Rankgitter jeweils über ein Scharnier mit der Mauer, oben mit Haken. So können Sie es bei Bedarf einfach umklappen und an die Wand dahinter gelangen.

einen anderen Selbstklimmer pflanzen wollen. Damit die Pflanzen mit ihren Haftwurzeln nicht den Putz zerstören und ins Mauerwerk eindringen, muss die Wand komplett frei von Rissen und feuchten Stellen sein. Der Verputz sollte aus langlebigem witterungsbeständigem Material bestehen. Mit Dispersionsfarben gestrichene oder mit Dispersions-Silikat-Putz versehene Wände bekommen oft mit den Jahren feine Risse, in denen sich Feuchtigkeit sammeln kann und in die dann Triebe hineinwachsen können. Bei schadhaften Fassaden kommt es vor, dass auch schlingende oder rankende Kletterpflanzen zum Problem werden, denn sie können ebenso in die Risse oder Putzlücken hineinwachsen.

Auf intaktem Mauerwerk dagegen richten Kletterpflanzen keinen Schaden an, im Gegenteil: **Der dichte Bewuchs schützt die Wände** vor Regenschlag und die Luftzirkulation im Blätterkleid verhindert eine Mauerdurchfeuchtung.

Kletterhilfen für die Wandbegrünung

1 Spaliere aus Holz mit diagonalen Kanthölzern eignen sich gut für Spreizklimmer. Es gibt sie in verschiedenen Formen und Größen im Gartenmarkt.

2 Spanndrähte aus rostfreiem Metall – senkrecht oder waagrecht gespannt – sind gute Kletterhilfen für Schlinger wie den Blauregen.

3 Filigrane Rankgitter aus Metall eignen sich besonders gut für rankende Kletterer, die hier reichlich Gelegenheit finden, sich festzuklammern.

SO SPAREN SIE ZEIT

■ Wenn Sie sich für Selbstklimmer wie Efeu oder Wilden Wein entscheiden, können Sie auf Kletterhilfen verzichten und sparen so mehr als 2 Stunden, die Sie für das Anbringen benötigen würden.

Rund ums Haus
Ein Paradies für Nützlinge anlegen

In jedem Garten gibt es die eine oder andere vergessene Ecke. Hier lässt sich **mit wenig Mühe** ein Lebensraum schaffen, der Nützlingen ein Quartier bietet.

Unermüdliche Fresser
Marienkäfer können pro Tag bis zu 150 Blattläuse vertilgen.

Fleißige Bestäuber
Honigbienen gehören zu den wichtigsten Bestäubern der Obstgehölze im Garten.

Stacheliger Gast
Käfer, Engerlinge, Drahtwürmer und Schnecken gehören zur Lieblingsspeise des Igels.

Emsige Vertilger
Ohrwürmer stellen Blut- und Blattläusen, Spinnmilben sowie anderen Schädlingen nach.

Elegante Jäger
Eidechsen fangen vielerlei Insekten, verschmähen aber auch Schneckeneier nicht.

FERTIG IN 30 MINUTEN

► Insektenhotel errichten.

► Ohrwurmtopf befüllen und aufhängen.

Etwas Unordnung zulassen

In jedem Garten fallen ständig Pflanzenreste an, die sich nicht leicht kompostieren lassen, etwa Heckenschnitt, dickere Äste oder gar Baumstümpfe. Entsorgen Sie dieses Material nicht übereifrig, sondern nutzen Sie es, um mit ein wenig gepflegter Unordnung zahlreiche Tiere wie Florfliegen, Marienkäfer, Schwebfliegen, Igel und Vögel in Ihren Garten zu locken. **Sie helfen, Schädlinge wie Schnecken, Blattläuse oder Raupen zu bekämpfen.** Schon eine kleine naturbelassene Ecke neben dem Kompost reicht dafür aus.

Totholz und Steinhaufen

Abgestorbenes Holz, Steine und Laub dienen zahlreichen räuberischen Insekten als Lebensraum. Laufkäfer verstecken sich tagsüber in den dunklen Ritzen von Holz- oder Steinhaufen, nachts machen sie sich auf, um Schnecken, Würmer und anderes Getier zu jagen. Marienkäfer suchen im Herbst Schutz zwischen herabgefallenem Laub oder in Baumritzen. Die erwachsenen Tiere sind genauso wie die Larven nimmersatte Blattlausjäger. Einige Arten ernähren sich von Schildläusen und Spinnmilben.

Befruchtete Schwebfliegenweibchen brauchen Äste, Laub, Mauerspalten oder andere winzige Öffnungen, um zu überwintern. Im zeitigen Frühjahr legen sie dann ihre Eier in Blattlauskolonien, die den Larven als Nahrung dienen. Ein aus Reisig aufgeschichteter Totholzhaufen dient Erdkröten oder Eidechsen als Versteck. Igel richten sich darin ihr Winterquartier ein. Sie alle jagen Insekten, Schnecken oder Spinnen. Vögel wie Zaunkönig und Rotkehlchen mögen solche Stellen als Nistplätze.

Ein Steinhaufen bietet z. B. Eidechsen einen geeigneten Unterschlupf, die im Sommer, wenn er von der Sonne beschienen wird, gern darauf herumkriechen. Ein Haufen aus großen und kleineren Natursteinen lässt sich zudem gut als gestalterisches Element in den Steingarten, aber auch in das Kiesufer eines Gartenteichs integrieren.

Brennnesseln bringen Schmetterlinge

Lassen Sie auch Brennnesseln an einem kleinen Platz im Garten ungestört wachsen. Sie sind Futterpflanzen für zahlreiche

Schmetterlingsraupen und auch die Gartengrasmücke baut ihr Nest mit Vorliebe im dichten Brennnesselgestrüpp.

Fehlt Ihnen der Platz für ein naturnahes Eckchen, dann können Sie sich **mit einfachen Mitteln ein Insektenhotel für viele verschiedene Gäste basteln** und an einem sonnigen geschützten Ort aufstellen.

Ein Insektenhotel bauen

1 Bohren Sie in Ziegelsteine, Holzblöcke oder Baumscheiben kleine Löcher. Diese Bohrgänge nutzen die Insekten für ihre Brut.

2 Als Behältnis für die Nisthilfen bauen Sie einen stabilen Holzrahmen mit Giebel zusammen. Unterteilen Sie ihn in unterschiedliche Etagen und Fächer, sodass die Nisthilfen gut hineinpassen.

3 Zum Schluss füllen Sie die einzelnen Fächer mit den verschiedenen Nistmaterialien – Sie können dazu auch dünne Äste, Schilf, Holzwolle und andere Naturmaterialien verwenden.

Terrassen und Sitzplätze

Wo man es sich gemütlich macht

*Was wäre ein Garten ohne lauschigen **Sitzplatz**, an dem man die Seele baumeln lassen und sich vom Alltag **erholen** kann? Geschickt geplant lässt sich die Terrasse als ein idealer **Wohlfühl- und Rückzugsort** für die ganze Familie gestalten, der allen über viele Jahre hinweg viel **Freude** bereiten wird.*

Ein idyllischer Sitzplatz nah beim Haus

Haben Sie gerade Ihr Haus frisch bezogen, dann ist die Terrasse wohl der erste Gartenteil, dessen Gestaltung Sie in Angriff nehmen. Hier soll rasch ein Refugium entstehen, das der Familie als grünes Wohnzimmer dient und allen Familienmitgliedern die Möglichkeit gibt, ruhige oder ausgelassene Stunden im Freien zu verbringen.

Die Größe der Terrasse sollte von der Nutzung abhängen, planen Sie sie aber in jedem Fall großzügiger als zu gering dimensioniert – **so können Sie die Fläche nachher bequem nutzen**, ohne gleich anzuecken. Für vier Personen rechnet man mindestens 10 m², für sechs 15 m², für Grill oder Sonnenliege kommen weitere rund 5 m² hinzu.

Die Möbel sollen die nötige Bequemlichkeit bieten und mit verschiedenen Accessoires sowie der natürlichen Umgebung die richtige Atmosphäre schaffen, um auszuspannen oder zu feiern. Die Lage von Terrasse oder Sitzplatz entscheidet, ob und wo man einen Sonnenschutz anbringen muss.

Geschützt, nicht eingesperrt

Hecken und hohe Stauden oder Sträucher sorgen für die nötige Intimität am Platz. Pflanzen Sie nicht zu dicht bei der Terrasse, damit die Gewächse Sie nicht beengen. Ist die Grenze zum Nachbarn nicht weit entfernt, dann sind Holzelemente und Rankgitter als Sichtschutzlösungen, die dazu noch Wind abhalten, gut geeignet. Rank- und Kletterpflanzen **überziehen die Elemente schnell mit grünen Blättern und bunten Blüten**. Kübel und Kästen bringen das ganze Jahr über zusätzliches Leben und Farben auf die Terrasse. Sie lassen sich je nach Jahreszeit ganz verschieden bepflanzen.

Liegt die Terrasse auf der Südseite, dann darf man einen Sonnenschutz nicht vergessen – mit Markisen und Sonnenschirmen lässt es sich auch im Hochsommer gut auf der Terrasse aushalten. Besonders reizvoll ist jedoch eine von Kletterpflanzen bewachsene Pergola.

Über große Fensterflächen
öffnet sich der Wohnraum ins Freie zur Terrasse.

Eine bequeme Möblierung
sorgt für gemütliche Entspannung.

Opulent blühende Kübelpflanzen
machen das grüne Wohnzimmer perfekt.

Intimsphäre wahren
Eines der wichtigsten Elemente für einen Gartensitzplatz ist ein Sichtschutz, der störende Einblicke von außen abhält, ohne einen schönen Ausblick zu verwehren. Das leisten Wandelemente mit Vorpflanzung (links) wie auch Sträucher und Stauden (unten).

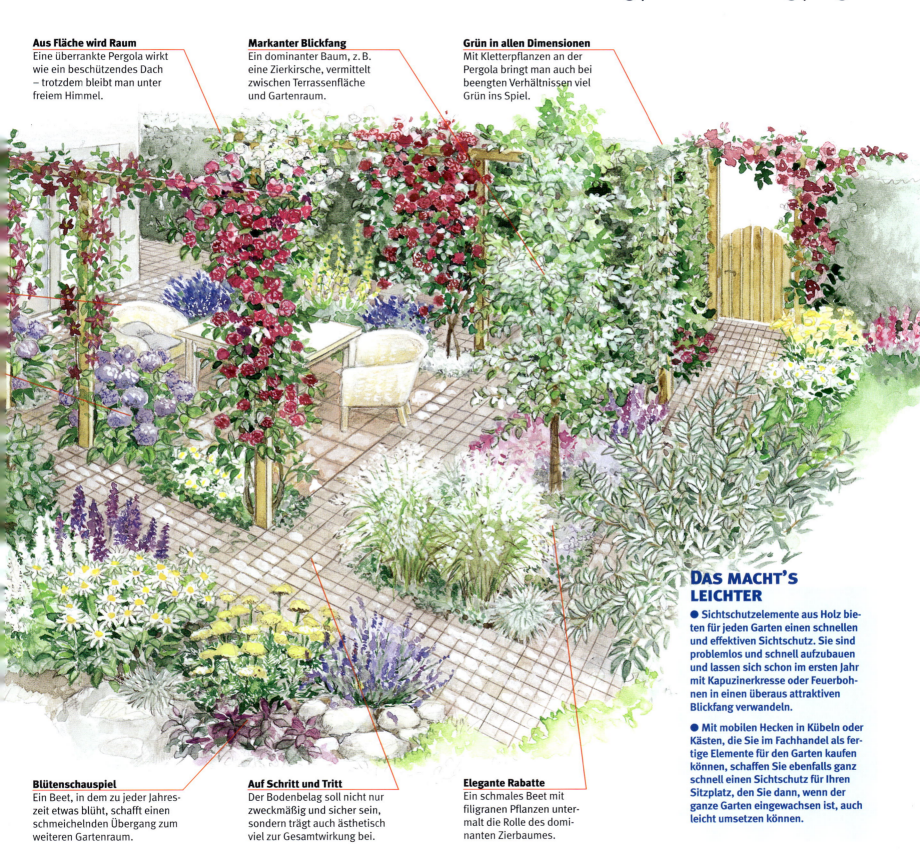

Aus Fläche wird Raum
Eine überrankte Pergola wirkt wie ein beschützendes Dach – trotzdem bleibt man unter freiem Himmel.

Markanter Blickfang
Ein dominanter Baum, z. B. eine Zierkirsche, vermittelt zwischen Terrassenfläche und Gartenraum.

Grün in allen Dimensionen
Mit Kletterpflanzen an der Pergola bringt man auch bei beengten Verhältnissen viel Grün ins Spiel.

Blütenschauspiel
Ein Beet, in dem zu jeder Jahreszeit etwas blüht, schafft einen schmeichelnden Übergang zum weiteren Gartenraum.

Auf Schritt und Tritt
Der Bodenbelag soll nicht nur zweckmäßig und sicher sein, sondern trägt auch ästhetisch viel zur Gesamtwirkung bei.

Elegante Rabatte
Ein schmales Beet mit filigranen Pflanzen untermalt die Rolle des dominanten Zierbaumes.

DAS MACHT'S LEICHTER

● Sichtschutzelemente aus Holz bieten für jeden Garten einen schnellen und effektiven Sichtschutz. Sie sind problemlos und schnell aufzubauen und lassen sich schon im ersten Jahr mit Kapuzinerkresse oder Feuerbohnen in einen überaus attraktiven Blickfang verwandeln.

● Mit mobilen Hecken in Kübeln oder Kästen, die Sie im Fachhandel als fertige Elemente für den Garten kaufen können, schaffen Sie ebenfalls ganz schnell einen Sichtschutz für Ihren Sitzplatz, den Sie dann, wenn der ganze Garten eingewachsen ist, auch leicht umsetzen können.

Terrassen und Sitzplätze
Den Terrassenrand mit Rosen verschönern

Mit **Rosen** hüllen Sie die Terrasse in **Blüten- und Duftwolken**.

So aufwändig diese Anlage auf den ersten Blick erscheinen mag – auf Dauer werden die **Königinnen** der Blumen Ihnen **kaum Mühe** bereiten.

SO SPAREN SIE ZEIT

■ Achten Sie beim Einkauf auf robuste Rosensorten, dann haben Schädlinge keine Chance. In Gebieten mit rauem Klima sollten Sie Rosen wählen, die besonders frosthart sind.

■ Wenn Sie das Rosenbeet mit Rindenmulch abdecken, sparen Sie 10–12 Stunden jährlich an Zeit für Wässern und Unkrautjäten.

■ Pflanzen Sie Containerrosen ein, dann sparen Sie 10–20 Minuten am Rückschnitt von Trieben und Wurzeln.

■ Lassen Sie die Rosen sich vor der Pflanzung in einer Wanne mit Wasser gründlich vollsaugen, dann wachsen sie besser an und Sie brauchen keine Ausfälle zu befürchten.

Blütenfülle ohne Mühe

Für ein pflegeleichtes Rosenbeet bei der Terrasse eignen sich Strauchrosen ebenso wie reich blühende Wild-, Beet- und Bodendeckerrosen – **ausschlaggebend ist die Wahl robuster gesunder Sorten**. Eine gute Hilfe finden Sie im Qualitätssiegel ADR (Anerkannte Deutsche Rose), das nur streng geprüfte und besonders bewährte Rosensorten tragen dürfen. Pflanzen Sie kräftige Ware mit entsprechenden Abständen in gut vorbereiteten Boden, dann entwickelt sich das Beet zu einem herrlichen Anblick – über Jahre hinweg.
Die Blütenfarben können Sie ganz nach Ihrem Geschmack kombinieren. Achten Sie auch auf Blütezeiten und Blühver-

Rosige Träume
Rosen gehören zu den Favoriten im Garten – ob nun Kletterrosen an einer Pergola (oben) oder bunt gemischte Beet- und Strauchrosen (links). Direkt an der Terrasse kann man ihren Zauber in vollen Zügen genießen.

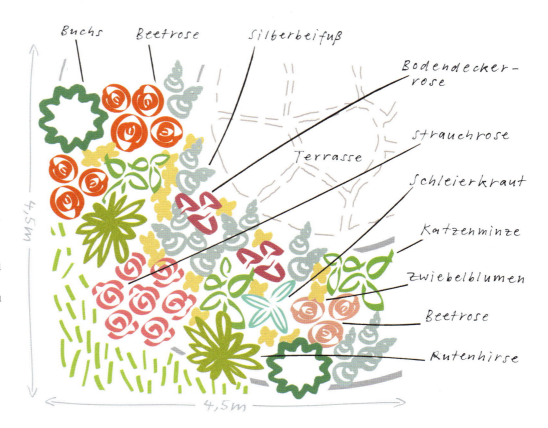

Buchs — Beetrose — Silberbeifuß — Bodendecker-rose — Strauchrose — Schleierkraut — Katzenminze — Zwiebelblumen — Beetrose — Rutenhirse — Terrasse — 4,5m — 4,5m

halten. Einmal blühende Sorten bringen einen einmaligen, dafür überschäumenden Flor, mehrmals blühende Rosen zeigen ihre Blüten über die gesamte Saison.

Strauch- und Beetrosen pflanzen Sie am besten jeweils in Gruppen von drei Pflanzen. Die Sträucher fügen sich bald zu einem dichten Busch zusammen, sodass ein paar schwache Triebe nicht auffallen. Halten Sie in jeder Dreiergruppe einen Abstand von etwa 50 cm zwischen den einzelnen Exemplaren ein. Bei hochwüchsigen Sorten empfiehlt es sich, gleich beim Pflanzen eine Stütze zu integrieren, z.B. in Form eines pyramidenförmigen Rankgestells, das den Rosen einen zusätzlichen Halt gibt.

Zwischen die großen Strauchrosengruppen können Sie nun schlichte Wildrosen – etwa die Bibernell-Rose – setzen, die bereits zeitig im Jahr blühen. In den Vordergrund passen Beet- und Bodendeckerrosen, die einen harmonischen Übergang zwischen Beet und Terrassenbelag herstellen.

Rosen und ihre Begleiter

Rosen müssen nicht unter sich bleiben. Der hohe Rittersporn harmoniert vor allem mit großen Strauchrosen, der kniehohe

So werden Rosen angeboten

Wurzelnackte Rosen erhalten Sie ohne Erde. Bei Rosen mit Wurzelballen sind die Wurzeln samt Erde mit einer Verpackung umhüllt, die später im Boden zerfällt. Containerrosen sind bereits in der Erde im Topf verwurzelt.

Steppensalbei mit kleineren Rosen. Im Vordergrund wirken Frauenmantel oder Katzenminze gut. Alle Begleiter sollten aber wie die Rosen nahrhaften, eher schweren Boden bevorzugen, den Sie mit reifem Kompost oder spezieller Rosenerde verbessern. Beim Pflanzen jeder Rose achten Sie darauf, dass die Veredelungsstelle (der verdickte Übergang zwischen Wurzeln und oberirdischen Trieben) etwa 5 cm unter die Erde zu liegen kommt, dann ist sie vor Frost geschützt. Frisch eingepflanzte Rosen benötigen viel Wasser. Und verteilen Sie eine Schicht Rindenmulch zwischen den Pflanzen, dann bleibt der Boden feucht und locker und ist zudem weitgehend vor Unkraut geschützt.

Guter Start – gutes Wachstum

Zur laufenden Pflege des eingewachsenen Rosenbeets gehören regelmäßige Düngergaben von April bis Juli. **Wässern müssen Sie nur bei andauernder Trockenheit**. Schneiden Sie verwelkte Blüten heraus, sofern Sie nicht Wert auf Hagebutten legen. Im März oder April, wenn keine starken Nachtfröste mehr drohen, schneiden Sie die Rosen zurück. Bei Wild- und Strauchrosen entfernen Sie nur abgestorbene Triebe. Bodendecker- und Kleinstrauchrosen brauchen nach einigen Jahren einen starken Rückschnitt auf etwa 20 cm. Nur Beetrosen schneiden Sie jedes Jahr radikal zurück, kappen also sämtliche Triebe bis auf Handspannenlänge.

Pflanzvorschlag: ein Rosenbeet an der Terrasse

Um eine halbrunde Terrasse zieht sich der Beetstreifen, auf dem verschiedene Rosen Platz finden. Ruhepole im Beet sind dabei zwei immergrüne Buchsbäume, die zu Kugeln oder Pyramiden geformt werden. Für den Frühjahrsschmuck können verschiedene Blumenzwiebeln in die Lücken gepflanzt werden.

FERTIG IN 30 MINUTEN

► 2 Pflanzlöcher ausheben und die Erde mit Kompost anreichern.

► 2 Rosen einsetzen und wässern.

Terrassen und Sitzplätze

Eine Pergola schützt vor Sonne und Wind

Eine Pergola bietet sich als **idealer Sonnen- und Windschutz** am Sitzplatz an. Sie **verbindet**, hübsch bepflanzt, Haus, Terrasse und Garten miteinander. Wenn Sie bei ihrem Bau ein paar **einfache Regeln** beachten, haben Sie viele Jahre **Freude** an Ihrem duftenden Laubenvorhang.

Unter blauen Blütenwolken
Diese freitragende Pergola, berankt mit Blauregen, ist nicht nur optisch ein Genuss, sondern macht auch den Sitzplatz besonders behaglich, indem sie Schatten spendet.

Blätterdach
Mit Kletterern wie dem Schling-Knöterich bekommt die Pergola rasch ein dichtes Laubkleid, das pralle Sonne wie auch Wind und sogar leichten Regen abhält.

Farbenzier
Der Baumwürger (unten) sorgt mit seinen bunten Früchten bis tief in den Winter hinein für Schmuck.

FERTIG IN 30 MINUTEN

► Betonfundament mit Haltevorrichtung für eine Pergolastütze herstellen.

► Pergolastütze auf dem Fundament montieren.

SO SPAREN SIE ZEIT

■ Verwenden Sie zum Bauen imprägnierte Hölzer, dann sparen Sie sich die Zeit zum Anstreichen.

Die Pergola selbst bauen

Mit ein wenig Geschick **ist das kein Problem**, insbesondere, wenn Sie Fertigbauteile verwenden, die jeder Baumarkt in großer Auswahl bereithält. Jede Pergola besteht aus mehreren Stützpfeilern, auf denen Längsbalken (Pfetten) liegen, die wiederum die quer verlaufenden Sparren tragen. Eine Pergola kann freitragend sein, also allein auf Stützpfeilern stehen, oder auch an eine Hausmauer oder an ein anderes Bauwerk angeschlossen werden. Meistens besteht eine Pergola aus Holz, Sie können allerdings auch Konstruktionen aus Stahl oder einen Materialmix wählen, was aber einen Fachmann verlangt. Man setzt für eine Pergola eine Höhe von 2,5 m an, um bequem darunter stehen zu können.

Beton und Holz

Nach der Größe der Pergola richtet sich die Stärke des verwendeten Holzes. Für eine mittelgroße Pergola auf einer Terrasse von 3 m × 6 m eignen sich Stützpfeiler und Längsbalken mit einem Querschnitt von 15 cm × 15 cm. Bei größeren Grundflächen muss auch der Querschnitt der Hölzer größer sein. Im Abstand von 3 m benötigen Sie je eine Stütze. Damit die Konstruktion stabil steht, gießen Sie für jeden Stützpfosten einen Betonsockel, in den Sie einen Metallschuh

einbetonieren. Die Stützen werden mit Schrauben in den Metallschuhen befestigt. So kommen sie nicht direkt mit dem Erdreich in Berührung und sind vor Fäulnis geschützt.

Sind die Stützen stabil montiert, können die Pfetten angebracht werden, am elegantesten über eine Verzapfung. Einfacher ist es aber, sie mit langen Nägeln zu befestigen. Damit die Stabilität gewährleistet ist, sollten Sie dann Stützen und Pfetten noch einmal über je zwei diagonal verlaufende Hölzer miteinander verbinden. Für die Sparren, die Sie im Abstand von 30–50 cm auf den Pfetten anbringen, wählen Sie Balken mit einem rechteckigem Querschnitt (13 cm × 9 cm). Bevor Sie die Hölzer mit der schmaleren Kante festnageln, sägen Sie dort, wo sie aufliegen, eine Aussparung in Breite der Pfetten aus. Je nach Holzart und -qualität braucht die Pergola nun noch einen wetterfesten Anstrich, damit sie möglichst viele Jahre im Garten unbeschadet übersteht. Es gibt Spezialanstriche, die auch die Pflanzen nicht schädigen. Lesen Sie dazu die Hinweise auf der Verpackung oder fragen Sie einen Experten.

Die Pergola begrünen

Ihr neues Bauwerk können Sie mit **pflegeleichten Kletter- und Schlingpflanzen** wie Geißblatt, Wildem Wein oder Blauregen schnell in leuchtendes Grün hüllen. Setzen Sie die Pflanzen an die Stützpfeiler, sodass sie daran den Weg nach oben finden. Schling-Knöterich schwingt sich besonders rasch in die Höhe. Für Gewächse wie Clematis oder Kletterrosen empfiehlt es sich, zusätzliche Kletterhilfen in Form von Spanndrähten oder feinholmigen Spalieren anzubringen. Aber natürlich können Sie an Ihre Pergola alles hängen, was Ihnen gefällt – Blumenampeln, Laternen, Girlanden …

Die Länge der Stützen
2,5 m sind ideal. So passt auch ein Erwachsener noch bequem darunter. Die Längsbalken (Pfetten) sollten dieselbe Stärke haben wie die Stützen.

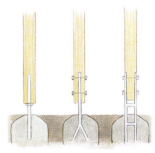

Metallschuhe oder Bodenhülsen
Im Boden einbetoniert tragen sie die Stützbalken und verhindern, dass das Holz durch Erde und Nässe von unten geschädigt wird. Die Stützen müssen senkrecht in den Metallschuhen stehen.

Terrassen und Sitzplätze
Plattenfugen einfach bepflanzen

Ist der Terrassenbelag **unansehnlich** *geworden, von Moosen überzogen und in den* **Fugen** *voller* **Grün**, *das dort nicht hingehört? Mit kleinen* **Kniffen** *können Sie diesen Problemen* **beikommen**.

Plattenfugen reizvoll gestalten

An keinem Terrassenbelag geht die Zeit spurlos vorüber. Die Steine verwittern, oft bildet sich eine dunkle Schicht aus Moosen und Flechten darauf. Sind die Fugen nicht komplett versiegelt, dann siedeln sich mit der Zeit Unkräuter darin an und lassen einen ungepflegten Eindruck entstehen. Anstatt nun aber den unschönen Bewuchs ständig mit viel Aufwand zu entfernen, können Sie den alten Terrassenboden so umgestalten, dass die Fugen zwischen verwitterten Steinplatten künftig **pflegeleichten Hungerkünstlern als Lebensraum dienen** – hübschen Polsterstauden beispielsweise, denen auch gelegentliches Betreten nicht schadet.

Das macht's leichter

● Wenn Sie die schöne Patina, die sich im Lauf der Zeit auf den Steinen ansiedelt, einfach dulden, sparen Sie sich die Zeit für die Reinigung.

● Wenn Sie die Plattenfugen mit Fugenmasse ausgießen, siedelt sich kein Kraut mehr an. Sie ersparen sich jegliches Unkrautjäten.

Ein zusätzlicher Reiz
Bei diesem abwechslungsreichen Bodenbelag dürfen sich in freigelegten Kachelfeldern Polsterstauden ausbreiten, denen gelegentliches Betreten nicht schadet.

Ein schön bepflanztes Gefäß verdeckt Bruchstellen oder Pflasterlücken.

Sicheren Tritt gewährt eine große Platte auf dem Wasserbecken.

Kieselsteine verschiedener Größe füllen die Lücken dekorativ aus.

Blütenkissen zwischen flachen Steinen
Aus einem monotonen Bodenbelag können Sie mit wenig Aufwand ein buntes Mosaik aus Blütenpolstern, Grashorsten und spiegelnder Wasserfläche schaffen. Nehmen Sie einzelne Platten heraus und setzen Sie in diese Bereiche Pflanzen, installieren Sie ein kleines Wasserbecken und lockern Sie den Steinbelag mit Kiesfeldern auf.

Pflanzen für Plattenfugen

Pflanze	Botanischer Name
Acker-Mauer-pfeffer	Sedum acre
Apenninen-Sonnenröschen	Helianthemum appeninum
Braunblättriges Stachelnüsschen	Acaena microphylla 'Kupferteppich'
Kalksteinbrech	Saxifraga callosa
Korsische Minze	Mentha requienii
Kriechender Günsel	Ajuga reptans
Römische Kamille	Sagina subulata
Thymian	Thymus in Arten und Sorten
Weißbunter Gundermann	Chaenorhinum glareosum
Zwerglöwen-maul, Blauer Traum	Glechoma hederacea 'Variegata'
Weniger geeignete Pflanzen	
Enzian	Gentiana-Arten
Purpur-Fetthenne	Sedum telephium

Entfernen Sie zunächst mit einem Fugenkratzer sämtliches Unkraut zwischen den Steinen. Füllen Sie die Ritzen anschließend mit Sand oder feinem Splitt oder Kies wieder auf. Fegen Sie das Material dann mit einem Besen hinein und schwemmen Sie mit reichlich Wasser nach.
In die Fugen säen oder pflanzen Sie nun die Kleinstauden. Neben kurzlebigen, sich aber immer wieder versamenden Arten wie Zwerg-Löwenmaul, Blauem Traum und Bruchkraut **eignen sich trittfeste Gewächse** wie üppig blühender Thymian, duftende Römische Kamille und Sternmoos.

Inselbeete lockern Steinböden auf

An wenig begangenen Stellen können Sie auch ganze Platten entfernen, wenn sie hässlich oder beschädigt sind, und die freien Flächen bepflanzen. Solche reizvollen Pflanzinseln inmitten einer Terrasse sind ideal für viele Polster bildende Steingartenpflanzen. Lockern sie den Untergrund auf und füllen Sie die Lücke mit einer Mischung aus Sand, feinem Kies und magerer Erde. Jetzt können Sie die Inseln bepflanzen – mit Teppich bildenden Arten, flachpolstrigen Steingartengewächsen oder niedrigen Gräsern und Zwerggehölzen. Ein kleines Wasserbecken bietet sogar Platz für Sumpfpflanzen.

Fugen reinigen

Mit einem Fugenkratzer lassen sich Fugen zwischen Steinen und Platten ohne besondere Mühe reinigen. Diese Geräte gibt es auch mit Teleskopstiel, sodass Sie nicht gebückt arbeiten müssen.

FERTIG IN 30 MINUTEN

► **Plattenfugen einer 15 m² großen Terrasse mit dem Fugenkratzer reinigen.**

► **Ein Inselbeet auf dem Terrassenboden anlegen.**

Ein Abflammgerät, betrieben mit Gas oder Benzin, verbrennt die Unkräuter, die sich in den Fugen angesiedelt haben, restlos. Damit lassen sich neben Bodenbelägen und Wegen auch Treppen und Mauern bequem vom Wildwuchs befreien.

Terrassen und Sitzplätze

Vor neugierigen Blicken Schutz finden

*Wenn Sie Ihren Garten gerade erst **neu** angelegt haben, sind die Hecken zwangsläufig noch klein und die **Terrasse** ist leicht einzusehen – da sind **schnelle** Lösungen gefragt, um rasch eine private **Atmosphäre** zu schaffen.*

Wie im Separee
So fühlt man sich in kürzester Zeit, wenn der Sitzplatz rundum mit Pflanzgefäßen ausgestattet wird, die über integrierte Rankgitter verfügen und von schnell wachsenden Kletterern binnen Kurzem überwallt werden.

Wandgarten
Ein Wandgarten ist eine attraktive Möglichkeit, den Sichtschutz überaus bunt und abwechslungsreich zu gestalten. Sie benötigen dazu einen stabilen Holzrahmen, an dem Sie in verschiedenen Etagen Pflanzkästen anbringen. Die Kästen können Sie dann mit Sommerblumen, Kletter- und Hängepflanzen bestücken, die Sie bis zum Herbst mit zahlreichen bunten Blüten erfreuen. Wenn ein größerer Platz zu füllen ist, lässt sich aus Kunststoffelementen mit integrierten Pflanzgefäßen, die Sie übereinander bauen können, eine komplette blühende Mauer gestalten.

Fremde Blicke aussperren

Damit man sich auf der Terrasse ungezwungen bewegen kann, müssen störende Blicke ausgesperrt werden. **Am einfachsten gelingt das mit großen bepflanzten Kübeln mit Rankgittern**. Rasch wachsende Kletterpflanzen verwandeln sie schnell in grüne Paravents. Mehrjährige Kletterer wie Clematis oder Geißblatt eignen sich dafür genauso wie die einjährige Feuerbohne, die Glockenrebe oder die Prunkwinde. Auch hohe Gräser wie Bambus oder Stauden-Sonnenblumen

Mobiler Sichtschutz
Werden unter dem Pflanzgefäß Möbelrollen installiert, lässt es sich ganz einfach nach Bedarf verrücken.

ergeben schöne spanische Wände. Sie können die großen Kübel aber auch mit Gehölzen wie Hainbuche, Thuja oder Lorbeerkirsche bepflanzen und sich so eine mobile Hecke zusammenstellen.
Im Fachhandel wird eine große Auswahl an **Gefäßen mit bereits integrierten Kletterhilfen** angeboten, in unterschiedlichen Ausführungen und Materialien. Natürlich können Sie auch selbst Kübel und Kästen mit Rankgittern ausstatten. Ideal sind Holzgefäße mit vormontierten Rollen, oder Sie stellen die Gefäße auf Rolluntersetzer, **dann haben Sie einen mobilen Sichtschutz, der sich leicht den jeweiligen Bedürfnissen anpassen lässt**. Damit sich die Pflanzen gut entwickeln können, muss der Wasserabfluss gewährleistet sein. Neben Löchern im Boden ist eine Dränageschicht aus Kieselsteinen oder Blähton, die Sie zuunterst in den Kübel einfüllen, zu empfehlen. Holzgefäße sollten innen mit einer Folie ausgekleidet sein, denn sonst beginnt das Holz durch ständigen Kontakt mit feuchter Erde bald zu faulen.

Holzwände als Platz sparende Alternative

Vor allem im kleinen Reihenhausgarten ist ein Platz sparender Sichtschutz wichtig. Am wirksamsten ist eine Mauer. Weiß angestrichen und mit einem Spalier versehen, das Kletterpflanzen Halt bietet, wird sie zu einem reizvollen Blickfang. Am schnellsten lassen sich jedoch Holzwände errichten, die Sie als schlichten Lattenzaun auch selbst bauen können. **Einfacher geht es natürlich mit fertigen Bauteilen** aus dem Fachhandel. Beim Einkauf sollten Sie darauf achten, dass die Holzelemente eine gute Qualität haben und fest verzapft sind. Sichtschutzwände sind durch Wind hohen Belastungen ausgesetzt. Besonders wichtig ist daher auch eine stabile und sturmfeste Installation.

FERTIG IN 30 MINUTEN

▶ **Ein Element einer Sichtschutzwand auf einer Mauer oder zwischen Pfosten anbringen.**

▶ **Einen Pflanzkasten mit vorinstalliertem Rankgitter mit Erde befüllen und bepflanzen.**

▶ **Zwei Pflanzkästen mit je 1,5 m Länge mit Substrat füllen und darin Heckengehölze einsetzen.**

Terrassen und Sitzplätze

So wird die Terrasse abends zur Attraktion

Haben Sie nach einem anstrengenden Arbeitstag erst am **Abend** Zeit und Muße, um Ihre Terrasse zu **genießen**? Dann gestalten Sie Ihren **Sitzplatz** mit hell blühenden Pflanzen und geeigneter Beleuchtung ganz besonders **schön**.

FERTIG IN 30 MINUTEN

▶ 2 üppige Duftpflanzen in Kübel einsetzen.

▶ Lichterkette installieren.

Weiße Blüten leuchten im Dunkeln

Setzen Sie vor allem auf helle Farben, wenn Sie Ihre Terrasse vorwiegend abends und eher selten am Tag genießen können. Denn all die schönen bunten Blütenfarben von Rot über Orange bis zu Violett und Blau werden von der beginnenden Dunkelheit verschluckt und erscheinen in einem einheitlichen Grau – ausgenommen eben sehr helle pastellige Töne. Helle Farben, also Weiß, Creme, Zartrosa, Hellblau oder Gelb, reflektieren dagegen selbst den geringsten Lichtschein und leuchten in der Abenddämmerung und bei Mondschein erst richtig auf. Am besten machen sich in der Dämmerung Pflanzen mit üppigen Blüten – wie Lilien, Engelstrompeten, Ziertabak oder Petunien.

Viele Pflanzen duften am Abend besonders intensiv oder öffnen sogar – wie Nachtkerze und Nachtviole – ihre Blüten erst in der Dämmerung. Am Terrassenrand eingepflanzt, erfüllen sie den Sitzplatz mit süßem Duft. Liegt der Platz in einer windgeschützten Ecke, dann reichen meist schon ein oder zwei Duftpflanzen aus – von reich blühenden Gewächsen wie dem kletternden Geißblatt oder der Engelstrompete **genügt oft sogar ein einziges Exemplar**. In allzu hoher Konzentration oder in allzu großer Variationsbreite kann man die Düfte nämlich leicht als unangenehm empfinden.

Ein intensiver Duft
Ihn verströmen die imposanten Blüten der Engelstrompeten zuverlässig in den Abendstunden.

Jelängerjelieber
Man pflanzt es seit jeher an Abendlauben.

Nachtduftende Pflanzen

Pflanze	Standort	Bemerkungen
Engelstrompete in Sorten	sonnig, feuchte fruchtbare, lehmige Erde	herrliche Blüten, alle Teile stark giftig
Jasmin	sonnig, fruchtbare durchlässige Erde	„Mondlicht des Gartens"
Jelängerjelieber	sonnig bis halbschattig, lockere Erde	stark wüchsiger Schlinger
Königs-Lilie	sonnig, durchlässige Erde	Fuß sollte beschattet sein.
Nachtjasmin	sonnig bis halbschattig, durchlässige Erde	weißliche, stark duftende Blüten
Nachtkerze	sonnig, magere Erde	Blüht wochenlang.
Nachtviole	sonnig/halbschattig, durchlässige Erde	Blühfreudigkeit nicht von Dauer
Tuberose	sonnig, durchlässige nahrhafte Erde	schwerer Honigduft
Wunderblume	sonnig, trockene durchlässige Erde	frostempfindlich

Gute Beleuchtung will geplant sein

Das A und O für eine gemütliche Abendstimmung auf der Terrasse ist die stimmungsvolle Beleuchtung. Mit Kerzen, seien es große Kerzenleuchter oder kleine Windlichter, bringen Sie Romantik in den Garten. Auch Lichterketten oder Lichternetze erfüllen die Terrasse an einem Sommerabend mit warmem Licht. Indirekte Beleuchtung wirkt im Allgemeinen wesentlich angenehmer als direkte, hellt aber natürlich auch nicht so stark auf.

Besonderes Augenmerk sollten Sie auf die Verteilung der fest installierten elektrischen Lichter richten, damit sie eine angenehme Atmosphäre verbreiten, **ohne dass jemand über Kabel oder Anschlüsse stolpern kann**. Verfahren Sie dabei nach der Devise, die Grundausleuchtung mit elektrischem Licht zu schaffen, um dann je nach Stimmung zusätzlich verschiedene variable Lichtquellen einzusetzen.

Effektvoll
Mit abendlicher Beleuchtung erscheint der Garten plötzlich in einem ganz neuen Licht.

Behagliche Wärme
Dank der Wärmeabstrahlung eines Kaminofens kann man auch einen etwas kühleren Abend auf der Terrasse genießen.

Strahler am Terrassenrand – übrigens besonders schön, wenn sie von unten her leuchten – setzen Akzente auf bestimmte Pflanzen oder dekorative Elemente. Stableuchten verbreiten ihr Licht in niedriger Höhe und beleuchten Wege und Böden. Ideal sind Solar-Steckleuchten mit Akku-Betrieb. Die

können Sie **jederzeit problemlos neu arrangieren**, ohne auf fest installierte Stromquellen angewiesen zu sein.

Faszination Feuer

Eine kleine Feuerstelle ist stets eine besondere Bereicherung für die Terrasse, ganz gleich ob Sie das Feuer nun zum Grillen nutzen oder sich nur daran wärmen wollen. Ein kleiner Terrassenofen oder ein offener Kamin lassen sich selbst bei starkem Wind gut befeuern.

Ein stimmungsvolles Feuer können Sie aber auch in einer mit Luftlöchern versehenen Keramikschale, die einem antiken Kohlenbecken nachempfunden ist, entfachen. Neben Feuerschalen, die Sie den Reiz der offenen Flamme vor allem optisch genießen lassen, bieten spezielle Terrassenheizstrahler fühlbaren Komfort – sie wärmen die Umgebung am Sitzplatz gemütlich auf, sodass Sie auch in kühlen Nächten noch lang sitzen bleiben können.

Lästige Mücken vertreiben

1 Spezielle Duftkerzen und Teelichter, z. B. solche mit Citronella-Öl, verströmen beim Abbrennen Aromen, die Mücken meiden. Immer in einem Windlicht abbrennen.

2 In einer kleinen Duftlampe können Sie ätherische Öle (z. B. Lavendel, Geranium, Lemongras) verdunsten lassen, die Mücken äußerst wirksam abhalten.

3 Stellen Sie in der Nähe des Sitzplatzes Duft-Pelargonien, Tomaten oder Weihrauch auf und streifen Sie häufiger über die Blätter – die Düfte schrecken Mücken ab.

Terrassen und Sitzplätze

Eine lauschige Leseecke gestalten

Auf dem Hauptsitzplatz, wo sich in der Regel das **Familienleben** *abspielt, fehlt oft die Möglichkeit, sich erfolgreich* **zurückzuziehen**. *Gestalten Sie sich darum einen* **zweiten** *Sitzplatz, an dem Sie gut* **ausspannen** *können.*

Ein verborgener Platz für Mußestunden

Während der Hauptsitzplatz meist nahe am Haus gelegen ist, kann man unter einem Baum oder an der entfernten Gartenmauer gut einen geschützteren Sitzplatz einrichten, der neue Ein- und Ausblicke in den Garten gewährt. Dorthin kann man sich zurückziehen, um in aller Ruhe ein Buch zu lesen oder seinen Gedanken freien Lauf zu lassen.

Wollen Sie sich häufiger in Ihrer Leseecke aufhalten, dann sollten Sie die Grasnarbe umbrechen und den Untergrund Ihres neuen Lieblingsplatzes befestigen. Als lauschiges Fleckchen für nur eine Person **ist er rasch angelegt**, denn hier reicht schon eine mit Kies bedeckte Fläche von 3 m × 2 m aus. Auch ein kleines Rondell oder Halbrondell aus Natur- oder Betonsteinen gleicher Größe kann sich harmonisch in

Besonders idyllisch

Fernab von Lärm und Hektik, ist eine überdachte Laubenbank ein idealer Ort zum Entspannen. Mit etwas Geschick kann man sie sich selbst bauen. Es gibt aber auch vorgefertigte Bausätze. Kletterpflanzen wie Rosen, Clematis und Blauregen bedecken die Laube rasch mit einem aparten Kleid aus Blüten und Blättern. Geschützt vor Wind und Regen kann man hier den Garten ganz ungestört genießen.

den Garten einfügen. Für die Wahl der Befestigung ist vor allem der Stil Ihres Gartens entscheidend. Im Naturgarten machen sich locker verlegte Natursteine oder ein rustikales Holzdeck besonders gut, in einem eher formalen Garten wird man dagegen den Belag in strengeren Mustern anordnen.

Inmitten vielfältiger Düfte

Besondere Erholung bietet Ihnen Ihr Sitzplatz, wenn Sie ihn mit Pflanzen umgeben, die anregende oder entspannende Düfte verströmen. In voller Sonne entfalten sich die süßen Blütendüfte von Duftrosen oder der Vanilleblume am intensivsten. Zusammen mit dem würzigen Aroma von mediterranen Kräutern wie Rosmarin, Salbei und Lavendel sorgen sie für Urlaubsstimmung.

Wasser wirkt ungemein entspannend, vor allem wenn es sanft murmelt oder dahinplätschert. Planen Sie also auch ein Wasserelement an Ihrer Lieblingsecke mit ein. **Als einfachste Lösung bietet sich eine Vogeltränke an**. Ein bepflanzter Wassertrog bringt zusätzlich hübsche Blüten und Blätter. Mit einem Stromanschluss können Sie ein kleines Wasserspiel installieren, z. B. einen Sprudelstein.

Duftendes Sofa

Warum nicht einmal neue Wege gehen, wenn Sie schon dabei sind, Ihren Zweitsitzplatz zu gestalten? Nach historischem Vorbild können Sie sich etwa ein viktorianisches Bankbeet anlegen, bei dem Sie tatsächlich auf einem weichen Pflanzenkissen Platz nehmen dürfen, das dabei auch noch einen herrlichen Duft verströmt.

Ein solches Bankbeet besteht im Prinzip aus einem normalen Hochbeet – gemauert, mit Palisaden oder Holzbohlen errichtet –, dessen Oberfläche mit **besonders robusten Teppichpflanzen** bestückt wird, die ihre würzigen Düfte aufsteigen lassen, sobald man sich darauf niederlässt. Besonders geeignet für diesen Zweck sind Teppich-Kamille, Zitronen-Thymian oder Alpen-Steinquendel.

Errichten Sie für Ihr Bankbeet eine stabile Hochbeet-Umrandung von 50–60 cm Höhe, in derselben Breite und von 1–2 m Länge – je nachdem wie viele Personen darauf gleichzeitig Platz finden sollen. Füllen Sie die Umrandung mit grobem Kies oder Schotter auf und schließen Sie oben mit einer 10–20 cm dicken Schicht aus Sand, feinem Kies und magerer Erde. Bepflanzen Sie nun die Fläche dicht mit den Gewächsen. Sind diese eingewurzelt, dürfen Sie Platz nehmen.

FERTIG IN 30 MINUTEN

▶ **Das Gerüst für eine kleine Laubenbank installieren.**

▶ **Die Bank fest montieren.**

Gartengrenzen
Innen und Außen stilvoll trennen

Die **Umfriedung** des Gartens lässt sich mit Mauern, Zäunen oder Hecken gestalten. Sie gibt dem **Gesamtbild** Ihres Gartens auch optisch einen festen **Rahmen**, der ihn überzeugend **zusammenhält**.

Klare Grenzen setzen

Damit der Garten als persönlicher Bereich nicht für jedermann zugänglich ist, grenzt man ihn ein. Für welche Art der Begrenzung man sich dabei entscheidet – ob Hecke, Mauer, Zaun etc. –, prägt ganz entscheidend die Gesamterscheinung von Haus und Garten.

Mehr oder weniger deutlich sichtbar können die Grenzen werden, die Sie mit Zäunen setzen. Besonders unauffällig bleiben Maschendrahtzäune. Sie grenzen ab, ohne einzusperren, sind aber gestalterisch oft nicht besonders attraktiv. Dennoch sind sie **vor allem für kleinere Gärten vorteilhaft**, weil der offene Blick in die Umgebung Weite vortäuscht. Wenn Sie dabei auf einen Sichtschutz nicht verzichten wollen, pflanzen Sie Duftwicken oder andere einjährige Kletterpflanzen am Zaun entlang oder verstecken diesen hinter einem gestaffelten Staudenbeet.

Besonders deutlich markieren Sie die Grundstücksgrenzen mit Zäunen aus Eisen oder Holz, auch in Kombination mit Mauerwerk. Diese Zäune dienen zugleich als Gestaltungselemente. Eisen hat bei Vorgärten im städtischen Bereich Tradition, auf dem Land findet man dagegen eher rustikale Holzzäune. Bei der Auswahl von Holz- oder Metallzäunen sollten

Freundlicher Hinweis
Der schmucke Zaun verwehrt zwar den Zugang, wirkt durch die üppige Bepflanzung aber nicht abweisend.

Duftige Grenze
Mit Duftwicken (links)
wird selbst ein schlichter
Maschendrahtzaun zum
Blickfang an der Grund-
stücksgrenze.

Sie vor allem darauf achten, dass sie sich harmonisch in die
Umgebung einfügen. Je schlichter ein Zaun, desto leichter
passt er sich ins Gesamtbild ein. Aufwändige schmiedeeiserne
Modelle oder ausgefallene Objekte können und sollen hingegen in erster Linie Blickfänge sein.

Helle, massive und dichte Zäune wirken sehr dominant und
lassen den Garten kleiner wirken. Dunkle und luftige, aus
nur wenigen Streben bestehende ordnen sich ihm dagegen
unter und trennen Innen und Außen nicht so deutlich.

Mauern oder Hecken?

Mauern aus Ziegel-, Natur- oder Betonsteinen eignen sich
vor allem, um entlang stark befahrener Straßen Lärm und
Abgase fernzuhalten. Sie können jedoch bedrückend wirken
und werfen Schatten, sodass sich je nach Himmelsrichtung
und Höhe in ihrer unmittelbaren Nähe nur eingeschränkte
Pflanzmöglichkeiten ergeben. Weitaus reizvoller sind hier
bunt bepflanzte Trockenmauern.

Hecken brauchen oft viele Jahre, bis sie sich zu einer dichten
lebendigen Grenze entwickelt haben. Dann aber dienen sie
ähnlich wie Mauern als Sicht- und Lärmschutz. Gleichzeitig
sorgen sie für eine Verbesserung der Umgebungsluft, weil sie
die **Schadstoffe aus der Luft filtern**.

Nicht alles ist erlaubt

Bei der Auswahl der Umfriedung muss man auch Regeln und
Verordnungen beachten. Informieren Sie sich beim Bauamt
Ihrer Gemeinde über entsprechende Auflagen, bevor Sie Ihre
Gartengrenze planen. Vielerorts ist im Bebauungsplan genau
festgelegt, wie Grundstücksgrenzen zu gestalten sind. Ge-
meinhin dürfen Mauern, Hecken und Zäune eine bestimmte
Höhe nicht überschreiten, manchmal ist sogar vorgeschrie-
ben, wie ein Zaun auszusehen hat. Gibt es keine spezielle
Regelung, dann gilt, dass Zäune oder Sichtschutz erlaubt
sind, solange sie im ortsüblichen Rahmen bleiben.

Auch die Abstände, die Sie beim Pflanzen von Hecken zum
Nachbargrundstück einhalten müssen, sind gesetzlich gere-
gelt – grob gilt hier: Hecken und Sträucher unter 2 m Höhe
müssen mindestens 50 cm von der Grenze entfernt sein,
höhere mindestens 1 m.

Gemauerte Grenze
Eine Trockenmauer
(oben), bunt bepflanzt, ist
zwar ein massives Trenn-
element, dennoch schot-
tet sie die Außenwelt
nicht völlig ab.

DAS MACHT'S LEICHTER

● Besonders einfach lassen sich
Zäune aus Fertigelementen errichten.
Die Verankerung erleichtern Pfosten-
schuhe aus Metall.

● Wie Rasen gibt es auch Hecken am
laufenden Meter zu kaufen – im Nu ist
eine schöne grüne Grenze gesetzt.

Gartengrenzen
Eine frei wachsende Blütenhecke pflanzen

Mit einer blühenden Hecke **ersparen Sie sich** nicht nur viel Schnittarbeit – sie ersetzt mit ihrem **Blütenschmuck** sogar ein pflegeaufwändiges Staudenbeet und bietet vielen **Nützlingen** einen **Rückzugsraum**.

Willkommen zwischen Blütenwogen
Braut-Spiersträucher flankieren die Eingangspforte und heben den Garten von der Umgebung ab. Die anspruchslosen Gehölze verlangen kaum Pflege.

Einfach wachsen lassen!
Wenn Sie Ihren Garten mit einer frei wachsenden Blütenhecke umgeben wollen, brauchen Sie vor allem eines: genügend Platz. Mindestens 2 m breit muss der Streifen sein, den Sie der Pflanzung zur Verfügung stellen, besser noch breiter. Nur so hat die Hecke ausreichend Raum, um einen reichen Blütenschmuck hervorzubringen und vielen Gartentieren Nahrung und Lebensraum zu bieten.
Ungezwungen und abwechslungsreich wirkt eine Hecke, wenn sie aus verschiedenen Sträuchern besteht. Pflanzen Sie darum Sträucher mit unterschiedlichen Blütezeiten, Blattfärbungen und Fruchtschmuck zusammen, dann bleibt Ihre Hecke das ganze Jahr über interessant. Allerdings hat auch eine frei wachsende Hecke aus nur einer Art durchaus ihre Reize, etwa eine reine Wildrosenhecke.

Höhepunkt im Frühjahr
Ungeschnitten treibt die Blut-Johannisbeere im April und Mai unzählige Blütentrauben, den Rest des Jahres zeigt sie sich im schlichten Blättergewand.

Seltener Schnitt für reiche Blütenpracht

Frühjahrsblüher wie Forsythie, Braut-Spierstrauch oder Blut-Johannisbeere, aber auch die Weigelie und der Pfeifenstrauch treiben ihre Blüten bereits im Herbst an den ein- oder zweijährigen Trieben aus. Sie danken es Ihnen, **wenn Sie sich nicht zu intensiv um sie kümmern**, denn zu stark geschnitten werden sie Sie im Frühjahr mit weit weniger Blüten erfreuen. Damit die Sträucher stets besonders viel blühfähiges Holz haben, sollten Sie darum nur alle zwei oder drei Jahre die ältesten und extrem stark wachsende neue Triebe entfernen. Langsam wachsende Sträucher wie Schneeball oder Blumen-Hartriegel entfalten sich am besten, wenn sie überhaupt nicht geschnitten werden.

Bei den im Sommer blühenden Strauchrosen- und Wildrosenhecken greifen Sie nur dann zur Schere, wenn es gilt, abgestorbene Triebe zu entfernen. Während Sie bei den öfter blühenden Strauchrosen zwar Verblühtes von Zeit zu Zeit entfernen müssen, sollten Sie bei den besonders anspruchslosen Wildrosen unbedingt darauf verzichten. Dann werden nämlich deren Blüten im Herbst von leuchtend roten Hagebutten abgelöst, die einen eigenen dekorativen Reiz besitzen – und **den Gärtner ganz ohne sein Zutun erfreuen**.

Die Pflanzung im Herbst kommt den Wurzeln zugute

Am besten pflanzen Sie die Heckensträucher Ihrer Wahl im Frühherbst und nur zur Not im Frühjahr. Denn wenn man Sträucher im Herbst pflanzt, haben ihre Wurzeln bis zu den ersten Winterfrösten noch Zeit, sich im Boden weit und tief genug auszubreiten.

Bei den im Frühjahr gepflanzten Hecken entwickeln sich dagegen die oberirdischen Teile besonders rasch, sodass die Wurzeln oft nicht mithalten können. Damit die Pflanzen nicht verdursten, müssen sie darum im ersten Jahr bei Trockenheit unbedingt gewässert werden.

Für ein gesundes Wachstum planen Sie zwischen den Sträuchern je etwa 1 m Pflanzabstand ein. **Ansonsten sind die meisten Sträucher ausgesprochen anspruchslos**. Sie gedeihen auf nahezu jedem Gartenboden und werden kaum von Schädlingen befallen. Eine Gabe von reifem Kompost im Frühjahr fördert das Wachstum und die Blütenbildung.

Hecke am laufenden Meter
Mit Fertighecken, hier eine Prachtspiere, lässt sich ein Zaun nicht nur in ein Blütenmeer verwandeln – sie sind auch ohne großen Aufwand gepflanzt.

Hecke pflanzen

1 Bevor Sie eine Hecke pflanzen, markieren Sie ihren Verlauf mit einer Richtschnur. Daran entlang heben Sie einen Pflanzgraben aus, der doppelt so breit und ebenso tief sein sollte wie die Wurzelballen.

FERTIG IN 30 MINUTEN
► Einen Pflanzgraben von 1 m Länge ausheben.
► 5–6 Heckensträucher setzen.

2 Verteilen Sie die Sträucher im richtigen Abstand im Graben. Nehmen Sie dazu ein Maßband. Setzen Sie die Sträucher ein und füllen Sie den Graben mit der ausgehobenen Erde. Treten Sie die Erde um die Pflanzstelle herum an.

3 Lange unverzweigte Triebe müssen nach dem Pflanzen kräftig zurückgeschnitten werden, um ein intensives und kräftiges Wachstum anzuregen. Versorgen Sie die Hecke nun mit reichlich Wasser und schichten Sie Mulch zwischen die Pflanzen.

Gartengrenzen
Einen Zaun charmant begrünen

Viele Gartenbesitzer umgeben ihre Parzellen mit **Zäunen** *– damit setzen sie sehr* **deutliche** *Grenzen. Geschmackvoll* **begrünt** *hingegen bilden Zäune eine sehr* **ansprechende** *und weit gefälligere Umrahmung für den Garten.*

Pflanzen und Zäune harmonisch verbinden
Zäune als Gartenbegrenzung sollen freundlich auf die Grenze zum Privaten hinweisen. Das Geheimnis einer harmonischen Zaunanlage besteht vor allem in der Wahl der Pflanzen, welche die Umfriedung umgeben. In jedem Fall sollte der Stil von Zaun und benachbarten Pflanzen zueinander passen.

Sehr dekorative Zäune, die eine gewisse Eigenwirkung besitzen, können durch auffällige, einzeln stehende Blütensträucher wie Rosen oder Rhododendren in ihrer Eleganz noch betont werden. Umgekehrt kann eine schlichte, streng geschnittene Hecke deren Ausstrahlung unterstützen, indem sie den ruhigen Hintergrund für den Gartenrahmen bildet.

Diesseits – jenseits
Der schlichte Lattenzaun verschwindet fast hinter einer Bordüre aus bunten Sommerblumen, die sowohl innerhalb als auch außerhalb des Gartens an die Grundstücksgrenze gesät wurden.

FERTIG IN 30 MINUTEN

▶ Beetstreifen von 5 m Länge entlang einem Zaun vorbereiten und Sommerblumen ansäen.

Natürliches Weidengrün
In den naturnahen Garten fügt sich ein Weidenflechtzaun optimal ein. Dazu werden Ruten in den Boden gesteckt und um Pfosten und Querriegel verflochten.

Allzu hohe Zäune sowie Sichtschutzwände an der Grundstücksgrenze verschönern Sie am besten mit wüchsigen Kletterpflanzen – unter deren Laubvorhängen und Blütengardinen verschwinden die dominanten Bauelemente.

Mitunter sind Zäune und andere Begrenzungen, die man vom Vorbesitzer übernimmt, nicht nach dem eigenen Geschmack – etwa nüchterne Maschendrahtzäune. Auch hier sorgt eine Bepflanzung mit Kletterern oder Rankern für einen völlig neuen reizvollen Anblick. **Ein umrankter Zaun kann sogar eine blickdichte Hecke ersetzen.**

Für einen naturnah orientierten Garten liefert ein Weidenflechtzaun den richtigen Rahmen. Die Ruten erhalten Sie gegen Ende des Winters bei Spezialgärtnereien. Steckt man sie entlang der Grenzlinie in den Boden, treiben sie bald aus – locker geflochten wird der Zaun zur kunstvollen Hecke.

Blumenbeete direkt am Zaun

Ein buntes Stauden- oder Rosenbeet direkt am Zaun erfüllt die Gartengrenze mit Leben. Vor allem hoch wachsende Stau-

den und Sommerblumen eignen sich gut, um vor Zäune gepflanzt zu werden. Maschendrahtzäune werden so fast komplett unsichtbar und Staketenzäune wirken gleich viel einladender, wenn z. B. Sonnenblumen über sie hinweg schauen. Der Zaun dient hohen Stauden gleichzeitig als willkommene Stütze, **was das lästige Anbringen von Stützstäben oder Stützgerüsten erspart**.

Zäune schön begrünen

Ein breiter Streifen mit Zwiebelpflanzen direkt am Zaun sorgt dafür, dass sich Ihre Gartengrenze schon im Frühjahr von ihrer allerfreundlichsten Seite zeigt.

SO SPAREN SIE ZEIT

■ Wenn Sie eine Sommerblumenhecke im richtigen Abstand direkt an Ort und Stelle säen, sparen Sie die Zeit, die Sie sonst zum Einpflanzen vorgezogener Pflanzen benötigen.

■ Lassen Sie ausdauernde Kletterpflanzen den Zaun überwallen, dann müssen Sie sich nicht jedes Jahr um eine Zaunbegrünung kümmern.

Sie können aber ebenso gut einen genügend breiten Beetstreifen direkt vor Ihrem Zaun üppig mit Zwergstrauchrosen und Stauden bepflanzen – er verwandelt sich dann in nicht allzu langer Zeit in eine überaus imposante und dazu noch duftende Blumenhecke.

Vom Wein erobert
Diesen Holzzaun auf niedriger Mauer hat der Zahn der Zeit gezeichnet. Der Blättervorhang aus Wildem Wein lässt das vergessen – altes Holz und junges Grün harmonieren ausgezeichnet.

Insbesondere nüchterne Maschendrahtzäune oder auch Jägerzäune können Sie mit schnell wachsenden Kletterpflanzen wie Duftwicken, Kapuzinerkresse oder Geißblatt rasch in einen dichten bunten Vorhang aus Blättern und Blüten verwandeln.

Gartengrenzen
Eine Schnitthecke richtig pflegen

Schnitthecken sind **ideale** Gartengrenzen. Sie brauchen nur wenig Platz und schützen zugleich vor fremden **Blicken**, **Abgasen** und **Lärm**. Damit sie sich auf Dauer **prächtig** entwickeln, brauchen sie regelmäßigen **Schnitt** und etwas Pflege.

Immergrüne oder Sommergrüne?

Schnitthecken bestehen für gewöhnlich aus einer einzigen Gehölzart und erhalten dadurch eine gleichmäßige Struktur, die sich harmonisch in den Garten einfügt. Die Auswahl schnittverträglicher Gehölze ist längst nicht so groß wie die bei frei wachsenden Hecken. Immerhin hat man aber die Wahl zwischen verschiedenen Laub abwerfenden und immergrünen Gehölzen. Wählt man z.B. Hainbuche oder Rotbuche, dann muss man wissen, dass diese Gehölze im Winter ihre Blätter verlieren und dann nur noch begrenzt als Sichtschutz dienen. Dafür wirken sie sehr lebendig, zeigen im Herbst oft eine schöne Laubfärbung und lassen zur dunklen Jahreszeit viel Licht in den Garten fluten.

Bestens in Form

Damit die Buchshecke dauerhaft dicht bleibt und akkurat wirkt, muss regelmäßig die Heckenschere zum Einsatz kommen. Richtschnüre erleichtern dabei die exakte Schnittführung.

Gutes Werkzeug ist unerlässlich, damit der Heckenschnitt nicht zur Plage wird. Elektrische Heckenscheren mit langer Schneide sind für breite Hecken unverzichtbar. Bei akkubetriebenen Scheren entfällt das Hantieren mit dem Stromkabel.

Für kleine Hecken reicht schon eine solide Handheckenschere. Achten Sie darauf, dass das Modell nicht zu schwer in der Hand liegt. Kompakte Akkuscheren sind ideal etwa für kleine Buchsbaumhecken.

Ganzjährig im Blätterkleid präsentieren sich dagegen immergrüne Laubgehölze; hier sind Liguster und Lorbeerkirsche zu empfehlen – **beide sind sehr robust** und vertragen auch kräftige Rückschnitte problemlos.
Immergrüne Nadelgehölze wie Thuja und Scheinzypresse geben sich mit wenig Platz zufrieden. Sie eignen sich darum außerordentlich gut für die Anlage schmaler Hecken, etwa neben der Einfahrt. Für sie ist der regelmäßige Schnitt besonders wichtig, denn anders als Laubgehölze treiben sie nach einem zu späten und dann radikalen Rückschnitt bis ins alte Holz kaum noch aus.

Sicherheit geht vor
Hohe Hecken lassen sich mit viel weniger Aufwand scheren, wenn ein stabiles Leitergerüst zum Einsatz kommt. Dabei unbedingt auf das Gütesiegel zur geprüften Sicherheit achten!

Geringe Pflanzabstände für dichte Hecken

Damit eine Schnitthecke dicht schließt, müssen die Abstände zwischen den einzelnen Pflanzen richtig gewählt werden. Größere Gehölze wie Hainbuche, Rotbuche, Thuja oder Eibe setzen Sie mit einem Pflanzabstand von etwa 60 cm ein, kleinere wie Buchs oder Liguster pflanzen Sie dagegen enger zusammen, am besten im Abstand von etwa 30 cm.
In den ersten Jahren nach der Pflanzung ist regelmäßiger Schnitt wichtig, damit sich die Exemplare reich verzweigen und eine geschlossene Hecke bilden. Sie sollten die Heckengehölze niemals ungeschnitten in die Höhe wachsen lassen, sondern immer wieder einkürzen. Nur so bildet sich eine kompakte, gleichmäßige Heckenkrone aus.

Mindestens einmal im Jahr schneiden

Einmal im Jahr müssen Sie wohl oder übel zur Schere greifen, damit Ihre Hecke schön in Form und blickdicht bleibt. Der beste Termin ist Mitte bis Ende Juni, wenn die Laubgehölze den ersten Jahrestrieb abgeschlossen haben. In der Hecke nistende Vögel haben dann meist die erste Brut hinter sich und die Nester sind verlassen. Sehr starkwüchsige Hecken, etwa aus Rotbuche, sollten Sie sogar zweimal pro Jahr scheren, also im Herbst noch einmal einkürzen.
Kleine Hecken können Sie gut mit einer Handheckenschere schneiden, bei langen, hohen und breiten Hecken sollten Sie dagegen eine elektrische Heckenschere einsetzen. Je mehr Hecke zu schneiden ist, desto länger sollte das Schwert des Geräts und desto leistungsfähiger sein Motor sein. Bei kurzen Hecken oder großblättrigen Pflanzen wie Kirschlorbeer oder Stechpalme empfiehlt sich die mechanische Schere.
Als erstes schneiden Sie die Seitenflächen gleichmäßig von unten nach oben. Dann kommt die Oberseite an die Reihe. Zum Schluss schrägen Sie dann noch die Kanten gleichmäßig ab. Das Schnittgut geben Sie gehäckselt in dünnen Lagen auf den Kompost.
Lattengerüste, an denen entlang Sie Schnüre spannen, helfen Ihnen, einen sauberen und akkuraten Schnitt zu führen. Für das Schneiden sehr hoher Hecken sollten Sie sich eines soliden und standfesten Leitergerüsts bedienen, **um sich Kräfte raubendes Recken und Strecken zu ersparen**.

Empfehlenswerte Hecken-Schnittprofile

Kastenform: Alle Seiten der Hecke gerade schneiden, im Querschnitt entsteht so ein Rechteck – für Hecken aus Buche, Eibe oder Buchs.

Trapezform: für die meisten Gehölze ideal. Die Seiten verjüngen sich nach oben – alle Heckenabschnitte haben genug Licht und verkahlen nicht.

Bogenform: für Hecken aus Sträuchern, die sehr buschig wachsen – auch bei diesem Profil erreicht das Sonnenlicht die Basis der Hecke.

FERTIG IN 30 MINUTEN
▶ 5 m lange Hecke schneiden.
▶ Das Schnittgut verwerten.

Gartengrenzen
Eine Wand mit Bambus verschönern

Bambus bietet sich für die **Begrünung** von Mauern und Wänden, aber auch als **natürlicher Schutz** an. Um die ungezügelte Ausbreitung der Pflanzen zu verhindern, muss man allerdings schon beim Pflanzen geeignete **Vorkehrungen** treffen.

Fernöstliches Ambiente

Vor dem ruhigen Hintergrund einer Mauer oder Fassade kommen die attraktiven Gräser besonders gut zur Geltung und sind zugleich gut vor Wind geschützt. Außerdem ist hier eine natürliche Wurzelsperre in eine Richtung gegeben, sodass man **nur noch die vordere Beetkante begrenzen** muss. Wählen Sie beim Kauf aber unbedingt eine Art bzw. Sorte, die sich in Ihrer Region auch im Winter bewährt hat, denn insbesondere bei rauerem Klima leiden Bambusgräser, vor allem in den ersten Jahren nach der Pflanzung, schnell unter strengen Frösten.

Blüten und Wurzeln

Bambus blüht zwar nur innerhalb sehr großer Zeitabstände, dann jedoch treiben sämtliche Exemplare Blüten und sterben danach in aller Regel ab. Da es mehr als lästig und vor allem schwierig ist, tote Bambuswurzeln aus dem Boden zu entfernen, sollte man sich beim Gärtner versichern, dass man Pflanzware erwirbt, bei der innerhalb der nächsten Jahrzehnte nicht mit einer Blüte zu rechnen ist.

Bambus setzen

1 Zunächst wird der Bambus gut gewässert: Man nimmt ihn aus dem Container und tränkt ihn etwa 30 Minuten lang in einem großen Gefäß mit Regenwasser. Anschließend alle beschädigten Wurzeln entfernen.

2 Setzen Sie die Pflanze nun in das Pflanzloch. Bambus braucht eine Wurzelsperre, z. B. eine starke Folie, die Sie rings um die Pflanze 50–75 cm tief eingraben, und zwar in einem Abstand, der dem Bambus genügend Platz zur Entfaltung lässt.

3 Diese Wurzelsperre sollte nach dem Füllen des Pflanzlochs möglichst ein paar Zentimeter herausragen – so können Sie rechtzeitig bemerken, wenn der Bambus Ausläufer über den Rand zu schieben beginnt, und diese abstechen, ehe sie Schaden anrichten.

Wuchern verhindern

Viele Bambusarten bilden Ausläufer und neigen zum Wuchern. Die aggressiven Wurzelspitzen können sogar in Kanalschächte eindringen

Grüne Grazien
Bambus bleibt gewöhnlich auch im Winter grün, wenn er nicht zu stark der Sonne ausgesetzt ist. Unansehnliche ältere Halme schneidet man im Frühjahr heraus, das fördert auch den frischen Austrieb und dichten Wuchs.

FERTIG IN 30 MINUTEN

► Pflanzloch für eine Pflanze ausheben und Rhizomsperre einsetzen.

► Mulchgraben anlegen und mit Mulchschicht auffüllen.

und Teichfolien durchstoßen. Damit sich die Gräser nicht ungezügelt ausbreiten, muss man den Wurzelraum mit einer Rhizomsperre strikt eingrenzen. Man bringt dazu eine wurzelfeste Spezialfolie senkrecht rund um den Bereich im Boden ein, den man den Bambuspflanzen zugesteht, am besten ringförmig. Die Folie sollte mindestens 50 cm, besser jedoch 75 cm tief in den Boden reichen. Eingegraben kann sie dann noch 4–5 cm über das Bodenniveau hinausragen.

Für eine Bambushecke vor einer Mauer sollten Sie mit der Folie für eine einreihige Pflanzung einen Pflanzstreifen von mindestens 1,5 m Breite abschotten. Setzen Sie dann die

Rhizomsperre
Um wuchernde Bambusarten legt man eine Rhizomsperre, eventuell darüber hinaus wachsende Ausläufer schneidet man regelmäßig ab.

Bambuspflanzen im Abstand von wenigstens 60 cm ein.

Mulchen
Einmal eingewachsen benötigt Bambus nur wenig Pflege. Bei anhaltender Trockenheit sollten Sie ihn wässern und im Frühjahr verabreichen Sie ihm eine gute Portion organischen Dünger oder Kompost. Lassen Sie abgefallene Bambusblätter unbedingt unter den Gräsern liegen – sie dienen der Pflanzung als natürliche Mulchschicht. Geschnitten wird Bambus nach dem Austrieb im Frühjahr.

Geeignete Bambuspflanzen

Pflanze	Wuchs/Höhe	Standort
Bisset-Bambus (Phyllostachys bissetii)	buschig, dicht belaubt/3–7 m	sonnig bis halbschattig, windverträglich
Bronzebambus (Phyllostachys humilis)	aufrecht buschig/ 2–5 m	sonnig bis halbschattig
Mähnenbambus (Fargesia murieliae 'Simba')	überhängend, sehr dicht/1,5–2 m	halbschattig
Phyllostachys aureosulcata 'Spectabilis'	aufrecht, locker/ 3–5 m	sonnig bis halbschattig
Schirmbambus Fargesia murieliae 'Dragon'	kompakt, Spitzen überhängend/ 3–4 m	halbschattig
Schirmbambus Fargesia murieliae 'Jumbo'	locker buschig/ 2–3 m	sonnig bisschattig
Zickzack-Bambus (Phyllostachys flexuosa)	schräg aufrecht, Spitzen überhängend/3–5 m	sonnig bis halbschattig

SO SPAREN SIE ZEIT

■ Bei einer 10 m langen Bambushecke entfallen im Frühsommer und Herbst 20–30 Stunden Gartenarbeit, die bei einer Schnitthecke anfielen.

Gartengrenzen
Einen blumigen Grenzwall errichten

Anstelle eines Zauns oder einer Hecke bietet sich als **Alternative** zur Umfriedung eines Gartens auch ein **Wall** an. Besonders in der Nähe stark befahrener Straßen kann er die **Lärmbelastung** erheblich **mindern**.

FERTIG IN 30 MINUTEN

► Auf vorbereitetes Fundament 3 m Wall aus Betonsteinen aufsetzen.

► Wall bepflanzen.

Wurzeln halten die Erde fest

Ein Wall, aufgeschüttet aus Erde, oder auch eine bereits vorhandene Böschung können eine sehr ansprechende Gartenumrandung bilden. Die geneigte Fläche wird dazu vielfältig bepflanzt, was jedoch nicht nur der Optik dient, sondern auch der Festigung des Untergrunds, denn die Pflanzenwurzeln halten den Hang zusammen und bewahren ihn auch bei starken Niederschlägen vor dem Abrutschen.

Bis ein Wall oder eine Böschung jedoch eingewachsen und komplett von einer Pflanzendecke überzogen ist, kann schon ein mittlerer Gewitterregen den Hang zum Rutschen bringen. Legen Sie darum spezielle Kokosmatten oder robustes Gärtnervlies auf den zu bepflanzenden Boden, dann schneiden Sie an den Pflanzstellen kreuzförmige Schlitze hinein und setzen die Gewächse dort ein. Die Bedeckung schützt den Wall, bis er von den stabilisierenden Wurzeln durchzogen ist, **und unterdrückt gleichzeitig Unkraut**.

Einen Hang gerade abfangen

Setzen Sie die Betonteile so aufeinander, dass Lücken entstehen, die gut bepflanzt werden können. Die Ringe selbst füllen Sie mit Erde. Hinterfüllen Sie die Mauer mit einer Dränageschicht aus Kies.

Einen Hang gestuft abfangen

Hier gehen Sie im Prinzip genauso vor, müssen aber jede neue Steinreihe jeweils etwas weiter nach hinten setzen. Auch hier hinterfüllen Sie den Wall zur Dränage fortlaufend mit grobem Kies.

Einen Hang mit einem Wall abfangen

Heben Sie an der Hangbasis einen Graben von 40–50 cm Tiefe aus und füllen Sie ihn 30 cm hoch mit Kies oder Splitt auf. Darauf gießen Sie nun ein Betonbett, in dem Sie die erste Steinreihe verankern – die nächsten Reihen folgen ohne Mörtel.

Pflanzen für den Grenzwall

Pflanze	Höhe/Laub/Blütenfarbe
Gehölze	
Böschungsmyrte	bis 80 cm/immergrün
Efeu	niederliegend/immergrün
Fächerzwergmispel	bis 70 cm/Laub abwerfend
Kriech-Ginster	bis 40 cm/Laub abwerfend
Schneeheide	bis 20 cm/immergrün
Tamariskenwacholder	bis 50 cm/immergrün
Teppichwacholder	bis 50 cm/immergrün
Stauden	
Blaukissen	bis 15 cm/verschiedene Farben
Blutstorchschnabel	bis 40 cm/karminrote Blüten
Hornkraut	bis 20 cm/Silberlaub/weiße Blüten
Polsterphlox	bis 20 cm/verschiedene Farben
Seifenkraut	bis 30 cm/rosa Blüten
Steinkraut	bis 40 cm/goldgelbe Blüten

Zur Bepflanzung eignen sich niedrige bodendeckende oder flächig wachsende Gehölze wie Bodendeckerrosen, Kriechspindel, Johanniskraut, Zwergmispeln, Fingerkraut oder Böschungsmyrte, aber auch viele reich blühende Polsterstauden, z. B. Steinkraut oder Schleifenblume, wie man sie im Steingarten findet. Entscheidend für die Auswahl der Pflanzen ist die Lage. Und auch am Wall selbst verändern sich die Bedingungen. Am Fuß ist es in der Regel feuchter und schattiger als im oberen Bereich.

Böschungsmauern aus Fertigteilen

Wenn Sie einen niedrigen Wall oder eine Mauer errichten möchten oder eine Böschung dauerhaft abfangen und absichern wollen, dann **greifen Sie zu äußerst bequem bepflanzbaren Fertigbetonteilen**, so genannten Pflanzringen, die sich leicht aufeinander setzen lassen.

Diese Elemente bestehen aus Beton, dem oft Lava, Blähton oder Blähschiefer beigemischt sind. Es gibt sie in einer Vielzahl verschiedener Farben und Oberflächen. Mit Erde verfüllt, sind sie sehr stabil und standfest und **leicht mit niedrigen Gehölzen oder Stauden zu bestücken**. Hier lassen sich sogar Stauden und Gehölze nebeneinander setzen, obwohl sie ganz verschiedene Ansprüche an den Boden stellen, denn Sie können die Erde im Pflanzring an die Bedürfnisse der jeweiligen Pflanzen anpassen.

Auf der Wall- oder Mauerkrone ist ein idealer Platz für niedrige Gehölze wie die Schneeheide und den Ginster oder für niedrig wachsende Berberitzen, z. B. die sehr dekorative *Berberis buxifolia* 'Nana'.

Fertig im Nu
Fertigbauelemente (oben) ermöglichen einen schnellen Wallbau. Diese Teile verfügen über Mulden, in die die Steingartenpflanzen gesetzt werden.

Dauerhaft schön
Eine treppenförmige Anlage aus großen, grob behauenen Natursteinen (ohne Mörtel) lässt man besser vom Fachmann errichten.

Eine Mauer bepflanzen

1 Kratzen Sie in einer Mauer oder einem Wall eine Steinfuge auf oder weiten Sie sie mit einem Meißel; dabei können Sie auch etwas von den Mauersteinen entfernen.

2 Füllen Sie in die erweiterte Fuge dann etwas gut durchlässiges Substrat, am besten eine Mischung aus gleichen Teilen Gartenerde, Sand und feinem Splitt.

3 Mit zwei Spachteln setzen Sie dann die Pflanze in die Fuge, nachdem Sie den Wurzelballen angepasst haben. Füllen Sie die Lücken mit Substrat und gießen Sie an.

Gehölze
Großpflanzen setzen Akzente

Gehölze geben dem Garten für viele Jahre seine **Struktur**. *Wenn Sie schon beim Einsetzen ihren* **Schattenwurf** *und ihre spätere* **Größe** *mit einkalkulieren,* **sparen** *Sie in Zukunft reichlich* **Zeit** *bei der Pflege.*

Mit Gehölzen den Garten strukturieren

Bäume und Sträucher gliedern den Garten in verschiedene Räume und setzen besondere Akzente. Sie sind nicht nur ein dauerhafter, **sondern auch ein vielseitiger und pflegeleichter Gartenschmuck**. Während immergrüne Arten ganzjährig für Beständigkeit sorgen und sich im Winter als grüne Blickpunkte abheben, verändern Laubgehölze ihr Aussehen im Jahreslauf und markieren so die Jahreszeiten. Dicke Äste und filigrane Zweige fügen sich zu charakteristischen Baum- oder Strauchsilhouetten zusammen, die selbst im Winter, mit Raureif bedeckt, noch attraktiv sind. In Frühjahr und Sommer schmücken sie sich mit Blüten und Laub, im Herbst dekorieren ihre Früchte den Garten. Vögeln und anderen Tieren bieten sie Wohnung und Nahrung und leisten auch als Sichtschutz und Schattenspender wertvolle Dienste.

Dauerhafte Gartenbewohner

Ob Sie nun einen Baum pflanzen oder eine Strauchgruppe anstelle von Blumenbeeten, ob Sie sich für immergrüne oder sommergrüne Gehölze entscheiden – einmal gepflanzt, werden Bäume und Sträucher für viele Jahre die Entwicklung Ihres Gartens mitbestimmen. **Damit die pflegeleichten Gehölze im Lauf der Jahre nicht enttäuschen**, wählen Sie sie besonders sorgfältig aus. Berücksichtigen Sie dabei unbedingt, wie hoch und breit der ausgewachsene Strauch oder Baum einmal sein wird und wie sein Schatten im Tageslauf wandern wird.

Sollen sich Gehölze harmonisch in den Garten einfügen, müssen sie vor allem in Form und Gestalt zu Größe und Stil der Gartenanlage passen. Bedenken Sie aber auch, wie sich die Gehölze im Jahreslauf verändern: Wann blühen sie, wann erscheint das Laub? Welche Farbe haben ihre Blätter im Sommer, welche im Herbst? Bilden sie Früchte und wie sehen diese aus?

Anziehend
Lebhaft gefärbte Früchte wie Hagebutten ziehen im Herbst alle Blicke auf sich.

DAS MACHT'S LEICHTER

● Wählen Sie Bäume und Sträucher so aus, dass sie von ihrer endgültigen Größe her harmonisch in den Garten passen. Bäume mit mehr als 10 m Wuchshöhe sind für die meisten Gärten zu groß und zu pflegeaufwändig.

● Sträucher und Bäume, die Sie als Containerware im Topf kaufen, können Sie das ganze Jahr über pflanzen, solange der Boden frostfrei ist.

● Bei Bäumen sollten Sie schon etwas ältere und höhere Exemplare mit bereits fertig erzogener Krone kaufen, dann müssen Sie sich nicht mehr um den Schnitt kümmern.

Dominante Wirkung
Gehölze dienen im Garten als Gerüstgeber. Entlang der Gartengrenze gepflanzt bilden sie gar eine Art lebende Wand. Mit ihrem dichten Laubkleid stellen sie einen schönen Hintergrund für Blumenbeete und Rabatten dar (großes Bild).
Im Herbst leuchten viele Arten in glühenden Farben (kleines Bild oben).

Gehölze

Eine bunte Strauchgruppe pflanzen

Eine Gruppe aus verschiedenen Sträuchern bietet zu **jeder Jahreszeit** einen reizvollen Anblick. Im Frühjahr **schmücken** sie sich mit leuchtenden und oft wohlriechenden **Blüten**, später zieren sie den Garten mit schön geformtem oder gefärbtem **Laub** und mit bunten **Früchten**.

Sträucher – pflegeleicht und vielseitig

Sobald sie erst einmal eingewachsen sind, **verlangen Sträucher im Garten keinen besonderen Pflegeaufwand mehr**. Wenn Sie mehrere stattliche Gehölzarten miteinander zu einem stimmigen Ensemble kombinieren, dann ergänzen sich diese bald zu einer äußerst attraktiven Pflanzgemeinschaft, die einem viel pflegeintensiveren Beet mit Prachtstauden durchaus ebenbürtig ist. Zugleich übernimmt die

Bunt gemischt
Verschiedene Sträucher fügen sich hier zu einer schmucken Gemeinschaft zusammen (unten). Bunte Früchte (Pfaffenhütchen, kleines Bild rechts) bringen zusätzlich Farbe.

FERTIG IN 30 MINUTEN

► Pflanzfläche für eine Strauchgruppe aus 5–6 Sträuchern markieren.

► Boden der Pflanzfläche vorbereiten.

► 3 Sträucher einpflanzen.

Braut-Spier-strauch   Perücken-strauch   Weigelie   Roseneibisch   Flieder   Winter-Schneeball   Johannis-kraut

3 m — 6 m

Pflanzvorschlag: eine blühende Strauchgruppe
Eine Strauchgruppe zeigt sich von immer neuen Seiten, wenn Arten mit verschiedener Blütezeit kombiniert werden. Zeitig im Jahr blüht der Winter-Schneeball, es folgen Braut-Spierstrauch, dann Flieder und Weigelie, im Sommer Perückenstrauch und Johanniskraut, während der Roseneibisch die Saison beschließt.

Strauchgruppe im Garten aber auch wichtige Funktionen, wie den Sicht- und Windschutz, worin sie sich dank ihres dichten Wuchses einer Hecke ebenbürtig erweist.

Attraktiv zu jeder Jahreszeit

Kombinieren Sie Sträucher verschiedener Wuchsformen und -höhen miteinander. Dabei kommen hoch wachsende stets in den Hintergrund, niedrige nach vorn. Schlank aufstrebende Arten sollten sich mit breit buschigen und schwungvoll überhängenden abwechseln.

Außer mit ihren typischen Wuchsformen bereichern Sträucher den Garten im Lauf der Jahreszeiten noch um manch anderen Aspekt. Den Winter über sorgen vor allem Gehölze mit auffällig gefärbter Rinde für Schmuck, etwa die Sorte 'Sibirica' des Tatarischen Hartriegels mit leuchtend roten oder die Gold-Himbeere mit kalkweißen Ästen. Auch ein bereits im Spätwinter blühendes Gehölz schafft einen besonderen Blickfang, z. B. der Bodnant- oder Winter-Schneeball mit seinen duftenden rosa Blüten.

Im Frühjahr begeistern dann üppige Blütensträucher wie Forsythien oder Flieder mit ihrem Flor, während im Sommer eher das Laub zur Geltung kommt – darunter auch mehrfarbig geflecktes. Im Herbst sind es dekorative Früchte, die bunte Farbtupfer setzen, etwa die des Feuerdorns oder des Gewöhnlichen Schneeballs. Die zierenden Früchte halten sich oft bis weit in den Winter hinein, über das spektakuläre Farbenspiel der herbstlichen Laubverfärbung hinaus, das mit dem Spätherbst endet.

Die Stars einer Strauchgruppe bringen Sie umso besser zur Geltung, wenn Sie auch einige schlichte Exemplare hinzugesellen: immergrüne wie Kirschlorbeer oder dezente wie die Forsythie, die nach der opulenten Blüte im Frühjahr mit rein grünem Laub charmant im Hintergrund bleibt.

Die richtige Pflege

Um Ihren Gehölzen ideale Startbedingungen zu geben, lockern Sie vor der Pflanzung den Boden und mischen ihn mit Kompost oder Humus. In den ersten Wochen nach dem Einpflanzen müssen Sie regelmäßig wässern. **Danach brauchen die meisten Sträucher kaum noch Pflege.** Nur Blühgehölze sollte man von Zeit zu Zeit schneiden – Frühjahrsblüher nach der Blüte, Sommerblüher im Spätwinter oder Frühjahr. Aber es gibt auch einige Arten, die ohne Schnitt reich blühen und sich am besten entwickeln, wenn man sie in Ruhe lässt.

Eine Pflanzfläche vorbereiten

1 Markieren Sie zunächst die Fläche für die Strauchgruppe mit einer Linie aus Sand, Kalk, Gesteins- oder Sägemehl. Ziehen Sie Kurven mit einem Zirkel aus einer Schnur zwischen zwei Holzpflöcken.

2 Mit einem scharfen Spaten stechen Sie nun zuerst entlang der Markierung, dann auf der gesamten Fläche den Rasen vollständig ab. Die Rasensoden können Sie später an anderer Stelle weiter verwerten, etwa zur Reparatur schadhafter Stellen.

3 Bevor Sie die Sträucher einpflanzen, entfernen Sie alles Unkraut, lockern und zerkleinern gründlich den Boden und arbeiten gut verrotteten Kompost oder Humus unter. Nach Wunsch können Sie das Beet mit Rasenkantensteinen einfassen.

SO SPAREN SIE ZEIT

■ Wählen Sie Sträucher mit nur geringem jährlichem Wachstum und/oder bevorzugen Sie Arten, die ohne Schnitt auskommen – letztere sind u. a. Fächerahorn, Felsenbirne und Scheinhasel sowie einige Hartriegel- und Schneeballarten.

Gehölze

Einen alten Baum verschönern

*Ein überalterter Apfel- oder Kirschbaum gewinnt durch eine **Verjüngung** optischer Art neues Leben. Lassen Sie Kletterpflanzen wie **Clematis** oder auch **Rosen** hineinwachsen und verschönern Sie die Veteranen so mit üppigem **Blütenschmuck**.*

✗ UNBEDINGT VERMEIDEN

Lassen Sie beim Schnitt von Bäumen und Sträuchern niemals Stummel von Ästen und Zweigen stehen – sie sind Eintrittspforten für Pilze und Bakterien, die Fäulnis oder schwerwiegende Krankheiten auslösen können!

Aus englischen Gärten

Aus England stammt die Idee, blühende Kletterpflanzen in alte vergreiste Bäume hineinwachsen zu lassen. Betagte Apfel- oder Birnbäume **erstrahlen so zweimal im Jahr in reicher Blüte**. Vor allem stark wüchsige, schlingende Ramblerrosen schwingen sich rasch in die Krone der Bäume hinein und überziehen sie für Wochen mit ihren Blüten. Die meisten Ramblerrosen blühen zwar nur einmal im Jahr, doch das immerhin über einen Zeitraum von 4–6 Wochen. Den Rest des Jahres verschönern sie die Bäume mit ihrem kräftigen Laub.

Ideale Unterlagen

Die Kletterpflanzen sollten zu den Bäumen, die als Unterlage dienen, passen. Wählen Sie als Stütze also keinen kleinen schwachen Baum, der unter dem Gewicht der an ihm hoch wachsenden Kletterer zusammenbrechen würde, sondern einen mit stabilem Stamm. Eine ideale Unterlage für Rosen, die luftige und sonnige Standorte brauchen, sind Bäume mit lichter Krone. Ist die Krone zu dicht, dann lichten Sie sie durch fachgerechtes Entfernen alter und überflüssiger Äste aus, damit die Rosen genug Luft und Licht bekommen. Nachdem Sie die Rosen zu Füßen des Baumes gepflanzt haben, binden Sie deren lange Triebe an den als Kletter-

Blühende Skulptur

Mit einer Kletterrose wird ein überalterter Baum verjüngt. So spart man sich aufwändiges Fällen und Entfernen der Wurzeln.

hilfe dienenden Stamm an, damit sie schneller den Weg nach oben finden. Sie können sie auch mit Seilen gleichsam verlängern und ins Geäst der Krone hochbinden. Erst wenn sich die Triebe in der Krone verankert haben, brauchen sie keine Kletterhilfe mehr. Kletterpflanzen, die am Fuß eines Baumes gepflanzt werden, konkurrieren mit diesem naturgemäß um Wasser und Nährstoffe. Zunächst hat der Baum an seinem angestammten Platz einen Standortvorteil und nimmt mit seinen Wurzeln den neuen Nachbarn Wasser und viele Nährstoffe weg. Ein Kniff, wie Sie die Rosen trotz dieser Konkurrenz unterstützen können: Setzen Sie sie mit einer Ummantelung, z. B. einem alten Eimer ohne Boden, in das vorbereitete Pflanzloch. Rosen- und Baumwurzeln werden so voneinander abgeschirmt und kommen sich nicht ins Gehege. Auf diese Weise **können Sie nach dem Pflanzen gezielt die Rosenwurzeln düngen und wässern**.

Rosen und Clematis

Auch wilde Waldreben und edle Clematis-Arten und -Sorten klettern gern in alte Gehölze. Sie verschönern Sträucher und Koniferenhecken ebenso wie Apfel- oder Birnbäume und lassen sich auch harmonisch mit Rosen kombinieren, zumal beide ähnliche Standortbedingungen schätzen. Als typische Waldrandbewohnerin strebt die Clematis zwar zum Licht, freut sich aber darüber, wenn ihr Wurzelbereich im Schatten liegt. Zu den stark wüchsigen, einmal blühenden **Ramblerrosen, die man nicht schneiden muss**, passen früh blühende Waldreben, die ebenfalls nicht oder nur selten geschnitten werden. Geben Sie den Rosen aber auf jeden Fall ein paar Jahre Vorsprung, ehe sie die Clematis dazupflanzen.

Kletterseil spannen
Spannen Sie ein Seil von einem starken unteren Ast des Baums zu einem Pflock im Boden. Daran können Sie nun die Triebe der Kletterpflanze zur Baumkrone hin leiten.

Auslichten: Einen Ast entfernen

1 Verringern Sie das Hauptgewicht des Asts, indem Sie ihn gut 10–20 cm vom Stammansatz entfernt von unten um etwa ein Viertel des Durchmessers einsägen.

2 Der eigentliche Schnitt erfolgt von oben. Setzen Sie die Säge um 2–3 cm versetzt nach außen an und sägen Sie den ganzen Ast durch. Der untere Einschnitt wird dabei zusammengedrückt, sodass der Ast nicht unter seinem Gewicht bricht.

3 Den verbliebenen Aststummel sägen Sie möglichst dicht am Stamm zunächst von unten ein, ohne jedoch die Rinde am Stamm zu verletzen. Entfernen Sie den Stummel dann komplett, indem Sie ihn von oben ganz dicht am Astring entlang sauber absägen.

4 Schneiden Sie die Ränder mit einem scharfen Messer (am besten mit einer Hippe) nach, bis alle Schnittflächen glatt und sauber sind. Verstreichen Sie abschließend ein spezielles Wundverschlussmittel über die gesamte Schnittfläche.

FERTIG IN 30 MINUTEN

▶ Ast fachgerecht absägen.

▶ Kletterpflanze neben einen Baum setzen.

Gehölze
Kronenbäumchen prächtig in Szene setzen

Kronenbäumchen mit ihrer **grazilen Gestalt** sind der Traum vieler Gärtner. Dabei bedarf es gar keiner großen Kunst, einem schlanken Stamm eine **prächtige Krone** aufzusetzen. Die üppigen Bäumchen sind der **ideale** Schmuck für beengte Platzverhältnisse.

Richtige Bäume im kleinen Maßstab

Ihre charakteristische Baumgestalt verbunden mit meist kleinem Wuchs, das macht Kronenbäumchen vor allem für kleinere Gärten attraktiv, in denen der Platz für einen ausladenden Hausbaum fehlt. Im Vorgarten können sie den Eingang einladend flankieren und im Blumenbeet lenken sie den Blick in die Höhe. Dabei bieten sie im Wechsel der Jahreszeiten immer wieder neue reizvolle Aspekte und werfen nur wenig Schatten, sodass gleichzeitig noch eine hübsche Unterpflanzung möglich ist.

In Baumschulen werden Hochstämmchen und Kronenbäumchen von unterschiedlichsten winterharten Gehölzen angebo-

Kätzchenreigen
An langen Zweigen zeigen sich bei der Hängekätzchen-Weide schon ab Februar die silbrigen pelzigen Kätzchenblüten. Das Kronenbäumchen bleibt zeitlebens gleich hoch, denn die Unterlage wächst nicht mehr in die Höhe.

Eine Krone für die Gartenkönigin
An Kronenbäumchen von Rosen können Sie die Blütenpracht in Augenhöhe bewundern, aber auch Pflegearbeiten wie den Schnitt ganz bequem im Stehen ausführen.

Pflanzen für Kronenbäumchen

Pflanze	Eigenschaften
Gewöhnlicher Schneeball	Laub abwerfend, weiße Schirmblüten im Mai/Juni, rote Beeren im Herbst
Japanische Stechpalme	immergrün, kleine glänzende Blätter
Kirschlorbeer	immergrün, glänzendes Laub, weiße Blütenkerzen im Frühsommer
Liguster	immergrün, kleines glänzendes Laub
Rhododendron und Azalee	immergrün bzw. Laub abwerfend, prächtige Blüte
Rose	Laub abwerfend, reiche Blüte, je nach Sorte mit kugeliger Krone oder als Kaskadenform
Sal-Weide	Laub abwerfend, hängende Triebe mit Kätzchen im Frühjahr
Siebolds Spindelstrauch	Laub abwerfend, schlichte Blüten, leuchtend rote Früchte im Herbst
Zwergmispel	Halbimmergrün, Laub bleibt lange an den Zweigen, weiße Blütchen, roter Fruchtschmuck.

ten – immergrüne ebenso wie Laub abwerfende und herrlich blühende, allen voran die populären Rosenhochstämmchen, bei denen Edel-, Strauch- oder Zwergrosen auf einen tragenden Stamm veredelt wurden.

Auch zahlreiche mediterrane Gewürzpflanzen sowie eine Reihe von Kübelpflanzen sind **als Hochstämmchen erhältlich und dann besonders für die Kultur in Gefäßen geeignet**. Hochstämme mit lang herabhängenden Trieben, so genannte Trauer- oder Kaskadenbäumchen, erhält man, wenn Reiser einer hängenden Form auf einen Hochstamm gepfropft werden. Solche Exemplare gibt es beispielsweise von einer besonderen Sorte der Sal-Weide, der Hängekätzchen-Weide, und von Kletter- und Bodendeckerrosen.

Krönung durch richtige Pflege

An den Boden stellen Hochstämmchen dieselben Ansprüche wie andere Gehölze. Lockern Sie die Erde beim Einpflanzen, indem Sie ausgereiften Kompost dazugeben.

Der schlanke Stamm braucht zeitlebens eine Unterstützung durch einen Pfahl, der bis in den Kronenbereich ragen muss und den Sie schon beim Einpflanzen möglichst dicht neben dem Bäumchen einsetzen.

Im Winter brauchen Kronenbäumchen besonderen Schutz. Angehäufeltes Laub schützt die Basis. Bei Rosen muss vor allem die Krone gut verpackt werden. Gehölze, die im gemäßigten Klima nicht winterhart sind, brauchen ein helles Win-

terquartier. Immergrüne müssen an hellen Wintertagen vor der Sonne geschützt und beschattet werden.

Die kompakte Form von halbkugeligen und kugeligen Bäumchen erhalten Sie, indem Sie vom Frühjahr bis zum Sommer die Triebspitzen schneiden. Immergrüne Hochstämmchen sollten noch vor dem Austrieb im zeitigen Frühjahr entspitzt werden, dann wachsen die Kugeln umso dichter.

FERTIG IN 30 MINUTEN

▶ Kronenbäumchen einpflanzen.

▶ Krone beschneiden.

▶ Kronenbäumchen mit Winterschutz versehen.

Richtige Pflege

Ein Kronenbäumchen braucht eine gute Stütze. Schlagen Sie dazu einen Pfahl in die Pflanzgrube ein, bevor Sie das Bäumchen einsetzen. Binden Sie den Stamm mit Bindeband fest, ohne ihn jedoch abzuschnüren.

Mit regelmäßigem Schnitt bewahren Sie die Form der Krone Ihres Bäumchens. Kürzen Sie alle Zweige um ein Drittel bis zur Hälfte ein, bester Zeitpunkt dafür ist der Spätwinter oder Vorfrühling. Später schneiden Sie herauswachsende Zweige immer wieder zurück.

SO SPAREN SIE ZEIT

■ Setzen Sie ein Kronenbäumchen, besonders von empfindlichen Arten, in ein großes Pflanzgefäß und senken Sie es damit in den Gartenboden ein. So können Sie es im Herbst leicht herausholen und im Haus sicher über den Winter bringen – auch das lästige Einpacken fällt weg.

Um die Krone und die besonders empfindliche Veredelungsstelle am Stammende zu schützen, packen Sie das Hochstämmchen den Winter über in Sackleinen, Jute oder Vlies ein und füttern den Kronenbereich noch mit trockenem Laub oder Stroh aus.

Gehölze
Rosen richtig hegen und pflegen

Rosen sind dank ihrer **Blütenfülle** *und ihres herrlichen* **Duftes** *die Stars im* **Sommergarten***. Die richtigen Sorten sind bei optimalen Wachstumsbedingungen auch* **pflegeleicht***.*

Sonne, Luft und gute Erde

Ob Zwerg-, Bodendecker-, Beet-, Kletter- oder Strauchrosen – für jeden Zweck gibt es geeignete Rosensorten, die Ihnen Sommer für Sommer viel Freude schenken. Haben die Pflanzen einen geeigneten Standort mit durchlässiger nahrhafter Erde, Luft und Sonne, **dann brauchen sie nur noch wenig Pflege**. Besonders unkompliziert sind neben Wildrosen vor allem bewährte Zuchtsorten mit dem Prädikat ADR (Anerkannte Deutsche Rose).

Bereiten Sie ein Pflanzloch vor, das den Wurzeln ausreichend Platz bietet; die Veredelungsstelle sollte etwa 5 cm unter der Oberfläche liegen. Lehmigen Boden lockern Sie mit einer Grabgabel und verbessern ihn mit Sand, reifem Kompost oder Pferdemist. Treten Sie die Erde um die frisch gepflanzten

SO SPAREN SIE ZEIT

■ Achten Sie bei der Auswahl von Rosen auf das ADR-Siegel. Es wird nur an robuste gesunde Sorten vergeben, die reich blühen, kaum unter Schädlingsbefall leiden und noch viele andere Vorzüge zeigen.

■ Sorgen Sie für ideale Standortbedingungen, dann bleiben Rosen gesund und Sie müssen keine Schädlinge und Krankheiten bekämpfen.

Rosen über Rosen
Wer die richtigen Rosensorten wählt, dem blüht es lang üppig – und das noch ohne großen Pflegeaufwand.

▶ 5 Rosen im Herbst anhäufeln und mit Fichtenreisig abdecken.

▶ 3 Rosen im Frühjahr abhäufeln und schneiden.

Rosenschnitt
Öfter blühende Strauchrosen werden im Frühjahr geschnitten, einmal blühende lichtet man nach der Blüte aus (links). Bei Beet- und Edelrosen (rechts) kürzt man die Triebe im zeitigen Frühjahr auf 20–30 cm und entfernt dabei auch beschädigtes Holz.

Pflanzen vorsichtig fest und schlämmen Sie sie mit reichlich Wasser ein. Im Winter schützen Sie die Rosen – besonders die empfindliche Veredelungsstelle –, indem Sie lockere Erde anhäufeln und die Triebe mit Fichtenreisig abdecken. Das ist besonders wichtig bei frisch gepflanzten Rosen sowie Beetrosen. **Für reiche Blüte und gesundes Wachstum versorgen Sie die Pflanzen zweimal**, im Frühjahr und nach der ersten Blüte im Juni, mit mineralischem Volldünger oder mit organischem Dünger.

Richtiger Schnitt fördert die Blütenbildung

Rosen danken es mit gesundem Wuchs und reicher Blüte, wenn sie richtig geschnitten werden. Der ideale Schnittzeitpunkt für Strauch-, Beet- und Edelrosen, die an diesjährigen Trieben blühen, ist zu Frühlingsbeginn, Ende März bis Anfang April. In Gegenden mit rauem Klima sollten Sie noch etwas länger warten, bis keine strengen Nachtfröste mehr zu befürchten sind. Einmal blühende Strauchrosen bilden ihren Flor dagegen am vorjährigen Holz und werden erst nach der Blüte im Frühsommer geschnitten.
Beim Schnitt gilt folgende Regel: Starker Rückschnitt fördert starkes Wachstum, schwacher Rückschnitt führt zu schwachem Wachstum. Also brauchen stark wachsende Sorten wie Strauchrosen nur einen schwachen Rückschnitt, während schwach wachsende Sorten wie Edeloder Beetrosen einen starken Rückschnitt benötigen.
Dünne, erfrorene und vertrocknete Zweige entfernt man im Frühjahr. Auch Triebe, die sich kreuzen, sowie dünne oder ältere Zweige werden entfernt, damit neue kräftige Triebe aus der Basis heranwachsen. Schneiden Sie auf jeden Fall immer bis ins gesunde Holz zurück. Zur regelmäßigen Pflege gehört es auch, beschädigtes oder schimmeliges Holz herauszuschneiden, damit sich Krankheiten nicht ausbreiten. Geben Sie das Holz auf keinen Fall auf den Kompost,

sondern entsorgen Sie es über Biotonne oder Restmüll. Ältere blühfaule Rosen verjüngen Sie, indem Sie alle Triebe im Frühjahr auf 3–4 Knospen zurückschneiden.
Auch Wildtriebe, die aus den starkwüchsigen Unterlagen sprießen, müssen umgehend entfernt werden, da sie sonst die Edelsorte überwuchern könnten. Legen Sie den Wurzelhals frei und schneiden oder reißen Sie den Wildtrieb direkt an der Ansatzstelle ab. Wildtriebe erkennen Sie oft an ihrem andersartigen Laub – die Blätter bestehen z. B. aus sieben Teilblättchen, sind heller gefärbt und nur matt, während Edelsortenblätter fünfteilig und dunkelgrün glänzend sind.

Schädlingen und Krankheiten vorbeugen

Sie schützen Ihre Rosen vor Schädlingen und Krankheiten, **indem Sie durch eine ausgewogene Nährstoffversorgung ihre Widerstandskraft stärken**.
Sobald die Blätter auszutreiben beginnen, können Sie sie zudem alle zwei Wochen mit einem Stärkungsmittel (Knoblauchtee, Schachtelhalmbrühe, Lavendelöl-Lösung) benetzen – wo Tau und Regenwasser abperlen, finden Pilzsporen keinen Nährboden. Treten dennoch Pilze auf, schneiden Sie die befallenen Triebe ab. Blattläuse kann man mit den Fingern abstreifen oder mit einem Wasserstrahl abspritzen.

Nackt und bloß
Wurzelnackte Rosen werden im Spätherbst gepflanzt. Damit sie gut anwachsen, wässert man sie vorher gründlich.

Rosenpflege rund ums Jahr

Frühling
Ab März können Sie den Winterschutz entfernen. Nur bei Frostwarnung decken Sie die Rosen wieder ab. Die Erde kann abgehäufelt werden. Der Frühjahrsschnitt wird fällig. Volldünger oder organischer Langzeitdünger wird ausgebracht.

Sommer
Rosen auf Schädlingsbefall kontrollieren, Wildtriebe entfernen, verwelkte Blüten regelmäßig abschneiden, frisch gepflanzte Rosen bei Trockenheit wässern. Öfter blühende Rosen erhalten eine zweite Düngergabe im Juni.

Herbst
Eine Gabe Kaliumdünger Anfang September fördert das Ausreifen der Triebe vor dem Frost. Pflanzzeit für wurzelnackte Rosen, Boden vorbereiten und lockern. Im November Winterschutz anbringen, besonders die Veredelungsstelle muss geschützt werden. Erde dazu etwa 20 cm hoch anhäufeln, mit Nadelreisig abdecken. Organischer Dünger wie Kompost oder älterer Pferdemist kann jetzt ausgebracht werden.

Winter
Damit Äste nicht abbrechen, befreien Sie die Rosen bei starkem Schneefall rechtzeitig von der Schneelast. Den Winterschutz aus Reisig sollten Sie von Zeit zu Zeit kontrollieren.

Gehölze
Grüne Skulpturen schaffen

Mit in Form geschnittenen Gehölzen setzen Sie in Ihrem Garten besondere **Glanzlichter**, die ihm eine individuelle Note geben. Die Kunst des **Formschnitts** lässt sich **leicht** erlernen.

Immergrüne Kugeln
Akkurat geschnittene Buchsbäume in einem Efeuteppich bilden eine repräsentative Gruppe.

FERTIG IN 30 MINUTEN
► Rückschnitt einer bereits geformten grünen Skulptur.

Sträucher gut in Form

Schon die Römer schnitten Bäume und Sträucher gern in Form, um damit besondere Akzente zu setzen. Zur Hochform liefen die Gehölze in Gestalt von Kugeln, Pyramiden oder Kegeln dann im Barock auf, als es kaum einen Schlossgarten ohne diese akkurat geschnittenen Sträucher gab. Mittlerweile haben geformte Gehölze auch Einzug in viele Hausgärten gehalten. Die Kunst des Formschnitts geht dabei über rein geometrische Formen hinaus und man trifft heute auf Figuren vom Vogel bis zum Flugzeug.

Nicht jede Pflanze ist geeignet

Am häufigsten formt man Buchs, Eiben, Scheinzypressen oder den Wintergrünen Liguster zu Skulpturen. Sie alle haben einen besonders

Schnittige Figuren
Drahtgestelle (links) helfen, schnittverträgliche Gehölze zu kunstvollen Gestalten zu formen. Man stülpt sie dem Strauch über und schneidet in regelmäßigen Abständen alle darüber hinausragenden Triebe weg.

Gehölze mit geometrischem Wuchs

Pflanze (kl. Sorten)	Wuchsform/Höhe
Picea abies 'Inversa' (Schleppen-Fichte)	säulenförmiger Nadelbaum, Mitteltrieb überhängend/2–3 m hoch
Kissenberberitze	kompakt wachsender rundlicher Strauch/etwa 50 cm hoch
Raketen-Wacholder	säulenförmiger Nadelbaum/3–4 m hoch
Säuleneibe	säulenförmiger Nadelbaum/4–6 m hoch
Scheinzypresse	zwergiger rundlicher Wuchs/maximal 1,5 m hoch
Zuckerhutfichte	kegelförmiger Nadelbaum/2–3 m hoch
Zwerg Balsamtanne	halbkugelige Zwergform/bis 1 m hoch

dichten Wuchs und zeichnen sich durch kleine Blätter und Nadeln aus, **außerdem regenerieren sie sich nach einem Schnitt sehr rasch**. Aber auch Lorbeer, Stechpalme, Forsythien oder Hainbuchen werden verwendet. Feinlaubige und feinnadelige Arten lassen sich am leichtesten scheren.

In Form bringen

Die Schnitttechnik hängt davon ab, wie exakt die Figur getroffen werden soll, die man gestalten will. Einfache geometrische Formen wie eine Kugel lassen sich schon nach Augenmaß schneiden. Doch sobald die Figur komplizierter wird oder scharfe Kanten und gerade Linien notwendig sind, verwendet man am besten eine Schablone.

Eine junge Pflanze kann man zunächst nach Augenmaß zurechtstutzen, um ihr später mit einer Schneidehilfe den richtigen Schliff zu geben. Im einfachsten Fall reichen ein paar Bambusstäbe schon aus. Für Kugeln können Sie sich aus stabiler Pappe oder Sperrholz eine halbkreisförmige Schablone anfertigen, die Sie um den Strauch herum führen. Der Fachhandel bietet aber auch zahlreiche Formen aus Draht oder stabilere Metallgerüste an, **die einfach über das noch junge Gehölz gestülpt werden**. Der Strauch wächst dann in die Form hinein und Sie müssen nur das abschneiden, was darüber hinaus treibt.

Trimmen

Schneiden Sie regelmäßig, spätestens wenn sich störende Triebe bemerkbar machen. Während der Wachstumsperiode kann das bei wüchsigen Pflanzen alle 4 Wochen oder öfter sein. **Bei sehr langsam wachsenden Gehölzen wie der Eibe reicht ein Schnitt pro Jahr aus.** Vermeiden Sie einen

Hilfe für den Schnitt
Mit einigen Holz- oder Bambusstäben und etwas Draht basteln Sie rasch eine Schnittschablone für Ihren Buchskegel. Stellen Sie 3 lange Holzstäbe zeltförmig zusammen und binden Sie deren obere Enden mit Draht zusammen. Drahtringe halten die Stäbe in Position.

zu späten Schnitt im Jahr. Ende September sollten Sie die Schnittmaßnahmen einstellen.

Mithilfe von Stäben und Drahtreifen können Sie sich eine Schnitthilfe basteln, **die das Zurechtstutzen erheblich erleichtert** und das Ergebnis exakter ausfallen lässt.

Pflegen

Wie alle Sträucher müssen auch die in Form geschnittenen Buchsbäume, Eiben oder Liguster von Unkraut befreit, gewässert und regelmäßig mit organischem Dünger versorgt werden. Im Winter sollten Sie wie die Barockgärtner, die die Gehölze in Holzkästen sperrten, um sie vor großen Schneemassen zu schützen, Maßnahmen ergreifen, damit der Schnee keine Äste abbricht. Hilfreich kann schon ein Netz sein, dass man über die Gehölze legt. Erleiden die Skulpturen Frostschäden, dann schneidet man das beschädigte Holz heraus. Meistens füllen sich die Löcher schnell wieder mit jungem Grün und die Skulptur ist repariert.

SO SPAREN SIE ZEIT

■ Pflanzen Sie Gehölze, die von Natur aus eine streng geometrische Wuchsform zeigen, etwa Raketen-Wacholder oder Kissenberberitze, dann sparen Sie 4–5 Stunden jährlich für Schnittmaßnahmen.

■ Besondere Akzente setzen Sie mit Gehölzen, die an sich schon ausgefallenen Wuchs zeigen, wie Korkenzieher-Hasel und Hänge-Zierkirsche.

Abgehoben
Raketen-Wacholder wächst von Natur aus schlank säulenförmig empor.

Gehölze

So bleiben Rhododendren dauerhaft schön

Rhododendren haben im späten **Frühjahr** ihren großen Auftritt. Ganz entgegen ihrem Ruf, besonders empfindlich zu sein, sind die immergrünen Sträucher **unproblematisch**, wenn man nur in puncto **Standort** ihren Bedürfnissen Rechnung trägt.

Blühende Hecken

Rhododendren sind **als pflegeleichte Gehölze sowohl zur Solitärpflanzung als auch zur Anlage einer frei wachsenden Hecke geeignet**. Die Sträucher behalten das ganze Jahr ihr schmückendes Laub, die großen Blütenstände zieren den Garten im Frühjahr mit leuchtenden Farben. Rhododen-

dren lieben windgeschützte Standorte im lichten Schatten, etwa als Unterpflanzung großer Bäume mit lichtdurchlässigen Kronen. Als Flachwurzler mögen sie es nicht, wenn man den Boden unter ihnen zu stark bearbeitet. Damit sie sich im Garten zu ganzer Schönheit entfalten können, brauchen sie einen sauren kalkfreien Boden (pH-Wert 4,5–5,5). An schnee-

Majestätische Blütenpracht
Übersetzt bedeutet Rhododendron Rosenbaum, und diesem Namen machen die immergrünen Gehölze vor allem zur Blütezeit alle Ehre.

Für gutes Gedeihen
Knipsen Sie verwelkte Rhododendron-Blüten aus (links) und decken Sie den Boden um die Pflanzen dick mit Rindenmulch ab (unten).

ein, die den Kalk von unten auffängt. Seitlich bringen Sie eine etwa 1 mm starke Folie an, die das Eindringen von kalkhaltigem Sickerwasser verhindert.

Ein wenig Zuwendung

Decken Sie den Boden unter den Sträuchern mit Rindenmulch oder Nadelstreu ab. Bei anhaltender Trockenheit müssen Sie reichlich wässern. Zum Düngen – am besten im Frühjahr – verwenden Sie sauer wirkenden Rhododendrondünger oder halbreifen Kompost, letzteren breiten Sie anstelle der Mulchschicht etwa 5 cm hoch aus.

Im Spätherbst müssen Sie die Gehölze noch einmal ausgiebig wässern, sofern es nur wenig geregnet hat. So überstehen die Pflanzen den Winter besser, denn sie erfrieren in der Regel nicht, sondern vertrocknen, wenn ihre Blätter Wasser verdunsten, aber die Wurzeln aus dem gefrorenen Boden kein Wasser nachliefern können.

SO SPAREN SIE ZEIT

■ Wählen Sie Inkarho®-Sorten, die auf kalktoleranten Unterlagen veredelt wurden. Sie sind robust und gedeihen auch auf kalkhaltigem Boden.

■ Ist der Boden in Ihrem Garten besonders kalkhaltig, verzichten Sie auf eine Rhododendronpflanzung im Beet, ziehen Sie Rhododendren stattdessen in großen Pflanzgefäßen. Da können Sie leicht und schnell für die richtige Substratmischung sorgen.

reiche feuchte Winter und nasse regenreiche Sommer sind die aus dem Himalaja stammenden Sträucher gewöhnt. Gegen kalte Winde und anhaltende Fröste brauchen sie dagegen Schutz, um nicht zu vertrocknen.

Vor dem Pflanzen den Boden testen

Rhododendron erhalten Sie **als Ballen- oder als Containerware, die Sie das ganze Jahr pflanzen können**. Bevor Sie die Gehölze in Ihren Garten setzen, müssen Sie sich über die Bodenbeschaffenheit informieren. Wichtig ist vor allem der pH-Wert des Bodens. Ist der Boden zu alkalisch und kalkhaltig, dann werden die Blätter schnell gelblich, die Pflanzen blühen kaum und kümmern. In diesem Fall müssen Sie den Boden nachhaltig verbessern, indem Sie sauer wirkenden Rindenhumus und ansäuernde Nadelstreu dazu geben oder das Substrat gegen spezielle Rhododendronerde austauschen. Für die Pflanzung legen Sie am besten ein großzügig bemessenes Moorbeet an. Dazu schachten Sie den Boden 1–1,5 m tief aus. Bevor Sie die Grube mit Rhododendronerde füllen, bringen Sie eine etwa 10 cm dicke Schicht aus Sägespänen

Pflanzalternativen

Ein Hochbeet bietet Rhododendren ideale Standortbedingungen. Es verhindert, dass kalkhaltiges Wasser ins Substrat einsickert. Hochbeete trocknen jedoch schneller aus und müssen öfter gegossen werden.

FERTIG IN 30 MINUTEN

► Pflanzloch für 2 Pflanzen ausheben, Erde verbessern, Rhododendren einsetzen.

Für eine Einzelpflanzung heben Sie ein doppelt so großes Pflanzloch wie gewöhnlich aus, lockern den Untergrund, bringen eine Dränageschicht ein und füllen die Grube nach Einsetzen des Strauchs mit spezieller Rhododendronerde.

Gehölze
Eine bunte Vielfalt lockt Vögel an

Setzen Sie auch Gehölze in Ihren Garten, die den **Vögeln** Nahrung, Rückzugs- und Nistmöglichkeiten bieten. Zum **Dank vertilgen** die gefiederten Sänger emsig **Schädlinge und Ungeziefer**.

Nahrungsquelle und Unterschlupf

Vögel, aber auch viele andere Tiere nutzen frei wachsende Hecken und Sträucher als Deckungs- und Rückzugsorte, um darin zu schlafen und zu nisten. Vor allem heimische Gehölzarten wie Holunder, Berberitze, Kornelkirsche, Eberesche, Quitte und Heckenrosen locken eine vielfältige Tierwelt an – in manchen Gehölzen leben mehr als 100 Käferarten und natürlich dementsprechend viele Vögel.

Wildrosenhecken bieten ebenso wie Schlehen gleichzeitig Schutz und Nahrung. Sie sind ideale Vogelschutzgehölze. Frei wachsende Hecken aus eng zusammenstehenden Gehölzen dieser Arten bieten Vögeln hervorragende Rückzugs- und Nistmöglichkeiten. Das dichte struppige Geäst stellt geeignete

Ein Paradies – nicht nur für Vögel

Im verzweigten Geäst verschiedener Großsträucher und kleiner Bäume, die teilweise auch Dornen tragen und dazu noch reichlich Früchte bilden, finden zahlreiche Gartenvögel ideale Bedingungen zum Rückzug, zum Nisten und für ihre Ernährung – denn die gleichen Gehölze locken auch Insekten an.

Unterlagen für den Nestbau dar und mit Stacheln und Dornen werden Katzen und andere Nesträuber fern gehalten. Im Frühjahr zieht es mit seinen Blüten zahlreiche Insekten an, die den Vögeln als Nahrung dienen. In der Brutzeit ernähren sich sogar ausgesprochene Körnerfresser wie die Buchfinken von Insekten und versorgen so sich selbst und die Jungen mit eiweißreicher Nahrung. Im Herbst bis weit in den Winter hi-

FERTIG IN 30 MINUTEN

► 2–3 Vogelschutzgehölze pflanzen.

► 3 Nistkästen an einem Baumstamm oder einer Hauswand anbringen.

Für einen Wintervorrat sorgen

Stand- oder Jahresvögel wie die Amsel, die den Winter hierzulande verbringen, sind für so leckere Happen wie Schneeballfrüchte sehr dankbar. Als Gegenleistung vertilgen sie unzählige Schädlinge und erfreuen mit ihrem Gesang.

nein liefern zahlreiche Sträucher Futter in Form von gehaltvollen Früchten, etwa Wildbirnen, Holunder, Kornelkirschen und Felsenbirnen. Aber auch die Fruchtstände von Blumen und Gräsern bieten Vögeln gute Kost.

Gehölze in Nisthilfen verwandeln

Schon mit wenigen Schnittmaßnahmen können Sie dafür sorgen, dass sich in einem Gehölz nach ein paar Jahren ein Quirl aus Ästen bildet, der eine hervorragende Unterlage für den Nestbau ergibt. Dazu schneiden Sie bei großen Sträuchern oder strauchförmig wachsenden Bäumen wie Weißdorn oder Kornelkirsche an einem senkrecht nach oben wachsenden Stamm alle oberen Äste so weit zurück, dass nur noch kurze Abschnitte stehen bleiben. Daraus treiben im Frühjahr viele neue Seitentriebe aus, die Sie im folgenden

Vogelschutz- und -nährgehölze

Pflanze	Standort	Besonderes
Eberesche	anspruchslos	Bietet Nistmöglichkeit im Geäst und Früchte.
Kornelkirsche	sonnig, trockene kalkhaltige Böden	Bietet Vögeln Nistplatz und Früchte.
Pfaffenhütchen	sonnig, feuchte kalkhaltige Böden	Die giftigen Früchte sind eine wichtige Vogelnahrung.
Schwarzer Holunder	sonnig, trockene kalkhaltige Böden	Futter und Unterschlupf für Vögel, Blüten für Insekten.
Weißdorn	sonnig, trockene kalkhaltige Böden	ideale Nistmöglichkeiten und Früchte
Wildrose	anspruchslos, schattentolerant	ideal als Nistplatz und Nahrungsspender
Weniger geeignete Pflanzen		
Forsythie	sonnig, mäßig feuchte Böden	kaum Nistgelegenheiten, keine Insektennahrung
Schneeball	sonnig bis halbschattig	Früchte werden von Vögeln gemieden.

Winter wieder einkürzen, was weitere Verzweigungen zur Folge hat. So entsteht rasch eine kleine Plattform, die eine gute Unterlage für ein Nest abgibt und von Hänfling oder Grünfink gern zum Nestbau genutzt wird.

Wildgehölze pflanzen und pflegen

Die meisten Wildgehölze lieben sonnige, durchlässige, kalkhaltige Böden und sind ansonsten recht anspruchslos. Sind sie erst einmal eingepflanzt und eingewachsen, **dann braucht man sich kaum mehr um sie zu kümmern**. Für eine frei wachsende Hecke sollten Sie einen Pflanzabstand von 50 cm oder mehr wählen. Haben Sie weniger Platz zur Verfügung, dann eignet sich eine Schnitthecke, die man auch aus Wildgehölzen wie Weißdorn und Schlehe zusammenstellen kann. Die Blüte fällt dann allerdings nicht ganz so üppig aus wie bei frei wachsenden Hecken. Besonders schnittverträglich sind Hainbuchen. Für eine dichte Schnitthecke werden die Gehölze im Abstand von etwa 30 cm eingepflanzt.

Nisthilfen

Höhlenbrüter wie Meisen, Kleiber, Stare oder Feldspatzen ziehen die Jungen in hohlen Baumstämmen, verlassenen Spechtwohnungen und anderen Höhlen auf. Für die immer seltener werdenden natürlichen Höhlen schaffen künstliche Nistkästen Ersatz. Im Fachhandel können Sie Nistkästen für Vögel mit unterschiedlichem Brutverhalten kaufen. Schlichte Kästen für Höhlenbrüter kann man aber auch selbst aus Holz bauen. Hängen Sie Nisthilfen an Hauswänden in 3–4 m Höhe auf. Das Einflugloch sollte nicht nach Westen zeigen, damit es vor Regen und Wind geschützt ist. Hängt die Nisthilfe am Baum, dann muss sie vor Nesträubern wie Mardern und Katzen geschützt werden, etwa indem man Rosen darunter pflanzt. Im Winter, bevor die Brutsaison beginnt, müssen die Kästen gründlich gereinigt werden.

Nisthilfen

Meisen, Rotschwänzchen, sogar Fledermäuse bewohnen als Höhlenbrüter Nistkästen mit einem runden Einflugloch. Von dessen Durchmesser hängt die Art der Bewohner ab.

Grauschnäpper und Rotkehlchen sind Nischenbrüter, die ihre Nester gern in Mauernischen oder -lücken bauen. Nischenbrüterhöhlen in etwa 1–1,5 m Höhe schätzen die Rotkehlchen.

Starenkästen ähneln den Meisenkästen, nur das Loch ist etwas größer. Man sollte sie 5 m über dem Boden anbringen. Auch Spechte und Kleiber nutzen diese Nistgelegenheit sehr gern.

Zaunkönige mögen geschlossene runde Nisthilfen und brüten am liebsten in Bodennähe. Zaunkönigkugeln fördern die Ansiedlung der netten kleinen Singvögel.

Gehölze

Blütensträucher richtig schneiden

In Frühjahr und Sommer **schmücken** sie sich überbordend mit bunten und oft wohlriechenden **Blüten**. Sollen blühende Sträucher Ihnen aber für **viele Jahre** Freude machen, dann müssen Sie zur rechten Zeit die Schere ansetzen.

Blühwillig
Mit dem richtigen Pflegeschnitt bleiben Blütensträucher vital und setzen reichlich Flor an (großes Bild).

Nur nicht zaghaft
Setzen Sie die Schere großzügig an, wenn Sie Sträucher zurücknehmen. Stutzen Sie alle Triebe kräftig zurück und nehmen Sie die ältesten bis zum Boden heraus.

► Frühjahrsblühenden Strauch nach der Blüte auslichten, Verdorrtes entfernen, dicke Äste zurückschneiden.

► Sommerblühenden Strauch schneiden, Triebe bis zum Boden einkürzen.

Schnitt für üppige Blütenpracht

Frei wachsende Blütensträucher setzen im Garten viele Wochen lang farbige und duftende Akzente. **Die pflegeleichten und unkomplizierten Gehölze** eignen sich als Hintergrund im Staudenbeet genauso wie als prachtvolle Solitärpflanzen, oder als bunte Strauchgruppe.

Eine für die meisten dieser Büsche unverzichtbare Pflegemaßnahme ist der richtige Schnitt. Mit der Schere sind Sie der Regisseur, der über Wachstum und Blütenreichtum Ihrer Sträucher entscheidet. Denn durch das Schneiden wird das Wachstum neuer Triebe angeregt.

Führen Sie den Schnitt immer leicht schräg über einem Auge (einer Triebknospe), und zwar so, dass es nicht beschädigt wird und das Wasser vom Auge wegläuft. Vermeiden Sie, dass Aststummel stehen bleiben. Wollen Sie einen Trieb vollständig entfernen, dann schneiden Sie ihn direkt am Ansatz sauber ab. Wollen Sie ihn nur einkürzen, damit sich der Strauch an dieser Stelle stärker verzweigt, dann schneiden Sie ihn direkt über einem nach außen gerichteten Auge ab. Das Auge, das am nächsten bei der Schnittkante ist, wird in der Folge kräftig austreiben. Liegt es innen, ist dichtes Geäst die Folge – weist es dagegen nach außen, dann wird der Aufbau des Strauchs luftig und locker.

Frühjahrsblüher sparsam, Sommerblüher kräftig schneiden

Viele Frühjahrsblüher wie Forsythie, Flieder, Weigelie oder Deutzie und Blut-Johannisbeere sind sehr pflegeleicht **und brauchen für eine üppige Blüte keinen jährlichen Schnitt.** Sie legen ihre Blütenknospen an den vorjährigen Trieben an. Ein starker Rückschnitt im Herbst oder zeitigen Frühjahr hätte zur Folge, dass Sie vergeblich auf Blüten warten würden. Für ein gesundes Wachstum und lang anhaltende Blühkraft schneidet man die Frühjahrsblüher alle 2–3 Jahre nach der Blüte zurück, lichtet aus und entfernt verdorrte Zweige. Auch verschiedene Hortensien, so die Bauern- und die Tellerhortensie, bilden ihre Blütenknospen im Vorjahr. Bei ihnen entfernen Sie nur Verblühtes und Erfrorenes. Sommerblühende Sträucher, die wie Schmetterlingsflieder, Blauraute oder Säckelblume ihre Knospen an den neuen dies-

jährigen Trieben anlegen, werden im späten Winter oder im frühen Frühjahr geschnitten, bevor sie ausgetrieben haben. Auch einige Hortensien, etwa die Rispenhortensien, bilden ihre Blütenknospen erst im Frühjahr und können ebenfalls im späten Winter geschnitten werden. Im Sommer und Herbst blühende Zwergsträucher wie den Fingerstrauch schneiden Sie im Spätwinter um ein Drittel zurück.

Ungepflegte Hecken verjüngen

Frei wachsende Hecken werden ohne Pflege zu einem Dickicht, das kein Licht mehr durchlässt. In der Folge verkahlen sie von innen heraus und blühen nur noch spärlich. Sie können sie verjüngen, indem Sie jeden einzelnen Strauch komplett bis knapp über dem Boden herunterschneiden.

Blütensträucher schneiden
Frühjahrsblüher (links) sollten Sie alle 2–3 Jahre nach der Blüte einkürzen.
Sommerblüher (rechts) schneidet man im späten Winter oder im zeitigen Frühjahr.

Schneiden Sie gut ab!
Für jeden Zweck gibt es das richtige Schnittwerkzeug, das Ihnen die Arbeit erleichtert.

Gehölze

Unkraut unter Gehölzpflanzungen beseitigen

Unter oder zwischen Gehölzen lässt sich Unkraut meist nur recht schwer durch Jäten beseitigen. **Glücklicherweise** *gibt es andere Möglichkeiten, die unerwünschten Pflanzen* **auf immer loszuwerden***.*

FERTIG IN 30 MINUTEN

► Unkraut unter einer Strauchgruppe jäten.

► Mulchschicht unter einer Strauchgruppe oder Hecke ausbringen.

Bekämpfen oder dulden
Giersch gehört zu den hartnäckigsten Unkräutern und widersetzt sich selbst beständigem Jäten – er schmeckt allerdings ausgezeichnet.

Ausdauernde Unkräuter bekämpfen

Vor allem die ausdauernden, sich über Wurzelausläufer schnell ausbreitenden Unkräuter wie Giersch, Quecke und Gewöhnlicher Gundermann, aber auch tiefwurzelnde wie Brennnesseln machen sich oft unter Sträuchern und Bäumen breit. Verfilzt im Wurzelwerk der Gehölze, lassen sich diese Gewächse nur noch schwer bekämpfen.

Die beste Vorbeugung besteht darin, bereits vor der Pflanzung peinlich genau jedes Unkraut und jedes seiner Würzelchen zu entfernen. Dennoch lässt es sich kaum verhindern, dass im Lauf der Jahre die unerwünschten Begleitpflanzen trotzdem Fuß fassen.

Sorgfältiges Jäten

Jäten ist bei Unkraut stets die Methode der ersten Wahl. Die beste Zeit dazu ist ein trockener, sonniger Tag im Frühjahr, **an dem eventuell liegen bleibende Pflanzenreste schnell verwelken.** Bearbeiten Sie die Bodenflächen unter

Unerwünscht, aber nützlich
Brennnesseln sind zwar ungern gesehen, aus ihnen lässt sich jedoch ein wertvoller Pflanzendünger herstellen (Sud, Jauche). Zudem sind sie Futterpflanzen für viele Schmetterlinge.

Hübsch, aber lästig
So schön der Gundermann blüht, so ungehemmt breitet er sich mit seinen Kriechtrieben unter Gehölzen aus.

Unkraut ersticken
Bedecken Sie den Boden zwischen den Sträuchern mit schwarzer Mulchfolie – die Unkräuter gehen mangels Licht und Luft zugrunde. Beschweren Sie die Folie mit Steinen, die Sie mit Mulch kaschieren können.

Mehrere Lagen Zeitungspapier, um die Sträucher gelegt, erfüllen den gleichen Zweck. Bedecken Sie das Papier mit einer Schicht Erde oder einer nicht zu dicken Auflage aus Grasschnitt – ohne Licht und Luft kann das Unkraut nicht mehr wachsen.

den Gehölzen gründlich, aber vorsichtig mit einer Hacke. Entfernen Sie dabei tunlichst alle Wurzeln bis möglichst tief in die Erde hinein. Nach ein paar Wochen kontrollieren Sie auf neuen Unkrautbewuchs und entfernen alles, was in der Zwischenzeit wieder ausgetrieben hat. Allerdings ist das Jäten oft recht mühsam und besonders hartnäckige Unkräuter lassen sich durch diese Maßnahme allein nur schwer eindämmen – zumal flach wurzelnde Gehölze es nicht mögen, wenn der Boden unter ihnen ständig bearbeitet wird. Hier sollten Sie zu anderen Mitteln greifen, jedoch niemals zu chemischen Unkrautvertilgungsmitteln.

Unkraut abdecken
Insbesondere empfiehlt sich das Aufbringen einer Mulchschicht. Sie hilft vor allem dann, wenn das Jäten der Unkräuter die Sträucher beeinträchtigen würde, weil sich Unkrautwurzeln und -ausläufer schon in deren Wurzelwerk breit gemacht haben.
Zum Mulchen verwenden Sie organische Materialien, die sich nur langsam zersetzen, etwa Rindenmulch oder Holzhäcksel. Man bringt sie in einer mehrere Zentimeter dicken Schicht rund um die Gehölze aus. Da Rindenmulch dem Boden Stickstoff entzieht und Gerbsäure an ihn abgibt, ist er für frisch gepflanzte Sträucher nur eingeschränkt geeignet. Eingewachsenen Sträuchern schadet er jedoch nicht, eventuell auftretender Stickstoffmangel (stark aufhellende Blätter und stagnierender Wuchs) lässt sich mit einer Düngung ausgleichen. Grasschnitt eignet sich nur bedingt zum Mulchen.

Lassen Sie ihn zuvor anwelken, sonst zieht die Mulchdecke Schnecken an. Statt organischer Mulchdecken, die mit der Zeit verrotten, immer wieder ergänzt werden müssen und den Unkrautwuchs oft nicht völlig unterdrücken, kann man auch Materialien auf den Boden bringen, unter denen das Unkraut im wahrsten Sinne des Wortes im Keim erstickt wird. Mehrschichtige Lagen von Zeitungspapier und Pappe oder auch Mulchfolien eignen sich dazu, ebenso spezielle Mulchmatten aus Hanf oder Flachs. Das Wirkprinzip ist immer dasselbe: Unter der Mulchschicht erhalten die schon vorhandenen Unkräuter weder Licht noch Luft und gehen mit der Zeit ein.
Unkrautsamen finden keine Chance zum Keimen.
Sie können aber auch schattenverträgliche Bodendecker mit schmückendem Laub – etwa purpurblättrige Günselsorten oder verschiedene Sorten der gefleckten Taubnessel – unter Ihren Gehölzen anpflanzen. Haben diese Pflanzen erst einmal wie ein Teppich den Boden zwischen den Gehölzen vollständig überzogen, lassen sie konkurrierenden Unkräutern keine Chance mehr, sich zu entwickeln.

SO SPAREN SIE ZEIT
■ Man kann Unkräutern auch auf sehr angenehme Weise begegnen: Essen Sie sie einfach auf! Giersch etwa ist ein wohlschmeckendes Wildgemüse, das sowohl in der Suppe als auch im Salat einen angenehmen Geschmack entfaltet. Sie können ihn ähnlich wie Spinat verarbeiten und essen. Für Gundermann, Brennnesseln und Scharbockskraut gilt das gleiche, während Quecken und Huflattich bewährte Heilkräuter sind.

Gehölze
So wird Herbstlaub nicht zur Plage

So **reizvoll** Laubgehölze im Garten auch sein mögen – das durch ihren jährlichen **Blattwechsel** anfallende **Herbstlaub** macht manchem Gärtner sehr zu schaffen. Dabei lässt sich der **Aufwand gut in Grenzen** halten.

Laub – viel zu wertvoll für die Biotonne!

Gerade gegen Ende des Gartenjahres haben Gehölze mit ihren bunt gefärbten Blätterkostüm noch einmal einen großen Auftritt im Garten. Jetzt, wo kaum noch etwas blüht, setzen sie mit ihrem Laub in warmen Farben ganz besondere Akzente. Doch leider endet die Pracht damit, dass die Blätter zu Boden fallen und vom Gärtner beseitigt werden müssen. Die Biotonne quillt schließlich über und auch auf dem Kompost ist kein Platz mehr. Wohin also mit dem Laub? Eigentlich ist Laub als natürlicher Rohstoff viel zu wertvoll, um es lediglich zu entsorgen und zusammen mit den Nähr-

stoffen, die darin gespeichert sind, dem Gartenboden vorzuenthalten. **Vor allem unter Bäumen und Sträuchern können Sie es getrost liegen lassen.** Hier dient es als natürliche Mulchschicht, die langsam verrottet und sich in eine humusreiche Bodenschicht verwandelt, die dem Substrat die wertvollen Nährstoffe zurückgibt. Auf dem Rasen allerdings und auf Wegen oder im und am Gartenteich ist Laub wirklich störend und schädlich, auch gefährlich, und sollte darum besser entfernt werden.

Wohin mit dem Herbstlaub?

In einem stillen Gartenwinkel ist ein Laubhaufen das ideale Winterversteck für Igel und andere Nützlinge. Man kann dazu auch eine große Holzkiste mit viel trockenem Laub auspolstern.

Im Schnellkomposter mit Deckel (eine spezielle Art Kompostbehälter) verrottet Laub mit anderen Gartenabfällen besonders rasch. Füllen Sie das angewelkte und zerkleinerte Laub ein und streuen Sie ein spezielles Mittel, das die Rotte beschleunigt, hinzu.

Laubkompost pur oder Laubhaufen?

Da die meisten Laubblätter wegen ihres hohen Gerbsäuregehalts nur sehr langsam verrotten, sollte man für größere Mengen einen eigenen Laubkompost anlegen. Die Humusbildung kann bei Laubblättern bis zu 3 Jahre dauern, sodass umfangreichere Laubbeigaben zum normalen gemischten Kompost den Vorgang unnötig verlängern – außer im Schnellkomposter.
Vor allem die Blätter von Eiche, Walnuss und Kastanie zerfallen sehr langsam. Indem man das Laub in einem Häcksler zerkleinert und Stickstoff oder Gesteinsmehl hinzugibt, verkürzt man die Rotte. Am besten errichten Sie für den Laubkompost einen quadratischen Behälter aus Kanthölzern und engmaschigem Draht. Er hält das Laub zusammen und verhindert, dass es vom Wind verblasen wird. Halbverrottetes Laub ist ein hervorragendes Mulchmaterial. Vollständig verrotteter Laubkompost, dem kein Kalk zugegeben wurde, ergibt eine ideale Rhododendronerde.
Wenn Sie jedoch genügend Platz im Garten haben, können Sie **das Herbstlaub einfach zu einem großen Laubhaufen aufschichten, den Sie sich selbst überlassen.** Im Winter werden sich vor allem die Igel darüber freuen und das Laub gern als Winterquartier nutzen. Auch viele andere Tiere, etwa Amphibien, wissen einen Laubhaufen zu schätzen. Damit sie sich nicht gestört fühlen, müssen Sie den Laubhaufen im Winter aber unbedingt in Ruhe lassen. Er

Mit Laub kann man abgeräumte Gemüsebeete, den Boden unter Beerensträuchern oder Erdbeerbeete mulchen. Breiten Sie dazu das trockene Laub in einer 4–6 cm dicken Schicht locker aus. Einige Reisigzweige verhindern, dass der Wind es verbläst.

FERTIG IN 30 MINUTEN

► Laub auf einer Fläche von 100 m² zusammenrechen.

► Das Laub im Laubhäcksler zerkleinern.

► Das Laub kompostieren.

Unauffällig entsorgt
Zwischen Bodendeckern (ganz oben) verschwindet Herbstlaub wie von selbst. Laub bildet auch ein ideales Wärmepolster für den Igel (oben).

Herbstliches Feuerwerk
Das prächtige Schauspiel endet mit dem Abwurf aller Blätter (links).

verrottet mit den Jahren und hinterlässt wertvollen Laubhumus. Mit diesem angenehm nach Waldboden duftenden, meist tiefschwarzen Substrat können Sie die Erde in allen Gartenbereichen aufbessern, aber auch Ihre Kübel und Kästen füllen. Für ein Hoch- oder Hügelbeet ist verrottetes Herbstlaub ebenfalls äußerst nützlich.

Laub und anderes
Kleinere Laubmengen lassen sich gut zusammen mit anderen Gartenabfällen und Reisig auf den normalen Kompost geben.

Für eine gute und zügige Rotte schichtet man dazu jeweils etwas Laub mit grobem lockerem Material (wie gehäckselten Ästen und Zweigen) sowie feinerem Material (wie ungekochten pflanzlichen Küchenabfällen) abwechselnd aufeinander, dazwischen Grasschnitt (nur in dünnen Schichten) und Blumenstängel. So sind ein zügiger Wasserabfluss und eine gute Durchlüftung sichergestellt. Zusammen mit diesen Materialien können kleinere Laubmengen schnell verrotten und ihren Teil zu wertvoller Komposterde beitragen, die gute Dienste bei der Bodenverbesserung im Garten leistet.

SO SPAREN SIE ZEIT
■ Bei einem späten Rasenschnitt im Herbst zerkleinert der Mäher das auf dem Rasen liegende Laub. 5–10 Stunden Laubrechen werden gespart.

■ Häckseln Sie das Herbstlaub in einem Schredder oder Häcksler klein, dann verrottet es deutlich schneller.

Staudenbeete
Für jede Gartenlage gibt es Prachtstücke

Mit Stauden sorgt man zu **jeder Jahreszeit** für Farbe im Garten. Wenn nur die Wuchsbedingungen stimmen, **erfreuen** diese Gewächse lang mit ihren Blüten und Blättern – und das sogar **ohne viel Pflege**.

DAS MACHT'S LEICHTER
● Gehen Sie bei der Anlage eines Staudenbeetes besonders gründlich gegen hartnäckige Wurzelunkräuter vor. Denn ist das Beet erst einmal eingewachsen, können Sie diese lästigen Gewächse nur noch schlecht bekämpfen, ohne die Stauden in Mitleidenschaft zu ziehen.

Blütenvielfalt
Goldgelb und zinnoberrot überragen ausdauernde Sonnenbrautbüsche verschiedene Sommerblumen wie Ziertabak, Rittersporn und Tagetes.

Bunte Beete für lange Zeit

Ein Staudenbeet prägt das Gesicht Ihres Gartens über viele Jahre hinweg. Diese vielgestaltigen ausdauernden Blütenpflanzen ziehen im Herbst ihre oberirdischen Teile ein, um im nächsten Frühjahr wieder kraftvoll auszutreiben und erneut zu blühen. Neben Arten, die sich Jahr für Jahr nur für eine vergleichsweise kurze Zeit mit Blüten schmücken, gibt es Stauden, die den ganzen Sommer über unablässig blühen – **wie geschaffen für pflegeleichte Gärten**.
Noch im Winter entfalten Christrosen ihre Blüten, im Frühjahr kommen Primeln hinzu. Blühende Zwiebelgewächse wie Schneeglöckchen, Krokusse, Blausterne und Narzissen sind im Frühling eine Bereicherung für jedes Staudenbeet. Vom Juli bis in den Herbst hinein setzen die verschiedenen Sorten von Phlox, Glockenblumen und Taglilien farbige Akzente. Besonders lang schmücken die zahlreichen Variationen des gelb blühenden Sonnenhuts die Beete. Gegen Ende des Gartenjahres leisten ihnen dann Astern, Fetthennen und Chrysanthemen Gesellschaft.
Einige früh blühende Stauden wie das Tränende Herz ziehen schon bald nach der Blüte ihre Blätter ein und lassen so Lücken in den Beeten entstehen, die Sie am besten mit Sommerblumen füllen. Andere, wie Funkien oder Purpurglöckchen, sind mit ihrem schönen Blattwerk auch vor und nach der Blüte eine Zierde.

Staudenbeete für jeden Garten

Ob trocken, sonnig, schattig oder feucht – für die unterschiedlichen Gartensituationen gibt es zahlreiche passende Stauden. Je nach Blühzeit, Blütenfarbe und Größe lassen sie sich in Beeten so zusammenpflanzen, dass sie sich das ganze Jahr über in reizvollen Blütenkombinationen entfalten, an trockenen Mauern in praller Sonne genauso wie im Schatten unter Bäumen oder an Gehölzrändern. Man sollte natürlich die besonderen Ansprüche der einzelnen Pflanzen, die man miteinander kombiniert, berücksichtigen. Denn Schattenliebhaber lassen sich nicht mit ausgesprochenen Sonnenanbetern kombinieren, und solche, die trockene Standorte bevorzugen, sind an feuchten Plätzen für Pilzkrankheiten anfällig. Ansonsten gibt es keine Grenzen.

Ton in Ton
Ein Bild aus dem Bauern- oder Landhausgarten: Ringelblumen, Löwenmäulchen, Phlox, Sonnenhut und Duftwicken blühen eifrig miteinander um die Wette.

Frühe Blütenfreuden
Krokusse – ausdauernde Knollengewächse – gehören zu den unverzichtbaren Frühlingskündern im Garten.

Der Wechsel unterschiedlicher Blütenformen ist im Staudenbeet genauso reizvoll wie eine kontrastreiche Farbgestaltung oder eine Ton-in-Ton-Kombination.

Gute Nährstoffversorgung

Die beste Zeit, ein Staudenbeet anzulegen, ist das Frühjahr. Für eine gute Nährstoffversorgung arbeiten Sie Kompost oder einen Langzeitdünger in den Boden ein. Teilen Sie das Beet in mehrere Zonen und wählen Sie die Pflanzen nach Größe, Farbe und Blütengestalt aus. Wenn Sie mehrere der gleichen Art zusammensetzen, **ist die Anlage schon im ersten Jahr beeindruckend**.
Eine Höhenstaffelung mit niedrigen Stauden im Vordergrund, die nach hinten von größeren überragt werden, sorgt dafür, dass sich die verschiedenen Arten nicht gegenseitig verdecken. Kombinieren Sie nicht zu viele Arten, um einen gewissen Rhythmus in der Pflanzung zu bekommen.

Staudenbeete
Ein Beet zur Schaubühne machen

Für einen **guten Auftritt** braucht jede Staude den **richtigen Platz**, ganz wie die Darsteller auf einer Theaterbühne. Arrangieren Sie Ihr **Beet** also wie eine **Choreografie** – ein Schuss Dramatik inbegriffen.

Hübsch gestaffelt
Wie auf einer Tribüne präsentieren die Stauden und Sommerblumen dieses Beetes ihre Blüten.

FERTIG IN 30 MINUTEN
► Ein vorbereitetes Beet von 6 m² mit Stauden bepflanzen: 3 hohe Leitstauden im Hintergrund, 10 mittelhohe Begleitstauden, 8 niedrige Füllstauden im Vordergrund.

Die Kleinen nach vorn

Die Kunst, ein ansprechendes Staudenbeet anzulegen, besteht vor allem darin, die Gewächse so anzuordnen, dass die Pflanzung natürlich aussieht und jede einzelne Staudenart genügend Licht und Platz hat, sich zu entfalten. Hohe Stauden wie Rittersporn, Phlox oder Fingerhut geben als Leit- oder Gerüststauden den Rahmen vor. Mit ihren lang gestielten Blüten überragen sie mittelhohe Arten wie Feinstrahl, Goldfelberich oder Prachtstorchschnabel, die Sie als Begleitstauden etwas weiter vorn pflanzen können. Niedrige Arten wie Frauenmantel oder Polsterstauden wie Polsterphlox und Blaukissen finden ihren Platz am vorderen Beetrand, wo sie den Übergang zum Weg oder zum Rasen bilden.

Vom Plan zum fertigen Beet

Neben gestalterischen Aspekten sollten Sie bei der Planung Licht- und Windverhältnisse sowie die Bodenart berücksichtigen. **Sie sind entscheidend dafür, welche Stauden sich auf Dauer wohl fühlen**. Nur Pflanzen mit ähnlichen Ansprüchen werden in einem Beet nebeneinander gedeihen. Am besten planen Sie Ihr Wunschbeet auf dem Papier – Sie müssen den Plan dann nur noch aufs Beet übertragen.

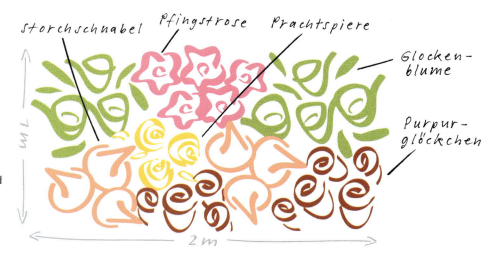

Storchschnabel Pfingstrose Prachtspiere

Glocken-
blume

Purpur-
glöckchen

**Pflanzvorschlag: ein
fein abgestuftes Beet**
Eine Pfingstrose, flankiert von
zwei Glockenblumen, gibt den
Ton an. Ihnen voran gestellt sind
Storchschnabel und Prachtspiere, vorn am Beetrand breiten Purpurglöckchen ihre hübschen Blattbüschel aus.

1 m

2 m

Die Grenzen für die einzelnen Pflanzengruppen können Sie
auf dem Beet mit Sand markieren – wählen Sie geschwungene Linien als Begrenzungen, das wirkt natürlicher. Verteilen Sie dann die Stauden in den Töpfen auf dem Beet. Die
Abstände richten sich nach der Größe der Pflanzen: Für
hohe Stauden wie Rittersporn oder Fingerhut rechnet man
eine Staude je m², das entspricht einem Pflanzabstand von
etwa 60–80 cm. Für mittelhohe Stauden wählen Sie einen
Abstand von 40–60 cm, bei niedrigen von 20–30 cm.

Gesunde Pflanzen kaufen

Achten Sie schon beim Einkaufen darauf, dass die Pflanzen
frei von Schädlingen sind und gesunde kräftige Blätter haben.
Die Wurzeln sollen möglichst hell erscheinen. **Das beste
Pflanzmaterial erhalten Sie in einer guten Staudengärt-
nerei**. Containerware, also Stauden
im Topf, können Sie vom Frühjahr
bis zum Herbstende einpflanzen. Die
besten Anwuchschancen haben die
Gewächse, wenn Sie Frühjahrs- und
Sommerblüher im Herbst, Spätsom-
mer- und Herbstblüher dagegen im
Frühjahr einsetzen.

Bessere Wurzelbildung

Damit die Pflanzen rasch anwachsen, wässern Sie sie nach dem Einsetzen gründlich und drücken sie gut
an. Geben Sie ihnen in den ersten
Wochen keinen Dünger, denn zu
viele Nährstoffe hemmen die Wurzel-
bildung, die Pflanzen wachsen dann

nur sehr langsam an. Später sorgt eine ausgewogene Nährstoffversorgung mit Langzeitdünger für gutes Wachstum und
üppige Blütenbildung.
In heißen trockenen Sommern brauchen Stauden eine regelmäßige Bewässerung. Mit einer Mulchschicht schützen Sie
den Boden vor dem Austrocknen.

Schnitt für die zweite Blüte

Katzenminze, Mädchenauge und Färberkamille zeichnen sich
dadurch aus, dass sie besonders lang blühen. Bei vielen anderen Stauden verlängern Sie die Blühdauer erfolgreich, indem
Sie Abgeblühtes sofort abschneiden. Frauenmantel und
Storchschnabel z. B. blühen gegen Ende des Sommers sogar
ein zweites Mal, wenn Sie sie nach der ersten Blüte auf etwa
10 cm zurückstutzen.

Stauden stützen
Hohe Stauden werden oft
von Sturm und starken
Regenfällen in Mitleiden-
schaft gezogen. Daher
brauchen sie verlässliche
Stützen.
Es gibt Stützringe (ganz
links), die man schon
beim Pflanzen um die
Staude legt. An ein Gerüst
aus mehreren Bambus-
stäben können Sie die
Triebe festbinden.
Stecksysteme (links) aus
Kunststoff lassen sich für
die verschiedenen Stau-
den ganz individuell zu-
sammenstecken.

Staudenbeete

Ein naturnahes Beet in sonniger Lage anlegen

In **prallsonnigen trockenen** Lagen lassen viele prachtvolle Stauden schnell Blüten und Blätter hängen. Machen Sie darum aus der Not eine **Tugend**: Gestalten Sie ein **naturnahes** Beet mit schmucken zähen **Steppenpflanzen**, die an diese Bedingungen gewöhnt sind.

Hungerkünstler für das Sonnenbeet

Welche Stauden wirklich pflegeleicht sind und welche ohne zusätzliches Gießen allzu rasch Blätter und Blüten hängen lassen, zeigt sich vor allem an heißen und trockenen Sommertagen. Zwar lieben viele Stauden vollsonnige Plätze, doch große Trockenheit vertragen die wenigsten. **Für ein Beet in voller Sonne, das Sie wenig gießen müssen**, sollten Sie daher eine naturnahe Gestaltung wählen.

Es gibt eine Vielzahl üppig blühender heimischer oder eingebürgerter Wildstauden, die sich gerade auf mageren trockenen Böden besonders gut entfalten. Viele Arten, wie Spornblume, Färberhundskamille und Edeldistel, blühen überdies unermüdlich den ganzen Sommer über bis zum

Am Weg entlang
Ein Streifen mit Schotter windet sich hier wie ein trockener Bachlauf durch die steppenartige Staudenpflanzung mit Salbei, Ziest und vielen anderen Arten.

Herbst und locken mit einem reichen Nektarangebot Bienen und Schmetterlinge in den Garten. Im Gegensatz zu hochgezüchteten Prachtstauden erweisen sie sich außerdem als **kaum anfällig für Krankheiten und Schädlinge**.

Es werde Steppe

Sorgen Sie bei der Bodenvorbereitung dafür, dass die Pflanzen ideale Bedingungen vorfinden. Die meisten der wilden Sonnenanbeter gehören wie die Hundskamille oder die pracht-

Pflanzen für ein naturnahes Sonnenbeet

Pflanze	Blütezeit und Blütenfarbe
Färberhundskamille	Blüht von Juni bis September, gelbe Blüten.
Königskerze, in Arten und Sorten	Blüht von Juli bis September, Blüten in Gelb, Rosa oder Violett.
Kugeldistel	Blaue Kugelköpfchen blühen von Juli bis September.
Nachtkerze, in Arten und Sorten	Blüht von Juni bis September, meist gelbe Blüten.
Schafgarbe, in Arten und Sorten	Blühen von Juni bis September, rote, gelbe und weiße Blüten.
Schleierkraut, in Arten und Sorten	Blütezeit je nach Sorte von Mai bis September, weiße oder rosafarbene Blüten gefüllt oder ungefüllt.
Spornblume	Blüht von Mai bis Juli, oft bis in den Herbst, rot oder rosa gefärbte Blüten.
Steppensalbei	Blütezeit von Mai bis Oktober, Blüten in Blau, Rosa oder Violett.
Weniger geeignete Pflanzen	
Funkie in Arten und Sorten	Blüht weiß bis violett von Juni bis September.
Goldrute	Blüht gelb im Herbst.
Mädesüß	Blüht cremeweiß von Juni bis August.

voll blühende Nachtkerze in der Natur zu den Pionierpflanzen, die sich auf Ödland an Straßenböschungen oder auf Schuttplätzen erfolgreich ansiedeln. Sie lieben magere Böden und trockene Plätze. Im Garten schaffen Sie ideale Bedingungen für die Trockenheit liebenden Wildstauden, indem Sie den Boden mit Sand, Kies und Schotter vermischen, so seine Durchlässigkeit erhöhen und ihn abmagern. Ist der pH-Wert des Bodens zu sauer, müssen Sie mit einer geringfügigen Kalkgabe nachhelfen.

Optisch unterstreichen Sie den Steppencharakter des Beetes, wenn Sie die Stauden an einem Kiesweg oder vor einer Trockenmauer pflanzen. Auch eine Kies- oder Splittabdeckung zwischen den einzelnen Stauden macht sich gut, um den Steppencharakter zu betonen. Die sonnenhungrigen Wilden wiederum wirken am schönsten, wenn Sie sie in Gruppen pflanzen und nicht zu viele verschiedene Arten miteinander kombinieren – Zurückhaltung lautet hier die Devise.

FERTIG IN 30 MINUTEN

► Frühjahrsputz im 12 m² großen Staudenbeet: Vertrocknete Teile entfernen, Unkraut jäten, Boden lockern.

Lockern Sie die Gemeinschaft auch mit einigen Gräsern auf und vergessen Sie nicht Zwiebelpflanzen, z. B. den Zierlauch, die ganz besondere Glanzlichter setzen.

Zu viel Wasser schadet nur

Vor allem ihrem stark verzweigten und weit in die Tiefe reichenden Wurzelsystem verdanken es die sonnenanbetenden Hungerkünstler unter den Stauden, dass sie lange Trockenperioden problemlos überstehen. Nur im ersten Jahr sollten Sie die Pflanzen regelmäßig gießen, damit sie sich am Standort gut einwurzeln können. Sind sie erst einmal angewachsen, dann schadet allzu viel Feuchtigkeit nur. **Gießen müssen Sie nur in den seltenen Fällen**, in denen herabhängende Blätter und Blüten anzeigen, dass die Trockenheit ein unerträgliches Ausmaß erreicht hat.

SO SPAREN SIE ZEIT

■ Legen Sie aus Kieselsteinen oder Splitt einen angedeuteten Bachlauf im Staudenbeet an. Das Material wirkt natürlich und braucht keine Pflege. Der künstliche Bachlauf erleichtert die Pflegearbeiten im Beet, denn er ermöglicht Ihnen einen problemlosen Zugang zu den Stauden.

■ Mineralisches Material wie Splitt, Feinkies, Grobsand oder Lavagrus bringt die auch in der Natur auf kargen Böden wachsenden Pflanzen besonders gut zur Geltung und hemmt das Wachstum von Unkraut.

Wie auf einer bunten Sommerwiese
Rudbeckien, Tagetes und Mähnengerste wiegen ihre Blüten im Wind (links), während sich oben Edeldisteln behaupten.

Staudenbeete

Lückenfüller und Mauerblümchen nutzen

In den meisten Gärten tun sich bisweilen Lücken in der Bepflanzung auf und an manchen Ecken fehlt dann eine **hübsche Begrünung**. Hier leisten **schnell-wüchsige** und **robuste Stauden** gute Dienste.

FERTIG IN 30 MINUTEN

► Lücken in einem Beet mit vorgezogenen Sommerblumen bestücken.

► Freiflächen in einem Beet mit schnell wachsenden Sommerblumen einsäen.

Bunte Blütentupfer
Kapuzinerkresse wächst rasch heran und bildet intensiv leuchtende Blüten. Sie ist ideal, um größere Lücken in Beeten zu schließen.

Beete ohne Blöße

In einem neu angelegten Beet verbleiben in den ersten Jahren zwischen den Blütenstauden, Gräsern und Sträuchern naturgemäß freie Bereiche, weil man die Pflanzen nicht zu dicht nebeneinander setzen sollte, um allzu frühzeitiges Auslichten zu vermeiden. Diese offenen Bodenflächen wirken nicht besonders attraktiv, sind zudem der Witterung ausgesetzt und können rasches Austrocknen fördern.

Solche Lücken können Sie mit Sommerblumen optimal schließen. Wählen Sie dafür **Arten, die sich rasch entwickeln und keine besonderen Ansprüche stellen**, z.B. Kapuzinerkresse, Ringelblumen, Duftsteinrich oder Steife Verbene. Diese können Sie direkt in die Lücken säen oder als vorgezogene Exemplare gezielt pflanzen. Achten Sie darauf, dass sich die Lückenfüller in die bestehende Pflanzgemeinschaft einfügen, also farblich harmonieren und auch vom Wuchs her die Nachbarn nicht erdrücken. Diplomatisch ordnen sich Blattschmuckgewächse ein, etwa die Sommerzypresse, die Mähnengerste oder Fuchsschwanz-Arten. In bereits bestehenden Beeten und Rabatten hinterlassen Frühblüher, die sich bald zurückziehen, oft leere Stellen, z.B. Tulpen oder Tränendes Herz. Ebenso kann durch scharfen Rückschnitt die eine oder andere Lücke entstehen. **Auch hier können Sie mit unkomplizierten Sommerblumen schnell Abhilfe schaffen.** Pflanzen Sie vorgezogene Blumen einfach zwischen die Stauden. Wollen Sie deren Ausbreitung noch zusätzlich einschränken, belassen Sie die Pflan-

zen im Topf und senken sie samt dem Gefäß in den Boden ein. **Im Herbst brauchen Sie die Füllpflanzen einfach nur wieder herauszunehmen** – oder den Winter über an Ort und Stelle belassen, um die abgestorbenen Teile dann im Frühling in den Boden einzuarbeiten. Im nächsten Jahr sind die Lücken durch den Zuwachs der eigentlichen Bepflanzung schon kleiner geworden – wählen Sie nun andere Farbkombinationen für ein neues Bild.

Wo scheinbar gar nichts wachsen mag

In vielen Gärten gibt es Stellen, an denen man verzweifelt, weil dort trotz aller Bemühungen nichts gedeihen will. Entweder ist die Erde zu schwer und vernässt ständig oder sie ist viel zu trocken und steinig. Bevor man hier aufwändige Bodenverbesserungsmaßnahmen ergreift, kann man mit einem einfachen Trick buntes Blumentreiben an die Problemstellen bringen: Ein großer Pflanzkübel oder auch ein Hochbeet machen unabhängig vom Untergrund. Stellen Sie ein geeignetes Großgefäß auf der betreffenden Stelle auf, senken Sie es eventuell sogar ein wenig in den Untergrund ein und bepflanzen Sie es ganz nach Ihren Vorstellungen.

Goldene Kerzen
Der robuste Gilbweiderich (ganz links) kann sich selbst an sehr ungünstigen Pflanzplätzen behaupten.

Kübelweise Blüten
Wo gar nichts gedeihen mag, hilft ein Pflanzgefäß wie dieser Holzkübel, bestückt mit Blumen aus der Samentüte (Mitte).

Fast schon fertig
Zur Überbrückung kann man frisch angelegte oder renovierte Staudenbeete mit Sommerblühern einsäen, die rasch ein Blumenmeer bilden, das dann im Herbst der eigentlich vorgesehenen Bepflanzung weicht.

DAS MACHT'S LEICHTER

● Schneiden Sie von Arten, die sich leicht selbst aussamen, die verwelkten Blüten ab, bevor sich Samen bilden. So ersparen Sie sich rund 5 Stunden Jäten pro 10 m² Beetfläche.

● Ebenso gut wie Sommerblumen können Sie auch dekorative Gemüse und kurzlebige Kräuter wie krause Petersilie, Dill oder Gewürztagetes in die Lücken setzen – dann müssen Sie dafür nicht eigens ein Beet anlegen.

● In schattigen bis halbschattigen Beeten können Sie im Sommer in die Lücken Zimmerpflanzen wie Azaleen, Kamelien, Myrten, Alpenveilchen oder Hortensien im Topf einfügen.

Staudenbeete
Viele Wildstauden schätzen Halbschatten

Ideale **Wachstums-bedingungen** finden viele Stauden, die sich ihren wilden **Charme** noch bewahrt haben, an **halbschattigen Stellen** im Garten, unter einem großen Baum oder beim Wohnhaus – sie sind daneben auch noch **anspruchslos**.

Mildes Licht bevorzugt
Wo die Sonne nicht Tag für Tag hinbrennt, sondern nur stundenweise scheint oder ihr Licht durch ein lichtes Blätterdach gemildert wird, entfalten Halbschattenstauden ihre Blütenpracht.

Blattschönheiten
Funkien (oben) bevorzugen halbschattige Lagen. Die schönen Pflanzen gibt es in zahllosen Zuchtsorten mit den unterschiedlichsten Blattfarben und -formen.

Elfengleich
Zart wirken die eleganten Blüten der Akelei (rechts).

Blau und Gold
Azurblauer Rittersporn und goldgelbe Ligularien ergänzen sich gut.

FERTIG IN 30 MINUTEN

► Boden im Wildstaudenbeet (4 m x 5 m) mulchen.

► Vereinzelt verwelkte Blüten ausputzen und welke Blätter zurückschneiden.

Ein genügsames Wildstaudenbeet

In halbschattigen Gartenecken herrschen ähnliche Bedingungen wie an Gehölzrändern, beispielsweise vor großen Gebüschen. Mit Wildstauden, die dort heimisch sind, **können Sie schnell und mit wenig Mühe ein attraktives pflegeleichtes Wildstaudenbeet anlegen**.

Wildstauden wirken besonders gut, wenn Sie mehrere Exemplare zusammenstellen. Da sie sich rasch durch Ausläufer, Absenker oder Samen ausbreiten, füllen sie die meist eher vernachlässigten Schattenplätze schnell und lassen sie in kurzer Zeit erblühen.

Und sind die Stauden erst einmal gepflanzt, dann können Sie **das Halbschattenbeet getrost sich selbst überlassen** – abgesehen von ganz wenigen Pflegemaßnahmen: hin und wieder mulchen, allzu dicht wachsende Pflanzen ein wenig

auslichten und in besonders trockenen Jahren bisweilen wässern – mehr verlangen sie gar nicht.

Licht in dunkle Ecken

Vor allem hell blühende Wildstauden bringen Licht und Farbe in schattige Ecken. So setzen sich die weiß leuchtenden schlanken Blütenstände der Silberkerzen aus zahlreichen kleinen Blüten zusammen. Je nach Art blühen sie zu unterschiedlichen Zeiten von Juni bis Oktober. Genau wie der Waldgeißbart mit seinen hellen Blütenrispen heben sie sich gut von der dunklen Kulisse eines Gehölzrandes ab. Zu ihnen gesellen sich blauer Eisenhut, Glockenblumen oder die himmelblaue Jakobsleiter. **Die Blütenstände der unkomplizierten Wildpflanzen, die am liebsten ungestört bleiben, müssen kaum ausgeputzt werden**. Auch Blattschmuckpflanzen wie Funkien oder die schon im zeitigen Frühjahr blühende Elfenblume sind ideal fürs Halbschattenbeet. An genügend feuchten Standorten präsentiert das ab März blühende Lungenkraut bis zum Herbst schöne weiß gefleckte Blätter.

Als anspruchslose Lückenfüller im Halbschatten bieten sich zahlreiche kriechende Pflanzen wie Pfennigkraut oder Kriechender Günsel an. Sie gedeihen auf jedem Boden, vorausgesetzt, er ist feucht. Auch die Goldnessel überzieht ihn schnell mit ihrem zierenden, weiß gezeichneten Laub.

Für Feuchtigkeit sorgen

Unter flach wurzelnden Gehölzen macht vielen Stauden die Trockenheit zu schaffen. Hier hilft es, wenn Sie von Zeit zu Zeit mit Laub oder angewelktem Grasschnitt mulchen. Zudem sollten Sie regelmäßig gießen. **Stauden wie Wald-Storchschnabel und Wald-Scheinmohn kommen aber auch hier meist ohne zusätzliches Gießen aus**. Bei besonders ungünstigen Bodenflächen, die immer wieder rasch austrocknen, leistet ein Tropfschlauch – unsichtbar zwischen den Pflanzen verlegt – hilfreiche Dienste.

Stauden für Halbschatten

Pflanze	Blüte/Wuchs/Höhe
Akelei in Sorten	blau und violett/ aufrecht/50–70 cm
Blauer Eisenhut	blau/straff aufrecht/ 1–1,5 m
Jakobsleiter	himmelblau/aufrecht/50–60 cm
Knäuelglockenblume in Sorten	blau/buschig/ 50–60 cm
Lungenkraut	rot-blau/breit buschig/20–30 cm
Roter Fingerhut in Sorten	rot, rosa/aufrecht/60–150 cm
Silberkerze, in Arten	weiß, cremefarben/ buschig/1–1,4 m
Waldgeißbart	weiß/ausladend/ 1–1,5 m
Wald-Storchschnabel	rosa/breit buschig/ 50–70 cm
Weniger geeignete Pflanzen	
Rittersporn	weiß, blau, violett/ aufrecht/1–2 m
Schleieraster	weiß/breit buschig/ 60–120 cm
Sonnenhut	gelb/breit buschig/ 60–100 cm

SO SPAREN SIE ZEIT

■ Wildstaudenbeete bestechen vor allem durch ihr natürliches Erscheinungsbild. Auf allzu penibles Ausputzen verwelkter Blüten können Sie darum hier verzichten.

Staudenbeete
Im tiefen Schatten gedeiht Romantik

*Wo im Garten tiefer Schatten herrscht, gedeihen nur wenige Stauden. Mit grünen **Gräsern** und **Farnen** lässt sich jedoch ein **attraktives** Staudenbeet gestalten, das außerdem nur **wenig Zuwendung** von Ihnen verlangt.*

✗ UNBEDINGT VERMEIDEN
Pflanzen Sie in einem kleinen Schattenbeet keine wuchernden Farne wie den Europäischen Straußenfarn, der sich über Wurzelausläufer stark ausbreitet.

Waldatmosphäre im Garten

Eine Fülle von Pflanzen flieht das pralle Sonnenlicht und gedeiht im dämmrigen Halbdunkel unter dichten Baumkronen oder im Schlagschatten von Gebäuden und Mauern – dazu gehören insbesondere Farne, Waldgräser wie Waldsegge oder Perlgras sowie einige Stauden, etwa Silberkerzen, Chinesische Wiesenraute, Eisenhut, Funkien, Sterndolden und Salomonssiegel. Diese Arten sind ideal, um besonders schattige Stellen im Garten **zu einem auf Dauer pflegeleichten, recht romantischen Beet zu gestalten**.
Die meisten von ihnen bevorzugen einen feuchten humosen Boden; andauernde Trockenheit oder gar kalkhaltige Böden sagen ihnen dagegen weniger zu. Lockern Sie den Boden mit dem Spaten oder der Grabgabel etwa 30 cm tief und geben Sie Laubkompost oder im Handel erhältlichen Rindenkompost dazu, bis eine humose, dunkle Erde entstanden ist.

Beim Pflanzen genug Platz einplanen

Bevor sie die Pflanzen endgültig einsetzen, verteilen Sie sie auf dem vorbereiteten Boden. Insbesondere bei Farnen und ausschwingenden Grashorsten sollten Sie den Pflanzabstand großzügig bemessen, damit die schönen Wuchsformen auch richtig zur Geltung kommen. Ein stattlicher Königsfarn wird ausgewachsen bis zu 2 m hoch und 3 m breit. Besonders wirkungsvoll präsentiert sich ein solches Gewächs, wenn es sich aus einem niedrigen Teppich aus Bodendeckern erhebt. Reizvoll sind für ein Schattenbeet auch winterharte Farne wie Schildfarnarten, die ihre Wedel bis ins Frühjahr hinein behalten und einen idealen Kontrast zu vielen Frühjahrsblühern wie Schneeglöckchen oder Krokussen bilden.
Kalkulieren Sie auch für Blütenstauden wie Sterndolde oder Salomonssiegel deren endgültiger Größe entsprechend viel Platz ein. Nur bei freier Entfaltung können sie ihre Reize voll

Märchenhaft
Von wenigen zarten Sonnenstrahlen sanft erhellt und scheinbar wie verzaubert, entrollen Farne ihre Wedel auf spektakuläre Weise, während Waldgräser ihre Halme elegant schwingen lassen.

Waldgeißbart

Herbstanemone

Schaublatt

Waldglocken-blume

Chinesische Wiesenraute

Elfenblume

Bergenie

Kaukasus-Vergiss-meinnicht

← 2 m →

Licht ins Dunkel
Weiß gemusterte Blätter, lindgrüne Farnwedel und Laubkleider erhellen die schattige Szene.

ausspielen und Sie brauchen nicht allzu bald mit Ausdünnen einzugreifen.

Kaum Pflege

Für die gute Verwurzelung werden die Pflanzen nach dem Einpflanzen tüchtig gegossen. Auch in den ersten Wochen brauchen sie eine regelmäßige Bewässerung. Wenn sie richtig angewachsen sind, **werden Wassergaben seltener nötig**, nur noch bei lang anhaltender Trockenheit. Wo keine Bodendecker die nackte Erde abdecken, schützt eine Mulchdecke den Boden vor dem Austrocknen, hält ihn warm und lässt kein Unkraut aufkommen. Ansonsten **braucht das Beet keine Pflege mehr**, lediglich Vertrocknetes und Verblühtes muss man ab und zu von Farnen und Blütenpflanzen entfernen. Im Lauf der Jahre bilden die Gräser zahlreiche Tochterhorste und bedecken den Boden vollständig, und auch die Blütenstauden breiten sich aus und füllen letzte Lücken. Dann kann auf das Mulchen verzichtet werden. Hat sich die Pflanzung schließlich geschlossen, **dann reguliert sich der Bestand weit gehend von selbst**. Nur wenn stark wachsende Stauden andere komplett zu verdrängen drohen, müssen Sie auslichten.

Pflanzvorschlag: Schattenzauber
Im Dämmerlicht erscheinen die pastellfarbenen Blüten besonders zart, während großflächige Blätter einen reizvollen Kontrast dazu bilden.

⏱ FERTIG IN 30 MINUTEN

► **Boden eines 10 m² großen Schattenbeetes vorbereiten.**

► **5 Farnpflanzen einsetzen.**

► **Schattenbeet pflegen, Verdorrtes abschneiden.**

Farne richtig pflanzen

1 Vor dem Einpflanzen wird der Farn gründlich gewässert. Der Wurzelballen bleibt so lang im Wasser, bis keine Luftblasen mehr aufsteigen.

2 Das Pflanzloch sollte doppelt so tief und doppelt so breit wie der Wurzelballen sein. Vermischen Sie den Aushub mit Rindenhumus.

3 Den Farn ebenerdig einsetzen. Das Innere des Wedeltrichters muss knapp oberhalb des Bodens bleiben. Das Loch mit Erde auffüllen.

SO SPAREN SIE ZEIT

■ Mulchen Sie mit Rindenhumus. Das erspart die Bodenverbesserung.

■ Wenn Sie im Herbst pflanzen, können Sie auch gleich Zwiebel- und Knollenblumen mit ausbringen, so sparen Sie pro m² etwa 30 Minuten Extra-Aufwand.

Staudenbeete
Ein Schattenbeet schluckt Laub

Plätze **unter großen Gehölzen**, zu denen die Sonne so gut wie nie vordringt, sind **ideal** für **Blattschmuck-stauden**. Zusätzlich zu ihrem starken Auftritt bieten sie den Vorteil, dass unter ihrem Blätterkleid **das Herbstlaub wie von selbst verschwindet**.

FERTIG IN 30 MINUTEN

► **Herbstputz bei einem 20 m² großen Beet**

► **Vertrocknete und verwelkte Blütenstände ausputzen.**

► **Zu dicht wachsende Stauden auslichten.**

Grün wirkt nie langweilig

Problematische tiefschattige Plätze, wie sie unter Gehölzen zu finden sind, lassen sich mit Blattschmuckstauden attraktiv und lebendig gestalten. Bis in den Winter hinein präsentieren diese Spezialisten dort ihre dekorativen Blätter. Besonders reizvoll wirken solche Stellen, wenn Sie verschiedene Stauden mit ganz unterschiedlich geformten und gefärbten Blättern zusammenpflanzen. Flächig ausgebreitete Blätter, wie die von Chinesischem Rhabarber, Mammutblatt oder Goldkolben, **schmücken rasch große Flächen und kontrastieren gut zu hohen Gräsern**. Die breiten, auffällig geäderten und je nach Sorte weiß oder gelb gemusterten Blätter der Funkien

Zwei Fliegen mit einer Klappe
Robuste Schattenstauden lassen Laub zwischen ihren Trieben verschwinden, das dann gleich den Boden düngt.

ergeben einen reizvollen Kontrast zu fiederblättrigen Stauden wie den verschiedenen Astilben oder Farnen. Im Vordergrund runden Bergenien und Frauenmantel oder niedrig wachsende Bodendecker wie Elfenblume und Kaukasus-Vergissmeinnicht das stimmige Bild ab.

Viel Freizeit für den Gärtner
Die meisten Schattenpflanzen brauchen lockeren, humosen und feuchten Boden. Bei leichteren Böden lockern Sie die

148

Laub schluckende Stauden

Pflanze	Blätter	Höhe
Bergenie, Hybriden und Sorten	Sattgrün, großflächig, verfärben sich im Herbst bronzefarben oder rötlich.	40–60 cm
Echte Goldnessel	gezähnte Blätter mit cremeweißer bis goldgelber Zeichnung	40–60 cm
Funkie, in Arten und Sorten	auffällig geädert, verschiedenste Blau- und Grüntöne mit unterschiedlicher Blattzeichnung in Weiß oder Gelb	40–60 cm
Geflecke Taubnessel, in Sorten	gezähnte Blätter mit sehr schönen unterschiedliche Zeichnungen	20–40 cm
Purpurglöckchen, in Arten und Sorten	glatt bis wellig, Sorten in verschiedenen Rot- und Brauntönen, auch Hellgrün oder Orange, teils fein gekräuselt	30–60 cm
Schaublatt, in Arten	unterschiedlich stark gefiederte Blätter, oft rötliche oder farblich kontrastierende Blattadern	60–180 cm

Pflanzvorschlag: Laub schluckendes Beet
Sträucher, Stauden und kleine Gräser bilden hier im lichten Schatten eine Gemeinschaft, die Herbstlaub schnell völlig verschwinden lässt. Neben der Goldnessel mit ihren hell gefleckten Blättern sorgt das immergrüne Laub von Mahonie und Kirschlorbeer auch im Winter für Farbe, während Storchschnabel und Bleiwurz bunte Blüten zu dem Bild beitragen.

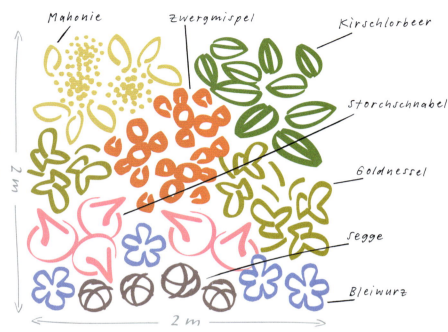

Mahonie · Zwergmispel · Kirschlorbeer · Storchschnabel · Goldnessel · Segge · Bleiwurz

2 m · 2 m

oberste Schicht mit der Grabgabel oder dem Krail. Falls nötig arbeiten Sie zur Verbesserung der Bodenqualität Kompost oder Mist ein. Schwerere Böden graben Sie am besten um und lockern sie mit Sandbeimengung auf.
Pflanzen Sie möglichst nur an bedeckten, nicht allzu warmen Tagen, bei Hitze leiden die frisch eingesetzten Stauden schnell unter Wassermangel. Halten Sie den Boden nach dem Pflanzen gleichmäßig leicht feucht. Ist das Schattenbeet eingewachsen, **können Sie es weitgehend sich selbst überlassen**. Das Herbstlaub der umstehenden Gehölze lassen Sie als natürliche Mulchschicht liegen. Es sorgt für eine gute Wasserspeicherung, wirkt als wärmende Winterabdeckung und wird im Lauf der Zeit zu Humus; die Pflanzen brauchen weder Dünger noch Kompost. Erst wenn sich die verschiedenen Stauden nach einigen Jahren zu sehr ausgebreitet haben, müssen Sie auslichten.

Ein Schattenbeet anlegen

Schaublatt, Fingerhut oder Silberkerze geben als hohe, sehr anspruchslose Leitstauden die Struktur des Schattenbeetes vor. Mit ihren Blüten hellen sie den Schatten optisch auf und ihre Blätter setzen markante Strukturakzente. Damit sie die anderen Stauden nicht verdecken, platziert man sie am besten weiter hinten im Beet.

Niedriger wachsende Stauden wie Astilben oder Funkien dienen als Begleiter. Sie sorgen mit ihren Blüten und dem aparten Blattwerk für den richtigen Rahmen, um die Leitstauden richtig in Szene zu setzen.
Zum Schluss füllen Sie die Lücken im Beet mit Farnen, Schatten liebenden Gräsern und niedrigen Blattschmuckstauden auf. Diese Füllstauden zeichnen sich vor allem durch ihre abwechslungsreichen Blattfarben und -strukturen aus und beleben so die ganze Pflanzung. **Als Bodendecker lassen sie zudem kein Unkraut aufkommen.**

Blaue Wolken
Storchschnabel und Schaublatt überziehen den Untergrund mit duftigen Blüten und stattlichen Blättern.

DAS MACHT'S LEICHTER

● Platzieren Sie im Beet zuerst die Stauden mit hoher Statur und auffälliger Gestalt, verteilen Sie diese rhythmisch im Hintergrund der Beetfläche.

● Vereinen Sie für eine harmonische Gestaltung Begleitstauden, das sind mittelhohe und weniger auffällige Arten, stets zu Gruppen von 3, 5 oder 7 Exemplaren.

● Füllen Sie den vorderen Beetbereich sowie Lücken zwischen den Begleitstauden mit niedrigen, auch polsterförmig wachsenden Pflanzen auf, um das Gesamtbild abzurunden.

Staudenbeete
Blumenpracht vor Schnecken schützen

Schnecken gehören zu den **größten Feinden** eines Blumenbeetes. Jungen **Trieben** und auskeimender **Saat** machen sie im Nu den Garaus – aber **nicht** zwangsläufig.

Blumige Barriere
Eisbegonien halten Schnecken meist zuverlässig von den blühenden Schönheiten im Staudenbeet fern.

Der erste Schritt: die richtige Pflanzenwahl

Langjährige Erfahrungen haben gezeigt, dass nicht alle Pflanzen gleichermaßen Schnecken zum Opfer fallen. Während Rittersporn, Dahlien und Studentenblumen zu ihren Lieblingsspeisen zählen, werden vor allem behaarte und stark duftende Pflanzen wie Lavendel, Salbei, Katzenminze und Storchschnabel von ihnen verschmäht. Wenn Sie Ihr Beet also mit Arten bestücken, die Schnecken links liegen lassen, **bleiben Ihnen unliebsame Überraschungen erspart**. Farbenfrohe schneckenfreie Beete in sonniger Lage lassen sich z. B. mit Frauenmantel, Schafgarbe, Sonnenröschen, Kokardenblume, Goldrute, Phlox, Taglilien, Veronika, Fetthenne und Etagenerika arrangieren. Auch Sommerblumen

Verschmäht, gesucht
Löwenmäulchen bleiben von Schneckenfraß verschont, Schmuckkörbchen und Männertreu dagegen kaum.

Indische Laufenten
Sie fressen mit großem Vergnügen Schnecken. Allerdings kann man die Enten nur in weiträumigen Gärten einsetzen, in denen sie einen Teich zum Schwimmen und ein sicheres Nachtquartier finden.

wie Kapuzinerkresse und Portulakröschen **bleiben genau wie viele Nelkenarten von Schnecken unangetastet.** Gärtnereien und Gartencenter bieten eigens für schneckengeplagte Gärtner zusammengestellte schneckenresistente Stauden- oder Sommerblumenmischungen an.
Manche Staude, wie der giftige Eisenhut, ist zwar als voll entwickelte Pflanze für Schnecken wenig attraktiv, doch werden die jungen Triebe oft abgefressen. Hier hilft eine abgeschnittene Plastikflasche, die Sie wie einen Kragen zum Schutz über die jungen Pflanzen stülpen.

Umrandungen halten Schnecken fern

Pflanzen Sie um Ihr Beet eine Umrandung mit Eisbegonien, auch Gottesauge genannt, Löwenmäulchen oder Vergissmeinnicht. Diese grüne Barriere hält die kriechenden Tiere meist fern. Auch vor einer Mulchschicht aus gehäckseltem Stroh, Säge- bzw. Gesteinsmehl oder Kaffeesatz rund um ein Stauden- oder Sommerblumenbeet **schrecken Schnecken zurück**. Den Tieren ist es äußerst unangenehm, über eine solche Barriere zu kriechen. Lässt Regen Stroh und Sägemehl weich werden und schwemmt Gesteinsmehl und Kaffeesatz weg, müssen Sie diese wieder ersetzen. Guten Schutz liefern auch spezielle Schneckenzäune aus glattem, verzinktem Stahl, mit denen Sie besonders anfällige Pflanzen schützen könnnen. Achten Sie darauf, dass keine Pflanzen über den Zaun ragen. Diese würden als Brücke dienen und den Schnecken helfen, die Barriere zu überwinden.
Am wirksamsten lassen sich Schnecken mit Schneckenkorn bekämpfen. Achten Sie bei der Auswahl der Präparate jedoch darauf, dass sie für andere Tiere im Garten ungefährlich sind. Streuen Sie das Korn immer gleichmäßig zwischen den gefährdeten Pflanzen aus, schütten Sie es nie als Wall rundherum auf. Befolgen Sie die Anwendungs- und Dosierungsvorschriften. Biologisch lassen sich Schnecken mit Nematoden bekämpfen. Diese winzigen Fadenwürmer, die Sie bei Spezialanbietern bestellen können, bringen Sie mit

Kröten
Sie vertilgen vor allem die Eier und Jungtiere der Schnecken.

Gießwasser zwischen den betroffenen Pflanzen aus. Nematoden dringen in den Körper der Schnecke ein und verursachen nach etwa einer Woche den Tod des Tieres. Am besten wirken Fadenwürmer gegen Ackerschnecken.

Schutzkragen

Schneiden Sie von einer großen Kunststoffflasche das obere Drittel oder die obere Hälfte sowie den Boden ab. Das Reststück der Flasche stülpen Sie über die zu schützende Pflanze und drücken es im Boden fest.

Bierfalle

Bier lockt Schnecken von weit her magisch an. Wenden Sie die Falle daher nur in Beeten an, die sicher von einem Schneckenzaun abgeschirmt werden, um die dort räubernden Kriechtiere zu erwischen.

DAS MACHT'S LEICHTER

● **Lockern Sie den Boden Ihrer Beete regelmäßig, damit die Oberfläche schnell abtrocknet und den Schnecken das Kriechen erschwert. Achten Sie dabei vor allem im Herbst und Frühjahr auf Schneckeneier, die wie kleine weiße Perlen aussehen. Diese Eier sollten Sie beseitigen.**

● **Unter Brettern und Steinen, aber auch unter schattigen Polsterstauden verkriechen sich die gefräßigen Nacktschnecken, um trockene Tage zu überdauern; hier können Sie die gefräßigen Schädlinge einsammeln und dann vernichten.**

Staudenbeete
Ein Gräserensemble ziert das ganze Jahr

Keineswegs müssen Gräser nur als kurz geschorener Rasen im Garten wachsen. Mit eigenen, oft sehr **dezenten Reizen** begeistern diese **genügsamen Gewächse** durchaus auch in Beeten.

Farbenfroh
Stahlblaue Halme und kupferbraune Blütenrispen – da sage noch einer, Gräser seien nur grün. Der Blauschwingel macht es vor!

✗ UNBEDINGT VERMEIDEN
Entfernen Sie im Winter die Blätter und Blütenhalme von Gräsern nicht. Sie schützen vor Fäule durch Nässe, außerdem sehen die Pflanzen so hübscher aus.

Filigrane Blickfänge

Gräser bringen natürliches Flair in den Garten und bereichern ihn zu allen Jahreszeiten als attraktive Blickfänge. Denn sie verändern sich stetig. Das zarte Grün des Frühjahrs wandelt sich im Sommer in saftig sattes Dunkelgrün. Filigrane Blütenstände schaukeln dann vom Wind bewegt über den Büscheln. Im Herbst leuchten die Gräser in den verschiedensten Braun- und Rottönen. Und im Winter verzaubern sie den Garten, wenn ihre trockenen Fruchtstände und Horste mit Schnee oder Reif überzuckert sind.

Sie kommen ebenso gut in einer Ensemblepflanzung aus unterschiedlichen Arten zur Geltung wie als Solitäre, oder als auflockernde Elemente, die in Blumenrabatten wachsen. Gestalterisch eignen sie sich als charmante Diplomaten, um

FERTIG IN 30 MINUTEN

► 3–5 Ziergräser putzen, verdorrte Teile auskämmen oder auszupfen.

► Einen großen Ziergrashorst mit der Heckenschere zurückschneiden.

harte Kontraste zu mildern oder um zwischen ungleichen Partnern zu vermitteln. Gekonnt verhelfen sie fahlen Farben zu mehr Leuchtkraft.

Solitäre oder Gruppenpflanzen

Die hohen, schon fast gewaltigen Arten wie Pampasgras, Chinaschilf, Reitgras oder Riesenfedergras wirken besonders gut in Einzelstellung. Auch die Büsche des nicht ganz so hoch wachsenden Lampenputzergrases mit den reizvollen Blütenständen brauchen Platz, um ihre Schönheit voll zur Geltung zu bringen. Niedrig wachsende Gräser wie die verschiedenen Schwingel lassen sich dagegen besonders harmonisch in Gruppen zusammenpflanzen.

Gräser gibt es für alle Standorte. Als Steppenbewohner eignen sich etwa Blaustrahlhafer oder Rutenhirse vor allem für stark besonnte trockene Plätze. Ausgesprochen humosen feuchten Boden sowie Schatten wünschen sich dagegen manche Seggen und Hainsimsen.

Gräserpflege

Die meisten Gräser erweisen sich als ausgesprochen anspruchslos. Die beste Pflanzzeit ist im Frühjahr. Im Herbst gepflanzte Gräser leiden oft unter der einsetzenden feuchten Witterung und kommen im Frühjahr nur spärlich wieder. Im Frühjahr werden die Gräser auch tief zurückgeschnitten. Verwenden Sie dazu eine Hand- oder Heckenschere und schneiden Sie alle alten Halme bis auf einen halbkugelförmigen Rest zurück, dabei sollten Sie junge Triebe schonen. Niedrige Gräser wie die Bärenfellschwingel, die den ganzen Winter über grün bleiben, **müssen gar nicht geschnitten werden**. Hier sollten Sie nur die verdorrten Teile abzupfen oder auskämmen – das geht am besten mit den Fingern, einem Handrechen oder auch mit einem alten grobzinkigen Kamm.

Besonders wuchsfreudigen Gräsern wie dem Chinaschilf, die sich rasch über den für sie vorgesehenen Platz hinweg ausdehnen, müssen Sie bisweilen Einhalt gebieten, indem Sie mit dem Spaten überschüssige Partien abstechen. Hilfreich ist auch eine Rhizomsperre, die Sie gleich beim Einpflanzen mit einsetzen. Hierfür eignen sich alte Gefäße ohne Boden, z.B. ein Eimer oder ein alter Kübel.

Die meisten Ziergräser kommen ohne Dünger ausgezeichnet zurecht. Nur die besonders prächtigen, hoch wachsenden Arten wie das Pampasgras oder der Chinaschilf benötigen alle paar Jahre etwas Kompost.

Wie überzuckert
Von Raureif überzogen wirken Gräser besonders malerisch.

Streichelweich
Die Blütenschweife des Lampenputzer- oder Flaschenbürstengrases laden wirklich zum Streicheln ein.

Gräser richtig teilen

1 Bei Gräsern, die am Rand neue bewurzelte Tochterpflanzen ausbilden, trennt man diese samt ihren Wurzeln ab und pflanzt sie an anderer Stelle wieder ein.

2 Gräser, bei denen nur die Horste an Umfang zunehmen, werden nach dem Ausgraben mithilfe von zwei Spatengabeln in zwei Hälften geteilt.

3 Große Gräserhorste kann man auch an Ort und Stelle mit einem scharfen Spaten teilen, dann ausgraben und umsetzen.

SO SPAREN SIE ZEIT

■ Verzichten Sie möglichst auf stark wuchernde Arten oder pflanzen Sie gleich eine Wurzelsperre ein, das spart pro Jahr an die 3 Stunden fürs Abstechen.

■ Wenn Sie Gräsern einen Winterschutz geben, faulen sie nicht – Neukauf und Neupflanzung bleiben Ihnen erspart. Fassen Sie die Halme wie einen Haarschopf, drehen und binden Sie sie wie einen Pferdeschweif – so kann Nässe nicht ins Herz dringen.

Staudenbeete
Zwiebelblumen sorgen für Farbspektakel

Mit **prächtigen Blüten**, *die sie aus eher unscheinbaren Zwiebeln treiben, sind diese Stauden in jedem Beet eine wahre* **Augenweide**. *Man kann mit ihnen sehr schön* **Blühpausen überbrücken** *oder in einem Blütenreigen* **farbenfrohe Akzente** *setzen.*

Zwiebeln eröffnen die Saison

Für einen frühen Start in die Blütensaison sind Zwiebel- und Knollenpflanzen ideal. Krokusse, Narzissen oder Tulpen zaubern Blickpunkte in Beete, wo die übrigen Pflanzen gerade erst austreiben. Im Hochsommer, ebenfalls eine oft recht blütenarme Zeit, können Sommerblüher unter den Gewächsen mit unterirdischen Speicherorganen, etwa Lilien, Montbretien oder Dahlien, dann wiederum Aufsehen erregen. Ist ihre Blütezeit vorbei, **muss nur Verwelktes entfernt werden**. Das Laub bleibt stehen, damit die Zwiebeln Kraft für den Wiederaustrieb sammeln können.

Nur gesunde Zwiebeln einsetzen

Damit Sie Freude an den Pflanzen haben, sollten Sie auf die Auswahl der Zwiebeln oder Knollen besonderes Augenmerk richten. Die Organe müssen unverletzt, fest und saftig sein, die Wurzeln dürfen noch nicht ausgetrieben haben. Vermei-

Pflanzregeln für Zwiebeln und Knollen

Pflanze	Pflanztermin	Pflanztiefe
Blausterne	Ende April–Anfang Juni	5–10 cm
Dahlien	September–Oktober	10–30 cm
Gartenkrokus	September–Oktober	3–8 cm
Gartentulpen	September–Oktober	10–15 cm
Hyazinthen	September–Oktober	10–15 cm
Lilien	August–September	15–25 cm
Montbretie	Mitte Mai–Anfang Juni	5–10 cm
Narzissen	September–Oktober	10–20 cm
Schneeglöckchen	August–September	4–8 cm
Traubenhyazinthe	September–Oktober	4–10 cm
Winterling	September–Oktober	2–5 cm

Zwiebeln und Knollen pflanzen

Bringen Sie die Zwiebeln zum richtigen Zeitpunkt in die richtige Tiefe. Vor allem große Zwiebeln, die einzeln eingesetzt werden, pflanzt man am einfachsten mit einem Zwiebelpflanzer.

Mehrere kleine Zwiebeln bringt man am besten in einem speziellen Pflanzkorb in die Erde. Diesen setzt man zuerst ins Pflanzloch und füllt ihn dann etwa zur Hälfte mit Aushuberde. Darauf werden die Zwiebeln verteilt und dann vollends mit Erde abgedeckt.

den Sie Zwiebeln mit weichen oder beschädigten Stellen. Dies sind Anzeichen für Krankheiten und Insektenfraß. Setzen Sie Zwiebeln und Knollen am besten unmittelbar nach dem Kauf ein, ohne sie lang zu lagern. Zwiebeln und Knollen der Frühlingsblüher pflanzt man im Herbst, Sommerblüher im Frühjahr und Herbstblüher im Sommer. Im Topf gezogene Zwiebelgewächse können Sie jederzeit einsetzen, dabei müssen Sie aber die leicht brüchigen Wurzeln schonen. Viele Knollenpflanzen wie Gladiolen oder Dahlien sind nicht winterhart und können erst nach den Eisheiligen ins Beet. Im Herbst müssen Sie sie wieder herausholen und frostfrei überwintern. Lagern Sie die abgetrockneten Zwiebeln und Knollen am besten im dunklen Keller in einem Kistchen mit Sand oder Sägemehl. Wenn Sie die Organe mit einem Körbchen einpflanzen, **können Sie sie im Herbst leicht wieder aus dem Boden nehmen**.

Auf die Pflanztiefe kommt es an

Legen Sie die Zwiebeln so in die Pflanzlöcher, dass die Triebspitzen nach oben zeigen. Die Faustregel für die Pflanztiefe lautet: Zwei- bis dreimal so tief einpflanzen wie die Zwiebel hoch ist. In leichten Sandböden wird tiefer, in schweren Ton-

FERTIG IN 30 MINUTEN

▶ 20–30 Zwiebeln ins Beet pflanzen.

▶ 6–8 Zwiebel- oder Knollenpflanzen im Herbst aufnehmen und einlagern.

Leuchtende Farbkleckse
Viele Frühlingsblüher unter den Zwiebelblumen begeistern mit ihren intensiven Blütenfarben, etwa diese botanischen Tulpen inmitten einer bunten Steingartengruppe (links).

Feurige Schönheiten
Montbretien zaubern mit ihren eleganten Blütenrispen auffällige Farbtupfer ins Sommerbeet. Je früher sie gepflanzt werden, desto zeitiger entfalten sie ihren Flor.

böden flacher gepflanzt. Zu tief gepflanzte Zwiebeln treiben erst sehr spät aus; zu hoch eingesetzte werden dagegen bei der Routinepflege leicht beschädigt und können im Winter Schaden nehmen. Kleine Zwiebelchen wie die von Krokussen, Blausternen oder Traubenhyazinthen brauchen Sie nur etwa 5 cm tief einzusetzen. Für niedrig wachsende Tulpen müssen sie etwa 10 cm Pflanztiefe einplanen. Große Zwiebeln wie die von Narzissen, Lilien oder Kaiserkrone pflanzen Sie etwa 25 cm tief ein, sie benötigen jeweils ein eigenes Pflanzloch. Als idealer Abstand zwischen den Zwiebeln gilt die halbe Wuchshöhe, also etwa 3–5 cm bei den ganz kleinen Arten und 30–50 cm bei den großen.

Gruppenpflanzung in Körben

Zwiebelblumen wirken am schönsten, wenn sie in Gruppen zusammengepflanzt werden. Je kleinwüchsiger die Arten, desto mehr Exemplare sollte ein Pulk umfassen. Indem Sie Pflanzkörbe verwenden, können Sie Gruppen mit verschiedenen Arten sehr nah zusammenpflanzen. Dazu werden die bestückten Körbe bis zum Rand in das Beet eingesetzt und dann mit Erde bedeckt. **Bei Bedarf können Sie die Körbe leicht wieder herausnehmen**, ohne dass Nachbarpflanzen beschädigt werden.

Zwiebel- und Knollenpflanzen kommen in der Natur vor allem in Gegenden mit langen Trockenzeiten vor. Deshalb faulen sie bei längerer Nässe leicht. Um sie davor zu schützen, bringen Sie in das Pflanzloch zunächst eine Schicht Sand, Splitt oder feinen Kies ein, auf die sie dann die Zwiebeln oder Knollen legen.

DAS MACHT'S LEICHTER

● Benutzen Sie zum Pflanzen einzelner Zwiebeln einen Zwiebelpflanzer mit Skalierung – dann ist die richtige Pflanztiefe garantiert.

● Wühlmäuse fressen die meisten Zwiebeln mit großem Appetit. Spezielle engmaschige Pflanzkörbe halten die Tiere fern.

Staudenbeete
Sprödes Gestein charmant beleben

Mit Steinen und Stauden lässt sich **ohne allzu großen Aufwand** *eine reizvolle Kleinlandschaft gestalten. Richtig angelegt und bepflanzt ist ein* **Steingarten** *ein* **besonders leicht zu pflegendes** *Stück Garten.*

Bunter Blütenteppich
Robuste Polsterstauden verlangen kaum Pflege und blühen üppig.

SO SPAREN SIE ZEIT
■ Wenn Sie anstelle eines Hügels ein flaches Felsbeet anlegen, sparen Sie die Zeit, die Sie zum Aufschütten, Befestigen und Gestalten des Hügels benötigen würden.

Ein Stück Naturlandschaft im Garten

Steingärten kann man in den unterschiedlichsten Formen anlegen. Eine geometrisch strenge Gestaltung etwa lässt einen architektonischen Steingarten entstehen, während Sie mit einem natürlichen Konzept auf kleinem Raum eine Gebirgslandschaft nachempfinden. Dazu können Sie in Ihrem Garten **einen bereits vorhandenen Hang nutzen**, einen kleinen Hügel aufschütten oder ein eher flaches Geröllbeet anlegen, auf dem Sie mit Steinen und Stauden eine Landschaft mit alpinem Charakter entstehen lassen.

Die Steine sind die charakteristischen Gestaltungselemente im Steingarten. Mit ihrer Auswahl und Platzierung geben Sie ihm sein Gesicht. Steine in den verschiedensten Formen und Größen können Sie in einem Steinbruch finden, aber auch viele Gärtnereien und Gartencenter bieten geeignetes Material an. Ob Sie nun Schiefer, Granit, Basalt oder Tuffstein auswählen, hängt allein davon ab, was Ihnen gefällt – entscheiden Sie sich aber in jedem Fall für nur einen Typ.

Die Steingröße muss zur Größe der Anlage passen. Riesige Felsbrocken wirken nur in großzügigen Gärten, nicht im kleinen Reihenhausgarten. Auch die Bepflanzung hängt zum Teil davon ab, welche Steine Sie ausgewählt haben. Mit Kalksteinen kombinieren Sie eine Kalk liebende Flora, mit Urgestein dagegen Gewächse, die sauren Untergrund mögen.

FERTIG IN 30 MINUTEN

► Einen Hügel von etwa 6 m² aus Kies und Schotter aufschütten.

► Magere Erde aufschütten und Steine verteilen.

Einen Steingarten anlegen

Legen Sie Ihren Steingarten möglichst in sonniger Lage an, am besten in Süd- oder Südwest- bis Westlage. Schichten Sie für einen Hügel grobe Steinbrocken, Kies und Schotter auf, gestalten Sie ihn aber eher flach als zu steil (höchstens ein Drittel so hoch wie sein Durchmesser). Obenauf kommt eine 10–20 cm dicke Schicht magere Erde, dazwischen platzieren Sie besonders wohlgeformte Steine.

Für ein flaches Geröllbeet heben Sie den Untergrund etwa 40–50 cm tief aus. Zur Erhöhung der Durchlässigkeit bringen Sie zunächst eine etwa 20–30 cm mächtige Dränageschicht aus Schotter oder Kies auf. Darauf wird dann eine etwa 30–40 cm dicke Schicht magere Erde verteilt, in der Sie nun mit Steinen verschiedenster Größe Ihre Traumlandschaft formen können.

Beim Einsetzen der Steine orientieren Sie sich am Vorbild der Natur: **Besser weniger als zu viele einbauen** und nicht zu viele unterschiedliche Steinsorten mischen. Setzen Sie die Steine stets so ein, dass sie festen Halt haben und nicht wegrollen oder nach Regen abrutschen können – sie sollten mit ihrer breitesten Seite flach aufliegen oder noch besser leicht schräg in den Hang hineinragen; dazu graben Sie sie zu einem Drittel in den Hanggrund ein.

Am günstigsten ist es, wenn Sie Ihr Steingartenbeet im Herbst vorbereiten und im Frühjahr bepflanzen. Wollen Sie schon im Herbst mit dem Bepflanzen beginnen, dann setzen Sie die Pflanzen möglichst zeitig, etwa Ende September, ein, damit sie noch vor dem ersten Frost anwachsen können.

Die Mischung macht's

Vor allem niedrig wachsende Stauden, die kaum höher als 10–20 cm werden, kommen in einem Steingarten gut zur Geltung. Damit immer etwas blüht, achten Sie bei der Pflanzenauswahl besonders auf die Blütezeit. Für den frühen Frühling setzen Sie Zwiebelpflanzen wie Wildtulpen oder kleine

Pflanzvorschlag: ein Steingarten am Hang
Ein buntes Sammelsurium von alpinen Pflanzen schmiegt sich hier auf geneigter Beetfläche zwischen grobe Steinbrocken.

Es quillt aus den Ritzen
Grobe Steinblöcke dominieren diesen flachen Hang, zwischen ihnen wuchern kleine anspruchslose Stauden hervor.

Narzissen ein. Auch viele Polsterpflanzen wie Polsterphlox gehören zu den Frühjahrsblühern. Im Sommer leuchten die Blüten von Glockenblumen- und Nelkenarten, während Edelweiß oder Enzian bis in den Herbst hinein das Auge erfreuen. Mit niedrig wachsenden Gräsern betonen Sie den naturnahen Charakter des Steingartens in besonderer Weise. Je nach Größe der Anlage fügen sich auch Zwerggehölze gut ein. Und wo hinter höheren Steinen schattige Fleckchen entstehen, fühlen sich sogar Farne wohl.

Graublau unterfüttert
Diese Kleinstauden wachsen problemlos zwischen hellgrauen Steinen, die offene Beetfläche ist mit blaugrauen Chips aus Stein abgedeckt.

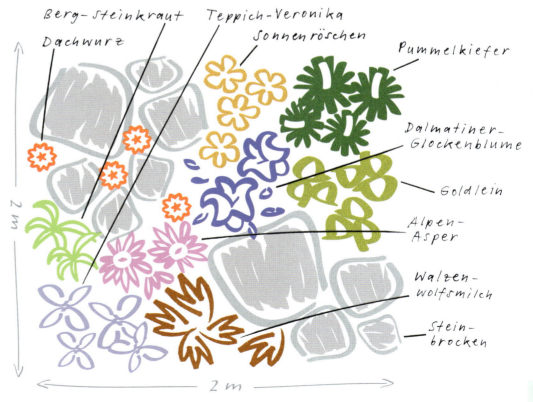

Staudenbeete
Mit einem Steingarten den Hang abfangen

*Ein sonniger **Hang** ist prädestiniert für einen **Steingarten**. Eine Terrassierung und Stützelemente machen ihn zum **pflegeleichten Schmuckstück**.*

FERTIG IN 30 MINUTEN

► Für ein Mauerfundament etwa 1 m ausgehobenen Graben mit Kies oder Sand füllen.

► Trockenmauer von etwa 1 m Länge und 50 cm Höhe aufschichten.

Zwei Wege, um einen Hang abzufangen

Eine mit Mörtel aufgesetzte Mauer (links) kann senkrecht errichtet werden. Eine Trockenmauer (rechts) wird aus groben Natursteinen aufgeschichtet, mit einer leichten Neigung zum Hang hin. Beide Mauern bedürfen einer Hinterfütterung aus Kies und Geröll.

Eine blühende Hanglandschaft

Um das Gefälle eines Hangs abzufangen, setzt man Stützmauern ein. Als meist recht dominant wirkende Bauwerke gliedern sie das Gelände in Stufen und prägen dem Garten eine strenge Linienführung auf. Doch in Süd- oder Südwestlage sind solche Anlagen ideal, um einen architektonischen Steingarten anzulegen. Eine üppige Bepflanzung, vorwiegend mit polster- oder teppichförmigen Gewächsen, lässt das kantige Mauerwerk fast verschwinden und sorgt für einen gefälligen Anblick. Mit geschickter Pflanzenwahl können Sie im architektonischen, also von geometrischen Linien bestimmten Steingarten eine mediterrane Berglandschaft mit duftenden Kräutern und zarten Blüten genauso gut gestalten wie ein den Alpen nachempfundenes Terrain.

Eine Trockenmauer als Hangbegrenzung

Ein Hang bietet ideale Voraussetzungen, um an seinem Fuß eine Trockenmauer zu errichten. Trockenmauern werden trocken, ohne Mörtel, aufgeschichtet – daher der Name. Sie wirken besonders natürlich und bieten mit ihren zahlreichen Fugen Pflanzen und Tieren einen Lebensraum. Für den Bau ist einiges an Sachverstand und Fingerfertigkeit gefragt. **Lassen Sie sich besser von einem Fachmann helfen.**

Blütenwolken über Stein
Blühende Polsterstauden ergießen sich geradezu über die Krone dieser Trockenmauer aus großen Natursteinen.

Errichten Sie die Mauer immer mit einer leichten Neigung zum Hang hin. Empfehlenswert ist eine Neigung von etwa 15 % – eine Mauer von 1 m Höhe neigt sich also über die ganze Höhe um insgesamt 15 cm nach hinten. Wird die Mauer nicht höher als 1 m, reicht es für das Fundament aus, einen 20–30 cm tiefen Graben auszuheben, der mit Kies oder Splitt verfüllt und verfestigt wird.
Wählen Sie für die erste Steinreihe die größten Steine aus und legen Sie sie 5–10 cm tief mit einer leichten Neigung zum Hang hin in die Erde. Eine Kiesschicht zwischen Mauer und Hang sorgt dafür, dass das Wasser gut aus der Mauer abfließen kann. Für die Stabilität der Mauer ist wichtig, dass die Steine versetzt mit Überbindung aufeinander gesetzt werden. Ein Teil der Steine sollte auch in den Hang hineinragen und so dafür sorgen, dass die Mauer stabil mit dem Hang verbunden ist. Nach oben hin können Steine und Mauer immer kleiner bzw. schmaler werden.

Sämlinge erobern Mauerritzen

Damit die verschiedenen Pflanzen wie Steinkraut, Steinbrech, Hauswurz, Seifenkraut oder Sonnenröschen in der Mauer Platz finden und sie bald mit ihren leuchtenden Blü-

Ritzenfüller
Zwischen den wuchtigen Steinblöcken wirken filigrane Gräser noch einmal so zart. Feiner Kies füllt Vertiefungen, damit werden die Steinblöcke fast wie eine Treppe begehbar.

Ministeingarten
Ein Steintrog lässt sich mit wenigen Pflanzen zu einem Steingarten *en miniature* verwandeln. Unverzichtbar dafür sind eine funktionsfähige Dränageschicht sowie ein sehr gut durchlässiges Substrat (links).

ten schmücken können, sollten die Ritzen zwischen den Steinen eine gewisse Breite haben, notfalls können Sie die Fugen mit dem Meißel oder einem Steinbohrer etwas erweitern. Am besten eignen sich für die Bepflanzung Sämlinge oder kleine bewurzelte Stecklinge, **deren Wurzeln leicht in die Ritzen passen**. Um sie einzusetzen, muss der Wurzelballen meist ein wenig zusammengedrückt werden. Vermeiden Sie es aber, die Wurzeln allzu stark zu quetschen.
Führen Sie den Wurzelballen behutsam in die Ritze ein. Geben Sie etwas Erde und Splitt dazu und drücken Sie alles gut fest. Dann sprühen Sie reichlich Wasser darauf. Wollen Sie bestehende Trockenmauern mit Steingarten- und Alpinpflanzen bestücken, kratzen Sie zunächst die alte Erde aus den Mauerspalten heraus.

Ein Steingarten im Trog
Wessen Garten die Anlage eines Steingartens nicht zulässt, der kann sich alternativ ein kleines Alpinum im Steintrog zulegen. Decken Sie dazu die Wasserabflusslöcher des Troges mit Tonscherben ab und geben Sie eine Dränageschicht aus

Kies oder Sand hinein. Als nächstes nehmen sie einen markanten Stein und setzen ihn ein. Poröse, ausgewaschene Stellen im Stein eignen sich ideal, um kleine Pflanzen wie Hauswurz hineinzusetzen. Füllen Sie den Trog so mit Erde, dass der dominante Stein noch weit genug herausragt, und verteilen Sie dann kleinere Steine. Nun setzen Sie die Pflanzen Ihrer Wahl so in den Trog, dass ein harmonisches Ensemble entsteht. Freiflächen füllen Sie mit Kies oder Splitt.

Stufen ins Gartenglück
Um den Garten auf verschiedenen Ebenen zu erschließen, bedarf es Treppen. Besonders gelungen wirkt eine Anlage, bei der Hangstützmauer und Treppenanlage wie aus einem Guss sind.

Staudenbeete
Ein altes Beet generalüberholen

Wenn sich Stauden nach **einigen Jahren** zu stark ausgebreitet haben, ist von der ursprünglichen **Beetanlage** fast nichts mehr zu sehen. Um aber weiterhin **Freude** an Ihrem Schmuckstück zu haben, sollten Sie ihm eine **Verjüngungskur** gönnen.

✗ UNBEDINGT VERMEIDEN
Pflanzen Sie Stauden nicht zu dicht, halten Sie mindestens die halbe Wuchshöhe Abstand! Pflanzen Sie Stauden keinesfalls wieder ins Beet, ohne sie durch Teilen verjüngt zu haben!

Blütenfülle erhalten
Damit es im Beet auch in kommenden Jahren so prächtig blüht, sollten die Stauden alle paar Jahre durch Teilung verjüngt werden.

Staudenbeete verändern sich

Ein Staudenbeet erscheint jedes Jahr anders. Die Witterungsverhältnisse sind mal für die eine, mal für die andere Art günstig. Mit der Zeit breiten sich einige Pflanzen aus, andere verschwinden. Zudem werden verschiedene Stauden im Lauf der Zeit blühfaul und müssen durch Teilung verjüngt werden. Als Gärtner können Sie in dieses Gefüge behutsam eingreifen, indem Sie zu üppig wachsende Stauden im Zaum halten und den zarteren Platz verschaffen.

Manchmal stellt sich aber auch heraus, dass die Pflanzung trotz sorgsamer Planung nicht den ursprünglichen Vorstellungen entspricht, dass sich die Lichtverhältnisse, etwa durch einen in der Nähe gepflanzten Baum und durch Bautätigkeit der Nachbarn, verändert haben oder dass sich allzu viele Unkräuter breit gemacht haben. Spätestens jetzt wird eine Generalüberholung fällig. Die beste Zeit dafür ist entweder im Frühjahr oder im Herbst.

Gründliche Bodenbearbeitung schafft neue Wuchskraft

Besonders dann, wenn sich Wurzelunkräuter wie Giersch und Quecke breit gemacht haben, bleibt Ihnen oft nichts anderes übrig, als das Beet von Grund auf zu überholen. Am besten schneiden Sie dazu als erstes alle Stauden radikal zurück. So bekommen Sie einen besseren Überblick über die

Gesundbrunnen
Teilung verhilft manchen Stauden wie dem Phlox nicht nur zu mehr Blühfreude, sondern hält sie auch gesund.

Situation im Beet. Dann heben Sie die einzelnen Pflanzen mit Spaten oder Grabgabel heraus und entfernen die Unkräuter aus dem Wurzelbereich. Als nächstes bearbeiten Sie das Beet und entfernen auch hier alle Unkräuter. Je nach Bodenbeschaffenheit graben Sie entweder um, oder Sie lockern den Boden nur oberflächlich, gleichen Unebenheiten aus und arbeiten für eine gute Nährstoffversorgung Kompost ein – lassen Sie keine Rhizom- oder Wurzelstückchen im Beet zurück, sonst macht sich das Unkraut rasch von neuem breit. **Besonders gute Erfolge erzielen Sie**, wenn Sie Unkraut an trockenen Tagen jäten. Reste, die an der Oberfläche liegen geblieben sind, verdorren dann schnell und gehen zugrunde.

Teilen ist Verjüngen

Unabhängig davon, ob Sie das ganze Staudenbeet umgestalten oder nicht, sollten Beetstauden alle 3–5 Jahre geteilt werden, vor allem, wenn sie in der Mitte verkahlen oder wenn sie zu dicht werden. Teilen hält gesund, verjüngt und fördert frisches Wachstum. **Außerdem lassen sich die Pflanzen so ganz einfach vermehren**. Aber nicht alle vertragen die Behandlung gleich gut: Besonders Pfingstrosen oder Christrosen blühen nach Teilung und Umpflanzung einige Jahre nicht mehr, sie lässt man also besser ungestört. Die meisten Stauden verkraften es am besten, wenn man sie im Herbst teilt und umpflanzt. Kälte- und feuchtigkeitsempfindliche Arten werden dagegen besser im Frühjahr umgesetzt, wenn der Boden schon wieder warm geworden ist.

Bewährtes vermehren

Verfahren Sie bei der Generalüberholung nach dem Motto, dass die Pflanzen, die sich besonders gut durchgesetzt haben, auch die richtigen für eine Neupflanzung sind. Was sich bewährt hat, wird auch in Zukunft optimal gedeihen und **Ihnen kaum Arbeit, dafür umso mehr Freude bereiten**. Vermehren Sie die Stauden, die sich kräftig entwickelt haben, und pflanzen Sie sie in Gruppen oder gut verteilt auf das Beet. Was verdrängt wurde oder nur schwach wächst, setzen Sie an eine Stelle, wo es nicht gleich wieder von den wuchsstarken Konkurrenten überwuchert werden kann – und halten Sie reichlich Pflanzabstand.

Stauden teilen

1 Nehmen Sie die Pflanze mit der Grabgabel auf. Ist der Wurzelstock zu fest und kompakt, stechen Sie ihn zuvor mit dem Spaten ab.

2 Einen sehr festen und kompakten Wurzelstock teilen Sie am besten mit dem scharfen Spatenblatt oder mit einem kräftigen Messer.

3 Bei Stauden mit lockerem Wurzelwerk zerpflücken Sie die Wurzeln nach dem Aufnehmen mit den Händen.

SO SPAREN SIE ZEIT

■ Vermehren Sie nur die Pflanzen, die sich in Ihrem Garten wohl fühlen.

■ Statt Lücken, die bei der Überholung entstehen, mit neuen Stauden zu schließen, säen Sie dort robuste, selbst aussamende Sommerblumen ein, die von den verjüngten Stauden in ein paar Jahren verdrängt werden.

Grüne Teppiche
Rasen und Wiese schaffen Freiräume

Ob als **Kontrast** zu bunten Beeten und Rabatten, als **erweiterte Terrasse** oder als **grüner Spielplatz** für die Kinder – Rasen und Wiese sind ein wesentlicher Bestandteil des Gartens. Mit etwas **Umsicht** lässt sich die **Pflege** für den grünen Teppich erheblich **reduzieren**.

Rasen oder Blumenwiese?

Mit einem Stück Rasen lassen sich selbst in die kleinsten Gärten Großzügigkeit und Luftigkeit zaubern. Dabei hängt es ganz von Ihren persönlichen Vorlieben und Bedürfnissen ab, wie Sie diese Fläche im Einzelnen gestalten.

Ein robuster strapazierfähiger Spiel- und Sportrasen braucht wenig Pflege, Sie können darauf unbesorgt Feste feiern und Ihre Kinder tollen und spielen lassen. Während der Wachstumszeit muss man das Gras durchschnittlich einmal pro Woche auf 3,5–4 cm Länge abmähen. Zwei- bis dreimal pro Jahr – je nach Bodenbeschaffenheit und Düngemittelart – sollten Sie den Sportrasen düngen.

Ein Gebrauchsrasen eignet sich vor allem für gepflegt wirkende Grünflächen in Hausgärten, die nicht ständig betreten werden. Noch anspruchsvoller ist ein Zier- oder Parkrasen, der im Frühjahr und Sommer mindestens zweimal pro Woche auf 3 cm Länge gemäht, bei Trockenheit ausgiebig gewässert und mehrmals jährlich gedüngt werden muss. Dafür liegt er Ihnen dann traumhaft samtig und sattgrün zu Füßen.

Wenn Sie Gänseblümchen und Ehrenpreis die Chance lassen, Ihr hochbelastbares Grün aufzulockern, erhalten Sie einen Kräuterrasen. Hier brauchen Sie es mit dem Mähen nicht mehr gar so genau zu nehmen. Das mit bunten Blüten durchsetzte Grün sieht zwar nicht so makellos aus, duldet dafür aber auch einmal eine Mähpause.

Eine naturnahe Wiese mit vielerlei blühenden Wildblumen **kommt sogar mit ein- bis zweimaligem Mähen im Jahr aus und Düngen erübrigt sich**, ist sogar untersagt. Allerdings verträgt eine Blumenwiese nur wenig Tritt. Doch Sie können Wegstreifen darin kurz halten oder nur einen Teil der Grünfläche als Wiese gestalten.

Sternchenteppich
An sonnigen trockenen Stellen bildet die Gold-Fetthenne hübsche Teppiche, die im Hochsommer von unzähligen leuchtenden Blüten übersät sind.

Löwenzahn und Gänseblümchen
Was für die einen Unkräuter sind, die es mit Vehemenz zu bekämpfen gilt, betrachten andere als liebe Kindheitserinnerung und dulden die Pflanzen gern im Rasen.

DAS MACHT'S LEICHTER

● Denken Sie bei der Planung an die Lichtverhältnisse in Ihrem Garten. Rasen braucht das ganze Jahr über viel Sonne. Wo sie weniger als 6 Stunden pro Tag hinscheint, sollten Sie speziellen Schattenrasen anlegen. Bei weniger als 3 Stunden mit vollem Licht verzichten Sie besser auf Rasen.

● An Stellen, wo das Wasser nach Regenfällen nur schlecht versickert, sollten Sie keinen Rasen anlegen. Feuchtigkeit liebende Pflanzen machen Ihnen dort auf Dauer sicher mehr Freude.

Schattenteppich
Im Schatten wachsen Gräser nur schwer, also wird man hier mit Bodendeckern wie Ysander viel mehr Freude haben, zumal man sie nicht regelmäßig schneiden muss.

Grüne Teppiche
Rasen pflegeleicht anlegen

Einmal ausgesät soll ein Rasen **viele Jahre** lang Freude machen. Schon bei seiner **Anlage** kann man Vorkehrungen treffen, damit er **weniger Aufwand** beim Mähen bereitet und auch nach ausgelassenen Spielnachmittagen oder Grillfesten **gepflegt** aussieht.

Rasen zur Zierde oder zum Feiern

Damit Sie möglichst lang Freude an Ihrem Rasen haben, sollten Sie sich als Erstes überlegen, welchen Ansprüchen er genügen soll. Ein Zierrasen eignet sich nur dort, wo der grüne Teppich keinerlei Beanspruchung ausgesetzt wird. Doch wenn Sie mit Familie oder Freunden auf dem Rasen spielen und feiern wollen, brauchen Sie eine robuste Ausführung, die so manchen Tritt locker wegsteckt. Und gleich ein Tipp: Legen Sie Ihren grünen Gartenteppich in einer simplen geometrischen Form an, also wie einen Teppich rechteckig oder rund. **So wird die Pflege nachher viel einfacher**. Die Mindestbreite für Rasenstreifen, z. B. zwischen Beeten, sollte eine Rasenmäherbreite betragen.

Es gibt spezielle Rasensaatgutmischungen für nahezu jeden Zweck. Wenn Sie also wissen, ob Sie einen Zier-, Gebrauchs-,

Grünflächig

Planen Sie den Rasen möglichst in einer geschlossenen Fläche mit rechteckigen Umrissen, dann lassen sich später alle anfallenden Pflegearbeiten wesentlich leichter erledigen.

SO SPAREN SIE ZEIT

- Rasensaat im regenreichen Frühjahr oder Herbst spart pro 100 m² bis zu 30 Stunden Bewässerungszeit.

- An Hängen, wo Saatgut leicht weggeschwemmt wird und Rollrasen abrutscht, helfen Rasenmatten.

- Verwenden Sie Rasenmischungen mit langsam wachsenden Gräsern.

So säen Sie Rasen richtig

1 Bevor Sie den Rasensamen aussäen, müssen Sie den Boden gut vorbereiten. Arbeiten Sie ihn dazu zunächst mit einer Motorfräse gründlich durch.

2 Mit dem Rechen oder der Harke sollten Sie den Boden anschließend so fein wie möglich planieren und dabei auch größere Erdklumpen, Steine und Wurzelreste entfernen. Dann glätten Sie die Oberfläche sorgfältig.

3 Mit dem Streuwagen verteilen Sie die Rasensaat gleichmäßig zunächst in Längs-, dann in Querrichtung. Anschließend harken Sie die Saat mit dem Rechen oberflächlich ein. Halten Sie sich an die empfohlene Saatgutmenge.

4 Um die Samenkörner von allen Seiten gut mit dem Boden zu verbinden, drückt man sie mit Brettern oder einer Walze an. Nur durch einen guten Bodenschluss kann die Keimungsrate der Gräser ausreichend hoch sein.

5 Jetzt fehlt nur noch das nötige Wasser, damit die Gräser auch möglichst schnell zum Keimen kommen. Wenigstens bis zum ersten Mähen sollten Sie dafür sorgen, dass der Boden stets leicht feucht bleibt, ohne zu verschlämmen.

DAS MACHT'S LEICHTER

● Mit verlegbarem Rollrasen machen Sie aus Ihrem vorbereiteten blanken Gartenstück im Nu eine akkurate Grünfläche. Man rollt den Rasen einfach Reihe für Reihe aus, stampft oder walzt ihn dann fest und muss ihn nun nur noch tüchtig gießen, damit er schnell anwächst.

Sport- oder Spielrasen anlegen wollen, können Sie unter einem großen Angebot wählen. Gute Produkte erkennen Sie im Übrigen daran, dass sie aus möglichst vielerlei verschiedenen Grasarten und -sorten bestehen – mindestens sieben sollten es schon sein.

Strapazierfähige Gräser für einen Gebrauchsrasen sind vor allem Wiesenrispe oder Weidelgras. Für eine feinhalmige elegante Erscheinung sorgen Rotes Straußgras oder Rotschwingel. Im Spiel- und Sportrasen sollten extrem belastbare Gräser wie Kamm- und Lieschgras enthalten sein. Wenn Sie außerdem noch auf Qualitätssaatgut achten, dessen Gräser nicht allzu schnell wachsen, **brauchen Sie später seltener zum Rasenmäher zu greifen**. Zudem fällt viel weniger Mähgut an, das Sie aufrechen und entsorgen müssen.

Gute Vorbereitung zahlt sich aus

Ein robuster pflegeleichter Gebrauchsrasen gedeiht auf den meisten normalen Böden. Das A und O für einen schönen Rasen ist aber ein sorgfältig vorbereiteter Boden. Was zunächst mühsam und zeitraubend erscheint, **erspart Ihnen in den folgenden Jahren viele Probleme**.

Lockern Sie den Boden gründlich, am besten mit einer Motorfräse. Die obere Erdschicht sollte fein krümelig, aber fest sein. Unerlässlich ist eine gute Durchlässigkeit, Wasser muss gut versickern und Luft tief genug in den Rasen eindringen können. Zu dichte schwere Böden sollte man mit Sand auflockern, zu leichte karge dagegen mit spezieller Rasen- oder Komposterde anreichern. Unebenheiten im Boden können das Mähen erschweren, deshalb: Hügel und Senken unbedingt nivellieren! Für Spiel- und Gebrauchsrasen ist es ausreichend, wenn Sie die Bodenwellen mit einer Harke oder einem Rechen ausgleichen und nach Augenmaß planieren. Zierrasen sollte allerdings exakt nivelliert werden. Entfernen Sie auch alle Steine, alte Wurzelstöcke und vor allem Unkraut, das zahlt sich später aus! Lassen Sie den Boden nach diesen Maßnahmen einen Monat ruhen und beseitigen dann mit der Harke erneut das wieder ausgekeimte Unkraut. Für gesundes Wachstum benötigt der Rasen Nährstoffe. Mit einem speziellen Rasendünger schaffen Sie noch vor der Aussaat ideale Wachstumsvoraussetzungen.

FERTIG IN 30 MINUTEN

► 200 m² Boden fräsen und zur Rasensaat vorbereiten.

► 100 m² Rasen mit dem Streuwagen aussäen, einharken und bewässern.

► 100 m² Rollrasen verlegen.

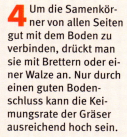

Grüne Teppiche
Richtiges Mähen nutzt dem Rasen

Ohne angemessenen Schnitt sieht ein Rasen rasch ungepflegt aus, Unkräuter machen sich breit. **Regelmäßiges Mähen**, *unterstützt durch die* **richtige Technik**, *garantiert lange Freude an einem sehr dichten grünen Teppich.*

FERTIG IN 30 MINUTEN

▶ 100 m² Rasen mit dem Handspindelmäher mähen.

▶ 200 m² Rasen mit dem Motorsichelmäher mähen.

▶ 20 m² Rasen mit dem Rasentrimmer einkürzen.

Mähen für einen schönen Wuchs

Für einen dichten, gesunden und gleichmäßigen Rasen ist regelmäßiges Mähen unerlässlich. Das Schneiden regt die Gräser dazu an, sich zu verzweigen und Ausläufer zu bilden, sodass eine dichte grüne Matte entsteht. **Damit Ihnen das Schneiden leicht von der Hand geht**, sollten Sie einige Dinge beachten: Ist das Gras noch feucht oder sogar nass,

Große Fläche, großer Mäher

Je ausgedehnter Ihre Rasenfläche ist, desto größer sollte die Schnittbreite des Rasenmähers sein, um die Zahl der Mähbahnen möglichst gering zu halten.

dann lieber nicht mähen. Nasses Gras klumpt zusammen, verklebt die Messer und verstopft den Mäher. Statt in den Fangkorb geblasen zu werden, fällt es auf den Boden zurück

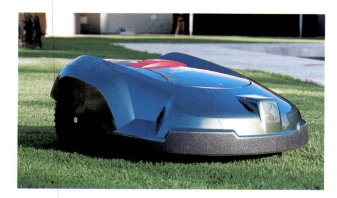

Automatische Schur
Mähroboter erledigen ihre Arbeit, betrieben von Akkumotoren und geleitet von Induktionsschleifen, ganz von selbst.

Flüstermäher
Erkundigen Sie sich nach der Geräuschentwicklung des Mähers – sehr leise Modelle können jederzeit betrieben werden, bei lauten müssen Sie Ruhezeiten beachten.

und Sie müssen es anschließend mühsam abrechen. Lassen Sie den Rasen auch nicht zu hoch wachsen. Steht das Gras mehr als 8 cm hoch, kommen Sie mit dem Mäher kaum noch durch – dann hilft nur: Schnitthöhe auf höchste Stufe einstellen, mähen, Schnitthöhe absenken und die Fläche noch einmal mähen. Mähen Sie aber auch nicht zu tief, denn sonst legen Sie die Wurzeln frei, die dann leicht absterben und hässliche kahle Stellen hinterlassen, die schnell vom Unkraut erobert werden. Die ideale Länge für einen Gebrauchsrasen liegt bei 3,5–6 cm, Zierrasen kann niedriger (etwa 2–3 cm hoch) geschoren werden. Im Frühjahr und Sommer, vor allem bei feuchtwarmer Witterung, empfiehlt es sich, einmal pro Woche zu mähen. **Im Herbst genügt es, wenn Sie nur alle zwei Wochen mähen.**
Am wichtigsten ist, dass die Messer im Rasenmäher scharf sind. Stumpfe Messer rupfen anstatt zu schneiden, schlimmstenfalls entwurzeln sie dabei die Gräser. Auch der Mähzeitpunkt ist wichtig, denn gerade im Hochsommer ist es für das

Gras besonders stressig, wenn es um die Mittagszeit bei sengender Hitze gemäht wird. Oft verbrennen dann die frisch geschnittenen Spitzen. Große Trockenheit verkraftet Ihr Rasen besser, wenn Sie ihn etwas höher wachsen lassen.
Mäher mit Fangvorrichtung für das Schnittgut erleichtern die Arbeit ungemein. Bei einfachen Handmähern ohne Fangkorb sollten Sie das Schnittgut zuerst etwas anwelken lassen und dann zusammenrechen, so verhindern Sie die Ausbreitung einiger zäher Unkräuter, gleichzeitig hält sich die Verfilzung des Rasens in Grenzen. Das welke Gras können Sie in dünnen Schichten auf den Komposthaufen geben.

Spindel- oder Sichelmäher?

Die ausgesprochen schonenden Spindelmäher, die als Hand- oder Motormäher erhältlich sind, arbeiten ganz ähnlich wie eine Schere. Die Gräser werden zwischen den Schneiden der Rollspindel und einem fest montierten Untermesser abgeschnitten. Sie liefern einen ausgesprochen feinen Schnitt und sind daher besonders für Zierrasen geeignet. Beim ausschließlich als Motormäher erhältlichen Sichelmäher schlägt ein waagrecht rotierendes Messer ähnlich wie eine Sichel das Gras ab, wobei die Schnittflächen etwas zerfransen.
Welcher Rasenmäher für Ihre Zwecke geeignet ist, hängt von den Gegebenheiten ab. Bei kleinen Flächen um die 100 m² ist ein Handmäher mit einer Schnittbreite von 35 cm völlig ausreichend. **Er hat keine störenden Kabel und benötigt kaum Pflege.** Bei größeren Flächen erleichtern Motormäher mit Benzin- oder Elektromotor und Schnittbreiten von 40–50 cm die Arbeit. Motor-Spindelmäher sind, verglichen mit den robusten Sichelmähern, vor allem auf unebenen Flächen nur schwer zu manövrieren. Luftkissenmäher sind besonders leichtgängig.
Bei schwereren Motorgeräten werden auch solche mit eingebautem Fahrantrieb angeboten. Er sorgt dafür, dass das Mähen nicht zum Kraftakt wird. Ganz neu sind schließlich lenkbare Rasenmäher, mit denen Sie leicht jede Kurve bekommen, und sogar Mähroboter.
Unter Sträuchern oder an Böschungen und anderen Stellen, die mit den meisten Rasenmähern nur schwer zugänglich sind, erleichtert ein Rasentrimmer die Arbeit.

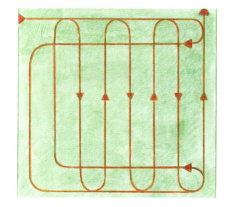

Bahn für Bahn
Beginnen Sie mit dem Mähen an einer Stirnseite und mähen Sie dann in leicht überlappenden Bahnen auf und ab von einer Seite zur anderen.

Grüne Teppiche

Rasenkanten ohne Mühe pflegen

Auch der **schönste** *Rasen sieht ungepflegt aus, wenn die* **Ränder** *ausfransen und sich das Gras dann ungehindert über Beete* **ausbreitet** *und auf den Weg* **wuchert**. *Doch für diese alltäglichen Probleme gibt es elegante* **Lösungen**.

Saubere Kanten sind ein Gewinn

Gras neigt dazu, Ausläufer zu bilden, sich also vermehrt in die Breite auszudehnen. Um das Ausufern der Gräser über die vorgesehene Grünfläche hinaus in Beete, auf Wege, Terrassen oder Treppen zu verhindern, gehört zum regelmäßigen Rasenschnitt sowohl ein sauberer Kantenschnitt als auch das gelegentliche Kantenabstechen. Die Rasenränder müssen aber auch darum sorgsam geschoren werden, damit sie saftig grün bleiben und nicht struppig oder gar von Unkraut durchsetzt werden. Bei jeder Rasenschur ist es daher Pflicht, die für den Mäher unerreichbaren Gräser an den Rändern zu schneiden. Und mindestens zweimal im Jahr sollten Sie mit dem Spaten oder besser noch mit einem speziellen, gewöhnlich halbmondförmigen Kantenstecher die Rasengrenzen zu den übrigen Pflanzbereichen sauber abstechen. So setzen Sie die Beete optisch klar vom Rasen ab, was der Ästhetik Ihres Gartens zugute kommt.

Oft werden die Gräser am Rasenrand vom Rasenmäher nicht richtig erfasst, weil seine Messer nicht dort hingelangen, der Mäher an unbefestigten Rändern abrutscht oder die Halme weit über den Rand hängen bzw. dem Boden aufliegen. Auch entlang von Mauern oder Zäunen lassen sich die Gräser nur schwer mähen. All das bedeutet zusätzliche Nacharbeit mit anderen Geräten.

Statt aber die Rasenränder nun mühsam mit der Hand mittels einer Gartenschere einzukürzen, sollten Sie zumindest eine spezielle Rasen- oder Graskantenschere (Scherenblätter und

Trimmen
Ein schnell rotierender Nylonfaden schlägt beim Rasentrimmer die Gräser ab. Mit diesem Gerät, betrieben über Stromanschluss oder mit Akkus, kommen Sie problemlos in jeden Winkel.

Scheren
Mit einer Akku-Rasenschere können Sie nicht nur Rasenkanten kurz scheren, sondern auch kleine Rasenstücke mähen. Achten Sie auf leistungsfähige Akkus, die Sie bei Bedarf auch nachkaufen können.

Griffe sind um 90° zueinander versetzt) und hier wiederum ein Modell mit langem Stiel verwenden. **Damit sparen Sie sich eine umständliche, Kräfte zehrende Handhaltung** sowie lästiges Bücken und können bequem im Stehen arbeiten. Noch einfacher geht das mit Kantenschneidern, die rotierende Messerscheiben besitzen, oder mit Akkuscheren – beide können Sie auch an einem Teleskopgriff führen.

An Rändern wie an allen schwer zugänglichen Stellen leistet ein Rasentrimmer gute Dienste. Mittels eines schnell rotierenden Nylonfadens schneidet er die Gräser ab. Achten Sie darauf, dass der Trimmer einen höhenverstellbaren Stiel hat, damit Sie mit geradem Rücken arbeiten können. Lässt sich außerdem noch der Arbeitswinkel des Schneidkopfes verstellen, können Sie mühelos Rasenkanten in jeglicher Lage prä-

Intelligent geführt
Rasenkanten mit einem integrierten Rand für den Rasenmäher sind einfach einzubauen und sorgen dafür, dass Mähen bis zur Kante spielend leicht wird und exakt gelingt.

Langer Schnitt
Mit Rasenkantenscheren, die über lange Griffe verfügen, zähmen Sie den Wildwuchs entlang von Beeten, ohne den Rücken zu belasten (rechts).

Ebenerdig
Damit eine Rasenkante nicht nur attraktiv aussieht, sondern auch funktionell ist, muss sie unbedingt bündig mit der Rasenfläche verlegt werden.

FERTIG IN 30 MINUTEN

► 10 m Rasenkante mit der Schere schneiden.

► 20 m Rasenkante mit dem Akkuschneider pflegen.

► 30 m Rasenkante mit dem Rasentrimmer pflegen.

möglich, allein mit dem Mähen die gesamte Rasenfläche wirklich komplett zu pflegen. Mit festen Rasenbegrenzungen, die allerdings sinnvoll gestaltet und fachgerecht eingebaut werden müssen, **können Sie sich das lästige Kantenstechen und -schneiden tatsächlich sparen**.
Diese Erleichterung verschaffen Sie sich mit Natur- oder Kunststeinen bzw. Kunststoffeinfassungen, die unbedingt ebenerdig, sprich bündig mit der Grasnarbe verlegt werden müssen. Besonders leicht einzubauen sind spezielle Rasenkantsteine, die eine Mähkante aufweisen, eine integrierte flache Fahrspur, auf der die Rasenmäherräder laufen können. Solche Elemente – oft als Stecksysteme – gibt es aus Stein oder Kunststoff, in diversen Längen, gerade oder gebogen, ganz zu Ihrer freien Gestaltung. Um die Rasenkanten zu verlegen, stechen Sie zunächst einen Graben entlang der Rasengrenze aus, bereiten darin ein Sandbett und setzen die einzelnen Elemente ein. Manche Anbieter liefern Stecksysteme aus Kunststoff, die zusätzlich mit einem Kabeltunnel ausgestattet sind, durch den Sie **gleich noch die Wasser- oder Stromversorgung legen** können. Eine sehr edel wirkende Alternative dazu bieten Rasenkanten aus rostfreiem Edelstahl, die Sie mit einer Einschlaghilfe und einem Kunststoffhammer in die Erde treiben.
Erhöhte Begrenzungen wie Holzpalisaden, Beetsteine aus Beton oder auch Klinkermäuerchen sind dagegen, was die Pflege der Rasenkanten angeht, keinerlei Erleichterung. Genauso wie entlang von Mauern oder Zäunen kommen Sie hier mit dem Rasenmäher nicht ganz bis an den Rand und brauchen daher weiterhin den Trimmer oder die Schere, um in einem weiteren Arbeitsgang die nicht abgemähten Grashalme akkurat zu kürzen.

SO SPAREN SIE ZEIT

■ Gerade Kanten sind einfacher zu pflegen als runde, geschwungene – so spart man pro Mähvorgang leicht 30 Minuten Aufwand.

■ Legen Sie ein Brett auf den Rasenrand und nutzen Sie es als Schablone zum Abstechen exakter Kanten.

■ Befestigte Kanten verhindern, dass der Rasen in die Beete hinein wächst – das erspart zweimal pro Jahr rund 2 Stunden für das Kantenstechen.

■ Bei einem Rasen ohne befestigte Rasenkante erleichtert Ihnen ein Motorkantenschneider, den Sie am Rand entlang schieben können, die Arbeit.

■ Durch Rasenkanten mit Mähbord wird die Kantenpflege beim Mähen mit erledigt, das spart 3–4 Stunden Pflege der Rasenkanten. Stecksysteme sind leicht einzubauen.

■ Ebenerdig verlegte Trittplatten sind mit dem Rasenmäher befahrbar und ermöglichen ein sauberes Abmähen der Kanten.

zise stutzen und selbst am Hang kleine Rasenstücke schneiden. Da Rasentrimmer etwas Übung erfordern, bis man die richtige Schnitthöhe erzielt, bietet der Handel neuerdings auch Geräte mit justierbaren Fahrwerken an, bei denen Sie die Schnitthöhe exakt einstellen können.

Feste Einfassungen halten Gras im Zaum
Obwohl die Technik die Rasenkantenpflege sehr erleichtert, ist es natürlich ungleich geschickter, dafür zu sorgen, dass diese Arbeit gar nicht erst anfällt. Es ist nämlich durchaus

Grüne Teppiche
Den Rasen richtig wässern und düngen

Wächst Ihr Rasen eher ungleichmäßig, sieht er lückenhaft, fahl und schlaff aus? Dann könnte ein Mangel an **Wasser** *und* **Nährstoffen** *der Grund sein. Durchdringendes* **Beregnen** *und gezieltes* **Düngen** *schaffen hier aber nachhaltig* **Abhilfe**.

FERTIG IN 30 MINUTEN

► 100 m² Rasen mit dem Streuwagen düngen.

► 100 m² Rasen mit dem Schlauch bewässern.

Wasser sorgt für saftiges Grün

Sobald die Rasensaat erst einmal gut eingewurzelt ist und die Halme dicht an dicht stehen, verträgt die Grünfläche in der Regel schon einmal vorübergehend trockene Phasen. Hält die Trockenheit jedoch an und kommt auch noch sengende Sonne hinzu, dann verdorren die Gräser, der Rasen zeigt hässliche braune Stellen. Deshalb führt vor allem im Hochsommer kein Weg am Bewässern vorbei.

Um dabei wirksam und Zeit sparend vorzugehen, gilt es einiges zu beherzigen: Am besten wässert man nicht ständig mit kleinen Wassermengen, sondern seltener, aber dafür ausgiebig, und zwar entweder frühmorgens oder abends. Zu diesen Zeiten verdunstet das Gießwasser nicht gleich wieder, vielmehr sickert es in den Boden ein und kommt den Gräserwurzeln zugute. Bei jedem Wässern sollte so viel Wasser ausgebracht werden, dass der Boden bis in eine Tiefe von etwa 15 cm durchfeuchtet wird, denn so tief wurzeln die meisten Gräser. Benetzen Sie lediglich die Bodenoberfläche, dann verdunstet nicht nur der Großteil des Gießwassers ungenutzt gleich wieder – es hat auch zur Folge, dass die Wurzeln auf der Suche nach Wasser nicht in die Tiefe wachsen und das Gras auf Dauer besonders anfällig für Trockenheit wird, selbst dann, wenn Sie es ständig bewässern. 15–20 l Wasser pro Woche und Quadratmeter sollte ein Rasen in der Regel

Wasser, marsch!

Mit einem fein sprühenden Regner, der über einen Schlauch mit der Wasserleitung verbunden ist, kann ausbleibender Regen auf bequeme Weise ersetzt werden.

erhalten, damit er in vollem Saft bleibt. Ist der Boden allerdings schwer und nur wenig durchlässig, müssen Sie mit dem Gießen vorsichtig sein, denn sonst wird die Mineral- und Sauerstoffaufnahme durch die Wurzeln behindert.
Und bleiben nach starkem Regen gar Pfützen auf dem Gras stehen, müssen Sie wohl oder übel mit geeigneten Maßnah-

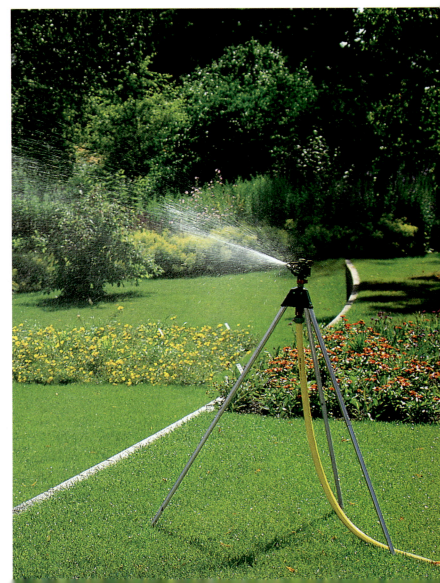

Automatische Bewässerung
Bei ausgedehnten Rasenflächen lohnen sich dauerhaft installierte Bewässerungssysteme. Auslässe mit Sprühköpfen werden durch den Wasserdruck nach oben gehoben. Eine computergesteuerte Zeitschaltuhr startet und stoppt die Bewässerung präzise.

Wie viel Regen?

Ein Regenmesser auf dem Rasen hilft seine Wasserversorgung einzuschätzen. Die Skala zeigt die Niederschlags- oder Bewässerungsmenge an – 10 l Wasser pro m² entsprechen 10 mm im Regenmesser.

Schlauchtrommel

Neben dem Wasserauslauf an der Wand montiert und mit automatischer Aufwicklung ausgestattet, erleichtert sie die Bewässerung sehr. Der Schlauch lässt sich damit einfach auslegen und wieder aufräumen.

Streuwagen

Mit ihm können Sie Düngemittel gleichmäßig verteilen. Fahren Sie mit dem Streuwagen in parallelen Reihen die Fläche ab. Die erste Hälfte des Düngers streuen Sie in Längsrichtung und die zweite Hälfte quer dazu.

men die Dränage verbessern, denn sonst nimmt Ihr Rasen mit der Zeit schweren Schaden.

Zur Bewässerung ausgedehnter Rasenflächen eignen sich am besten dauerhaft installierte Systeme. Wenn Sie ein solches Bewässerungssystem gleich bei der Rasenanlage installieren, **sparen Sie in Zukunft viel Zeit und Mühe**.

Dünger sorgt für sattes Grün

Die meisten Gartenböden sind in der Regel reich, wenn nicht überreich mit Nährelementen versorgt. Im Gegensatz dazu leiden Rasenflächen oft unter akutem Nährstoffmangel. Immerhin entziehen die Gräser dem Boden ständig Nährstoffe, die durch häufiges Mähen und Fortschaffen der pflanzlichen Rückstände auch noch verloren gehen – sie müssen also von Ihnen wieder ersetzt werden. Besonders Stickstoffmangel macht sich beim Rasen schnell und unübersehbar bemerkbar, weil dann die Gräser nur langsam wachsen und sich hellgrün oder gelblich verfärben.

Um Ihren Rasen optimal mit Nahrung zu versorgen, verwenden Sie am besten spezielle Rasendünger. In diesen sind alle nötigen Nährstoffe in ausgewogener, genau auf die Bedürfnisse der Pflanzen ausgerichteter Mischung enthalten – einschließlich der wichtigen Spurenelemente.

Besonders angebracht ist eine gute Nährstoffversorgung zu Beginn der Wachstumsperiode, also im Frühjahr. Zum Start in einen schönen grünen Sommer sollten Sie düngen, wenn die Forsythien blühen und das Gras zu wachsen beginnt. Bevorzugen Sie einen Langzeitdünger, der gibt die Nährstoffe nach

und nach frei, **Sie brauchen damit nur ein- oder zweimal pro Saison zu düngen**. Gegen Ende des Gartenjahres, also im Herbst, machen Sie Ihren Rasen mit einer zweiten Gabe fit für den Winter, wobei die letzte Düngergabe weniger Stickstoff enthalten sollte. Einige Anbieter haben spezielle Frühjahrs- oder Herbst-Düngermischungen im Angebot. Halten Sie sich unbedingt an die auf der Packung angegebenen Mengen, düngen Sie sogar eher sparsamer. Mit zu viel Dünger verbrennt das Gras und der Rasen bekommt kahle Stellen. Bringen Sie den Dünger gleichmäßig aus – am besten mit einem Düngerstreuer oder Streuwagen. Beim Ausstreuen mit der Hand gelingt das nicht immer. Unregelmäßige Düngerverteilung macht sich schon nach kurzer Zeit durch unterschiedlich gefärbte oder geschädigte Grasstellen bemerkbar. Nach dem Düngen sollten Sie ausgiebig wässern, damit die Nährstoffe schnell ins Erdreich gelangen.

SO SPAREN SIE ZEIT

■ Langzeitdünger reicht oft für die ganze Gartensaison vom Frühjahr bis zum Herbst aus und erspart Ihnen mehr als 3 Stunden Zeit fürs Düngen.

■ Wässern Sie den Rasen nur, wenn es unbedingt nötig ist, dann aber umso intensiver. Der Welketest gibt hier Auskunft: Richtet sich der Rasen nicht mehr auf, wenn man ihn betritt, und bleiben Fußabdrücke zurück, dann braucht er dringend Wassernachschub.

Grüne Teppiche
Moos und Unkraut wirksam bekämpfen

Im Lauf der Zeit machen sich in fast jedem Rasen Moos und Unkraut breit. **Verschaffen Sie Ihrem Rasen Luft** und **befreien** Sie ihn von dem Filz aus abgestorbenen Grasresten, dann kann er sich **leicht selbst erneuern** und gegen Unkraut und Moos behaupten.

Rasen vertikutieren
Mindestens einmal, besser zweimal pro Jahr sollten Sie Ihren Rasen mit einem Vertikutiergerät bearbeiten, um alten Rasenfilz zu entfernen und dem Gras zu mehr Wuchskraft zu verhelfen.

Unkraut stechen
Mit einem Unkrautstecher entfernt man Unkräuter mitsamt ihren tief reichenden Wurzeln.

FERTIG IN 30 MINUTEN

▶ 100 m² Rasenfläche vertikutieren oder aerifizieren.

▶ Auf 50 m² Rasenfläche Unkraut ausstechen.

▶ 100 m² Fläche absanden.

Vorbeugen ist besser als Jäten

In geringer Zahl werden Gänseblümchen als auflockernde Tupfer im Rasen geschätzt, doch wenn sie sich zusammen mit Wegerich, Löwenzahn und anderen Unkräutern zu sehr ausbreiten, sinnt so mancher Gartenfreund auf Änderung. Zunächst wird man um das Unkrautjäten nicht herum kommen; einzeln stehende Unkräuter lassen sich mit dem Unkrautstecher entfernen. **Auf Dauer lässt sich das Problem aber viel besser dadurch beheben, dass die richtigen Vorbeugungsmaßnahmen getroffen werden.** Denn die meisten Unkräuter breiten sich besonders in einem schlecht versorgten und wenig gedüngten Rasen aus. Dort nutzen die ungeliebten Pflanzen die Chance, sich zwischen den geschwächten Gräsern auszubreiten, und verdrängen diese immer mehr. Oberstes Ziel aller Vorbeugung ist daher, den Gräsern optimale Wachstumsbedingungen zu schaffen. Neben Wasser und Dünger gehört dazu vor allem eine gute Durchlüftung des Bodens. In einer gut ernährten Fläche wachsen

Gräser und Unkräuter stark nach oben und können vom Rasenmäher leicht erfasst werden. Da Kräuter den regelmäßigen Schnitt wesentlich schlechter vertragen als Gras, werden sie im Lauf der Zeit zumindest unterdrückt, wenn nicht verdrängt. Kriechende Unkräuter wie Ehrenpreis können sich den Messern kaum entziehen, wenn Sie vor dem Mähen mit Besen oder Rechen über die Fläche gehen und die niederliegenden Triebe dabei aufrichten.

Nach- und Reparatursaat

1 Stark vermoosten oder beschädigten Rasen können Sie mit einer Nachsaat nachhaltig ausbessern. Dazu vertikutieren Sie zunächst die betroffene Fläche systematisch und gründlich.

2 Anschließend rechen Sie die Fläche sorgfältig ab. Damit entfernen Sie nicht nur Moos und Grasreste auf den Kahlstellen, sondern auch kriechende Unkräuter, die dem Rasen am meisten zusetzen. Einzelne tief wurzelnde Unkräuter stechen Sie per Hand aus.

✗ UNBEDINGT VERMEIDEN

Vertikutieren Sie Ihren Rasen keinesfalls, solange das Gras mehr als 3 cm hoch steht oder vom Regen nass ist – in beiden Fällen reißen Sie leicht die Gräser samt Wurzeln aus dem Boden.

Entfilzen und Belüften

Aus abgestorbenen Pflanzenresten und liegen gebliebenem Rasenschnitt bildet sich mit der Zeit ein Filzbelag auf der Rasenfläche. Er verhindert, dass Wasser in den Boden eindringt, denn er saugt sich selbst voll. Ist der Boden dazu durch Bespielen und andere Aktivitäten stark verdichtet, dann gelangen Luft und Wasser kaum noch hinein und an die Wurzeln. In der Folge wächst das Gras oft schlecht und wird von Moos verdrängt.

Um hier Abhilfe zu schaffen, sollten Sie mindestens einmal im Jahr den Rasen vertikutieren und belüften, damit Wurzel- und Graswachstum angeregt werden. Beim Vertikutieren zerschneidet und entfernt man den Filz zwischen den Gräsern, und zwar mit speziellen Geräten für Handbetrieb oder mit Motorkraft. Deren Messer dürfen nicht tiefer als 1–2 mm in die Erde eindringen, sonst beschädigen sie die Wurzeln! Beim Aerifizieren oder Belüften sticht man senkrechte Kanäle in den Boden, damit Luft in die Tiefe dringen kann. Dafür eignet sich im einfachsten Fall eine Grabgabel, sonst setzt man

3 Nun streuen Sie feine Rasenerde aus und verteilen dann gleichmäßig eine Rasen-Nachsaatmischung darüber. Drücken Sie sie mit einem Brett fest an, um ein Wegschwemmen zu verhindern, anschließend wässern Sie die Stelle mit feinem Brausestrahl.

Nagelwalzen oder spezielle Aerifiziergabeln ein.

Die beste Zeit fürs Vertikutieren und Belüften sind Frühjahr oder Herbst – führen Sie diese Arbeiten möglichst bei feuchter Witterung durch, denn dann kann sich das Gras schneller von dieser Strapaze erholen. Vor dem Vertikutieren sollten Sie mähen, andernfalls können die Vertikutiermesser ihren Zweck nicht erfüllen. Danach sollten Sie den Rasen (möglichst an einem trockenen Tag) absanden. Bei kleineren Flächen reicht es, dazu Sand mit der Schaufel über den Rasen zu werfen und mit Rechen oder Besen zu verteilen. Pro Quadratmeter sollten Sie etwa mit einem halben Eimer Sand (also 5 l) rechnen. **Bei größeren Flächen leistet der Streuwagen gute Dienste.**

Manchmal hilft nur noch neu säen

Sind bestimmte Stellen des Rasens besonders stark mit Unkraut besetzt, sodass das Gras schon weitgehend verdrängt wurde, dann ist es sinnvoll, diese Stelle von Grund auf zu renovieren und neuen Rasen anzulegen.

Sand zum Lockern
Sand bewirkt, dass die Erde locker und feinkrümelig wird, so können Rasengräser besser gedeihen.

SO SPAREN SIE ZEIT

■ Verwenden Sie ein leistungsstarkes motorbetriebenes Vertikutiergerät, das die Abfälle gleich in einen Fangkorb befördert – so sparen Sie 2–3 Stunden Zeit zum Aufrechen.

■ An schattigen Stellen macht eine Pflanzung mit Schattenstauden oder Bodendeckern deutlich weniger Mühe als Rasen, der hier nie richtig wachsen und trotz aller Gegenmaßnahmen immer wieder vermoosen wird.

Grüne Teppiche
Eine Wiese zum Blühen bringen

Möchten Sie Ihre Grünfläche in eine bunte Blumenwiese verwandeln? Das ist **gar nicht so schwierig** *und das Ergebnis* **viel pflegeleichter** *als ein Rasen. Sie brauchen dazu vor allem Geduld und ein paar Grundkenntnisse.*

Wiesenfreuden
Blumenwiesen passen vor allem in naturnahe und ländliche Gärten.

FERTIG IN 30 MINUTEN

► 100 m² fetten Gartenboden durch Absanden zur Aussaat vorbereiten und mit Wildblumen einsäen.

Blumenwiesen lieben magere Böden

Die Ansprüche, die eine Wildblumenwiese an den Boden stellt, sind ganz andere als die Anforderungen eines Rasens. Während Gräser auf gut gedüngtem nährstoffreichem Boden die Oberhand bewahren, ziehen viele Wildblumen als Hungerkünstler karge nährstoffarme Böden vor. Nur hier sind sie in der Lage, in Konkurrenz zu den Gräsern zu treten und sich zu behaupten. Bleibt die Nährstoffzufuhr in Form von Dünger aus, dann können sich im Lauf der Zeit selbst aus einem gut versorgten Rasen artenreiche Magerwiesen entwickeln. Nur auf von Natur aus besonders fetten Gartenböden wie Ton- oder Lehmböden werden Blumenwiesen kaum von selbst entstehen. Denn diese Böden haben so viele Nähr-

stoffe gebunden, dass sie auch ohne kontinuierliche Düngergabe nährstoffreich bleiben. Im Garten können Sie das Abmagern des Bodens beschleunigen, indem Sie die Erde mit reichlich Sand mischen.

Wenige Gräser und viele Blumen

Wenn Sie viel Freude an Ihrer Blumenwiese haben wollen, sollten Sie darauf achten, **dass die ausgesäten Gräser möglichst schwachwüchsig sind**, so wie das Rote Straußgras, Schwingel oder Silbergras, und die Blumen nicht überwachsen. Gegen Weidelgras haben Blumen keine Chance. Gräser sollten in der Mischung nur einen geringen Anteil ausmachen. Viele im Handel erhältliche Blumenwiesenmischun-

Wieseninsel
Schon ein kleiner Bereich innerhalb der Rasenfläche, in dem Blumen sich frei entwickeln dürfen, bringt ein besonderes Biotop in den Garten.

Wiesenweg
Indem Sie einen Streifen in Ihrer Wiese mittels regelmäßiger Mahd kurz halten, entsteht ein lauschiger Weg.

gen enthalten mehr als 30 verschiedene Wildblumenarten. Darunter sind auch Einjährige wie Korn- und Mohnblumen, **sodass Sie sich schon im ersten Jahr an bunten Blumen erfreuen können**. Diese typischen Ackerrandpflanzen gedeihen vor allem auf frisch umgebrochenem Boden. Im zweiten Jahr sind sie meist verschwunden, dafür erscheinen jetzt Schafgarbe, Lichtnelken oder Labkraut, Wiesenmargeriten, Wiesenstorchschnabel und andere Arten. Wie sich die Blumenwiese entwickelt, ist kaum vorherzusagen. Manche Samen keimen erst in einem besonders trockenen Sommer, andere brauchen dagegen viel Regen. Zudem bringen Vögel, Insekten oder ganz einfach der Wind Samen von anderswo mit, die eines Tages ebenfalls auskeimen können.

Einmal mähen im Jahr reicht aus

Im ersten Jahr brauchen Sie Ihre neue Blumenwiese **überhaupt nicht zu mähen**. Erst im Herbst darauf wird ein Schnitt nötig. In den folgenden Jahren erhalten Sie Ihre Wiese schön, wenn Sie sie einmal im Jahr, meist im Juni,

nachdem das Gros der Blumen bereits geblüht hat, mit der Sense (auch motorbetrieben) oder dem Rasenmäher, am besten einem Balkenmäher, mähen. Wenn Sie zweimal mähen wollen, sollten Sie dies einmal im Frühsommer und einmal im Herbst tun. Wollen Sie einige Blumenarten in Ihrer Wiese gezielt fördern, dann sollten Sie erst dann mähen, wenn diese Arten schon Samen gebildet und ausgestreut haben.

Im Rasen eine blühende Insel schaffen

1 Stechen Sie den Rasen auf der gewünschten Fläche in Soden ab. Diese können Sie kompostieren oder zur Reparatur kahler Rasenstücke verwenden.

Kräuterrasen

Für häufig betretene Flächen, etwa als Spielwiese, ist eine Blumenwiese allerdings nicht geeignet. Denn die hohen Halme und Blütenstiele brechen und richten sich nur schwer wieder auf. Hier ist ein trittfester Kräuterrasen eine bunte Alternative. Gänseblümchen, Kriechender Günsel oder Wiesenschaumkraut, die sich oft von selbst einstellen, lockern ihn auf. Den Kräuterrasen sollten Sie vier- bis sechsmal pro Jahr mähen. Sie können ihn fördern, indem Sie ganz gezielt einige Wiesenblumen wie Margeriten in der Fläche anpflanzen.

2 Arbeiten Sie nun den freigelegten Untergrund mit einer Motorfräse gründlich durch. Anschließend streuen Sie 2–3 cm Sand auf und arbeiten diesen gründlich in die Oberfläche ein – denn Ihre Wieseninsel braucht zum Gedeihen abgemagerten Boden.

3 Besorgen Sie sich von einer Wiese in Ihrer Umgebung blumenreiches Heu, das Sie in einer 2–3 cm hohen lockeren Schicht auf dem Wiesengrund verteilen – ersatzweise können Sie natürlich auch spezielle Saatmischungen für Blumenwiesen aussäen.

Grüne Teppiche
Den Rasen mit bunten Blüten verschönern

Mit ein paar gezielt eingepflanzten **Stauden** oder **Zwiebelgewächsen** wie Margeriten, Blausternchen, Krokussen oder Herbstzeitlosen **wertet** man den Gräserteppich ungemein **auf** und setzt ihm gleichsam leuchtende **Edelsteine** ein. Die bunten Blütentupfer kommen im grünen Gräsermeer ganz besonders **gut zur Wirkung**.

Frühjahrs- oder Herbstblüher für kurzen Rasen

Pflanzen Sie in Rasenflächen, die regelmäßig gemäht werden, vor allem Gewächse, die außerhalb der Mähsaison, also im zeitigen Frühjahr oder im Herbst, blühen. Schneeglöckchen, Krokusse oder Blausternchen schmücken die Wiese mit ihren Blüten, noch ehe das Gras zu wachsen beginnt. Wenn Sie das erste Mal den Rasen mähen, haben die Frühjahrsblüher oft schon ihre Blätter eingezogen und genügend Kraft für das nächste Jahr gesammelt. Wildstauden wie Margeriten und Glockenblumen, die ab Ende Mai ihre Blüten entfalten, können sich nur dann im Rasen behaupten, wenn Sie sie erst nach der Blüte abmähen.

Die beste Pflanzzeit ist im Herbst

Zwiebeln von winterharten Frühjahrsblühern kann man schon ab August einsetzen. **Große Zwiebeln wie die der Narzissen pflanzen Sie am besten mit dem Zwiebelpflanzer.** Um die Zwiebeln in einem möglichst natürlichen Muster auf der Grünfläche zu verteilen, streuen Sie die Zwiebeln zunächst ganz zufällig über die Wiese aus und pflanzen sie dann dort ein, wo sie hingefallen sind.

Narzissenbüsche
Die überaus eleganten Zwiebelblumen (oben) werden mit den Jahren immer üppiger, wenn man ihre Blätter ausreifen lässt und sie gut düngt.

Blaue Sterne
Ihrem Namen machen die anmutigen Blausternchen in der Tat alle Ehre (oben).

Krokuswiese
Im zeitigen Frühjahr zieren Krokusse den Rasen (rechts).

► 20–30 Zwiebeln locker auf dem Rasen verteilen, mit dem Zwiebelpflanzer Löcher stechen, Zwiebeln einsetzen und mit Erde bedecken.

► Mit dem Spaten Rasensode einschneiden und aufklappen, Zwiebeln einsetzen und Sode schließen.

Der Mindestabstand zwischen zwei Zwiebeln sollte dabei jedoch stets eine Zwiebelbreite betragen. Als ideale Pflanztiefe erweist sich die doppelte bis dreifache Zwiebelhöhe. Heben Sie mit dem Pflanzer ein Loch aus der Wiese – samt der Grasnarbe –, vermischen ein wenig vom Aushub mit Dünger und füllen ihn als erstes in das Loch. Dann legen Sie die Zwiebel darauf und bedecken sie mit Erde. Zum Schluss

Zwiebelpflanzen, die im Rasen auswildern

Pflanzen	Farbe/Höhe	Blütezeit	Besonderheiten
Blausternchen	Blau/10–20 cm	III–IV	Liebt humose, schattige Standorte.
Herbstzeitlose	Rosa bisLila, selten Weiß/ 10–25 cm	VIII–X	Vorsicht, die Herbstzeitlose ist sehr giftig!
Krokusse	Blau, Gelb und Weiß/ 10–15 cm	II–IV	Setzen sich am besten in schütterem Rasen durch.
Narzissen	Gelb, Weiß/10–30 cm	III–IV	Besonders anmutig wirken kleinwüchsige Sorten.
Schneeglöckchen	Weiß/10–20 cm	II–III	Schätzt weniger wüchsiges Gras.
Traubenhyazinthe	Blau/10–40 cm	IV–V	Möglichst in großen Gruppen pflanzen.
Wildtulpen	div. Farben/20–45 cm	III – IV	Nur für lückige Rasenstücke geeignet.
Weniger geeignete Pflanzen			
Gartentulpen	alle außer Blau/20–70 cm	IV–VI	Brauchen stets offenen Boden.
Hundszahnlilie	Rosa, Weiß, Violett/ 10–20 cm	III–IV	Besser im Steingarten und am Gehölzrand aufgehoben.

Zwiebeln in den Rasen pflanzen

Größere Zwiebeln, wie die von Narzissen oder Tulpen, pflanzen Sie am besten einzeln mit dem Zwiebelpflanzer: Loch ausheben, Zwiebel einsetzen und mit Aushuberde auffüllen.

setzen Sie das abgehobene Grasstück wieder fest obenauf, sodass das Loch nicht mehr zu sehen ist. Kleinere Zwiebeln pflanzt man am besten in Gruppen. Dazu kann man entweder Grassoden abheben und die Zwiebeln in der freigelegten Erde verteilen, oder man pflanzt sie mit der Grabgabel. Stechen Sie dazu mit der Gabel in das Gras und bewegen Sie sie vor und zurück, bis die Löcher groß genug sind, um Zwiebeln aufzunehmen. Mischen Sie ein wenig Erde mit Dünger (z. B. Hornmehl) und geben Sie das Gemisch mit einem Löffel in die Pflanzlöcher. Dann stecken Sie die Zwiebeln ein und bedecken sie locker mit Erde. Einmal eingepflanzt sind die meisten Zwiebelpflanzen in der Wiese äußerst vermehrungsfreudig und **haben oft schon nach ein oder zwei Jahren größere Bestände gebildet.** Wenn Sie ein paar Kleinigkeiten beachten, werden Sie viele

Kleinere Zwiebeln von Krokus, Blausternchen und Co. pflanzt man für gewöhnlich in Gruppen. Schneiden Sie dazu die Grasnarbe mit dem Spaten H-förmig ein, dann stechen Sie die Grasnarbe flach ab und klappen die beiden Rasensoden seitlich weg.

Jahre Freude an den bunten Blüten im Gras haben. So müssen verwelkte Blütenköpfe vor allem bei Tulpen und Narzissen regelmäßig entfernt werden. Nach der Blüte schneiden Sie die Stängel unter den Fruchtständen ab. Wegen der Blütezeit von Ende April bis Mai eignen sich Traubenhyazinthen, Tulpen oder Narzissen nur für Wiesen, die etwas später gemäht werden. Vor allem bei Narzissen dürfen Sie erst dann den Rasen mähen, wenn ihr Laub beginnt, gelb zu werden, das ist meistens erst 6 Wochen nach der Blüte der Fall. Sollen sich die Zwiebelgewächse selbst aussäen, dann müssen Sie solange warten, bis die Samen gereift sind und aus den Kapseln gestreut wurden. Auf Herbstblüher wie die Herbstzeitlose müssen Sie vor allem gegen Ende der Mähperiode achten. Die feinen Triebspitzen dürfen nicht beschädigt werden.

Lockern Sie nun die Erde auf dem freigelegten Stück mit einer Handgabel. Verstreuen Sie die Zwiebeln auf der Fläche und drücken Sie sie mit der Spitze nach oben fest. Klappen Sie nun die Rasensoden wieder zurück und drücken Sie sie sanft fest.

SO SPAREN SIE ZEIT

■ Pflanzen Sie Blumenzwiebeln bevorzugt in den Randbereichen der Grünfläche ein, dort können Sie sie beim Mähen leichter aussparen.

Grüne Teppiche
Schadstellen schnell ausbessern

In fast jedem Rasen treten irgendwann schadhafte Stellen auf. Trampelpfade, Maulwurfshügel oder andere Unebenheiten müssen **ausgebessert** *werden. Mit den* **richtigen Kniffen** *wird der Rasen aber rasch und* **ohne großen Aufwand** *wieder* **schön***.*

Kahle Stellen neu begrünen

Wo Rasen stark strapaziert wird, bleiben oft Lücken oder gar flächige Kahlstellen zurück. Diese unbewachsenen Stellen **können Sie mit etwas Rasensamen schnell wieder neu einsäen**. Dazu besorgen Sie sich am besten die Rasenmischung, die Sie auch für den alten Rasen verwendet haben, bzw. eine spezielle Rasenreparatursaat. Lockern Sie zuvor den Boden mit dem Rechen, dem Gartenwiesel oder Grubber etwas auf und geben Sie bei Bedarf ein Erde-Sand-Gemisch darauf, um Unebenheiten auszugleichen. Dann säen Sie mit der Hand neu ein. Drücken Sie die Samen anschließend mit den Füßen oder mithilfe eines Bretts fest an und streuen Sie eine hauchdünne Schicht Erde, am besten Rasenerde, darüber. Dann brauchen Sie den Fleck nur noch stetig feucht zu halten. Nach etwa zwei Wochen ist – im wahrsten Sinn des Wortes – Gras über die Angelegenheit gewachsen.

Unvermeidbar
Kahlstellen im Rasen sind dort, wo er stark beansprucht wird, nicht zu vermeiden – wie hier unter Spielgerät.

Schneller geht's mit Rasenverpflanzung

Handelt es sich um kleinere Schadstellen bis etwa ein Viertel Quadratmeter, **dann geht es schneller, wenn Sie das schadhafte Stück ausstechen**, entfernen und an diese Stelle ein unbeschädigtes Stück Rasen von einer abgelegenen Ecke verpflanzen und einpassen.
Heben Sie dazu ein ausreichend großes Stück Grassode mit dem Spaten ab. Lockern Sie den Boden an der Pflanzstelle ein wenig auf und geben Sie etwas Dünger dazu. Damit die

Maulwurfshügel
Hier tragen Sie die feinkrümelige Erde ab (die übrigens sehr gut als Substrat für Gefäßkultur geeignet ist) und säen die kahle Stelle darunter frisch ein.

Kahle Flecken
Sie entstehen nicht selten durch unregelmäßige Düngung. Wo zu viel Dünger auf eine Stelle kam und das Gras verbrannt ist, sollte der Nährstoffüberschuss zunächst mit viel Wasser ausgeschwemmt und dann der Rasen repariert werden.

FERTIG IN 30 MINUTEN

► Schadhaftes Rasenkantenstück abstechen, abheben und wieder einsetzen, Erde-Sand-Gemisch daraufgeben und neu einsäen.

Oberfläche auf einheitlichem Niveau bleibt, müssen Sie das Loch in der Regel mit Erde auffüllen. Jetzt können Sie das neue Rasenstück genau einpassen und einpflanzen. Indem Sie es mit einem Brett fest andrücken, sorgen Sie für einen guten Anschluss an den Untergrund. Auch Rasenkanten lassen sich leicht durch Verpflanzung ausbessern.

Staunässe im Rasen wirksam beseitigen

Ist der Boden an einigen Stellen so stark verdichtet, dass das Wasser nicht mehr abfließt und sich nach Regen Pfützen halten, dann können die Wurzeln nicht atmen. Das Gras wird mit der Zeit gelb und geht schließlich zugrunde. Wenn Sie mit der Grabgabel oder mit einem Aerifiziergerät in die Grasnarbe stechen, sorgen Sie nicht nur für Belüftung, sondern schaffen außerdem Abflussmöglichkeiten für das Regenwasser. Füllen Sie die Löcher anschließend mit Sand, damit sie durchlässig bleiben.

Bei starken, tiefer im Boden liegenden Verdichtungen muss der Rasen aber regelrecht dräniert werden. Dazu müssen Sie einen etwa 25 cm breiten und 40 cm tiefen Kanal unter dem feuchten Bereich ausheben und spezielle Dränagerohre verlegen, die das überschüssige Wasser aufnehmen und in einen Sickerschacht ableiten. Damit die Ableitung funktioniert, müssen die Dränagerohre pro laufendem Meter ein Gefälle von mindestens 1 cm aufweisen. Der Kanal wird mit grobem Kies oder Schotter verfüllt, bevor wieder Erde darauf kommt – bei einer größeren Rasenfläche sollten Sie diese Arbeit aber einem Fachmann überlassen.

Schadstellen und Unebenheiten beseitigen

1 Wenn der Rasen an seinen Rändern beschädigt ist, stechen Sie an der betroffenen Stelle zunächst ein rechteckiges Stück samt der beschädigten Kante mit dem Spaten oder einem Halbmondkantenstecher ab.

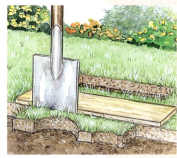

2 Schieben Sie die Grassode nach vorne, stechen Sie den beschädigten Teil entlang einem Brett sauber mit dem Spaten ab und setzen Sie ihn in die Lücke hinter der Sode wieder ein – fest andrücken.

3 Die Kante ist wieder glatt und gerade. Die hintere Lücke mit Erde auffüllen und einsäen.

1 Um Unebenheiten, seien es Senken oder kleine Hügel, auszugleichen, stechen Sie das betroffene Rasenstück mit dem Spaten zunächst in H-Form ein. Dann lösen Sie vorsichtig die Rasensoden vom Untergrund und klappen sie zu beiden Seiten weg.

2 Eine Senke füllen Sie mit Erde und Sand auf, während Sie einen Hügel einebnen, indem Sie die überschüssige Erde wegnehmen.

Klappen Sie die Soden zusammen und drücken Sie sie fest. Die Fugen sorgfältig mit Erde und Sand auffüllen. **3**

Grüne Teppiche
Auch Bodendecker bilden schöne Matten

Wo sich eine **Rasenfläche** nur mit erheblichem Pflegeaufwand **erhalten** lässt, insbesondere im Schatten unter Bäumen, sind Bodendecker eine **reizvolle und pflegeleichte Alternative**.

Kriechende Stauden und Gehölze

Neben einer ansprechenden optischen Wirkung besteht die Hauptaufgabe der Bodendecker im Garten darin, Unkraut erst gar nicht aufkommen zu lassen. Vor allem für Stellen, die mit möglichst wenig Pflege auskommen sollen, wie im Unterwuchs von Gehölzen, an Hängen und Böschungen, sind Bodendecker ideal. Viele sind zudem richtige Laubschlucker, **herbstliches Falllaub von Bäumen und Sträuchern ist zwischen ihren Trieben bis zum Frühjahr wie von Zauberhand verschwunden**. Das Laub sorgt dabei gleich für eine natürliche Düngung – Sie sparen sich also neben dem Aufrechen und der Entsorgung des Laubes gleich auch noch die Düngung.

Botanisch sind Bodendecker keineswegs einheitlich: Einjährige krautige Pflanzen gehören genauso dazu wie mehrjährige

Ein gemusterter Teppich
Breitflächig erobert der Ysander mit seinem dunkelgrünen Laub und den cremeweißen Blütenkerzen schnell seine Umgebung, selbst im Schatten dichter Gehölze. Im Frühling schieben sich Narzissen daraus empor.

Stauden oder kriechend wachsende Sträucher. Gemeinsam ist ihnen allen, dass sie in relativ kurzer Zeit geschlossene Pflanzendecken bilden, indem sie den Boden mit Ausläufern oder langen Trieben überwachsen.

Mit der einjährigen schnellwüchsigen Kapuzinerkresse beispielsweise halten Sie Baumscheiben leicht unkrautfrei. Schatten liebende Stauden wie der Kriechende Günsel, von dem besonders purpurblättrige Sorten wie 'Catlins Giant' sehr beliebt sind, oder verschiedene Sorten der gefleckten Taubnessel eignen sich ebenso wie eine Reihe von Storch-

Kleines Immergrün

Nelkenwurz

FERTIG IN 30 MINUTEN

► Etwa 5 m² Boden vorbereiten, Pflanzlöcher ausheben, Bodendecker einsetzen, einwässern, mulchen.

Schnell den Boden bedecken

Die Grafik zeigt, wie sich ein Strauch (obere Reihe) sowie vier Stauden (untere Reihe) innerhalb von drei Jahren (von links nach rechts) entwickeln.

schnabelarten sehr gut als Bepflanzung im Unterholz von Bäumen und Sträuchern. An steilen Böschungen, die besonders erosionsgefährdet sind, verhindern bodendeckende Sträucher wie die Teppichzwergmispel oder der Schuppenwacholder (Sorte 'Blue Carpet') zuverlässig und dauerhaft, dass die Erde abgetragen wird. Auch die Heckenkirsche oder der schattenverträgliche Ysander mit seinem sattgrünen Laub leisten hier gute Dienste.

Etwas vorsichtig sollten Sie dagegen mit wuchernden Pflanzen wie dem Kleinen Immergrün sein. Pflanzen Sie solche Arten nur dort, wo sie ihrer Wuchsfreude auch freien Lauf lassen dürfen, sonst müssen Sie ihnen mit der Schere immer wieder Einhalt gebieten.

Blütenwogen

Statt Unkraut breiten sich hier zu Füßen eines alten Baumes Blüten aus. Bodendecker kommen mit der Konkurrenz durch Baumwurzeln gut zurecht und erleichtern die Pflege solch problematischer Gartenbereiche sehr.

Mit guter Bodenvorbereitung ist das Wichtigste schon gemacht

Ist es erst einmal richtig eingewachsen, dann braucht ein mit strauchigen Bodendeckern bepflanztes Beet fast keine Pflege mehr. Doch bevor es so weit ist, sollten Sie sich unbedingt die Mühe machen und den Boden besonders sorgfältig vorbereiten – es zahlt sich in jedem Fall aus. Vor allem hartnäckige Wurzelunkräuter wie Giersch oder Quecke können die jungen Pflanzen schnell überwuchern. Lockern Sie daher die Erde tiefgründig auf und befreien Sie sie gründlich von allem Unkraut und Wurzelresten. **So ersparen Sie sich aufwändiges Jäten in der Anwachsphase**.

Verbessern Sie darüber hinaus den Boden, bevor Sie mit dem Pflanzen beginnen, indem Sie gründlich Komposterde einarbeiten oder Hornspäne bzw. einen anderen organischen Langzeitdünger untermischen.

In welchem Abstand Sie dann die einzelnen Arten pflanzen, hängt einerseits von der Wuchsfreudigkeit der verwendeten Arten, andererseits aber auch von Ihrer Geduld und dem finanziellen Aufwand ab, den Sie treiben wollen. **Je dichter Sie pflanzen, desto schneller ergibt sich eine geschlossene Decke**, je weitere Abstände bleiben, desto kostengünstiger wird es für Sie. Wenn Sie die langen Triebe der kriechenden Gewächse mit Drahtbügeln am Boden befestigen, breiten sie sich schneller auf der Fläche aus.

Graben Sie für jede Pflanze ein Loch, das etwa zweimal so groß sein sollte wie der Wurzelballen. Setzen Sie dann den Bodendecker ein und prüfen Sie, ob die Pflanztiefe der im Topf entspricht. Füllen Sie rings um die Pflanze Erde auf, die Sie vorsichtig festdrücken.

DAS MACHT'S LEICHTER

● Wenn Sie schnell eine dichte Pflanzendecke haben wollen, sollten Sie enge Pflanzabstände wählen.

● Setzen Sie die Bodendecker auf Lücke, damit sie die vorgesehene Fläche rasch überwachsen.

● Wässern Sie gründlich und sorgen Sie vor allem in der ersten Zeit für ausreichende Bewässerung. Achten Sie auf Unkraut, entfernen Sie es sofort, damit es die Bodendecker nicht überwuchert.

● Stutzen Sie bodendeckende Sträucher im Frühjahr immer wieder kräftig. Dann bleiben Sie niedrig und kompakt, totes Holz wird dabei entfernt und Verzweigung angeregt.

● Für bodendeckende Stauden, die Sie unter Sträuchern und Bäumen anpflanzen wollen, ist die beste Pflanzzeit im Herbst nach dem Laubfall.

Zielstrebig geführt

Unterstützen Sie Bodendecker nach der Pflanzung, indem Sie deren Triebe möglichst weitläufig auf dem Boden ausbreiten und mit Drahtbügeln fixieren.

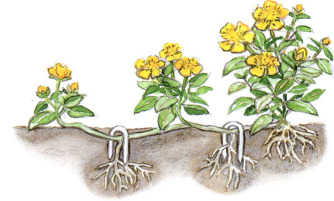

Grüne Teppiche
Wege durchs Grün anlegen

Damit Ihre Grünfläche nicht von Trampelpfaden durchzogen wird und Sie möglichst **sauberen Fußes** *über den Rasen überallhin gelangen, sollten Sie* **Wege durch das Grün** *anlegen. Sie müssen gar* **nicht aufwändig** *gestaltet sein. In Schrittweite verlegte Trittplatten reichen in der Regel schon aus.*

Schmucke Wege statt Trampelpfaden

Ist auf Ihrer Rasenfläche ein häufig begangener und dadurch schlechter mit Gras bewachsener Streifen erkennbar? Oder gibt es gar schon richtige Trampelpfade? Dann ist es an der Zeit, über Gegenmaßnahmen nachzudenken. Legen Sie an diesen Stellen entweder einen mit Platten oder Pflaster befestigten durchgängigen Weg an, wenn Sie diese Route sehr häufig einschlagen. **Oder entscheiden Sie sich für einen weniger aufwändigen, sehr eleganten Kompromiss:** Trittplatten – halb Weg, halb Rasen.

Besonders bei kleineren Gärten, die ein zusammenhängender Weg nur unnötig zerschneiden würde, bieten sich Trittplatten an, um gut über den Rasen zu gelangen und die Grasnarbe nicht unnötig zu beanspruchen.

Verlegen Sie dazu 40 cm × 40 cm große Platten im Abstand von 60–65 cm – so lang ist die Schrittweite eines mittelgro-

ßen Erwachsenen. Ganz wichtig: Die Trittplatten müssen ebenerdig verlegt werden, damit sie das Rasenmähen nicht erschweren. Welches Material Sie für die Platten wählen, ob Kunst- oder Naturstein, bleibt Ihrem Geschmack überlassen. Der Fachhandel bietet auch eigens für diesen Zweck gefertigte, besonders gestaltete Platten an. Die Oberfläche sollte allerdings in jedem Fall griffig sein, damit man nicht ausrutscht. Holz wird schnell mit Moos und Algen bewachsen, es eignet sich deshalb nur bedingt, sollte möglichst schnell abtrocknen können und eher selten begangen werden.

Mulch- und Kieswege: die schnelle Lösung

Durchgängige Wege können Sie aus Rasengittersteinen, Fugenpflaster oder mit in weiten oder engen Fugen verlegten Platten und Pflastersteinen anlegen. Besonders natürlich fügen sich lockere Beläge wie Rindenmulch oder Kies in einen

Auf Schritt und Tritt
Ob man sich für Trittplatten oder einen gepflasterten Weg entscheidet, ist eine Frage des persönlichen Geschmacks.

Gitterwerk
Wo die Beanspruchung höher ist, etwa in einer Zufahrt, empfiehlt sich ein Belag aus Rasengittersteinen. Sie sind gut tragfähig, dennoch kann in ihnen viel Grün sprießen (oben).

Trittplatten verlegen

1 Ordnen Sie zunächst die Trittplatten in Schrittweite so auf dem Rasen an, wie der Weg verlaufen soll. Dann stechen Sie jede Platte rundherum sauber mit dem Spaten ab.

Rasen, noch besser aber in eine Wiese ein. Auf einem Mulchweg wird der Schritt gefedert, gleichzeitig verströmen die groben Rindenschnitzel (die es in diversen Farbschattierungen gibt) einen aromatisch würzigen Holzgeruch. Kies als Wegbelag knirscht dagegen, wenn man darauf tritt. **Bei beiden Wegarten ist keine umfangreiche Untergrundbehandlung notwendig.** Heben Sie die Erde etwa 10 cm tief aus und verfüllen Sie dann etwa zwei Drittel mit Sand oder Splitt. Auf dieses, noch mit einem Rüttler verfestigte Bett kommt schon der Belag. Denken Sie beim Kiesweg gleich auch an Rasenkanten, damit der lose Kies beim Rasenmähen nicht zum Ärgernis wird – Mulch stört dagegen kaum. Um Unkraut keine Chance zu geben, sollten Sie ein spezielles Geovlies auf das Sand- oder Splittbett legen, bevor der Kies folgt. Rindenmulch unterdrückt Unkraut von selbst, hier müssen Sie von Zeit zu Zeit nur die Schicht auffüllen.

Weich gepolstert
Statt mitten durch den Rasen kann ein Weg auch am Rand entlang verlaufen – belegt mit Rindenmulch lässt sich darauf mit weichem Schritt spazieren.

2 Als nächsten Schritt nehmen Sie für jede Trittplatte die Rasensoden ab und heben die Erde darunter gleichmäßig aus. Die Vertiefung sollte etwa doppelt so tief sein wie die Höhe der Platten, weil diese noch unterfüttert werden müssen.

Fugen und Regenablauf

Befestigte Wege aus Beton- oder Natursteinen kann man besser mit rollenden Geräten befahren als Kies oder Mulch. Rasengittersteine, Rasenwaben oder Pflasterwege mit breiten Fugen haben den Vorteil, dass Regenwasser in ihnen versickern kann. Bei eng verlegten Platten- oder Pflasterwegen ist das nicht der Fall. Hier müssen Sie auf ein leichtes Gefälle zur Seite hin achten, sodass das Wasser ins Gras ablaufen kann.

3 Füllen Sie die Vertiefung nun zur Hälfte mit Splitt oder feinem Kies auf. Setzen Sie die Platte in das vorbereitete Bett. Mit einem Vollgummihammer klopfen Sie sie kräftig fest, sodass sie schließlich ein wenig tiefer als die Oberfläche der Grasnarbe liegt.

Topf- und Kübelpflanzen
Ein ganzer Garten passt in Gefäße

In problematischen **Gartenecken**, *aber auch in Innenhöfen oder auf* **Balkon** *und* **Terrasse**, *schaffen Sie sich mit Topf- und Kübelpflanzen schnell eine schöne* **grüne** *und* **blühende** *Umgebung.*

Pflanzen für den Topfgarten

Fast alle Pflanzen, ob Zwiebelgewächse, Sommerblumen, Stauden oder Gehölze, fühlen sich auch in Töpfen und Kübeln wohl, sofern sie dort genügend Wurzelraum vorfinden. Selbst Kletterpflanzen können Sie aus einem Kübel an Mauern oder Zäunen empor ranken lassen. Schon im zeitigen Frühjahr eröffnen Krokusse und Narzissen mit anderen früh blühenden Pflanzen wie Stiefmütterchen, Primeln oder Vergissmeinnicht den Blütenreigen in Gefäßen. Ein bunter Sommerflor setzt das Schauspiel bis zum flammenden Herbstfinale fort. **Und winterharte immergrüne Gehölze überdauern im Topf das ganze Jahr draußen.**

Passende Gefäße, richtiges Substrat

Gefäße für Kübelpflanzen sollen sich harmonisch in die Gestaltung von Terrasse, Hof oder Balkon einfügen, müssen aber auch den Wurzeln der Pflanzen ausreichend Platz bieten. Entscheidend ist, dass jede Pflanze oder Pflanzgemeinschaft das richtige „Schuhwerk" erhält, damit ihre Wurzeln ausreichend wachsen und die oberirdischen Teile gut versorgen können. Prinzipiell können Pflanzen aber in fast jedem Gefäß wachsen, sofern es mit genügend Erde gefüllt ist und über ausreichend viele Ablauflöcher verfügt. Wofür Sie sich entscheiden, hängt vor allem von Ihren persönlichen Vorlieben ab. Kübelpflanzen müssen gut bewässert und ernährt werden. Das richtige Substrat ist entscheidend. Eine gute Topferde sollte locker und feinkrümelig sein, Wasser und Nährsalze speichern, aber auch genügend Durchlässigkeit bieten. Zudem soll das Substrat lang seine lockere Struktur bewahren, also nicht verklumpen.

Immergrün
In dieser Pflanzschale gruppieren sich verschiedene Zwergkoniferen. Durch ihren teils aufrechten, teils kriechenden oder kissenförmigen Wuchs und die lebhaft bunte Nadelfärbung erhält das Ensemble seine Spannung.

Gruppenbild mit Fetthenne
Ein herbstliches Farbenfest in Kübeln feiern hier diverse Fetthennen mit ziegelrot blühender Sonnenbraut, gelben Rudbeckien und blauer Liebesblume. Diese Stauden können viele Jahre in den Gefäßen überdauern.

DAS MACHT'S LEICHTER

● Mit Untersetzern verhindern Sie Wasserflecken auf dem Boden.

● Rollende Untersetzer erleichtern das Umstellen, Ein- und Ausräumen.

● Stellen Sie die Gefäße auf Füße aus Ton, Keramik oder Holz. So staut sich die Nässe nicht im Topf und es siedeln sich keine Asseln darunter an.

● Setzen Sie die Pflanzen zusammen in einen großen Kübel oder Pflanzkasten statt in viele kleine Gefäße. So haben Sie weniger Arbeit mit dem Gießen.

● Füllen Sie in leichte Kunststoffgefäße einige schwere Steine oder eine Lage Kies ein, um sie zu stabilisieren.

● Bei bauchigen enghalsigen Gefäßen sollten Sie die Gewächse stets in einen passenden Einsatz pflanzen. Sonst bekommen Sie die Wurzelballen später nur noch unter großen Schwierigkeiten heraus.

Topf- und Kübelpflanzen

Balkonkästen pflegeleicht gestalten

Mit bunten Blumenkästen verwandelt sich der Balkon in ein **Blütenmeer**. Durch äußerst pflegeleichte **selbstputzende Pflanzen** und sehr praktische Bewässerungs-hilfen **hält sich die Pflegearbeit in Grenzen**.

Blütenfülle ohne Mühe
Nutzen Sie alle Tricks, die Ihnen die Pflege von Blumen in Gefäßen erleichtern. So können Sie die ganze Pracht in aller Ruhe genießen.

FERTIG IN 30 MINUTEN

► 3 Pflanzkästen säubern, Dränage einfüllen, etwa zu einem Drittel mit Pflanzerde füllen.

► Für 2 Kästen Pflanzen austopfen, Pflanzen einsetzen, Erde auffüllen, Pflanzen andrücken und angießen.

Üppige Pracht gekonnt arrangieren

Die meisten Balkonblumen werden nur für eine Saison gekauft. Suchen Sie das Pflanzenmaterial sorgfältig aus. Achten Sie auf gesunde, kräftig entwickelte Ware mit gedrungenem Wuchs und reichem Blütenansatz. Im Kasten macht es sich gut, wenn man hängende, straff aufrechte und dicht buschige Pflanzen miteinander kombiniert. Farblich können Sie sich für Ton-in-Ton-Kombinationen entscheiden oder aufregendere Farbgegensätze wählen. Rot-, Orange- und Gelbtöne wirken warm und leuchtend. Blau sorgt für Frische und erweitert optisch den Raum. Pastelltöne verbreiten ein romantisches, aber auch heiteres Flair. Weiß lässt sich mit allen Farben kombinieren, zudem lassen weiße Blütenkombinationen dunkle Ecken heller und freundlicher erscheinen.

Ganz ohne Pflege geht es nicht

Für lang anhaltende Freude an Ihren Blumenkästen müssen Sie **einen gewissen Pflegeaufwand betreiben, den Sie jedoch mit einigen Kniffen und Tricks immens begrenzen können**. Vor allem regelmäßiges Gießen und Düngen ist notwendig, damit die Pflanzen nicht welken sowie auf Dauer genügend Kraft haben, um an Größe zuzulegen und immer

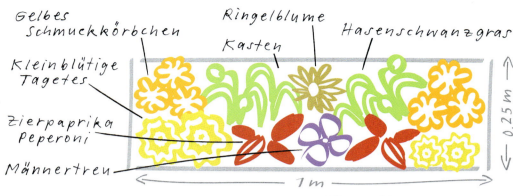

Gelbes Schmuckkörbchen
Ringelblume
Kasten
Hasenschwanzgras
Kleinblütige Tagetes
Zierpaprika Peperoni
Männertreu
0,25 m
1 m

So reduzieren Sie den Gießaufwand bei Balkonkästen

An heißen Tagen brauchen Balkonpflanzen so viel Wasser, dass man sie oft mehrmals am Tag gießen muss. Generell erfordern die Gewächse in den Kästen tägliche Gießgaben. Wässern Sie entweder am frühen Morgen oder am späten Nachmittag, dann verdunstet das Wasser nicht gleich wieder. Die kurzen Gießintervalle lassen sich aber mit folgenden Tricks deutlich verlängern:

Blumenkästen mit Wasserspeicher haben unter einem Zwischenboden einen Wasservorrat. Über Dochte wird das Wasser in das Substrat gesaugt. Ein Anzeiger zeigt die Füllhöhe.

Spezielle Wasserspeichermatten, die Sie vor dem Bepflanzen unten in den Kasten legen, saugen sich voll Wasser und geben es dann ans Substrat ab, wenn es benötigt wird.

Ein Tröpfchenbewässerungssystem mit Tonkegeln arbeitet automatisch und wird an einen Wasseranschluss montiert. Das System erfüllt, richtig eingestellt, exakt den Bedarf der Pflanzen, indem die Tonkegel als Feuchtefühler fungieren und bei austrocknender Erde Wasser aus der Leitung nachsaugen.

wieder neue Blüten hervorzubringen. Mit speziellen Bewässerungssystemen, quellenden Erdzusätzen oder Wasserspeichermatten, die überschüssiges Wasser aufnehmen und bei Bedarf wieder abgeben, **können Sie den Gießaufwand sehr gut vermindern**. Das leisten auch Durstkugeln, dekorative Glaskugeln mit einem langen Rohr – mit Wasser gefüllt und in die Erde gesteckt, geben sie ihren Inhalt langsam und gleichmäßig an das Substrat ab.

Mittels Depotdünger, den Sie in Form von Düngestäbchen oder als Granulat in die Blumenkästen geben, lassen sich auch die Düngeintervalle vergrößern.

Eine weitere, häufig anfallende Pflegemaßnahme ist das Ausputzen, also das Entfernen von verwelkten Blüten. Wählen Sie darum Pflanzen, bei denen dies entfällt, **weil sie sich sozusagen selbst putzen** und sich ihrer ausgedienten Blüten eigenständig entledigen. Nicht nur in dieser Hinsicht besonders pflegeleicht sind reich blühende Gewächse wie Männertreu, Schneeflockenblume, Fächerblume, Hängepetunien, Fleißige Lieschen und Zauberglöckchen. Andere Arten, wie Elfensporn oder Zweizahn, danken es Ihnen, wenn sie von Zeit zu Zeit zurückgeschnitten werden, um dann wieder frisch nachzutreiben und sich nach kurzer Pause erneut in üppigem Flor zu präsentieren. Doch bei Verbenen, vielen Pelargonien oder Strauchmargeriten kommen Sie um regelmäßiges Ausputzen nicht herum.

Pflanzvorschlag: ein bunter Blumenkasten
Aufregend farbig, aber beruhigend anspruchslos ist diese Kombination. Die ausgewählten Pflanzen brauchen wenig Wasser, kaum Nährstoffe und zeigen sich bis in den Herbst von ihrer schönsten Seite.

Nahrung auf Vorrat
Langzeitdünger, z. B. in Form von Granulat, das unter das Substrat gemischt wird, versorgt die Pflanzen über Monate hinweg mit allen nötigen Nährstoffen.

Topf- und Kübelpflanzen
Farbenpracht ist garantiert!

Fröhliche Balkonkästen mit vielen Blütentupfern lassen sich **preiswert** und **ohne Aufwand** auch mit Wild- und Sommerblumen aus der Samentüte gestalten. **Die bunte Mischung** erfreut nicht nur das Auge, sondern lockt außerdem auch viele **nützliche Insekten** an.

Wild- und Sommerblumen

Selbst Klatschmohn, Kornblume, Jungfer im Grünen oder Schmuckkörbchen und Goldmohn sind als bunte Bepflanzung für Balkonkästen geeignet. Mittlerweile sind von verschiedenen Saatgutfirmen sogar Sommer- oder Wildblumenmischungen erhältlich, die eigens für Balkonkästen zusammengestellt wurden. **Die Blumen werden einfach in die mit Substrat gefüllten Kästen ausgesät.**

Der beste Zeitpunkt für die Aussaat ist Anfang bis Mitte Mai. Füllen Sie Ihre Kästen oder Schalen mit handelsüblicher Pflanzerde bis knapp unter den Rand. Stoßen Sie die Gefäße

Himmelblau
Kornblumen (links) keimen willig aus Samen und entwickeln rasch eine Fülle von herrlichen Blüten.

Blumenwiese
Verschiedene Wildpflanzen (unten) kann man leicht aus Samen ziehen.

✗ UNBEDINGT VERMEIDEN
Säen Sie nicht zu dicht, das behindert die Keimlinge am Wachstum und bereitet Ihnen viel Mühe, denn der Nachwuchs muss dann mühselig ausgedünnt werden.

▶ 2 Kästen mit Erde füllen, aussäen und mit Vlies abdecken.

▶ 10 Jiffy-Pots vorquellen, mit Samen bestücken, in Saatschale stellen und mit Haube abdecken.

▶ Zu dicht stehende Sämlinge in zwei 80-cm-Kästen ausdünnen.

Marke Eigenbau
Ein Mini-Gewächshaus können Sie sich leicht selbst bauen. Dazu brauchen Sie nur eine mit Erde gefüllte Anzuchtkiste und eine durchsichtige Abdeckung – eine Folie mit Löchern, eine Kunststoffhaube oder eine Glasscheibe.

ein paar Mal fest auf der Arbeitsfläche auf, damit sich die Erde gut setzt. Drücken Sie dann das Substrat mit einem Brettchen leicht fest und glätten Sie dabei auch gleich die Oberfläche.

Streuen Sie nun die Samen gleichmäßig dünn aus, dann sieben Sie eine etwa 1 cm dünne Schicht Erde darüber und drücken alles wiederum mithilfe des Brettchens an. Nach der Aussaat müssen Sie die Saat angießen. Verwenden Sie dazu unbedingt eine Gießkanne mit feiner Brause und wässern Sie langsam und vorsichtig, damit Sie die Samen nicht wegschwemmen. Zuletzt spannen Sie ein Vlies über den Kasten oder die Schale und befestigen es am Rand mit Holzwäscheklammern oder mit einem Bindeband. Bringen Sie die Gefäße gleich an Ort und Stelle. Das Vlies sorgt für ihren Schutz und verhindert rasches Austrocknen. Alternativ können Sie dazu auch einen Rest Schlitz- oder Lochfolie bzw. eine durchsichtige Haushaltsfolie verwenden, die Sie mit zahlreichen Löchern zur Belüftung versehen. Achten Sie darauf, dass die Erde nicht austrocknet, gießen Sie sparsam nach – nicht ver-

nässen! Es darf kein Schimmel entstehen und die Keimlinge müssen genügend Luft zum Wachsen bekommen. Wenn nach den Keimblättern die ersten Laubblätter erscheinen, kommen sich die Pflänzchen oft gegenseitig ins Gehege. Stehen sie allzu dicht, müssen sie vereinzelt werden. Zupfen Sie dazu überzählige Sämlinge einfach aus. Sie können diese dann an anderer Stelle im Garten oder in eigenen Töpfchen weiterkultivieren oder aber wegwerfen.

Vorziehen auf der Fensterbank

Wenn Sie Ihren bunten Balkonschmuck ganz gezielt nach eigenen Vorstellungen zusammenstellen möchten und auch auf den Preis sehen, empfiehlt sich die Vorkultur der entsprechenden Pflanzen im Haus, am besten in einem Mini-Gewächshaus. Besonders gut eignen sich dafür beispielsweise Fleißige Lieschen, Ringelblumen, die Atlasblume, das Gelbe Schmuckkörbchen oder auch Zinnien, **die willig keimen und leicht zu pflegen sind**.

Füllen Sie für die Vorkultur am besten Jiffy-Pots – weiche Gefäße aus Zellulose und Torf – mit Anzuchterde und säen Sie dort hinein. Auch Torfquelltöpfchen aus gepresstem Weißtorf sind empfehlenswert – sie sehen zunächst wie runde Scheiben aus und quellen auf, wenn man sie in Wasser legt; Kunststoffnetze halten sie zusammen. Voll gesogen mit Wasser sind sie unmittelbar bereit für die Aussaat.

Diese Biotöpfchen können Sie später zusammen mit den Pflänzchen an den endgültigen Standort setzen. Auch nach dem Auspflanzen sollten die Töpfchen möglichst nicht austrocknen, denn sonst bilden sie für die Wurzeln eine nur schwer zu durchdringende Barriere und hindern sie daran, in die umgebende Erde einzuwachsen. Wenn Sie die Töpfe seitlich einschneiden oder einreißen, wachsen die Wurzeln leichter ins umgebende Substrat.

Stellen Sie Torfquelltöpfchen in der Saatschale sehr dicht zusammen, da sie keine Wände haben und leicht austrocknen. Geben Sie in jeden Topf nur einen bis höchstens drei Samen. Hell und warm aufgestellt, keimen die Pflanzen bald.

In Reih und Glied
Stellen Sie gequollene Jiffy-Pots oder Torfquelltöpfchen in einer Saatschale stets dicht an dicht, so trocknen sie weniger rasch aus – was den Keimlingen zugute kommt.

Aussäen leicht gemacht

Es gibt Saatbänder aus verrottendem Papier mit Wild- und Sommerblumen für Balkonkästen. Die Blumen sind bereits im richtigen Abstand vorgesät. Man muss das Band nur noch im Kasten auf Erde legen und mit einer dünnen Schicht Erde abdecken.

Für Töpfe eignen sich runde Saatscheiben, die es in vielen Größen für die unterschiedlichen Töpfe gibt.

Auch Saat- oder Quicksticks erleichtern das Säen. Hier sind die Samen an kleinen Pappstreifen angebracht, die Sie einfach im richtigen Abstand und genügend tief (hier hilft oft eine Markierung am Stick) in die Erde stecken.

Bei all diesen Saaterleichterungen entfallen für Sie das Pikieren und Auslichten der kleinen Pflänzchen – und die umweltfreundliche Papierbasis verrottet.

Topf- und Kübelpflanzen
Wenn der Topf zu klein wird

Wächst eine Kübel-pflanze, obwohl Sie sie regelmäßig gießen und düngen, **kaum noch** und will nicht mehr recht **blühen**, dann braucht sie in aller Regel einen **größeren Topf**.

Umtopfen bringt neue Kraft

Kübelpflanzen brauchen naturgemäß etwas mehr Pflege als im Freiland wachsende Pflanzen. Denn im Topf ist sowohl der Platz als auch das Nährstoffangebot begrenzt. Ist der Topf-ballen stark durchwurzelt und das Substrat aufgezehrt, kann nur noch wenig Wasser gespeichert werden und die Pflanze welkt selbst bei häufigem Gießen recht schnell. Jetzt hilft nur noch ein geräumigeres Gefäß mit fri-scher Erde. Gewöhnlich wird dies alle 2–3 Jahre erforderlich. Das neue Behältnis sollte in der Regel einen 2–4 cm größeren Durchmesser haben als das alte, aber zur Not kann auch das bereits verwendete wieder zum Einsatz kommen, wenn Sie den Wur-zelballen der Pflanze entsprechend verkleinern.

Ein paar Stunden vor dem Umpflan-zen sollten Sie die Pflanze gut wäs-sern, **denn ein gut durchfeuchteter Wurzel-ballen löst sich besser ab**. Zum Umtopfen nehmen Sie nun die Pflanze vorsichtig aus dem Topf. Große und schwere Pflanzen legen Sie dazu am besten auf die Seite, klopfen (mit Hand-ballen, Faust oder Gummihammer) rundum die Erde im Kübel los und ziehen den Ballen heraus. Entfernen Sie altes Substrat soweit wie

möglich, faulige oder beschädigte Wurzeln ebenfalls. Ist der Wurzelballen sehr stark verdichtet, dann lockern Sie den äu-ßeren Bereich mit einer Handgabel vorsichtig auf. Das regt die Wurzeln zu neuem Wachstum an.

Bei Pflanzen, die nach dem Umtopfen wieder in dasselbe Gefäß sollen, verkleinern Sie den Wurzelballen wie unten beschrieben – diese Maßnahme wirkt bei Uraltpflanzen, die

Gut verpackt – bestens geschützt

Hüllen Sie die ober-irdischen Teile der Pflanze locker in ein Vlies, in Sackleinen oder eine alte Decke ein. Ver-schnüren Sie sie lose mit einer Schnur. So können Sie die Pflanze viel be-quemer fassen und scho-nen ihre Triebe.

Eine Topfpflanze verjüngen

1 Fahren Sie mit einem großen Messer zwi-schen Topfwand und Wur-zelballen entlang, so lö-sen Sie ihn leichter aus dem Topf – nur im Notfall das Gefäß zerschlagen oder zerschneiden.

2 Verkleinern Sie den Wurzelballen, indem Sie rundum eine 3–5 cm starke Schicht von ihm abschneiden. Oder Sie streifen zunächst die Erde mit einer Gabel oder klei-nen Harke ab und kürzen dann die Wurzeln mit der Schere ein.

3 Setzen Sie die ver-jüngte Pflanze in den neuen größeren Topf und füllen Sie dann die Hohl-räume mit frischem Sub-strat auf. Stopfen Sie seit-lich um den Ballen mit einem Holzstab kräftig nach, damit keine Luft-löcher bleiben.

Ausbruch aus dem Gefängnis
Wenn die Wurzeln wie bei diesem Zierspargel aus dem Topfboden herauswachsen oder gar das Gefäß sprengen, dann ist es höchste Zeit zum Umtopfen.

kaum noch blühen, wie eine Verjüngungskur. Bevor Sie die Pflanzen wieder einsetzen, decken Sie die Abflusslöcher mit Ton- oder Ziegelscherben oder mit flachen Steinen ab.

Dränage gegen nasse Füße
Füllen Sie nun eine Dränageschicht aus Blähton, grobem Sand, feinem Kies oder Splitt in den Topf – sie lässt überschüssiges Wasser schnell ablaufen, sodass die Wurzeln später nicht unter stauender Nässe leiden. Jetzt geben Sie frische Kübelpflanzenerde etwa 5–10 cm hoch in das Gefäß. Stellen Sie die vorbereitete Pflanze hinein und füllen Sie rundherum Substrat ein. Achten Sie darauf, dass die Pflanze gerade steht und ebenso tief in der Erde ist wie vorher.
Damit Sie den Kübel später gießen können, ohne dass Erdreich über den Rand fließt, füllen Sie die Erde nur bis maximal etwa 2 cm unter den Topfrand ein. Drücken Sie sie fest

an und gießen Sie gründlich, damit die Verbindung zwischen altem Wurzelballen und neuem Substrat möglichst innig wird. Ansonsten finden die Wurzeln ihren Weg in die frische Erde nicht und die Pflanze kümmert trotz Umtopfens vor sich hin. Sackt das Substrat anschließend ab, füllen Sie noch weitere Erde nach.

Erde nur teilweise austauschen
Sie gießen Ihren grünen Liebling im Kübel, doch das Wasser rinnt sofort wieder aus dem Gefäßboden heraus? Dann hat die Pflanze sicher den gesamten Raum im Topf durchwurzelt, es gibt nicht mehr genug Erde, um die Feuchtigkeitsgabe aufsaugen zu können. Bei einem größeren Strauch oder Bäumchen müssen Sie die Pflanze nun aber nicht gleich komplett umtopfen – **es reicht schon, wenn Sie die Erde im Kübel teilweise austauschen**. Dazu lockern Sie zunächst die oberste Erdschicht auf. Nehmen Sie von der aufgelockerten Erde eine 5–10 cm dicke Lage ab. Jetzt können Sie den Kübel mit frischer Erde auffüllen, die Sie am besten gleich noch mit Langzeitdünger anreichern.

Topf- und Kübelpflanzen
So ist Winterschutz kein Problem

Während südliche Schönheiten ein Winterquartier **im Haus** *benötigen, erweisen sich andere Kübelpflanzen als* **hart im Nehmen**. *Sie dürfen – wirksam geschützt – die kalte Jahreszeit* **auf Terrasse und Balkon bleiben**.

Wer bleibt draußen, wer muss rein?

Das Gros der Kübelpflanzen stammt aus den Tropen oder südlichen Gefilden mit ganzjährig mildem Klima. Wärmebedürftige Gewächse wie Schönmalve oder Bougainvillea müssen noch vor dem ersten Frost ins Haus einziehen, wo sie sich im temperierten Wintergarten oder im mäßig beheiz-

ten Schlafzimmer wohl fühlen. Schmucklilie oder Granatapfel geben sich mit einem dunklen Quartier bei Temperaturen von etwa 5 °C zufrieden. Das kann ein kalter Keller sein oder eine unbeheizte Garage. Strauchmargerite oder Zitrone brauchen dagegen einen hellen Winterstandort, der möglichst nicht wärmer als 12 °C sein sollte.

⏱ FERTIG IN 30 MINUTEN

► 2 Kübel locker in Sackleinen hüllen, mit trockenem Stroh ausfüttern und verschnüren.

► 2 große Kübelpflanzen in Vlies einhüllen und mit Sisalschnur dekorativ umwickeln.

Verpackungskunst
Verpacken Sie Ihre Topf- und Kübelpflanzen so in schützende Hüllen, dass sie nicht nur gegen die Unbilden des Winters geschützt sind, sondern auch hübsch aussehen.

Nicht alle Kübelpflanzen müssen jedoch ins Haus geschafft werden. **Frostfeste Gewächse dürfen den Winter im Freien bleiben** – vorausgesetzt, Sie sorgen für „warme Füße" und Sonnenschutz. In milden Regionen wie in Weinbaugebieten überdauern Ölbaum, Hanfpalme, Feige, Lorbeer oder Japanische Wollmispel an geschützten Stellen die kalte Jahreszeit ganz gut, in rauen Gebieten dagegen halten sie es nur mit einem dicken Winterschutz draußen aus. Frostfeste Gartengewächse wie Kleinkoniferen oder Laubgehölze, Ro-

Rollende Helfer
Eine Sackkarre leistet unschätzbare Dienste, wenn schwere Kübelpflanzen umgestellt werden müssen.

Schutz vor kalten Füßen
Wenn Pflanzen im Kübel direkt auf dem Boden stehen, bekommen sie vor allem im Winter schnell kalte Füße. Der Wurzelbereich kühlt stark aus, insbesondere, wenn der Kübel auf kaltem Steinboden steht. Stellen Sie darum Ihre Gefäße auf kleine Füßchen, z. B. aus Terrakotta. Guten Schutz bieten auch dicke Styroporplatten oder stabile Kantholzstücke, die Sie unterlegen.

Pflanzen, die draußen überwintern

Pflanze	Winterstandort/Maßnahme
Gräser, z. B. Chinaschilf	Möglichst nicht zu feucht/Topf auf Unterlage stellen.
Immergrüne wie Buchs und Rhododendron	Vor praller Sonne geschützt/Topf einpacken, um die Wurzeln zu schonen, gelegentlich gießen.
Koniferen	Schattiger Standort/Topf warm einpacken, gelegentlich gießen.
Laub abwerfende einheimische Bäume und Sträucher	Möglichst nicht zu feucht werden lassen./Topf gut verpacken.
Stauden wie Phlox, Rittersporn und Mädchenauge	Möglichst unter Dachüberstand/Auf ausreichende Dränageschicht achten.

Pflanzen, die kurzzeitig Frost vertragen

Pflanze	Frostverträglichkeit/Besonderheiten
Lorbeer	Verträgt Temperaturen bis - 5 °C./Braucht im Winter wenig Licht.
Oleander	Verträgt Temperaturen bis - 5 °C./Hell überwintern, selten gießen.
Olive	Verträgt Temperaturen bis - 5 °C, kurzzeitig auch darunter./Benötigt ein sehr helles Winterquartier.
Zwergpalme	Verträgt kurzzeitig Temperaturen unter 0 °C./Wenig gießen.

sen, Rhododendren, Buchs, aber auch Stauden und Ziergräser, die in Gefäßen gehalten werden, kann man unbedenklich im Freien lassen.

So schützen Sie Pflanzen, die draußen bleiben

Ganz ohne Winterschutz sollten allerdings auch die frostfesten Pflanzen nicht bleiben, denn die Erde im Kübel friert wesentlich schneller durch als im Beet. Vor allem die Wurzeln können leicht geschädigt werden. Hüllen Sie die Gefäße deshalb in isolierendes Material. In Schilfmatten, bunte Jutesäcke und Gärtnervlies, die Sie mit trockenem Stroh bzw. Laub ausfüttern, oder auch in Noppenfolie verpackt, **überstehen die Pflanzen nicht nur härteste Bedingungen gut, sondern sehen dabei sogar noch schön aus**. Immergrüne Pflanzen wie Zwergkiefern, Buchs oder Rhododendren verdunsten auch im Winter über ihr Laub Wasser, vor allem an milden sonnigen Tagen. Ist dann das Substrat gefroren, können die Wurzeln kein Nass mehr nachliefern, die Gewächse welken und verdorren. Hier ist nicht die Temperatur das Problem, sondern Trockenheit – die Kübelpfleglinge leiden Durst. Rücken Sie sie an einen schattigen Platz, umhüllen Sie sie mit einem Vlies oder schützen Sie sie mit einer Bastmatte. So wird das Laub von der Wintersonne nicht versengt. Hin und wieder an frostfreien Tagen gießen.
Für Zwiebelpflanzen oder winterharte Stauden, die ihre Blätter im Winter einziehen, ist vor allem lang anhaltende Nässe gefährlich. Sie sollten vor Regen geschützt stehen.

DAS MACHT'S LEICHTER

● Bringen Sie Ihre Kübelpflanzen, die oft ein erhebliches Gewicht haben, mühelos ins Winterquartier, indem Sie technische Hilfen nutzen.

● Ein einfacher Rollenuntersetzer reicht oft schon aus, um die Pflanze fast mühelos von einem Ort zum anderen zu schaffen.

● Im Handel sind spezielle Kübeltragegurte erhältlich, die den Transport sehr schwerer Pflanzen erleichtern – besonders sinnvoll, wenn Treppen zu überwinden sind.

● Eine Sackkarre leistet immer gute Dienste beim Transport.

Topf- und Kübelpflanzen

Im Handumdrehen eine Rankpyramide schaffen

Wenn Sie sich einen **bunten Blickfang** für Balkon oder Terrasse wünschen, dann ist eine mit Kletterern bepflanzte **Rankpyramide** im Topf ideal. Sie brauchen dazu einen großen **Topf** und eine **stabile Kletterhilfe**.

Schneller Erfolg mit Einjährigen

Besonders schnell und problemlos sorgen einjährige wüchsige Kletterpflanzen wie Schwarzäugige Susanne, Kapuzinerkresse, Wohlriechende Wicke, Prunkwinde und Feuerbohne für eine blühende Pyramide. Diese Kletterer müssen zwar jedes Jahr neu ausgesät oder eingepflanzt werden, doch machen sie das mit einer üppigen Blütenpracht und enormer Wuchsfreudigkeit mehr als wett, **zudem ersparen sie Ihnen das Problem mit der Überwinterung**.
Reizvoll ist es auch, wenn Sie verschiedene Einjährige, z.B. Prunkwinden, Schwarzäugige Susanne und Sternwinde zusammenpflanzen, um mit ihnen eine farbenfrohe Rankpyramide zu gestalten, die Sie vom Frühsommer bis zum Herbst unablässig mit ihrer Blütenpracht begeistert. Damit die Kletterkünstler sich prächtig entwickeln können, brauchen sie einen genügend großen Topf oder Kübel mit viel Erde, die gut Wasser speichern kann.

Clematis und Rosen – ein zauberhaftes Paar

Auch ausdauernde Pflanzen sind für Topf und Kübel geeignet. Wenn sie dazu noch winterhart sind, **können sie ganzjährig im Freien bleiben**. Eine traumhafte Wirkung erzielen Sie beispielsweise mit Kletterrosen und Clematis.

Kletterpflanzen in Kombination

Pflanzenpaar	Besonderheiten
Clematis (Clematis viticella 'Huldine') mit rot blühenden **Kletterrosen**	Die weiß blühende 'Huldine' gehört zu den kleinblütigen Sorten.
Himmelblaue Prunkwinde (Ipomoea tricolor) miit **Purpur-Prunkwinde** (Ipomoea purpurea)	Die einjährigen Prunkwinden blühen von Juni bis Anfang Oktober. Die Blüten der Himmelblauen Prunkwinde verändern ihre Farbe im Tageslauf. Von der Purpurprunkwinde gibt es rot und weiß blühende Sorten.
Schwarzäugige Susanne (Thunbergia alata) mit **Kapuzinerkresse** (Tropaeolum majus)	Die von Juni bis Oktober intensiv gelb und rot blühenden Kletterpflanzen vertragen Sonne und Halbschatten.
Kanaren-Kapuzinerkresse (Tropaeolum peregrinum) mit **Feuerbohnen** (Phaseolus coccineus)	Kanaren-Kapuziner- oder Goldkresse bringt viele gelbe Blüten, Feuerbohnen liefern rote und zudem noch essbare Früchte.
Kletterlöwenmaul (Asarina scandens) mit **Ballonwein** (Cardiospermum halicacabum)	Rosa oder lila Löwenmaulblüten stehen in spannendem Kontrast zu hellgrünen Ballonfrüchten.

DAS MACHT'S LEICHTER

● Verwenden Sie für Ihre Kletterpflanzen Gefäße mit bereits vormontierten Kletterhilfen.

● Für Töpfe unterschiedlichster Größen eignen sich schon vorgeformte Kletterhilfen aus ummanteltem Draht. Setzen Sie diese fest in den Topf ein und leiten Sie die Klettertriebe daran entlang.

● Auch die in Gartencentern erhältlichen Weidenkörbe mit langen Ruten, die sich oben zusammenbinden lassen, sind schnell bepflanzt.

Hübsch in die Höhe
Mit etwas Fantasie entstehen aus wenigen Materialien vielerlei Kletterhilfen.

Prunkvolle Blütensäule
Rote Kapuzinerkresse, blaue Prunkwinde und gelb-rote Sternwinde ranken hier miteinander in einem gemeinsamen Kübel um die Wette.

Kletterhilfen mit Pfiff

Aus sehr unterschiedlichen Materialien kann man Pyramiden und andere Kletter- oder Rankhilfen gut selbst bauen. Besonders mit frisch geschnittenen Weidenruten lassen sich originelle Rankhilfen formen.

Für mehrjährige Kletterer wie Clematis oder Kletterrosen brauchen Sie robuste Konstruktionen. Eine verzinkte Stahlmatte aus dem Baumarkt, die Sie fest in Kasten oder Kübel verankern, ist für diesen Zweck gut geeignet, während Sie eine stabile Pyramide beispielsweise aus Vierkanthölzern zusammenbauen können, die Sie bei Bedarf noch mit Querstreben stabilisieren.

Damit auch Gewitter und heftige Stürme Ihrer Konstruktion nichts anhaben, stellen Sie einen Pflanzkasten mit Gitter am besten vor einer Mauer oder an festen Zäunen auf, an denen Sie beides noch zusätzlich befestigen können.

Für einjährige Kletterpflanzen ist dagegen weit geringerer Aufwand erforderlich. Hier erfüllen improvisierte Kletterhilfen zum Umranken durchaus den gewünschten Zweck, z.B. Stöcke oder bizarr geformte Äste, die Sie in einen Topf stecken und mit Schnüren verbinden. Mit drei Bambusstöcken oder Haselruten, die an der Spitze entweder mit Schnüren oder mit einer Zierspitze aus Terrakotta zusammengehalten werden, lässt sich rasch ein Zelt oder eine Pyramide formen.

Vor allem in der Anfangszeit sowie zum Ende der Saison hin benötigen die langen Triebe der Kletterpflanzen Halt an Stützen – und in der Wahl der geeigneten Mittel sind Ihrer Fantasie keine Grenzen gesetzt. So können Sie mit normalen Wäscheklammern, am besten solchen aus Holz, die Triebe ganz nach Bedarf einfach festklipsen, natürlich ohne sie dabei zu quetschen. Professioneller geht dies mit speziellen Pflanzenklammern aus dem Fachhandel.

Die Rose verspreizt sich dabei in den Pyramidenstützen, während sich die Clematis äußerst dekorativ an den Rosentrieben emporhangelt.

Damit die recht tief wurzelnden Pflanzen ihre Wuchs- und Blühfreude behalten, brauchen sie einen ausreichend großen Topf mit mindestens 50 cm Tiefe und müssen von Zeit zu Zeit, etwa alle 3–4 Jahre, umgetopft werden. **Die Clematis stellt in dieser Hinsicht in der Regel keine großen Ansprüche**, wünscht sich aber doch einen beschatteten und kühlen Fuß. Besonders robust sind die spät blühenden Clematisarten *Clematis viticella* und *Clematis integrifolia* mit ihren verschiedenen Sorten. Bei ihnen können Sie sicher sein, dass sie nicht von der gefürchteten Clematiswelke befallen werden – einer Pilzkrankheit, die vor allem bei früh blühenden Hybriden den Stängelgrund angreift und dazu führt, dass die Triebe welken und bald absterben.

FERTIG IN 30 MINUTEN

► 2 Töpfe mit Erde füllen und Kletterpyramiden einsetzen.

► 2 Kletterpflanzen einsetzen und die Klettertriebe an den Pyramiden hochleiten.

Eine Rankpyramide bepflanzen

1 Legen Sie zunächst einen Stein oder eine Tonscherbe über das Abzugsloch im Kübel. Dann füllen Sie Erde in den Topf und setzen die Pflanze ein.

2 Jetzt stecken Sie in gleichmäßigen Abständen am Topfrand entlang 6–8 lange stabile Haselruten tief in die Erde – an ihnen soll die Pflanze ranken.

3 Binden Sie die Haselruten nun oben fest mit Bast oder einer Hanfschnur zusammen und leiten Sie dann an ihnen die Klettertriebe vorsichtig hoch.

Topf- und Kübelpflanzen
Ampeln zum Blickfang machen

Mit **bunt** bepflanzten Ampeln, die Sie an Zäunen, Pergolen oder Mauern **befestigen**, können Sie Ihren Garten sogar in **luftige Höhen** ausdehnen.

Gießhilfe
Befestigen Sie Ihre Ampel mit einer speziellen Flaschenzughalterung (im Fachhandel erhältlich) an Wand oder Decke, dann können Sie sie zum Gießen einfach herunterlassen.

Pflanzgefäße für jeden Geschmack

Blumenampeln oder Körbe, die, mit bunten Sommerblumen wie Zauberglöckchen, Elfensporn, Männertreu, Schneeflockenblume, Fleißigem Lieschen oder Zweizahn bepflanzt, an Wänden und Mauern hängen oder von Decke und Pergola herabbaumeln, sind ein besonderer Blickfang auf Balkon und Terrasse, aber auch an Hauseingängen. Es gibt Ampelgefäße in allen Variationen, als Halbkörbe aus Terrakotta, Weidenruten und Draht für die direkte Wandmontage oder als Hängeampeln aus unterschiedlichsten Materialien.

Körbe rundherum bewachsen lassen

Besonders pfiffig sind rundum zu bepflanzende weitmaschige Draht-Hängekörbe, die auch als *hanging baskets* bekannt sind. Sie stammen ursprünglich aus England. Um die Erde im Korb zurückzuhalten, wird dieser beim Bepflanzen mit Sackleinen und Moos ausgelegt. Seitlich kann man dort an jeder beliebigen Stelle einschneiden, um Pflanzen einzusetzen. **Viel einfacher geht es**, wenn Sie statt Moos und Leinen spezielle Einsätze aus Kokosfasern, Kork, Pappe oder Filz verwenden, in denen bereits vorgestanzte Öffnungen das Bepflanzen der Drahtkörbe erleichtern – Sie brauchen sie nur in die vorgesehene Höhlung einzulegen. Für die seitliche Bepflanzung eignen sich vor allem hängend wachsende Pflanzen wie Männertreu, Schneeflockenblume oder Zweizahn, während aufrecht buschige Arten wie Begonien oder Strandstern in der Mitte blühende Akzente setzen.

Gießen nicht vergessen

Regelmäßige Wassergaben und eine gute Nährstoffversorgung sind bei Ampeln unerlässlich, auch bei pflegeleichten Pflanzen. Besonders schnell trocknet die Erde in den *hanging baskets* aus, denen eine feste Umhüllung fehlt, die das Wasser zurückhalten würde. Daher ist hier regelmäßiges Gießen ganz besonders wichtig.
Bevorzugen Sie am besten gleich ein Gefäß mit Wasserreservoir oder befestigen Sie eine Schale unterhalb des Korbes, die beim Gießen überschüssiges Wasser auffängt und es

Pflegeleichte Pflanzen für Ampeln

Pflanze	Besonderheiten
Elfensporn in verschiedenen Rot- und Rosatönen	Selbstputzend, blüht reich auch ohne Rückschnitt.
Fächerblume Lila	stark wüchsig, selbstputzend
Hängepetunie (Petunia-Hybriden) Rot, Gelb Blau, Pink und Weiß	selbstputzend
Männertreu Verschiedene Blautöne, auch rosa Sorten	Selbstputzend, eignet sich für Halbschatten.
Schneeflockenblume Weiß, auch Rosa	Selbstputzend, Staunässe und Trockenheit vermeiden.
Weihrauchpflanze Blattschmuckpflanze	Blattschmuckpflanze, stark wüchsig, vertreibt Insekten.
Zauberglöckchen Rot, Gelb, Blau, Pink und Weiß	weitgehend selbstputzend
Zweizahn Gelb	stark wüchsig (eine Pflanze kann eine Ampel füllen), selbstputzend

Blühendes Wandbild Ein Weidenkorb, ausgekleidet mit Folie, dient dem Wandelröschen als Behälter.

Eine Ampel bepflanzen

1 Damit die halbkugelige Ampelschale beim Bepflanzen nicht permanent kippt, stellen Sie diese auf die Öffnung eines großen Eimers. In den Eimer füllen Sie vorher einige große Steine und/oder Wasser, damit er eine höhere Standfestigkeit bekommt.

2 Füllen Sie die Ampel nun zu rund zwei Dritteln mit frischer Blumenerde. Mischen Sie der Erde am besten gleich einen Langzeitdünger unter (richten Sie sich bei der Dosierung nach dem Packungsaufdruck), das ernährt die Pflanzen dann über viele Wochen hinweg.

3 Setzen Sie die Pflanzen so tief ein, wie sie zuvor in den Anzuchttöpfen saßen. Füllen Sie Lücken mit Blumenerde auf und drücken Sie alles gut an. Dann gießen Sie die neu eingesetzten Pflanzen kräftig an. Hängen Sie die Blumenampel in die bereits fertig montierte Halterung an Wand oder Decke.

langsam an den saugfähigen Einsatz abgibt. Ein Verlängerungsaufsatz (ein aufsteckbares Rohr mit feiner Tülle oder Brausekopf) für Gießkanne oder Schlauch gestattet es, die Ampel zu wässern, **ohne eine Leiter holen oder die Ampel zum Gießen abhängen zu müssen**.

FERTIG IN 30 MINUTEN

► 2 Ampelgefäße aufstellen, auskleiden und mit Erde füllen. Pflanzen einsetzen und die Ampeln am vorgesehenen Ort aufhängen.

Kaskade in Pink und Lila
Hängepetunien blühen unermüdlich vom Mai bis zum Frost. Doch dafür brauchen sie reichlich Wasser und Dünger.

Topf- und Kübelpflanzen
Süße Früchte gedeihen auch in Töpfen

*Auch bei wenig Platz müssen Sie auf **frisches Obst** aus **eigener Ernte** nicht verzichten. Erdbeeren, Johannisbeeren, Äpfel und andere Köstlichkeiten können Sie mit **wenig Aufwand** auch auf Terrasse oder Balkon in Kübeln und Töpfen **kultivieren**.*

Obst im Kübel braucht viel Licht

Vor allem Beerensträucher lassen sich leicht in einem großen Topf kultivieren. Als Hochstämmchen sind sie besonders dekorativ. Aber auch für Obstbaumsorten, die auf schwach wachsenden Unterlagen veredelt wurden, reicht der Platz in einem Kübel aus. Wärme liebende Obstgehölze wie Pfirsich oder Aprikose gedeihen auf Balkon und Terrasse oft sogar besser als im Garten.

Stellen Sie die Kübel an einen hellen sonnigen oder höchstens halbschattigen Platz, der aber mindestens 3 Stunden pro Tag von der Sonne beschienen wird. Damit sich das Obst wohl fühlt, sollte der Kübel ein Volumen von mindestens 30–40 l haben. Wenn Sie keine fertige Kübelpflanzenerde verwenden, können Sie auch Gartenerde und Kompost mischen. Eine Dränageschicht aus Kieselsteinen oder Blähton ist nötig, um Staunässe zu verhindern.

Zuwendung erhöht die Ernte

Kübelobst fordert kaum Aufwand, wenn man es richtig anstellt. Zeitig im Frühjahr schützt ein Vlies über der Krone vor Spätfrösten. Zur wichtigsten Pflegemaßnahme gehört regelmäßiges Gießen und Düngen. Besonders während der Blüte brauchen Obstgehölze reichlich Wasser. Versorgen Sie die Pflanzen ab dem Frühjahr mit einem Langzeitdünger und frischen Sie die Düngergabe eventuell noch einmal auf. Nach Juli sollte man nicht mehr düngen, damit die Pflanzen nicht bis weit in den Herbst hinein frische Triebe bilden und frostanfällig werden. **Ansonsten fällt nur ein gelegentliches Auslichten an**; nehmen Sie überalterte Triebe im Frühjahr oder nach der Ernte möglichst komplett heraus.

Vorsorge für den Winter

Obstgehölze überstehen den Winter draußen auch im Kübel meist problemlos. Stellen Sie sie in Gruppen zusammen und rücken Sie einzelne Exemplare möglichst nahe an eine Wand,

Reiche Ernte garantiert
Zierliche Säulenbäumchen setzen bereits in jungen Jahren reichlich Blüten und Früchte an.

🍋 **FERTIG IN 30 MINUTEN**

▶ 9–12 kräftige Ausläufer von einer Erdbeerpflanze abschneiden und einsetzen.

▶ Pflanzen für 3 Gefäße mit frischer Erde eintopfen, andrücken und angießen.

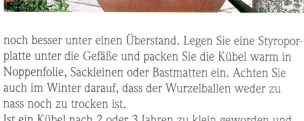

Beerige Genüsse
Kleine Beerensträucher, hier eine Tayberry (Kreuzung zwischen Him- und Brombeere), liefern süße Früchte direkt von den Zweigen in den Mund.

Eine besondere Spezialität mancher Baumschulen sind Duobäumchen, bei denen zwei verschiedene Sorten auf demselben Stamm heranwachsen. Hier ist nicht nur für Abwechslung im Geschmack, sondern auch für gegenseitige Befruchtung gesorgt – Garantie für viele leckere Früchte. Zu den Kirschbäumen für Balkon und Terrasse gehört die Säulen-Süßkirsche 'Silvia', die ab Mitte Juli reife Kirschen trägt. Für alle, die ein Bäumchen mit einer runden Krone bevorzugen, gibt es auch zahlreiche Sorten von Apfel-, Kirsch- oder Birnbäumen, die als Zwergbäumchen auf schwachwüchsigen Unterlagen veredelt wurden. Diese kleinen Bäume tragen ganz normal große Früchte, werden aber oft nur 1,5 m hoch. Und vor einer wärmenden Mauer können Sie z. B. einen Birnbaum durch Anbinden und Beschneiden auch zu einem schmalen Spalierbaum erziehen.

Kirschen nicht aus Nachbars Garten
Angesichts dieser verführerischen Früchte müssen Sie nicht über den Zaun hinweg schielen!

noch besser unter einen Überstand. Legen Sie eine Styroporplatte unter die Gefäße und packen Sie die Kübel warm in Noppenfolie, Sackleinen oder Bastmatten ein. Achten Sie auch im Winter darauf, dass der Wurzelballen weder zu nass noch zu trocken ist.

Ist ein Kübel nach 2 oder 3 Jahren zu klein geworden und die Erde stark durchwurzelt und verbraucht, dann topfen Sie um (in ein nur geringfügig größeres Gefäß) oder erneuern die obere Substratschicht – am besten im Frühjahr.

Viele Obstbaumsorten, insbesondere Äpfel, sind nicht selbstbefruchtend und bringen nur dann Ertrag, wenn eine andere Sorte in der Nähe wächst. Um für eine reiche Ernte zu sorgen, sollten Sie daher möglichst zwei verschiedene Sorten nebeneinander stellen.

Säulenbäumchen und Spalierobst

Ideal für den Balkon sind Säulenbäumchen. Dabei wachsen um eine kräftige senkrechte Mittelachse kurze Seitentriebe, an denen die Früchte entstehen. Ballerina-Säulenapfelbäumchen werden beispielsweise kaum breiter als 30 cm und erreichen auch nach 5 Jahren selten mehr als 2 m Höhe. Die verschiedenen Sorten tragen ab September erntereife Früchte, die sich in Farbe und Geschmack unterscheiden, z. B. 'Polka' mit grünroten Früchten, 'Bolero' mit grünen.

Erdbeerernte aus Töpfen
Erdbeeren benötigen nur wenig Platz für ihre Wurzeln und lassen sich mühelos im Topf heranziehen. Besonders gut machen sich die Stauden in einem Taschentopf (links), aus dessen verschiedenen Öffnungen die Ranken sprießen können.
In Ampeln kommen Hängeerdbeeren gut zur Geltung. So genannte remontierende Sorten, wie 'Florika' oder 'Vivarosa', setzen über Monate hinweg immer wieder neue Blüten an und liefern von Juni bis September Früchte. Man kann die Ranken auch an einem Spalier nach oben klettern lassen.
Die etwas kleinfrüchtigeren, aromatischen Walderdbeeren lassen sich sogar im Kasten kultivieren. Um Grauschimmel zu vermeiden, beim Gießen Blätter und Früchte nicht befeuchten.

Topf- und Kübelpflanzen

Gemüse bequem in Kisten und Kübeln ziehen

So manche Gemüse und Kräuter **fühlen sich** *auch in Kästen und Kisten* **wohl***. Salat, Radieschen, Schnittlauch und vieles andere* **schmeckt selbst gezogen** *natürlich am besten.*

Dekorative Blätter und bunte Früchte

Für die Kultur in Kästen und Töpfen auf Balkon oder Terrasse eignen sich fast alle Küchenkräuter. Nicht nur Dill, Petersilie oder Schnittlauch, auch mediterrane Arten wie Rosmarin und Thymian lassen sich in Gefäßen ziehen. Von Basilikum, Minze oder Salbei gibt es sogar besonders dekorative buntlaubige Sorten, die gleichzeitig Gaumen und Auge erfreuen.

Beim Gemüse sind es vor allem buschig wachsende frühe Sorten, die sich mit ihren bunten Blüten und Früchten gut für Kübel und Kisten eignen.

Eine sonnige Lage bringt reiche Ernte

Um zu gedeihen, brauchen Gemüse und Kräuter viel Licht. Eine Anzucht auf Balkon und Terrasse lohnt sich daher nur, wenn die Himmelsrichtung stimmt. Am wohlsten fühlt sich Balkongemüse in Süd-, Südwest- oder Südostlage. Ein luftiger Standort sorgt dafür, dass Regen nicht allzu lang auf den Blättern bleibt, **sodass Schadorganismen kaum Chancen haben**. Ist die Lage sonnig, luftig und gleichzeitig geschützt, dann gedeihen hier sogar Wärme liebende Gemüse wie Auberginen, die im Garten oft Schwierigkeiten bereiten. Schon ab Anfang April können Sie kälteverträgliche Arten wie Radieschen, Salate oder Schnittlauch direkt auf dem Balkon im Kasten aussäen. Empfindlichere Gewächse wie Gurken, Tomaten, Paprika oder Basilikum sollten Sie dagegen erst nach den Eisheiligen, also ab Mitte Mai, nach draußen

Salat aus der Kiste

1 Kleiden Sie eine Holzkiste sorgfältig mit einer Kunststofffolie aus. Einige kleine Löcher im Boden sorgen dafür, dass überschüssiges Wasser abfließen kann.

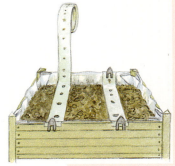

2 Füllen Sie Pflanzerde ein, dann legen Sie Saatbänder, in denen der Salatsamen bereits im richtigen Saatabstand eingefügt ist, aus. Drücken Sie die Saatbänder sorgfältig an und geben Sie etwas Erde darüber; danach alles anfeuchten.

3 Schon nach wenigen Wochen können Sie – je nach Jahreszeit und Witterung – die ersten Blätter ernten. Schneiden oder pflücken Sie jeweils nur die äußeren Blätter und schonen Sie die Herzblätter, dann wachsen die Salate weiter und bringen lang Ertrag.

FERTIG IN 30 MINUTEN

▶ Obstkiste auskleiden und mit Erde füllen. Saatbänder auslegen, mit Erde bedecken. Angießen.

Gut mit Nass versorgt
Aus einer Flasche, die Sie mit Wasser gefüllt und kopfüber in die Erde gesteckt haben, gelangt das kostbare Nass über einen längeren Zeitraum in Kasten oder Topf.

Bunte Früchte
Auberginen und Tomaten haben dank bunter Früchte auch einen hohen Zierwert.

Kopf an Kopf
Salatsorten mit verschieden gefärbten Blättern sprießen gemeinsam in einem Balkonkasten (oben).

Würzige Sammlung
Ein kleiner Kräutergarten im Balkonkasten verwöhnt die Sinne mit hübschen Blättern, Duft und Aroma.

dass die Gefäßgröße der Wuchsfreudigkeit der Pflanze entspricht und genügend Wasserabflusslöcher vorhanden sind. Als Substrat eignet sich im Handel angebotene Erde mit einem guten Luft- und Wasserspeicherungsvermögen. Meist ist sie bereits mit Nährstoffen angereichert. Für Kräuter gibt es spezielle Kräutererde.

Richtig gießen
Die Blätter müssen noch vor Einbruch der Nacht trocknen können, damit keine Krankheiten entstehen. Gießen Sie darum morgens und achten Sie darauf, dass Sie die Blätter kaum benetzen. Vor allem bei Tomaten, Paprika und anderem Fruchtgemüse gießen Sie um die Pflanzen herum, niemals über die Blätter. **Geben Sie lieber seltener, aber dafür reichlich Wasser.** Regelmäßige Düngung alle 3–4 Wochen sorgt für guten Ertrag; verwenden Sie nur einen organischen Volldünger und reduzieren Sie die sonst üblichen Dosierungen lieber um 20–50 %.

bringen. Sie können diese Sensibleren entweder selbst im Zimmer an einem hellen Platz heranziehen oder Sie besorgen sich kräftige und gesunde Pflanzen beim Gärtner. **Gemüse und Kräuter lassen sich problemlos in fast jedem Gefäß anbauen.** Achten Sie bei der Auswahl darauf,

Fruchtgemüse für Kästen

Pflanze	Sorten
Aubergine	'Bambino', 'Madonna'
Basilikum	'Balkonstar', 'Wildes Purpur'
Buschbohne	'Marona'
Gurken	'Bush Champion' 'Jazzer', 'Sprint'
Kürbis	'Baby Bear', trägt Mini-Kürbisse
Mangold	'Vulkan', 'Feurio'
Paprika	'Pusztagold', 'Sweet Banana', 'Festival'
Salat	'Lollo Rossa', 'Lollo Bionda', 'Mizuna'
Salbei	'Goldblatt'
Tomaten	'Balkonstar', 'Red Robin', 'Minibel'
Zucchini	'Diamant', 'Gold Rush'

Topf- und Kübelpflanzen

Einen variablen Dachgarten anlegen

In **Städten** wandert der Garten aus Platzmangel oft einfach aufs Dach. Mit einer **geschickten Bepflanzung** in geräumigen Gefäßen, die Wind und Hitze trotzt, lässt sich hier eine **Oase** für alle **Sinne** schaffen.

Standfeste Gefäße
Verleihen Sie Ihren Dachgefäßen einen stabilen Stand, indem Sie vor der Bepflanzung eine Schicht groben Kies oder schwere Steine hineingeben und mit Dränagematerial (Blähton, Sand) auffüllen. Darauf kommt ein Stück Gärtnervlies oder eine Filtermatte, erst danach geben Sie Erde und Pflanzen in das Gefäß.

Aufs Dach gestiegen
Haben Sie eine Dachterrasse, einen Balkon in der oberen Etage oder eine Dachfläche, die begehbar ausgestattet ist, dann können Sie dort einen üppigen Garten anlegen. Voraussetzung ist, dass der Dachbereich gut tragfähig ist, also die großen Lasten konstruktionsbedingt verkraften kann. Fragen Sie im Zweifel Ihren Architekt oder einen Bauingenieur. Denken Sie unbedingt auch an einen Sonnenschutz, z. B. in Form einer Pergola, die mit einem windsicheren Sonnensegel ausgestattet ist.

Damit auf Ihrem Dach Pflanzen gedeihen können, brauchen sie natürlich Wurzelraum – den finden sie am besten in großen Gefäßen, die mit geeignetem Substrat gefüllt werden. Suchen Sie sich diese Gefäße passend zum Stil aus, in dem Sie Ihren luftigen Garten gestalten wollen – also etwa rustikale Holzkästen für ein ländliches Ambiente, edle Terrakotta für mediterranes Flair, Steintröge für asiatische Anmutung. Achten Sie darauf, dass die Gefäße schwer genug sind, sodass sie auch bei starkem Wind nicht umkippen. Wollen Sie bei der Gestaltung Ihres Dachgartens flexibel sein, dann stellen Sie die gewichtigen Gefäße einfach auf Rolluntersetzer oder montieren Rollen darunter. Ebenfalls wichtig: eine wirksame Dränage, damit Regenwasser gut ablaufen und sich nicht stauen kann.

Vielerlei Gartenbereiche
Wie ein ganz gewöhnlicher Garten kann auch ein mobiler Dachgarten unterschiedliche Nutzungs- und Funktionsbereiche umfassen. Für Windschutz sowie für eine heimelige geborgene Atmosphäre sorgt eine heckenartige Pflanzung mit Sträuchern wie Schneeball, Felsenbirne oder Wildrosen. Zierabschnitte mit vielen bunten Blumen dürfen ebenfalls

fehlen. Generell müssen diese mit den extremen Verhältnissen auf dem Dach zurechtkommen – nämlich mit Wind, Hitze, intensiver Sonnenbestrahlung – und im Winter der Kälte im Wurzelbereich widerstehen. Dafür eignen sich beispielsweise Saatmischungen aus Kornblume, Klatschmohn, Kornrade usw., wie sie für „Blumenwiesen" angeboten wer-

Mediterranes Flair
Trotz sparsamer Bepflanzung ist dieser Dachgarten höchst abwechslungsreich gestaltet – und dabei sehr pflegeleicht.

Sprudelfrische
Wasser ist bei den oft hohen Temperaturen im Dachgarten immer höchst willkommen.

Wildblumenkästen
Robuste Kleinstauden gedeihen in Kästen an der Balustrade. Zu jeder Jahreszeit blüht hier etwas.

Wiesengemeinschaft
In großen Holzkästen dürfen sich neben widerstandsfähigen Gräsern auch bunte Blumen üppig entfalten.

Miniteiche
Wasserdichte Kübel rund um einen Sprudelstein beherbergen ein Sammelsurium an Wasserpflanzen.

Blütensträucher
Zur Wetterseite hin halten Blütensträucher Wind ab und bieten allzeit einen hübschen Anblick.

Nutzgärtchen
An der bestgeschützten Ecke des Dachgartens gedeihen Gemüse, Kräuter und Obstgehölze.

den. Diese erfüllen im normalen Garten die Erwartung nicht immer, damit eine dauerhafte Blumenwiese zu schaffen, schließlich handelt es sich um kurzlebige Arten der Getreideäcker, die rasch verdrängt werden – doch auf dem Dach laufen sie zu wahrer Höchstform auf.
Daneben empfehlen sich genügsame Pflanzen wie die berühmte Dachwurz, mit deren ungezählten Formen Sie viele Kästen ansprechend ausstatten können. Zu ihr gesellen sich Trockenheitsspezialisten, etwa Steinbrech, Fetthenne, Grasnelke, Steinkraut und verschiedene kleine Gräser. Aufs Dach steigen dürfen aber selbst Sukkulenten wie Kakteen oder Agaven. Und sogar Nutzpflanzen können Sie ziehen, Kräuter ebenso gut wie Gemüse und Obst. Sonnenhungrige Gemüse wie Tomaten und Buschbohnen, Platz sparende

Säulenäpfel und Beerensträucher oder würzige Kräuter aus Mittelmeergefilden bringen Sie in Ihrem Dachgarten in möglichst windgeschützter Lage unter.

Erfrischung und Labsal

Gerade dort, wo es oft heiß ist, sehnt man sich nach kühlem Wasser. Ein Wassergarten kommt darum auch auf dem Dach sehr gelegen. Man kann ihn hier gut in großen Kübeln, alten Badezubern oder halbierten Fässern anlegen – kurz in allen wasserdichten Gefäßen. Bewegtes Wasser, wie ein Brunnen, ein Sprudelstein oder ein Springbrunnen, wertet das „Dachgewässer" noch zusätzlich auf. Und da Sie für Ihre Pflanzen ohnehin für Wasser sorgen müssen, steht Ihnen die wichtigste Zutat ja bereits zur Verfügung.

Wasser im Garten

Das kühle Nass schafft wahre Oasen

Wasser **bereichert** den Garten und bietet vielen **Pflanzen** und **Tieren** einen eigenen **Lebensraum** – Sie müssen lediglich die geeignete Form sowie den passenden Standort wählen und für die **richtige Bepflanzung** Sorge tragen.

Wolken und Wasser
Spiegelungen im Wasser dieses Teichs geben dem Garten zusätzliche Weite.

✗ UNBEDINGT VERMEIDEN
Kinder können selbst in kleinen Gewässern ertrinken – sichern Sie darum jede Wassertonne sowie Becken und Teiche!

Lebensraum Wasser

Wasser spielt in jedem Garten eine entscheidende Rolle, da Pflanzen es zum Leben brauchen. In den meisten Kulturen ist Wasser das Sinnbild für Leben schlechthin, und kaum ein Mensch kann sich seiner Faszination entziehen. Wasser im Garten schafft im Sommer ein angenehmes Klima, sein Plätschern lenkt ab von lästigem Lärm, murmelndes Wasser

wirkt beruhigend und schön beleuchtet verschafft es dem Garten nachts eine ganz besondere Atmosphäre.
Einen Wassergarten sollten Sie gut planen, denn einmal gebaut, kann man ihn in der Regel nicht mehr verrücken. Finden Sie zunächst heraus, wie Sie ihn gestalten möchten: ob als bepflanzten Kübel, kleines Wasserbecken, Folienteich, Quellstein, Bachlauf oder Kaskade. Suchen Sie dann für Ihre

Totholz
Winterquartier für Kröten, Frösche und Molche

Holzdeck
Praktischer Beobachtungs- und Entspannungsplatz

Flachwasserzone
Wichtiger Lebensraum für Pflanzen und Tiere

Sumpfzone
Schöner Übergang vom Wasser zum Land

gut zu einem gepflasterten Sitzplatz, der Sprudler erfrischt hier besonders in der Mittagshitze. Eine Kaskade wirkt nur an einem Hang und mündet anschließend wie in der Natur in einen kleinen Bachlauf oder ein Wasserbecken. **Ohne viel Aufwand können Sie sogar auf kleinem Raum eine ganze Wasserlandschaft bauen.**

Wer schon vor dem Teichbau weiß, wie er die anfallende Aushuberde verwenden möchte, muss sie nicht abfahren lassen oder zwischenlagern. Sehen Sie sich in Ihrem Garten nach abgesenkten Stellen um, füllen Sie mit der Erde Kuhlen auf, terrassieren Sie mit ihr einen Hang oder formen Sie einen kleinen Wall an der Grundstücksgrenze, der bepflanzt einen guten Sichtschutz bietet.

Technik für den Wassergarten

Ein richtig gebauter und bepflanzter Teich benötigt ab einer gewissen Größe keine technischen Hilfsmittel. Sein ökologisches Gleichgewicht stellt sich ganz von selbst ein. Für kleine Wasserbecken mit Sprudler, Bachläufe, Kaskaden und Quellsteine ist allerdings etwas Technik nötig, damit man seine Freude an klarem und bewegtem Wasser hat. Die erforderlichen Pumpen, Wasserfilter und Schläuche bekommt man inzwischen in jedem gut sortierten Baumarkt. Oftmals werden sogar ganze Sets für Bau, Unterhaltung und Pflege der Wasseranlage angeboten. Wer es gern individueller mag, kann **sich die benötigten Komponenten aber auch problemlos selbst zusammenstellen.**

Vor dem Bau müssen Sie auch Strom- und Wasserversorgung, Beleuchtung und ihre Steuerung sowie den Überlauf und die Reinigung der Filteranlage klären und die Befestigung eines Laubschutznetzes im Herbst und die Überwinterung von Wasserpflanzen und -tieren bei Frost bedenken.

Standortwahl und Teichumgebung

Platzieren Sie Ihren Teich so, dass er im Sommer zwischen 11 und 15 Uhr im Schatten liegt. So können Sie sich auch in den Mittagsstunden am Wasser aufhalten. Ein Teil des Teichufers sollte direkt an eine Wiese, eine Hecke oder ein Wildstaudenbeet grenzen. Totholz- und Steinhaufen im Uferbereich bieten Molchen, Fröschen und Kröten Unterschlupf, Wildpflanzen locken Insekten an und bieten Nahrung für räuberische Libellen.

FERTIG IN 30 MINUTEN

▶ **Ein 5–10 m langes Sumpfbeet pflegen.**

▶ **Mit dem Käscher den Teich von Algen befreien.**

▶ **Holzdecks am Teich kehren und ölen.**

Wahl den geeigneten Standort im Garten. Er richtet sich nach Ihren Lebensgewohnheiten, der Himmelsrichtung, den baulichen Voraussetzungen und den bereits bestehenden Pflanzungen im Garten.

So sitzt man an einem stillen Teich besonders schön abends in der untergehenden Sonne und mittags, wenn am Teichrand noch ein Baum Schatten spendet. Ein Quellstein passt

Wasser im Garten

Ein Wassergarten passt sogar auf die Terrasse

Es muss nicht unbedingt ein Teich sein – verwandeln Sie doch ein oder mehrere **schöne Gefäße** *in einen kleinen Wassergarten. Miniteiche sind eine* **pflegeleichte Alternative** *für Gärten mit wenig Platz.*

Becken für den Miniteich

Am abwechslungsreichsten lassen sich Gefäße unterschiedlicher Höhe bepflanzen, denn Wasser- und Sumpfpflanzen bevorzugen nicht die gleichen Wassertiefen. Holzbottiche und -wannen sind frostfest und **relativ leicht zu transportieren**. Das Teichwasser im Innern des Bottichs schadet dem Holz nicht, sofern es sich um unbehandeltes Eichen-, Kastanien- oder Lärchenholz handelt. Alte bzw. gebrauchte Gefäße müssen gründlich mit umweltfreundlichen Reinigungsmitteln und viel Wasser gesäubert werden. Oder man kleidet sie mit Teichfolie aus. Im Fall eines alten Teeranstrichs ist sogar eine Vlieszwischenlage nötig, da alle Teerprodukte die Folie chemisch angreifen. Dazu legt man erst ein Dränagevlies, dann ein passendes Stück Folie von nicht mehr als 0,5 mm Dicke in den Bottich und streicht die Falten an den Wänden glatt. Danach füllt man die erforderliche Schicht Kies, Sand, Teicherde oder einfach nur Wasser ein, damit sich die Folie überall an den Bottichwänden anschmiegt. Nun kann man sie am obersten Rand des Bottichs befestigen, am besten mit einem gelochten Metall- oder Holzreifen, der am inneren Rand festgeschraubt wird und die Folie festhält. Erst danach wird die überflüssige Folie am Rand mit einem Teppichmesser abgeschnitten.

Auch alte Holzfässer kann man in dieser Weise verwenden, allerdings müssen sie

Plätscherndes Nass

Aus mehreren höhengestaffelten Gefäßen lassen sich auch auf kleinem Raum äußerst ansprechende und erfrischende Wasserkaskaden bauen.

zuvor halbiert werden, da das Teichbecken wegen des Frosts im Winter und aus Gründen der Pflegeleichtigkeit am oberen Rand am weitesten sein muss.

Die richtige Erde

Das Pflanzsubstrat spielt eine wichtige Rolle für Pflanzenwachstum und -pflege. Auf keinen Fall darf man für den Wassergarten normale Gartenerde verwenden, denn alle Kultur-

✗ UNBEDINGT VERMEIDEN

Holzgefäße niemals eingraben, da sie sonst verrotten. Man stellt sie entweder direkt auf den steinernen Terrassenbelag oder im Fall einer Holzterrasse auf einen wasserfesten Untersetzer. Eine Kiesschicht unter dem Gefäß schützt das Holz zusätzlich vor dem Vermodern und leitet überfließendes Wasser ab.

Stillleben mit Bottichen
In schönen Gefäßen gedeihen und wirken Wasserpflanzen wie in ihrem angestammten Biotop.

erden haben einen hohen Nährstoffgehalt und würden zu einer explosionsartigen Vermehrung von Algen führen. In lehmigem Rohboden finden Wasserpflanzen für viele Jahre die richtigen Wachstumsbedingungen, denn er gibt die enthaltenen Mineralien nur sehr langsam ans Wasser ab. Sand und Kies enthalten zwar keine Nährstoffe, sind aber als Pflanzsubstrat ungeeignet, da sie den Pflanzenwurzeln keinen ausreichenden Halt bieten. Als Abdeckung kommt Kies nur in sehr flachen Gefäßen zur Geltung, denn im Wasser selbst wird er bald von einer Algenschicht überzogen.

Da die meisten Sumpf- und Wasserpflanzen nur flache Wurzeln haben, reicht eine etwa 15 cm hohe Lehmschicht im Bottich völlig aus. Allerdings stellen die verschiedenen Pflanzen unterschiedliche Ansprüche an die Wassertiefe, sodass man immer so viel Substrat auffüllen sollte, dass die gewünschte Wasserhöhe auch erreicht wird.

Der richtige Standort

An einem geschützten und windarmen Platz vor einem ruhigen Hintergrund entfalten Miniteiche ihre Wirkung am besten. Da sich Wasserkübel schnell erwärmen, sollten kleine Gefäße im Sommer nicht mehr als 6 Stunden am Tag der Sonne ausgesetzt sein. Abhilfe auf einer sonnigen Terrasse schaffen höhere Kübelpflanzen wie Bambus, die den Bottich zeitweise beschatten. Man kann aber auch einfach über Mittag einen Sonnenschirm darüber spannen. Ein ruhiges Eckchen mit Abendsonne auf der Terrasse ist sowohl für den Miniteich als auch für seine Betrachter am schönsten.

Miniteiche bepflanzen und pflegen

Da die verschiedenen Wasserpflanzen unterschiedliche Wassertiefen verlangen, muss man ihnen Gefäße unterschiedlicher Größe und Höhe zur Verfügung stellen.
Daneben ist auch der Pflanzabstand zu beachten: 3–4 Pflanzen sind für ein Gefäß von 50–60 cm Breite oder Durchmesser meist genug. Eine einzige Art pro Behälter kann freilich ebenso dekorativ sein wie eine gemischte höhengestaffelte Pflanzung. **Besonders pflegeleicht sind naturgemäß frostharte Gefäße und Pflanzen** – beide müssen für den Winter weder eingepackt noch ausgeräumt werden.

An heißen Sommertagen verdunstet das Wasser in einem Kübel sehr schnell. Füllen Sie regelmäßig Leitungs- oder sauberes Regenwasser auf. Vertrocknete Pflanzenteile muss man entfernen; schneiden Sie sie vorsichtig unter der Wasseroberfläche ab. Sammeln Sie auch hineingewehte Blätter regelmäßig ab. Sollten die Pflanzen zu stark wachsen, müssen Sie einige entfernen oder teilen, um das Gleichgewicht zwischen freier Wasserfläche und Pflanzenbewuchs wieder herzustellen – aber erst nach der Winterruhe im späten Frühjahr.

Abgestorbene Halme lässt man im Winter stehen, da sie den wichtigen Gasaustausch beim Gefrieren der Wasseroberfläche fördern.

Im Bottich

Winterhartes Sumpfbeet: 50–60 cm Durchmesser, feuchte magere Erde, bis 5 cm Wassertiefe. Pflanzen: Sumpf-Dotterblume, Pfennigkraut, Etagen-Primel, Bach-Nelkenwurz.

Winterharte Flachwasserbepflanzung: 50–60 cm Durchmesser, Lehm oder Teicherde, 5–10 cm Wassertiefe. Pflanzen: Zypergras-Segge, Sumpf-Calla, Fieberklee, Pfeilkraut. Ein Drittel der Wasseroberfläche sollte unbedingt offen bleiben.

Winterharte Wasserpflanzengruppe: 50–60 cm Breite, 80–100 cm Länge; Lehm oder Teicherde, 10–30 cm Wassertiefe. Pflanzen: Kalmus, Schwanenblume, Zypergras, Zwerg-Mummel, Hechtkraut. Abdeckung mit Kieselsteinen.

⏱ FERTIG IN 30 MINUTEN

▶ **Den Miniteich etwa 10 cm hoch mit Teicherde füllen, Teichkante einsetzen und Wasser auffüllen.**

Wasser im Garten
Ein Sprudelstein sorgt für Frische

Ein kleiner **Brunnen** mit einem oder mehreren **Quellsteinen** ist eine sehr dekorative Wasserstelle. Es gibt kompakte **Fertiganlagen** aus Natur- und Kunststein, aber Sie können sich Ihren Sprudelbrunnen auch gut **selbst** bauen.

DAS MACHT'S LEICHTER
● Das teure Durchbohren von Findlingen kann man sich sparen, wenn man mehrere Steine dicht zusammenstellt und die Sprudeldüse dazwischen versteckt.

Kunst und Natur
Sprudelanlagen verbinden das Schöne mit dem Nützlichen, denn ihr leises Plätschern beruhigt und erfrischt zugleich.

Sprudelndes Nass auf kleinem Raum

Quell- oder Sprudelsteine benötigen nur ein kleines Wasserreservoir. Man kann es unsichtbar eingraben und den Quellstein auf einen Gitterrost legen, der mit Kieseln kaschiert wird. In den Boden eingelassene Anlagen sehen immer naturnäher aus als frei aufgestellte. **In vielen Gartencentern erhält man komplette Anlagen** mit Wasserbehälter, Abdeckrost, Pumpe, Quellstein, Zierkieseln und Leitungen. Wenn man nicht auf die Fertigangebote aus Beton und Naturstein zurückgreifen möchte, kann man sich einen schönen Findling beim Steinmetz durchbohren lassen.
Auch für mehrere Sprudeldüsen ist in der Regel nur eine einzige Pumpe mit einem Wasserverteiler nötig, ihre Leistung

Japanisches Flair
Wie ein Meditationsgarten wirkt diese kleine Sprudelanlage mit einem Findling als Quellstein auf Kies vor dem filigranen Hintergrund der aufrechten Gräser.

Stauden für die Randbepflanzung

Pflanze	Höhe	Blüte
Bart-Iris	20–70 cm	blau, gelb, bunt
Berg-Segge	10–20 cm	rotbraun (Herbst)
Blaukissen	10–15 cm	hellblau, dunkel-blau, rosa, violett
Blau-Schwingel	10–30 cm	fiedrige Rispe
Gelber Lauch	15–50 cm	gelb
Gewöhnliches Silbergras	15–30 cm	aufrechte Ähre
Kaukasus-Vergissmeinnicht	30–50 cm	blau
Knäuel-Glockenblume	15–60 cm	weiß, hellblau, dunkelblau
Pfennigkraut	2–5 cm	gelb
Taglilie	20–120 cm	gelb, orange, rot, bunt
Weniger geeignete Pflanzen		
Wiesen-Knöterich	30-50 cm	rot-weiß; neigt zum Wuchern
Wiesen-Schaumkraut	20–40 cm	blass-lila; wuchert

Quellstein
Erfrischendes Plätschern nach Bedarf

Kieselsteine
Ein angedeuteter Bachlauf

Holzsteg
Brücke über den Trockenbach

muss aber je nach Anzahl der Düsen höher bemessen sein. Außerdem sollte die Anlage eine Druckregulierung haben, damit der Wasserdurchfluss gleichmäßig erfolgt.

Einen Sprudelbrunnen bauen

Heben Sie einige Terrassenplatten an und graben Sie ein passendes Loch für den Wasserbehälter in den Unterbau. Passen Sie den Behälter ein und füllen Sie die Hohlräume ringsum mit Sand oder Kies vollständig auf. Unterfüttern Sie den Rand des Behälters mit flachen Steinen so, dass er 2–3 cm über dem Terrassenniveau zu liegen kommt. Füllen Sie das Reservoir mit Wasser und legen Sie die Pumpe hinein. Legen Sie nun den Abdeckrost auf einige flache Steine, die Sie rund um den Behälterrand platzieren. Legen Sie jetzt die Sprudelsteine probehalber auf und schauen Sie sich die Anordnung von allen Seiten, auch vom Haus aus, an.
Installieren Sie nun die Düsen, die Wasserzuführung und die Stromleitung und lassen Sie die Anlage probelaufen. Funktioniert sie, legen Sie auf den Gitterrost ein Dränagevlies, das Sie mit schönen Steinen abdecken. Legen Sie erst die großen Steine, dann die kleineren von innen nach außen auf.

Pflegeleichte Bepflanzung

Obwohl an der Terrasse eher trockene Bedingungen herrschen, können Sie hier z.B. mit Bart-Iris und Taglilie den Anschein eines feuchten Standorts schaffen. Chinaschilf, Pfahlrohr und Bambus lassen gar an den Bewuchs von Wassergräben denken. Erfrischend wirken auch Kriechender

Günsel, Blau-Schwingel, Moskitogras und Blaublatt-Funkie. Man pflanzt die Stauden in Gruppen von 3 oder 5 Pflanzen. Um die Fläche auch betreten zu können, lässt man dazwischen Platz für eine Abdeckung mit Kies – mit dem sich sogar die Illusion eines trockenen Bachlaufs erzeugen lässt.

Die Anlage für den Winter vorbereiten

Vor dem ersten Frost säubern und entleeren Sie die Anlage. Schließen Sie dazu an eine der Sprudeldüsen ein Stück Schlauch an, um das Wasser mit der Pumpe aus dem Behälter herauszubefördern. Anschließend holt man die Pumpe heraus und säubert sie. Dabei kann man den Sumpf im Wasserbehälter ausschöpfen und den Behälter reinigen. Sie sollten auch die Stromzufuhr unterbrechen oder das Kabel abbauen.

Auf den ersten Blick ein Sumpfbeet
Quellstein, Trockenbachlauf, Holzsteg und Bepflanzung erzeugen die Illusion eines feuchten Standorts.

✗ UNBEDINGT VERMEIDEN

Vergessen Sie beim Einbau des Wasserreservoirs nicht, seinen Rand durch Unterfütterung über Bodenniveau zu bringen – sonst gelangt bei Regen Oberflächenwasser von Terrasse oder Beet ins Reservoir und verschmutzt es.

Aufbau einer Sprudelanlage
Nur wenige Komponenten sind nötig, um mit einem Sprudelstein eine kleine Wasserlandschaft zu gestalten.

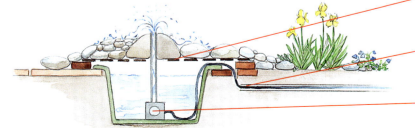

Gitterrost
Auflage für Quellstein und Zierkiesel

Stromkabel
Sicher eingegraben und gut versteckt

Tauchpumpe
Motor für dauerhaftes Plätschern

Wasser im Garten

Einen Fertigteich einbauen und bepflanzen

*Fertigteiche aus Kunststoff gibt es in allen Größen. Und selbst der kleinste Teich lässt sich **über- aus attraktiv bepflanzen**. Sprudler und eine schöne Beleuchtung tun ein Übriges.*

Effektvoll mit wenig Aufwand

Fertigteiche werden aus Polyethylen oder glasfiberverstärktem Polyester hergestellt. Der Einbau muss sorgfältig ausgeführt werden, **ist aber auch für den Laien nicht schwierig**. Kleine Fertigteiche wirken besonders schön an einem kleinen Sitzplatz in einer halbschattigen Gartenecke, die man mit einer dezenten Teichbeleuchtung am Abend erhellen und vom Haus oder der Terrasse aus gut sehen kann.
Ein kleines flaches Becken kann allerdings durchfrieren, darum können darin nicht viele Wasserpflanzen und keine

Tiere überwintern. Mit einer naturnahen Bepflanzung der vorgeformten Sumpfzone und des Uferbereichs liegt der Teich aber auch im Winter nicht entblößt da.

Der Einbau Schritt für Schritt

Stellen Sie das Becken am geplanten Standort auf. Halten Sie dabei einen Abstand von etwa 2 m zu benachbarten Pflanzungen. Drehen Sie das Becken nun auf den Kopf und markieren Sie seine Umrisse. Heben Sie eine Grube aus, die ringsum etwa 30 cm breiter als die Markierung ist; in sie stellen Sie das Becken – sein Rand sollte bündig mit dem späteren Uferbereich abschließen. Ist das Becken exakt ausgerichtet und zur Beschwerung mit Wasser gefüllt, schaufeln Sie den Hohlraum zwischen Becken und

Beckeneinbau

1 Heben Sie die Erde 30 cm breiter aus, als es die Form des Beckens ist. Alle spitzen Steine aus der Grube entfernen, eine waagrechte Bodenfläche schaffen und das Becken einsetzen.

2 Legen Sie eine Wasserwaage in mehreren Richtungen über das Becken und überprüfen Sie sorgfältig, ob das Becken genau waagrecht liegt. Füllen Sie es nun langsam bis zur Sumpfzone mit Wasser und überprüfen Sie seine Lage erneut.

3 Füllen Sie nun Teicherde oder Lehm in die Sumpfzone und setzen Sie die Pflanzen Ihrer Wahl ein. Dekorieren Sie die Pflanzzone mit Kieseln und füllen Sie dann das Wasser bis zur Oberkante auf. Platzieren Sie jetzt auch die Sprudelanlage.

Pflanzen für Becken mit Sprudler

Pflanze	Blütenfarbe	Wassertiefe
Bachbungen-Ehrenpreis	Blau	bis 10 cm
Gewöhnliches Pfeilkraut	Weiß	bis 10 cm
Gewöhnliche Sumpfsimse	Braun	bis 50 cm
Japanische Wasser-Iris	Weiß, Rosa, Blau	20–50 cm
Lanzettblättriger Froschlöffel	Rosa	bis 20 cm
Schwanenblume	Rot-weiß	20–50 cm
Sumpf-Vergissmeinnicht 'Icepearl'	Blau, Weiß	bis 20 cm
Sumpf-Wolfsmilch	Dunkelgelb	bis 50 cm
Tannenwedel	Grün	20–150 cm
Weniger geeignete Pflanzen		
Seerose	Weiß, Rosa	50–150 cm
Teichrose, Mummel	Gelb	50–150 cm

FERTIG IN 30 MINUTEN

▶ Ein kleines Fertigbecken in die Erde einpassen.

▶ Die Sumpfzone des Beckens bepflanzen.

Lichtkugeln
Am Abend verbreitet das sanfte Licht der Schwimmlampen auf dem Teich eine sehr stimmungsvolle Atmosphäre.

Ufersaum
Die Uferbepflanzung verbindet Wasser und Garten harmonisch (oben).

Grubenwand zu; dabei ist wichtig, das Material immer wieder zu verdichten. Zum Schluss spülen Sie mit Wasser vorsichtig Sand in die verbliebenen Hohlräume. Jetzt können Sie Teicherde oder Lehm in der Sumpfzone verteilen und dort sparsam einige Pflanzen einsetzen. Dekorieren Sie die Zone mit Kieseln und füllen Sie dann das Becken bis zur Oberkante auf. Nachdem auch das Wasserbecken bepflanzt und mit der gewünschten Technik und Beleuchtung ausgestattet ist, können Sie die Uferzone bepflanzen und mit Steinen und Kieseln gestalten. Verstecken Sie dabei gleich die Kabel für Sprudler und Licht.

Licht, Sprudler und Fontänen

Während Bodenleuchten, leuchtende Steine oder Strahler auch mit 230 V betrieben werden können, handelt es sich bei Schwimmkugeln oder Unterwasserstrahlern ausschließlich um Niedervoltanlagen, die eines Transformators bedürfen. Für kleine Becken sind Schwimmkugeln mit 12 V Niederspannung ideal. Kleine Sprudelanlagen kühlen Wasser und Umgebung ab, reichern das Wasser mit Sauerstoff an und **halten es so auch im Sommer frisch**. Allerdings muss man das Becken häufig auffüllen. Die Größe der Fontäne muss auf die Beckengröße abgestimmt sein, damit das Wasser auch bei Wind wieder im Becken landet. Die Bepflanzung des Beckens muss an bewegtes Wasser angepasst werden, denn nur wenige Wasserpflanzen vertragen die ständige Wasserbewegung und die Gischt von Wasserspielen. Die Uferbepflanzung profitiert hingegen von der höheren Luftfeuchte, wenn das Wasserspiel häufig betrieben wird.

DAS MACHT'S LEICHTER

● Sind Transport und Einbau eines größeren Fertigbeckens in Ihrem Garten nur schwierig zu bewerkstelligen, können Sie nach Belieben mehrere kleine Becken nebeneinander einbauen und mit Sprudlern bestücken.

Wasser im Garten

Einen Folienteich selbst bauen

Ein Folienteich lässt sich relativ **einfach** in **Eigenregie** bauen, bepflanzen und pflegen. Der große **Vorzug**: Sie können dabei **selbst** die **Form** Ihres Gewässers **bestimmen**.

DAS MACHT'S LEICHTER

● Wer vorher überlegt, wie er den Aushub im Garten weiterverwenden kann, kippt die Erde direkt an der vorbereiteten Stelle wieder ab. Etwas Erde behält man jedoch zum Unterfüttern der Folienränder vor Ort.

● Im Sommer und bei Sonnenschein ist die Folie geschmeidiger und lässt sich besser falten – legen Sie sie vor dem Einbau ausgebreitet in die Sonne. Ein oder zwei Helfer zum Heben und Ausrichten der Folie in der Grube sind sehr hilfreich.

Mähkante
Flache Steine am Ufer verdecken nicht nur den Folienrand, sie erleichtern auch das Mähen.

Teichbau Schritt für Schritt

Flexible Teichfolien ermöglichen den Bau von Teichen in allen denkbaren Formen und Größen. Damit haben Sie freie Hand, Ihren Teich ganz nach den eigenen Vorstellungen zu gestalten. Von einer gewissen Größe und Tiefe an sollten Sie den Bau aber Fachleuten überlassen. **Einen kleinen Folienteich können Sie jedoch problemlos selbst anlegen**. Heben Sie zunächst die Teichgrube in der gewünschten Form und Tiefe aus. Modellieren Sie dabei möglichst exakt die

Sumpf- und Flachwasserzonen als mindestens 30 cm breite und tiefe Rinnen. Die Tiefenzone sollte 80–100 cm tief und mindestens 1 m² groß sein. Nach dem Ausheben der Grube sollten Sie den späteren Teichrand mit einer Richtlatte und einer Wasserwaage überprüfen und mit Aushuberde so genau modellieren, dass er genau waagrecht verläuft.
Lesen Sie nun sorgfältig spitze Steine aus Boden und Wandung der Aushubgrube und bedecken Sie das Innere der Grube mit einer dünnen Schicht Sand. Das schützt die Folie

Formvollendet
Mit Teichfolie können Sie Wasserbecken in nahezu jeder Größe gestalten.

und **lässt sie beim Auslegen besser gleiten**; diesen Schritt – das Einpassen – sollten Sie möglichst mit einem oder zwei Helfern durchführen. Passen Sie dabei die Folie dem Grubenprofil möglichst genau an und legen Sie sie ordentlich in nur wenige flache Falten.

Füllen Sie nun Lehm mit etwas gewaschenem Sand oder Teicherde in die verschiedenen Pflanzzonen. Anschließend stellen Sie die mit Pflanzen Ihrer Wahl bestückten Pflanzkörbe an die gewünschten Positionen und beschweren sie mit Steinen. Lassen Sie jetzt langsam Wasser aus einem

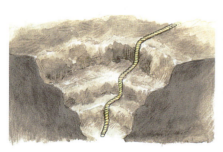

Die Foliengröße messen
Nehmen Sie dazu eine Schnur oder ein Stück Schlauch und rechnen Sie bei Breite und Länge je 80–100 cm für den Rand hinzu.

Schlauch, den Sie in ein Stück Plastikrohr legen, in den Teich ein. Als letzten Schritt bepflanzen Sie sparsam die Sumpfzone und gestalten dann das Ufer mit Steinen und wenn gewünscht mit Uferschutzmatten.

Überstehende Folie wird erst abgeschnitten, wenn der Teich randvoll mit Wasser und die Ufergestaltung abgeschlossen ist. **Bereits im nächsten Sommer wird Ihr Teich eingewachsen sein** und ganz natürlich aussehen.

Der Teichrand: kein Problem

Der Rand eines Folienteichs gilt gemeinhin als der komplizierteste und schwierigste Bauteil. Wenn man sich jedoch

schon vorher über die Ufergestaltung im Klaren ist, kann man dabei eigentlich keinen Fehler machen. Berücksichtigen Sie in Ihrer Planung auch gleich den Einlauf (ob für Dachwasser oder Leitungswasser) und besonders einen Überlauf. Letzterer sollte an der tiefsten Stelle im Gelände liegen und so gestaltet sein, dass überlaufendes Wasser nicht unter die Teichfolie gelangen kann.

Dazu formt man aus einem überstehenden Stück Folie einen Auslauf und lässt diesen in einen kleinen Bachlauf münden, der das Wasser vom Teichrand weg leitet.

Seine endgültige Form kann der Auslauf aber erst erhalten, wenn der Teich ganz mit Wasser gefüllt ist. Sollte der Folienrand an der einen oder anderen Stelle zu niedrig sein, kann man ihn so mit lehmiger Erde unterfüttern, dass der Überlauf sich dort befindet, wo der Rand am tiefsten liegt.

✖ UNBEDINGT VERMEIDEN

In keinem Fall darf die Folie nach Fertigstellung des Teichs frei liegen, sondern muss komplett von Steinen, Uferschutzmatten oder Erde bedeckt sein, damit sie nicht vom UV-Licht zerstört wird.

Das Teichufer richtig anlegen

1 Ein muldenförmiges Randprofil mit aufgelegtem Vliesstreifen bietet sich an, wenn man die trockene Uferzone bepflanzen oder mit Kies abdecken will.

2 Angrenzend an eine Rasenfläche, einen Weg oder eine Terrasse deckt man den Folienrand mit schweren Trittplatten ab und schlägt ihn dahinter hoch. So entsteht eine saubere und pflegeleichte Mähkante bzw. ein Weg um den Teich herum.

3 An Wänden, Mauern oder der Unterkonstruktion eines überkragenden Holzdecks wird die Folie mit einer Schiene befestigt und abgedeckt. Je nach Untergrund kommen auch folienverträgliche wasser- und frostfeste Kleber zum Einsatz.

⏱ FERTIG IN 30 MINUTEN

► 1–3 m Teichrand durch Unterfüttern nivellieren und die Folie abschneiden.

► 1–3 m Teichrand mit Vlies und mit Platten oder Kieseln abdecken.

► 1–3 m Teichrand mit Vlies und Substrat abdecken und bepflanzen.

Wasser im Garten

Einen Hang mit einer Kaskade verschönern

Am Terrassenhang macht sich ein **kleiner Sturzbach***, betrieben mit einer Umlaufpumpe, besonders gut – und ist mit Fertigelementen* **schnell und leicht gebaut***.*

Ein künstlicher Bachlauf

Teiche und Wasserbecken sind an Hanggrundstücken nur schwer zu verwirklichen und wirken zudem meist künstlich. Viel natürlicher sehen hier kleine Bachläufe aus, deren Wasser fröhlich über mehrere Stufen hinabplätschert. Der Bau solcher Kaskaden ist **dank vorgefertigter Elemente auch für den Laien problemlos zu bewerkstelligen**.

Bau der Kaskade

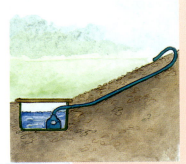

1 Installieren Sie Wasserreservoir und Pumpe. Füllen Sie das Reservoir, graben Sie den Schlauch für Wasser und elektrisches Kabel neben dem Kaskadenverlauf ein und schließen Sie die Pumpe an.

2 Formen Sie eine Treppe in den Hang, auf der Sie die Kaskadenelemente von unten nach oben so auslegen, dass der obere Rand mit dem Gelände abschließt. Überprüfen Sie die Neigung der Schalen und die korrekte Ausrichtung des Überlaufs.

3 Passen Sie das Schlauchende in die oberste Kaskadenschale ein, etwa in ein Rohr, das man zwischen große Steine klemmt – es darf nur wenig oberhalb der ersten Schale münden, damit das Wasser beim Auftreffen nicht nach den Seiten wegspritzt.

Je nach Hanghöhe und -neigung verwendet man eine entsprechende Anzahl leichter und formstabiler Kunststoffelemente, die im Fachhandel erhältlich sind. Mit Sand oder Splitt beschichtete Formteile sind dabei unbeschichteten schwarzen oder grünen vorzuziehen, denn sie sehen am Ende natürlicher aus. Auf ihrer rauen Oberfläche siedeln sich schnell Moose an, die bald vergessen lassen, dass es sich um einen künstlichen Sturzbach handelt.

Zu bewegtem Wasser gehört auch ein Wasserreservoir mit einer Tauchpumpe, die es wieder nach oben befördert. Die Länge der Kaskade bestimmt die Größe des Reservoirs, während Höhendifferenz und geförderte Wassermenge ausschlaggebend für die Pumpenleistung sind.

Die meisten Fertigelemente sind so geformt, dass man sie auch leicht gedreht anordnen kann. Auf diese Weise kann

Eine Kaskade mit Quellstein
Ein Bach im Garten wirkt umso lebendiger, je munterer das Wasser über Kaskaden und Steine fließt.

Der Bachlauf entspricht der Quellenkapazität.

Die Stufenzahl hängt vom Geländeniveau ab.

Uferbepflanzung für normale bis trockene Böden

Wie ein Wildbach
Ganz natürlich wirkt diese Kaskade aus Folie und Steinstufen dank der angrenzenden Uferbepflanzung.

Rohe Formteile
Kunststoffelemente erleichtern den Kaskadenbau sehr, sehen aber nur mit richtiger Uferbepflanzung natürlich aus.

Uferpflanzen am Hang

Pflanze	Blütenfarbe	Höhe (cm)
Alpenrose	Hellrot	40 – 60
Großblütige Braunelle	Weiß, Rosaviolett	10 – 30
Kleinblütige Bergminze	Blauviolett	20 – 40
Niedrige Segge	Braun	5 – 15
Purpur-Weide	Rot-gelb	30 – 50
Weidenblättriger Spierstrauch	Weiß	30 – 50
Wiesen-Schlüsselblume	Gelb	10 – 20
Winkel-Segge	Braun	30 – 50
Zwerg-Schwertlilie	Violett	5 – 15
Weniger geeignete Pflanzen		
Färber-Ginster	Gelb	30 – 60
Heidekraut	Weiß, Rosa, Rot	15 – 30
Johanniskraut	Gelb	20 – 40

prüfen. Anschließend stellen Sie die Pumpe an und testen die Anlage gründlich, ehe Sie sie mit Kieseln und Steinen dekorieren. Gestalten Sie nun auch die Ränder der Kaskade mit Steinen und vor allem mit einer passenden Uferbepflanzung, die Ihrem künstlichen Bauchlauf ein naturnahes Aussehen verschafft. Geeignet sind hier insbesondere niedrige Zwerggehölze, Stauden und Gräser für trockene Hänge und Steingärten, die in ihrer Anmutung den Pflanzen feuchter Gewässerufer ähneln.

Klingendes Wasser

Das Geräusch des fallenden Wassers kann auch noch nach dem Bau der Kaskade beeinflusst werden. Menge und Fließgeschwindigkeit sind für den Schalldruck maßgebend, während Material und Form der Bauteile die Klangfarbe bestimmen. Durch geschickte Anordnung verschieden großer Steine in den Wasserschalen der Kaskadenelemente können Sie einen schönen Klang erzeugen.

Lassen Sie das hochgepumpte Wasser in einem Kunststoffschlauch ankommen, den Sie in einem Rohr verstecken können. Fließt das Wasser eine Strecke frei durch das Rohr, beeinflussen dessen Länge, Durchmesser, Wandstärke und Material, die Form des Ausgießers sowie die Rohrhalterung den Klang des fließenden Wassers – ganz ähnlich wie bei einem Blasinstrument.

Doch auch der Rhythmus des dahinplätschernden Wassers ist wichtig. Er wird hauptsächlich von der Geometrie der Kaskadenschalen und der Hangneigung bestimmt. Je unregelmäßiger das Wasser plätschert, desto angenehmer und entspannender wird es empfunden, weil das Klangerlebnis so dem in der Natur recht nahe kommt. Mit ein paar Kieseln in den Schalen und am Ausguss können Sie verhindern, dass sich ein allzu gleichmäßiger Rhythmus einstellt. Im Bachlauf verteilt bieten sie außerdem vielen mikroskopisch kleinen Pflanzen und Tieren einen Lebens- und Rückzugsraum.

man sogar einen geschwungenen Sturzbach gestalten. Ist der ausgewählte Hang sehr steil, kann man die Kaskade schräg zu ihm verlaufen lassen, um das Gefälle zu mindern. An einem bereits terrassierten Hang, etwa neben einer Treppe zur Terrasse, ist der Einbau der Fertigelemente **besonders schnell und leicht zu bewerkstelligen**.

Installation und Randbepflanzung

Das Wasserreservoir, das die Pumpe aufnimmt, kann ein geschlossener Behälter, ein kleiner Fertigteich, ein Wasserbecken oder auch ein einfacher Kübel sein. Decken Sie es ab, solange Sie mit dem Kaskadenbau beschäftigt sind, damit keine Erde hineinrutscht.

Nachdem Sie den Schlauch für die Wasserversorgung und das Pumpenkabel neben der geplanten Trasse eingegraben haben, sollten Sie beim anschließenden Auslegen der Kaskadenelemente häufiger die Quer- und Längsneigung der Schalen

Wasser im Garten
Den Gartenteich pflegen

Richtig angelegt und bepflanzt macht ein Teich **kaum Arbeit**. *Die erstaunliche* **Selbstregulierung** *des Feuchtbiotops funktioniert nämlich umso* **besser**, *je* **naturnäher** *das Gewässer angelegt wurde.*

DAS MACHT'S LEICHTER

● Wer auf ein hohes Nährstoffangebot im Teich verzichtet, wird auf längere Sicht keine Algenblüten erleben. Unterwasserpflanzen wie Hornblatt, Tausendblatt und Wasserstern verhindern das Umkippen des Teichs, weil sie dem Wasser viele Nährstoffe entziehen und zugleich reichlich Sauerstoff produzieren.

Transparenter Schutz
Die schöne Drahtkuppel kann im Herbst ein Laubschutznetz und im Winter ein helles Vlies tragen, das die Eisbildung an klaren Frosttagen verhindert.

Teichpflege in Frühjahr und Sommer

Im späten Frühjahr kann man abgefaulte Pflanzenteile abschneiden und auf den Kompost geben. Ab Mai, wenn sich das Wasser bereits erwärmt hat, teilt man zu groß gewordene Sumpfstauden und Seerosen und pflanzt sie wieder ein. Man muss bei der Teichpflege sehr vorsichtig vorgehen, denn viele Amphibien haben bereits im März abgelaicht.

Im Frühsommer nehmen oft Algen an der sich schnell erwärmenden Wasseroberfläche überhand. Die konkurrierenden Wasserpflanzen in den unteren kühlen Teichregionen kommen mit ihrem Wachstum so schnell nicht mit. Wartet man jedoch geduldig ab, schlüpfen die Kleinlebewesen aus ihren Eiern und fressen die Algen innerhalb weniger Tage auf – **das Wasser klärt sich wie von Zauberhand** selbst. Eine erneute Algenblüte wird im Lauf des Sommers durch den Nährstoffverbrauch der Wasser- und Sumpfpflanzen verhindert, sofern der Teich nicht zu viele Nährstoffe enthält. Periodisch auftretende Algenblüten sind ganz normal und kön-

Algenplage?
Zu viele Fadenalgen bilden sich im Sommer nur, wenn das Nährstoffangebot im Teich, z. B. durch den Laubfall vom letzten Herbst, zu hoch ist.

nen durchaus toleriert werden, damit das ökologische Gleichgewicht nicht ständig durch Eingriffe gestört wird. Wer zur Teichbelüftung eine Pumpe einsetzt, muss von nun an den Filter öfter reinigen.

Fische dürfen nur gefüttert werden, wenn das Wasser in der tieferen Zone mindestens 12, besser 15 °C warm ist. Goldfische kommen bei normalem Pflanzenwuchs ganz ohne Futter aus und vermehren sich dann auch nicht so stark, was wiederum der Wasserqualität zugute kommt.

Teichpflege in Herbst und Winter

Jedes herabfallende Blatt von umstehenden Bäumen und Sträuchern ist Biomasse und sinkt auf den Teichboden hinab, wo es zusammen mit den abgestorbenen Wasser- und Sumpfpflanzen allmählich eine Mulchschicht bildet. Diese wird von Mikroorganismen unter Sauerstoffverbrauch zu Schlamm umgewandelt. Dieser natürliche Vorgang führt zur langsamen Verlandung des Teichs, sodass er nach einigen Jahren ausgeräumt werden muss.

Je weniger Blätter in den Teich gelangen, desto länger können Sie mit dem mühsamen Schlammentfernen warten.

Platzieren Sie Ihr Gartengewässer darum niemals so, dass viele Blätter hineinfallen können, und spannen Sie im Herbst für die Wochen des Laubfalls ein Netz darüber. Zur richtigen Pflege gehört auch, auf bestimmte Maßnahmen zu verzichten – schneiden Sie keinesfalls im Herbst Pflanzen im und am Teich ab! Hier überwintern viele Tiere, und jeder Stängel, der im Winter die Eisschicht durchstößt, hilft beim Transport von Sauerstoff in die tiefen Wasserschichten. Entfernen Sie vor dem ersten Frost Pumpen, Lampen und anderes technische Gerät aus dem Wasser und **lassen Sie den Teich im Winter ruhen**. Jedes Aufhacken der Eisschicht oder ähnliche Maßnahmen stören die überwinternden Tiere. Wer einen Teil der Eisschicht offen halten möchte, kann einen im Handel erhältlichen Eisfreihalter einsetzen. Auch ein Bündel Stroh mit langen Halmen, aufrecht ins Wasser gestellt, hilft schon. Am besten ist es, wenn Sumpfpflanzen diese Funktion übernehmen. Sofern der Teich ausreichend tief ist, friert er nicht gänzlich zu und seine tierischen Bewohner überwintern im kalten Wasser am Grund des Teichs. Jede Störung lässt ihren Herzschlag ansteigen und sie verbrauchen mehr Sauerstoff und ihre Fettreserven.

Hohe Pfosten
Unter Gehölzen einschlagen.

Heringe
Mit ihnen fixieren Sie das Netz.

Netz
Soll nicht das Wasser berühren.

Ein Laubnetz spannen
Schlagen Sie auf der Westseite des Teichs bzw. dort, wo sich Bäume und Sträucher befinden, mehrere hohe Pfosten ein. Legen Sie das Netz so über die Pfosten, dass es am anderen Ende des Teichufers den Boden, aber nirgendwo die Wasseroberfläche berührt. Fixieren Sie das Netz mit Heringen.

FERTIG IN 30 MINUTEN

▶ 2 Seerosen aus dem Teich holen, teilen und wieder einsetzen.

▶ Ein Netz über den Teich spannen.

Seerosen teilen

1 Zu groß gewordene Seerosen holt man zum Teilen im folgenden Mai aus dem Teich. Man teilt sie mit einem Messer oder einem Spaten.

2 Anschließend entfernt man alle schwarz verfärbten, faulenden Wurzeln und dichtes dunkles Wurzelgeflecht mit einer scharfen Schere.

3 Dann gibt man das verjüngte Rhizomstück mit neuem Substrat in den Korb und versenkt diesen wieder im Teich.

✗ UNBEDINGT VERMEIDEN

Chemische Mittel haben in einem Teich nichts zu suchen – nur das Absenken des pH-Wertes mit einem Säckchen Torf ist erlaubt!

Nutzgarten
Obst, Gemüse und Kräuter selbst ziehen

*Ein gut **gepflegter** Nutzgarten spricht all unsere **Sinne** an. Zu seinen köstlichen Gaben gehören **duftende Kräuter** ebenso wie wohlschmeckende **Gemüse** und leckere **Früchte**. Eine gute Planung und ein wohl überlegter Anbau garantieren **sichere Ernteerfolge**.*

Ein sonniger und luftiger Standort

Legen Sie Ihren Nutzgarten, in dem Sie Obst und Gemüse für den eigenen Bedarf anbauen und erntefrisch genießen können, an einem sonnigen, luftigen Standort möglichst weit weg von verkehrsreichen Straßen an. Wie viel Fläche Sie dafür einplanen, hängt von den Gegebenheiten Ihres Grundstücks und von Ihrem Bedarf an frischem Gemüse oder Obst ab. Um eine Person in der Saison mit Gemüse zu versorgen, veranschlagt man etwa 30–40 m² Gartenfläche.

Die meisten Gemüsearten und viele Obstgehölze wachsen auf jedem guten Gartenboden, solange das Erdreich lehmig und durchlässig ist und Wasser sowie Nährstoffe hält. Mit einer Kompostgabe im Herbst sorgen Sie für eine gute Humusversorgung des Bodens. Nur beim Kräuterbeet können Sie darauf verzichten, da die meisten Kräuter magere trockene Böden bevorzugen.

Halten Sie beim Aussäen des Saatguts die empfohlenen Pflanzabstände ein. Sie sind meist auf den Packungen angegeben. Die Pflanzen dürfen sich nicht gegenseitig bedrängen und niedrig wachsende nicht von höher wachsenden Nachbarn beschattet werden – **dann gedeiht alles optimal und bleibt vor allem von Krankheiten verschont**. Resistente Sorten, die es mittlerweile von zahlreichen Gemüsearten gibt, sind gegen gefürchtete Krankheiten wie Mehltau oder Welke gefeit und liefern oft höhere Erträge.

Anbau nach Plan

Gemüsegärtner unterscheiden drei unterschiedliche Anbauprinzipien: Bei der Fruchtfolge pflanzt man Jahr für Jahr verschiedene Arten auf ein Beet, um den Boden nicht einseitig zu belasten. Notieren Sie daher in einem Gartentagebuch, welche Gemüse Sie an welchen Stellen anbauen, um für die nächste Saison gewappnet zu sein.

Beim Fruchtwechsel unterteilt man die Pflanzen nach ihrem Nährstoffbedarf in Schwach-, Mittel- und Starkzehrer. Jahr für Jahr wechselt man im Anbau zwischen den Pflanzengruppen, die viele oder eher wenig Nährstoffe benötigen, ab.

In der Mischkultur nutzt man die positiven Wirkungen, die bestimmte Pflanzen aufeinander haben, als Wachstumsvorteil, indem man diese Pflanzen nebeneinander setzt.

Verführerisch rot
Diese Äpfel vom eigenen Baum sind verlockend. Für jede Klimaregion und für jeden Garten gibt es geeignete und besonders pflegeleichte Sorten.

DAS MACHT'S LEICHTER

● Planen Sie bei der Anlage der Beete Wege oder Trittplatten mit ein, sodass Sie jede Stelle problemlos erreichen.

● Eine Wasserzapfstelle oder eine Regentonne in unmittelbarer Nähe erspart lästiges Wasserschleppen.

● Mulchen Sie die Beete mit angewelktem Rasenschnitt. Das schützt den Boden vor raschem Austrocknen und vor Unkraut.

● Auf ungeeignetem Boden können Sie Hochbeete anlegen, das entlastet überdies Ihren Rücken.

Erst Augenweide, dann Gaumenfreude
Mit Überlegung geplant und geschickt bewirtschaftet liefert ein Gemüsegarten auch ohne großen Pflegeaufwand reiche Ernte.

219

Nutzgarten
Pflegeleichte Gemüsebeete anlegen

Mit Gemüse aus dem eige-
nen Garten bringen Sie
erntefrische und
besonders **gesunde
Köstlichkeiten** auf
den Tisch. Richtig angelegt
belohnen die Beete Sie mit
einem **reichen** und
hochwertigen **Ertrag**.

🍊 **FERTIG IN
30 MINUTEN**

▶ **Ein 4 m x 1,2 m großes Gemüsebeet
vorbereiten, Boden mit Grubber lockern,
Unkraut entfernen, Unebenheiten mit dem
Rechen ausgleichen.**

▶ **Gründüngungspflanzen auf einem
4 m x 1,2 m großen Gemüsebeet abhacken
und oberflächlich einarbeiten.**

Standort und Boden

Suchen Sie für Ihr Gemüsebeet den hellsten und sonnigsten
Standort im Garten aus. Nicht nur Salat, Gurken, Erbsen
oder Bohnen brauchen viel Licht für ihr Wachstum, auch die
unterirdisch heranwachsenden Karotten oder Kartoffeln bringen nur dann eine gute Ernte, wenn ihr Kraut genügend
Sonnenlicht bekommt. Die mittleren Temperaturen sollten
vom Frühjahr bis zum Herbst nicht unter 6 °C liegen. In
Senken und Mulden sind die Temperaturen um einige Grade
niedriger als in der Umgebung. Wind beeinträchtigt das
Wachstum ebenfalls. Hier können Sie mit einem Windschutz

Gut zugänglich

Dafür sorgt beim Gemüsegarten ein 1,2 m breiter befestigter
Hauptweg, auf dem Sie bequem mit einer Schubkarre fahren
können.

wie einer niedrigen Hecke Abhilfe schaffen. In sehr rauen
Regionen bietet ein Hügel- oder Kraterbeet auf kleinstem
Raum besonders viel Wärme.
Mit der Bodenvorbereitung beginnen Sie schon im Herbst.
Ideale Wachstumsbedingungen bietet ein feinkrümeliger
Lehmboden. Er trocknet nicht allzu schnell aus, zugleich ver-
nässt er nicht zu stark. Leichte Sandböden sollten Sie mit

Gründüngungspflanzen für jeden Boden

Pflanzen	Wirkung	Besonderheiten
Bienenfreund	Lockert den Boden, sorgt für Humusnachschub.	Gilt als sehr gute Bienenweide.
Gründüngungsmischungen, z. B. Landsberger Gemenge mit Weidelgras, Winterwicken, Inkarnatklee	Tiefwurzler, Stickstoffsammler und dicht schließende Pflanzendecken bewirken eine optimale Bodenfruchtbarkeit.	Können von April bis Oktober ausgesät werden, wachsen sehr rasch.
Kreuzblütler, z. B. Senf, Ölrettich, Winterraps	Keimen besonders schnell aus und machen mit weit verzweigten feinen Wurzeln auch stark verdichteten Boden feinkrümelig.	Machen einen stark in Mitleidenschaft gezogenen Boden wieder fruchtbar – bei Beeten für Kohl nicht verwenden.
Schmetterlingsblütler wie Kleearten, Wicken, Lupinen, Erbsen, Bohnen	Bakterien in den Wurzelknöllchen verbessern die Stickstoffversorgung des Bodens.	Sind als Gründüngungspflanzen für alle Bodenarten geeignet.
Spinat	Ist für alle Bodenarten geeignet.	Wächst rasch, liefert viel Grünmasse.

✗ UNBEDINGT VERMEIDEN

Gemüsebeete, die breiter als 1,2 m angelegt werden, sind nur mühsam zu bearbeiten. Fehlen zudem einfache Wege oder Trittplatten, ist vor allem nach Regenwetter kein sicherer Tritt gewährleistet.

Humus und Tonmineralen bindiger machen, schwere Tonböden mit Sand auflockern. Einen stark verdichteten Boden graben Sie im Herbst um und lassen ihn bis zum Frühjahr ruhen. **So kann der Frost die Schollen zerkleinern.** Anschließend erfolgt eine Gründüngung – dabei bedecken die Gründüngungspflanzen das Beet und verhindern, dass sich der Boden nach starken Regengüssen verdichtet oder bei großer Hitze austrocknet. Mit ihren Wurzeln lockern sie ihn zudem und verbessern seine Struktur. **Gleichzeitig halten sie die Nährstoffe fest und vereiteln die Ansiedelung von Unkraut.** Säen Sie die Gründungungspflanzen im noch warmen Frühherbst an. Sind sie handhoch, hacken Sie sie ab, ohne die Wurzeln herauszuziehen, und arbeiten die Reste oberflächlich unter. Ist dann der Boden im Frühjahr abgetrocknet, zerkrümeln Sie die obere Erdschicht mit einem Kultivator oder einer Sternfräse, ebnen die Fläche mit einem Rechen und machen sie zum Säen und Pflanzen bereit.

Bodenvorbereitung

Mit der Gartenkralle lockern Sie den Boden schnell und ohne allzu großen Krafteinsatz. Bodenverbesserungsstoffe und Dünger können Sie mit diesem Gerät ebenfalls leicht einarbeiten.

Mit der Sternfräse (Bild) oder einem Rollkultivator, den man über den Boden schiebt, erreichen Sie bei einem eher lockeren Gartenboden ohne Mühe die für Gemüse ideale feinkrümelige Struktur.

Schmucker Trittsteig
Schmale Holzroste lassen sich ganz nach Bedarf rasch verlegen. Sie dienen als Zugangshilfen für die Gemüsebeete und gewährleisten jederzeit sicheren Tritt.

Nutzgarten

So sind Küchenkräuter stets zur Hand

Selbst ein kleiner Kräutergarten ist **vielseitig** nutzbar, eine große **Zierde** und auch ein Paradies für zahlreiche **Gartentiere** wie Schmetterlinge und Bienen. Und die **meisten Kräuter** geben sich mit einem **Minimum an Pflege** zufrieden.

SO SPAREN SIE ZEIT

■ Kaufen Sie vorgezogene Kräuter, die Sie nur noch einpflanzen müssen – insbesondere von schwer und langsam keimenden Arten wie Petersilie. Das spart Ihnen 3–4 Wochen für die Anzucht aus Samen.

■ Ziehen Sie empfindliche Arten wie Rosmarin im Kübel heran und nehmen Sie sie im Winter mit ins Haus, dann müssen Sie sich nicht um den Winterschutz kümmern.

Viel Sonne – wenig Dünger

Magere Böden, viel Sonne und Wärme, **wenig Zuwendung – das reicht den meisten Kräutern aus**, um zu gedeihen. Im Garten können Sie Kräuter als Beipflanzung im Gemüsebeet heranziehen, sie in den Ziergarten integrieren oder eben einen eigenen Kräutergarten anlegen.

Um ein zwanglos gestaltetes Küchenkräutergärtchen anzulegen, bereiten Sie den Boden schon im Herbst vor. Lockern Sie die Erde oberflächlich und entfernen Sie sämtliche Unkräuter sorgfältig. Auf Kompostbeimengung oder großzügige Düngergaben können Sie verzichten. Kräuter wie Thymian, Salbei

Ein Wagenrad voller Würze
Ein schmuckes Kräutergärtchen im Kleinformat – ein altes Wagenrad sorgt hier für eine zünftige Gestaltung.

oder Rosmarin entfalten ihr Aroma am besten an einem vollsonnigen, trockenen Platz auf magerem durchlässigem Boden. Liebstöckel, Schnittlauch, Petersilie oder Minze gedeihen auch gut in nur zeitweilig besonnten Lagen und auf etwas feuchteren humosen Böden.

Ein Kräutergarten muss nicht groß sein. Schon auf wenigen Quadratmetern können Sie eine Fülle der würzigen Gewächse anbauen. **Wählen Sie dafür einen Ort, den Sie**

Sonnenhungrige Kräuter
Thymian, Salbei und Lavendel (links) fühlen sich auch bei Hitze und Trockenheit wohl.

Empfindlich gegen Trockenheit
Petersilie und Minze (unten) müssen Sie bei Trockenheit wässern. Gießen Sie dabei nur den Wurzelbereich und überbrausen Sie nicht die Pflanzen selbst.

FERTIG IN 30 MINUTEN

► Boden im Kräuterbeet (etwa 10 m²) vorbereiten.

► Beet mit verschiedenen vorgezogenen Kräutern bepflanzen.

► Weitere Kräuter ansäen.

zu jeder Zeit schnell und leicht erreichen können, damit Sie die Kräuter auch rasch zur Hand haben, wenn Ihnen beim Kochen etwas fehlt. Planen Sie einen Platz neben der Terrasse oder am Hauseingang ein, dort können Sie Schönheit und Duft der Kräuter gleich in vollen Zügen genießen. Auch jeder Winkel des Kräutergärtchens muss problemlos erreichbar sein. Ihre persönliche Reichweite ist dafür ausschlaggebend, legen Sie das Beet aber nicht breiter als 1 m an. Verlegen Sie einige Trittplatten im Kräuterbeet, so kommen Sie nicht nur besser an die würzigen Blätter, sondern verbessern gleich noch das Kleinklima. Die Steine speichern die Wärme und geben sie nachts wieder ab, die Kräuter profitieren von dieser „Heizung". Und **wo Platten liegen, kann sich kein Unkraut breit machen**.

Aussaat, Vermehrung und Pflege

Robuste ein- und zweijährige Kräuter wie Dill, Koriander, Bohnenkraut oder Kerbel können Sie schon ab März direkt ins Beet säen und dann den Sommer über immer wieder nachsäen, damit stets junges, zartes Grün vorhanden ist. Wärme liebende Arten wie Basilikum oder Kapuzinerkresse ziehen Sie allerdings besser im Haus vor oder säen sie erst ab Mitte Mai ins Freiland.
Ausdauernde Kräuter wie Schnittlauch, Wermut, Minze oder Melisse säen Sie ebenfalls im Frühjahr gleich ins Beet oder setzen bereits vorgezogene Jungpflanzen ein. **Verholzende Kräuter wie Ysop, Salbei, Thymian oder Lavendel können Sie leicht vermehren**, indem Sie im Sommer Stecklinge von krautigen, also noch weichen, nicht verholzten und ausgereiften Trieben schneiden. Thymian lässt sich im Herbst durch Absenker vermehren, Schnittlauch, Minze,

Oregano, Estragon oder Zitronenmelisse dagegen am besten durch Teilung. Ausläufer bildende Kräuter wie Minze oder Estragon überwuchern schnell ganze Beete. Am günstigsten pflanzt man sie mit Wurzelsperren (z. B. in einem alten Eimer ohne Boden) ins Beet ein.
Schneiden Sie ihre Kräuter regelmäßig, damit Sie den ganzen Sommer über frische Blätter und Triebe ernten können. Verholzende Kräuter schneiden Sie nach der Blüte etwa um ein Drittel zurück, damit sie nicht von unten heraus verkahlen. Auch ein zusätzlicher Schnitt im April tut ihnen gut.
Als Winterschutz für Rosmarin, Oregano oder Salbei schütten Sie an der Basis trockenes Laub an und decken die Kräuter mit Fichtenreisig ab.

Sanfter Pflanzenschutz

Tees aus stark duftenden Kräutern wie Lavendel, Dill oder Rainfarn vertreiben Blattläuse und anderes Ungeziefer, wenn man befallene Pflanzen damit besprüht. Übergießen Sie dazu 100 g frische Kräuter mit 1 l heißem Wasser, lassen Sie den Sud abkühlen, sieben Sie ihn ab und sprühen Sie ihn dann über die betroffenen Gartengewächse. Ähnlich wirken Reste von stark duftenden und streng riechenden Kräutern als Mulch zwischen Gemüse und Zierpflanzen.

Kräuterbeetformen mit Wegenetz
Wenn Sie ein Kräuterbeet anlegen wollen, dann denken Sie schon bei der Planung an die spätere gute Zugänglichkeit der einzelnen Partien. Legen Sie die Wege in Ihrem Beet darum so an, dass Sie ohne Mühe sämtliche Pflanzen immer gut erreichen können.

Nutzgarten
Solche Köstlichkeiten entzücken alle

Frisch geerntete Früchte sind eine **besondere Gaumenfreude***. Mit geschickter Planung und den geeigneten Sorten legen Sie den Grundstein für einen ausgesprochen* **pflegeleichten Naschgarten***.*

Kleine Obstbäume, lange Ernte

In einen pflegeleichten Naschgarten gehören vor allem **robuste Obstgehölze, die geringe Ansprüche an Boden und Standort stellen**. Ein sonniger Standort und ein humoser Gartenboden reichen den meisten Obstbäumen und Beerensträuchern vollkommen aus. Apfelbäume gedeihen fast überall, nur allzu warme und trockene Lagen sagen ihnen

nicht zu. Auch Sauerkirschen wie die Schattenmorelle sind nicht sehr empfindlich, mögen aber keine nassen Böden. Mit niedrig wachsendem Säulenobst oder Spalierbäumen bleibt der Erntesegen, der bei großen Bäumen kaum zu bewältigen ist, überschaubar – **und man kann die Früchte mühelos vom Zweig in den Mund befördern**. Selbst in einem kleinen Garten lassen sich unterschiedliche Sorten, z. B. früh oder spät fruchtende, nebeneinander pflanzen. So lässt sich die Ernte über einen längeren Zeitraum verteilen. Da Säulenobstbäume keine große Krone ausbilden, gedeihen zu ihren Füßen sogar noch Erdbeeren oder Pflücksalate.

Pflegeleichte Beerensträucher

Unverzichtbar für einen Schleckergarten sind Beerensträucher wie Johannisbeeren oder Stachelbeeren. Als Hochstämmchen brauchen sie nur wenig Platz und liefern schon im ersten Jahr eine reiche Ernte. Auch von Himbeersträuchern, vor allem den mehrmals tragenden Sorten, können

Ein Naschbeet anlegen

1 Stecken Sie ein Beet von 1,5 m x 1,5 m ab. Lockern Sie den Boden, mischen einen Eimer reifen Kompost hinzu, zerkrümeln die Erde und ziehen sie glatt.

2 Zunächst pflanzen Sie in die Mitte des Beetes ein gut entwickeltes Johannisbeer- oder Stachelbeer-Hochstämmchen. Schlagen Sie daneben einen stabilen Stützpfahl ein, der bis zum Ansatz der Krone reicht. Binden Sie das Stämmchen daran fest.

3 Pflanzen Sie zu Füßen des Stämmchens 4 Erdbeerpflanzen sowie 4 ausdauernde Kräuter, z. B. Thymian, Salbei, Knoblauch und Schnittlauch, die auch gleich Schädlinge fern halten und Nützlinge anlocken. Mit Blumen und Salat die Lücken füllen.

Pflanzvorschlag: Nasch- und Kräuterbeet

Hier eine Beere, dort ein würziges Blatt – dieses Beet hält allerlei Genüsse bereit. Unter den kleinen Obstbäumen breiten sich Erdbeeren aus, in der vorderen Hälfte reifen Tomaten samt passenden Kräutern, daneben Melisse und Andenkirschen.

Birne U-Spalier
Zitronenmelisse
Andenkirsche
Apfel-Säulenbäumchen
Monats- oder Walderdbeeren
Schnittlauch
Basilikum
Tomate
Petersilie

Genüsse über Genüsse
Nachdem die Erdbeeren bereits vernascht sind, locken die saftigen Johannisbeeren zum Verkosten.

Unterschlupf
Ohrwürmer, die gern Läuse und Pilzsporen vertilgen, schätzen den mit Holzwolle gefüllten Tontopf – so aufhängen, dass er einen Ast berührt.

SO SPAREN SIE ZEIT

■ Ein Beerenhochstämmchen können Sie bequem im Stehen abernten, das geht weit schneller als bei einem normalen Strauch.

■ Wenn Sie den Boden zwischen Erdbeeren oder Beerensträuchern mit Stroh mulchen, halten Sie Unkraut fern. Der Boden trocknet nicht so leicht aus und muss nicht so oft gegossen werden.

■ Zwischen Erdbeeren und Beerensträucher gepflanzte Zwiebeln und Knoblauch schützen vor gefährlichen Pilzerkrankungen.

Sie im Vorübergehen die schmackhaften Früchte abzupfen. Probieren Sie auch einmal Spezialitäten, die Sie kaum auf dem Markt bekommen, etwa Taybeeren, eine Kreuzung aus Brom- und Himbeere, oder Jostabeeren, welche die Vorzüge von Johannis- und Stachelbeeren in sich vereinen. Kulturheidelbeeren oder Cranberries empfehlen sich für Gärten mit stark humosen, sauren Böden, wo auch Rhododendren gut gedeihen.

Zuckerschoten
Stecken Sie bei der Saat kahle Zweige zwischen die Erbsen, daran klettern die Pflanzen empor. Die Schoten pflücken Sie dann ganz bequem ab.

gezeichnet als Beeteinfassung. Dem häufig vorkommenden Grauschimmelbefall beugen Sie vor, indem Sie den Boden gut mit Stroh mulchen.

Erdbeeren bis zum Herbst
Selbst im kleinsten Garten können pflegeleichte Erdbeeren Platz finden. Die meisten Sorten bilden zahlreiche Ausläufer – die robuste Sorte 'Florika' so viele, dass sich mit ihr leicht sogar eine dichte und trittfeste Erdbeerwiese anlegen lässt. **Nach der Ernte mähen Sie das Laub einfach ab.** Monatserdbeeren, die man von Juni bis zum Herbst ernten kann, bilden keine Ausläufer und eignen sich daher aus-

Leckereien im Kinderbeet
Eine kleine Beetgröße von etwa 80 cm × 120 cm **lässt sich auch von Kindern leicht bearbeiten** – sie wollen schnell Erfolge sehen, darum geben Sie ihnen raschwüchsige und unkomplizierte Sorten an die Hand. Saatbänder oder Saatsticks erleichtern ihnen das Ausbringen. Bereits ab März können Radieschen und Salate ins Beet, Nachsaaten garantieren eine Ernte bis in den Spätsommer.

FERTIG IN 30 MINUTEN

► Naschbeet (1 m x 1 m) abstecken und Boden vorbereiten.

► Pflanzen einsetzen und gießen.

Nutzgarten

Obstbäumen das Beste abgewinnen

Obstbäume gibt es in **vielerlei Wuchsformen**, sodass für jede Gartengröße etwas dabei ist. Haben sie erst einmal gut Fuß gefasst, liefern sie eine **reiche Ernte** und brauchen erstaunlich **wenig Pflege**.

FERTIG IN 30 MINUTEN

► Kleineren Obstbaum inspizieren sowie Wildtriebe und Wasserschosse entfernen.

► Alte und zu dicht wachsende Äste und Triebe wegschneiden und Schnittgut wegräumen.

Kleinformen für kleine Gärten

Für die meisten Hausgärten empfehlen sich niedrig wachsende Obstbaumsorten. Spindel- und Buschbäume, wie sie von Apfel und Birne erhältlich sind, besitzen eine Stammhöhe von etwa 60 cm. **Sie sind leicht zu pflegen und abzuernten**. Ihre Krone wird im Durchmesser kaum größer als 2,5 m. Halb- oder Hochstämme entfalten dagegen ab 1–2 m Höhe gewaltige, 10–12 m breite Kronen und würden den Rahmen der meisten Gärten sprengen.
Auch von Sauer- und Süßkirschen, Pflaumen, Zwetschgen und Mirabellen gibt es kleinwüchsige Formen, die bei einer Stammhöhe von 60 cm etwa 3 m breite Kronen entwickeln.

Leckere Früchtchen
Als überaus bewährte Sorte für Hausgärten gilt die 'Mirabelle von Nancy', die oft überreich besonders saftige Früchte trägt.

Leichte Ernte
Mit dem Apfelpflücker lassen sich Äpfel auch aus großer Höhe schonend abernten.

✗ UNBEDINGT VERMEIDEN

Lassen Sie Ihre Obstgehölze niemals ungeschnitten! Ohne korrigierenden Eingriff vergreisen sie schnell, tragen bald keine Früchte
mehr und werden anfällig für Krankheiten.

Aprikosen und Pfirsiche tragen in den meisten Fällen Kronen von etwa 5 m Durchmesser. Sie eignen sich nur für wärmere Lagen, es sei denn, sie werden als Spalier an einer schützenden Hauswand gezogen.

Obstbäume werden wurzelnackt, als Ballen- oder als Containerpflanzen im Topf angeboten. Erstere pflanzen Sie am besten in den kühleren Jahreszeiten, also im Frühjahr oder im Herbst, Containerpflanzen können Sie das ganze Jahr über setzen. In jedem Fall stellen Sie die Pflanzen zunächst in einen Eimer mit Wasser und bereiten ein Pflanzloch vor, das etwa 1 m breit und 60 cm tief ist, sodass der Wurzelballen darin bequem Platz findet. Bei wurzelnackten Bäumen schneiden Sie die Wurzeln ein wenig zurück, bevor Sie das Gewächs einpflanzen. Richten Sie den Baum immer so aus, dass die Veredelungsstelle, die als Stammverdickung sichtbar ist, über der Erde bleibt. Drücken Sie die Erde gut an und binden Sie den Baum an einen Stützpfahl, damit ihm auch starker Wind nichts anhaben kann.

Einen Obstbaum schneiden

Direkt nach dem Pflanzen entfernen Sie Konkurrenztriebe und lassen nur den Mitteltrieb und maximal vier kräftige Leittriebe stehen. In den folgenden Jahren sorgen Sie mit dem Erziehungsschnitt dafür, dass die zahlreichen, von den Leitästen ausgehenden Triebe sich nicht behindern und zu dicht beieinander stehen. Außerdem wird die Krone in Form gebracht. Später dient der Schnitt dann im Wesentlichen dazu,

Verlängerter Arm

Schneidgeräte mit Seilzug und langen Teleskopstielen machen das Schneiden auch ohne Leiter möglich. Damit können Sie Obstbaumkronen bis in etwa 7 m Höhe pflegen.

Der richtige Schnitt
Nur Mut beim Obstbaumschnitt! Setzen Sie die Schere nicht zu zaghaft an, sondern sorgen Sie dafür, dass viel Licht und Luft in den Kronenbereich kommt. Zu scharfen Rückschnitt gleicht der Obstbaum meist rasch wieder aus, zu geringes Schneiden dagegen lässt ihn rasch vergreisen.

die Krone für eine gute Ernte in Form zu halten und allzu dicht stehende Triebe auszulichten. Schneiden Sie an einem frostfreien Tag im Februar oder März. Zunächst entfernen Sie Wildtriebe, die aus der Stammbasis sprießen, sowie die langen Wasserschosse an den Ästen, die dem Baum Nährstoffe entziehen, ohne die gewünschten Früchte zu liefern. Größere Äste schneiden Sie nötigenfalls bis zur Ansatzstelle ab. Damit die Krone genügend Licht und Luft bekommt, schneiden Sie regelmäßig alle zu dicht stehenden Triebe weg, die kräftigere behindern. Alte Fruchtäste werden bis zu den Stellen gekürzt, wo ihnen Jungtriebe entspringen, die dann ihrerseits wieder Früchte ansetzen werden.

Hilfe gegen Läuse

Eine Baumscheibe verhilft jungen Obstbäumen zu einem gesunden Wachstum. Dazu halten Sie um den Stamm eine Fläche im Durchmesser von etwa 1,5 m frei von Unkraut, Rasen oder anderem Bewuchs. Im Herbst mulchen Sie diese Scheibe mit Kompost, im Frühjahr säen Sie dort Kapuzinerkresse aus – sie beschattet die Erde, **schützt vor Austrocknen und hält den Baum frei von schwarzen Läusen.** Mit Nistkästen holen Sie sich Meisen in die Nähe des Baums, die sich und ihre Jungen von den im Geäst lebenden Insekten ernähren. Ohrwürmer, die Blattläuse jagen, locken Sie in den Baum, indem Sie umgedrehte, mit Stroh oder Holzwolle gefüllte Tontöpfe in die Äste hängen.

DAS MACHT'S LEICHTER

● Schwach wachsende Sorten (fragen Sie ausdrücklich danach) können den jährlichen Aufwand fürs Schneiden um mehr als die Hälfte verringern. Säulenobstbäume kommen ganz ohne Schnitt aus.

● Ein Weißanstrich des Stammes vermeidet Frostschäden und erspart Ihnen die sonst fälligen Pflegearbeiten (z. B. Auslichten der beschädigten Stellen).

● Im Herbst am Stamm angebrachte Leimringe schützen vor Befall durch den Frostspanner. Das erübrigt die sonst eventuell im Frühjahr erforderliche Schädlingsbekämpfung.

Nutzgarten

Mit Glas und Folie die Ernte beschleunigen

Wollen Sie Jungpflanzen heranziehen oder Auberginen, Paprika und Tomaten kultivieren? Glas und Folie helfen, **die Saison weit auszudehnen** *und einen besonders* **reichen Ertrag** *zu erzielen.*

Frühbeetkasten und Folientunnel

Wollen Sie Pflänzchen heranziehen, um sie später ins Freie zu setzen, dann eignet sich dazu ein einfacher mit Fensterscheiben bedeckter Frühbeetkasten, der sich mit etwas Geschick leicht selbst zusammenbauen lässt. Fertige Glasgewächshäuser gibt es mit allem Komfort, wie Heizung, automatischer Belüftung und Beleuchtung, sodass Sie selbst im dunklen, frostigen Winter noch gärtnern können.

Für die Folien- oder Unterglaskultur von Tomaten, Paprika oder Auberginen empfiehlt sich dagegen ein Folientunnel oder Folienhäuschen. Dazu wird eine Kunststofffolie über in der Erde befestigte Drahtbügel oder ein Gestell aus Stützen gespannt. Bringen Sie die Folien windfest an und spannen Sie sie straff. An den Seiten erhöhen Sie die Stabilität, indem Sie die Folie eingraben oder mit Steinen bzw. Brettern beschweren. Niedrig wachsende kompakte Pflanzen, z. B. Salat, können Sie auch unmittelbar unter einer Folie anbauen. Zum Gießen und an warmen Tagen nehmen Sie die Folie ab und legen sie am Abend wieder auf. **Mitwachsende Gitterfolien sind besonders pflegeleicht**, sie müssen zum Gießen nicht abgenommen werden und wachsen mit dem Gemüse, auf dem sie bis zur Reife bleiben können.

Ganz fix aufgebaut
Auf eine Beetumrandung (Stecksystem) kommen Bügel, darüber wird die Folie gespannt – fertig ist der Folientunnel.

Ein richtiges Gewächshaus
Auch das ist mit Folie schnell errichtet. Achten Sie darauf, dass die Folie aus UV-beständigem Material besteht und möglichst viel Licht durchlässt (rechts).

FERTIG IN 30 MINUTEN

► Das Beet im Folienhäuschen vorbereiten.

► 6 Paprika- oder Tomatenpflanzen einsetzen.

► Stützstäbe daneben stecken, Pflanzen daran aufbinden, Erde andrücken und angießen.

Anbauplan für das Gewächshaus

Monat	Säen oder Pflanzen	Ernten
März	Salat, Kohlrabi, Radieschen, Frühkarotten	Spinat
April	Salat, Kohlrabi, Radieschen	Kohlrabi, Salat, Radieschen
Mai	Auberginen, Tomaten Paprika, Gurken, Stangenbohnen	Kohlrabi, Salat, Radieschen
Juni		Frühkarotten
Juli		Gurken, Tomaten, Stangenbohnen, Paprika
August	Kohlrabi, Endivie	Gurken, Tomaten, Stangenbohnen, Paprika, Auberginen
Sept.	Kopfsalat, Spinat, Feldsalat, Radieschen	Gurken, Tomaten, Paprika, Auberginen
Okt.		Kohlrabi, Kopfsalat, Radieschen, Spinat
Nov.		Endivie, Feldsalat
Febr.	Spinat	

Kohlrabi und Salat mehrmals ernten

Im unbeheizten Gewächshaus können Sie schon im Februar den Spinat oder Feldsalat aussäen und im März ernten. Ab März können Sie die Beete für Salat, Kohlrabi, Radieschen und andere schnell wachsende Gemüsesorten nutzen. So haben Sie bereits ab April den ersten frischen Salat. Spätestens im Mai, wenn für diese Gemüsesorten die Freilandsaison beginnt, haben Sie dann genügend Platz für Wärme liebende Fruchtgemüsesorten wie Auberginen, Paprika oder Tomaten, die Ihnen ab Juli bis Ende September Früchte liefern. Möhren wachsen auch im Gewächshaus relativ langsam. Wenn Sie sie im März aussäen, können Sie sie frühestens im Juni ernten. Um auch im Oktober und November noch frisches Gemüse zu haben, säen Sie im August oder September Endivie und Feldsalat aus. Der August ist auch der richtige

Monat, um Kohlrabi, Kopfsalat und Radieschen für eine späte Ernte auszusäen. Beugen Sie bei allen Pflanzungen unter Folie oder Glas dem Pilz- und Bakterienbefall vor, indem Sie Ihr Gewächshaus konsequent lüften.

Eine gute Tomatenernte

Tomaten brauchen Licht, Wärme, einen feuchten Boden und viele Nährstoffe. Probleme bereitet immer wieder die Braunfäule, vor allem wenn die Blätter nass werden, denn dann sterben die Pflanzen infolge des Pilzbefalls ab. **Bevorzugen Sie unempfindliche oder resistente Sorten** und bauen Sie Tomaten unbedingt vor Regen geschützt an, z. B. unter einem Dachüberstand.

Im Handel sind Bausätze für Tomatenhäuser erhältlich. So genannte Tomatenstangen für Einzelpflanzen mit schirmförmigem Kunststoff-Wetterschutz halten Regenwasser von den Blättern fern. Ein Schlauch leitet es direkt an die Wurzeln – nur dort braucht und verträgt die Pflanze es.

Pflanzvorschlag: Folientunnel im Frühjahr
An einer Stirnseite ist Platz für ein paar Kräuter, auf dem Beet unter der wärmenden Folienhaube reifen frische Salate, flankiert von Spinat, Zwiebeln und Möhren. Die Radieschen werden als erste geerntet.

Gießhilfen für Tomaten
Graben Sie Tontöpfe oder Getränkeverpackungen (ohne Boden) neben die Pflanzen und gießen Sie dort hinein – das Wasser sickert dann langsam zu den Wurzeln.

Wohl behütet
Unter einem Foliendach sind Tomaten gut vor Regen geschützt.

Nutzgarten
Den Gärtnerrücken klug entlasten

Wenn Sie nur **wenig Platz** *für ein Gemüsebeet in Ihrem Garten haben, empfiehlt sich ein* **Hoch-** *oder* **Hügelbeet**. *So lässt sich Gemüse auf kleinen Flächen anbauen, wo Sie es zudem* **mühelos pflegen** *und ernten können.*

Rückenfreundlich
Wer sich nur schlecht bücken kann, ist mit einem Hochbeet bestens beraten – nicht nur bei der Pflege, auch bei der Ernte.

Im zeitigen Frühjahr gehts los

In einem Hoch- oder Hügelbeet erwärmt sich die Erde im Frühjahr besonders schnell, weil die Sonne auch seitlich einstrahlt. Zudem heizt es sozusagen von unten ein, denn die Füllung des Beetes strahlt Verrottungswärme ab. Deshalb können Sie oft schon 1–2 Wochen früher säen und pflanzen als in einem normalen Beet. Vor allem Wärme liebende Gemüse gedeihen auf einem Hochbeet gut. Bei einer Arbeitshöhe von 75–90 cm **lassen sich zudem alle Arbeiten ganz bequem im Stehen verrichten**.

Als Erstes säen Sie bis etwa Mitte April die schnell wachsenden Radieschen, Spinat oder Pflücksalat. Ab Mai können Sie dann Jungpflanzen von Kohl oder Kopfsalat oder Tomaten und Gurken einsetzen. Fläche und Lichtverhältnisse in einem Hochbeet nutzen Sie am geschicktesten aus, indem Sie die höheren Pflanzen auf den First pflanzen, mittelhohe an die Flanken und niedrig wachsende an den Rand.

Schutz und Pflanzwechsel

Unerwünschte Gäste lassen sich leicht aus einem Hochbeet fern halten. Engmaschiger Draht, den man zuunterst einlegt, hält Wühlmäuse fern, aus umgebogenen Blechstreifen lassen sich an den Außenkanten Schneckenbarrieren errichten. Da Hochbeete schneller austrocknen als herkömmliche Beete,

Aufbau eines Hochbeetes
Damit es optimal funktioniert und über eine längere Zeit reiche Ernte bringt, muss ein Hochbeet in mehreren Schichten befüllt werden.

Bereit zur Pflanzung
In der obersten Schicht lässt Gartenerde, angereichert mit reifem Kompost, das Gemüse bestens sprießen.

Für schnelles Wachstum
Rohkompost, eventuell vermischt mit Herbstlaub, bildet die Lage, welche im Frühjahr nach der Anlage das Wachstum ankurbelt.

Heizung und Nährstoffvorrat
Eine dicke Lage Mist sorgt für viel Wärme und einen lang vorhaltenden Nährstoffvorrat; diese Schicht muss jedoch nicht unbedingt sein.

Durchlüftung von unten
Zuunterst kommt eine Lage aus grobem Gehölzschnitt und etwas angefeuchtetes Papier, darüber eine Packung aus groben Gartenabfällen und/oder Laub.

müssen sie häufiger gewässert werden. Eine seitlich an den Innenwänden angebrachte **Teichfolie verhindert aber den Wasserabfluss und verzögert das Austrocknen**.

Legen Sie ein Hochbeet möglichst im Herbst an – Äste, Zweige und anderer organischer Gartenabfall, womit Sie die verschiedenen Schichten des Hochbeetes befüllen, sind jetzt im Garten in großen Mengen vorhanden. Zudem hat die Beetfüllung den Winter hindurch genügend Zeit, sich ein wenig zu verdichten.

Für eine optimale Ausnutzung der Nährstoffe bepflanzen Sie das Hochbeet im ersten und zweiten Jahr mit stark zehrenden Arten. Ab dem dritten Jahr gehen Sie zu einer vielseitigeren Mischkultur aus mittel- und schwach zehrenden Arten über. Zuletzt folgen Hülsenfrüchte. Damit Sie lang Freude an Ihrem Hochbeet haben, füllen Sie Jahr für Jahr Kompost und Erde nach. Im Frühjahr bearbeiten Sie das Beet nur oberflächlich, im Herbst decken Sie es mit einer Mulchschicht ab. Nach etwa sechs Jahren ist die Füllung verbraucht, dann sollten Sie sie komplett ersetzen.

Ein Hochbeet anlegen
Für den Bau eines Hochbeetes benötigen Sie engmaschigen Draht für den Boden (etwas größer als die Grundfläche), Teichfolie, dicke Bretter (Douglasien- oder Lärchenholz) und stabile Eckverbindungen (z. B. Kanthölzer). Wählen Sie eine Fläche von etwa 1,5 m × 4 m, so gewinnen Sie den größtmöglichen Nutzen, **während sich der Aufwand in Grenzen hält**. Die ideale Arbeitshöhe beträgt 75–90 cm. Heben Sie die Erde 25 cm tief aus und lagern Sie diese. Errichten Sie nun die äußere Begrenzung, dann kleiden Sie die Innenwände mit Teichfolie aus und bedecken den Boden mit dichtmaschigem Draht. Jetzt geht es ans Befüllen: Die unterste Schicht besteht aus grob zerkleinerten Ästen, dann folgt etwas angefeuchtetes Papier, darauf eine Schicht von groben Gartenabfällen sowie eine Schicht frische Gartenabfälle und Herbstlaub. Die mit Kompost vermischte, zuvor abgehobene Gartenerde bildet den Abschluss.

Nährstoffe im Hochbeet nutzen

Zeitpunkt	Situation	Bepflanzung
1. Jahr	Das Beet ist sehr stickstoffhaltig.	stark zehrende Arten wie Paprika oder Tomaten, Kohl und Lauch
2. Jahr	Immer noch reichlich Stickstoff vorhanden.	stark zehrende Arten wie Gurken, Zucchini, Fenchel, Rote Rüben
3. Jahr	Stickstoff verringert sich.	mittelzehrende Arten wie Kohlrabi, Möhre, Rettich, Erdbeeren
4. Jahr	Noch weniger Stickstoff vorhanden.	Mittel- bis Schwachzehrer wie Zuckererbsen, Rettich, Salat, Erdbeeren
5. Jahr	Der Boden ist mittlerweile verhältnismäßig nährstoffarm.	schwach zehrende Arten wie Rote Bete, Zwiebeln, Möhren, Radieschen, Erdbeeren
6. Jahr	Das Hochbeet verrottet und die Nährstoffe schwinden.	Schwachzehrer und Stickstoff sammelnde Arten wie Bohnen, Erbsen, Dicke Bohnen und Kartoffeln
7. Jahr	Die Reste der Füllung im Garten verteilen, das Hochbeet neu befüllen.	stark zehrende Arten wie im 1. Jahr

FERTIG IN 30 MINUTEN
▶ **Einen Hochbeetkasten (0,75 m x 2 m) mit Schichten von Ästen, Grünabfällen, Gartenerde und Kompost befüllen.**

Nutzgarten
Eine Hecke zum Naschen pflanzen

Auch im **kleinsten Garten** müssen Sie auf **frisches Obst** nicht verzichten. Mit Beerensträuchern und niedrig wachsenden Obstbäumen können Sie **ohne viel Aufwand** üppig fruchtende Hecken anlegen.

Hecken aus Äpfeln und Beeren

Von den Obstbäumen eignen sich vor allem die recht niedrig bleibenden Spindelapfelbäume, um daraus eine Schleckerhecke anzulegen oder um mit ihnen als ebenfalls niedrig wachsendes Spalierobst eine Hauswand zu verschönern. Und auch mit anspruchslosen Beerensträuchern lässt sich leicht eine reich fruchtende Obsthecke zusammenstellen. **Die meisten Beerensträucher gedeihen problemlos an fast jedem Standort**, in der Sonne wie im Halbschatten, solange der Boden reichlich mit Humus und Nährstoffen versorgt ist. Die süßesten Früchte liefern sie allerdings nur, wenn sie auch in den Genuss von viel Sonne kommen.

Johannisbeeren brauchen Licht und Luft

Je nach Sorte tragen die bis zu 2 m hohen Sträucher von Juni bis August ihre Früchte. Am besten pflanzen Sie die Sträucher bereits im Herbst, dann haben sie im Frühjahr ihren Standort erobert und können schon die ersten Früchte ansetzen. Damit sie besonders viele neue Wurzeln bilden, setzen Sie sie etwas tiefer ein, als sie zuvor in der Baumschule standen. Für die richtige Bodenqualität sorgen Sie, indem Sie den Boden mit Stroh, Laub oder Rindenkompost mulchen. Nachdem Sie die Sträucher gepflanzt haben, schneiden Sie alle

Himbeerklammer
Mit speziellen Klammern (oben) sind die Ruten schnell befestigt.

Himbeerhecke
Zwischen Stützpfosten verspannte Drähte dienen als Stütze für die Himbeerruten (rechts).

Beerensträucher richtig pflanzen

1 Bevor Sie die Sträucher einsetzen, stellen Sie sie mit den Wurzeln in einen Kübel mit Wasser, sodass sie sich gut vollsaugen können. Auf diese Weise wachsen die Sträucher schneller und besser an.

2 Das Pflanzloch sollte etwa so tief sein, dass die Pflanze ebenso weit in den Boden kommt, wie sie in der Baumschule gestanden hat. Für gutes Gedeihen geben Sie reifen Kompost unten hinein.

3 Füllen Sie Erde auf und drücken Sie diese gut fest. Formen Sie rings um das Pflanzloch einen kleinen Erdwall. Gießen Sie gut an, im Wall sollte das Wasser ein paar Minuten stehen bleiben, bevor es versickert.

4 Pflanzschnitt: Himbeerruten um 50 cm, Brombeerruten auf 40 cm kürzen. Bei Johannisbeeren alle Triebe bis auf die kräftigsten 6 oder 7 bodennah abschneiden, die anderen etwa um ein Drittel kürzen.

Triebe um ein Drittel zurück. Rote und Weiße Johannisbeeren tragen am zwei- und dreijährigen Holz, Schwarze dagegen am einjährigen. Für eine gute Ernte müssen diese daher ständig beschnitten und verjüngt werden. Beim regelmäßigen Schnitt achten Sie besonders darauf, dass der ganze Strauch genügend Luft und Sonne erhält, schneiden Sie also vor allem die Ruten aus der Mitte heraus. Bei Schwarzen

FERTIG IN 30 MINUTEN

► 5 m Himbeerhecke pflegen, dabei abgeerntete Ruten abschneiden, neue Ruten bis auf 5 Ruten pro Strauch entfernen sowie Kompost oder Rindenmulch unter der Hecke verteilen.

Da läuft einem das Wasser im Mund zusammen ...
Himbeeren sind pflegeleicht und fruchten reich. Damit die Sträucher nicht zu einem wirren Dickicht verwachsen, sollte man sie als Hecke ziehen und abgeerntete Ruten regelmäßig ganz entfernen.

Johannisbeeren lassen Sie am besten nur 8 Triebe stehen, bei Roten und Weißen 8–12 Triebe. Stachelbeeren und Jostabeeren haben ganz ähnliche Pflegeansprüche.

Leicht saure Böden für Him- und Brombeeren

Sowohl Himbeeren als auch Brombeeren sind von Natur aus Bewohner der Waldränder. Im Garten lieben sie einen sonnigen, eventuell auch halbschattigen Standort und einen lockeren Boden mit viel Humus. Am besten zieht man sie an einem Spalier oder einem Drahtrahmen, an dem man ihre Ruten, die bei den Brombeeren besonders schwer und lang werden, festbindet.

Im Handel erhält man verschiedene Himbeersorten mit unterschiedlichen Erntezeitpunkten. Manche liefern sogar zwei Ernten, eine im Sommer, eine im Herbst. Die Früchte der Sommerernte sind aber leider oft von den Maden des Himbeerkäfers befallen. **Spät fruchtende Sorten wie 'Autumn Bliss' bleiben davon verschont**.

Von den wüchsigen Brombeeren sind zahlreiche dornlose Sorten erhältlich. Da ihre Ruten frostempfindlich sind, brauchen sie einen geschützten Platz im Garten. Brombeeren und Himbeeren tragen nur am jungen Holz, schneiden Sie daher im frühen Frühjahr oder im Herbst nach der Ernte alle Ranken, die zuvor getragen haben, dicht am Boden ab.

Eine Himbeerhecke ziehen

Pflanzen Sie eine Himbeerhecke im Herbst. Belassen Sie zwischen den einzelnen Sträuchern einen Abstand von 50 cm. Damit die Sträucher schneller anwachsen, geben Sie reichlich reifen Kompost in das Pflanzloch. Die Triebknospen der Wurzeln, aus denen die neuen Ruten hervorwachsen, sollten etwa 5 cm unter der Erde sein. Wässern Sie die Pflanzstelle und mulchen Sie z. B. mit Grasschnitt oder Rindenmulch. Bauen Sie ein einfaches Drahtgerüst mit kräftigen Pfählen (1,5–1,7 m hoch), zwischen denen Sie zwei oder drei Drähte spannen, an denen sie die Ruten festbinden.

SO SPAREN SIE ZEIT

■ Bevorzugen Sie Sorten, die wenig anfällig für Schädlinge sind und sich in Ihrer Region bewährt haben. So verringert sich der Aufwand für die Schädlingsbekämpfung.

■ Containerpflanzen lassen sich schneller und problemloser einpflanzen als wurzelnackte Pflanzen. Mit ihnen sparen Sie etwa 15 Minuten pro Pflanzvorgang.

Nutzgarten

Das Gemüse vor Schädlingen schützen

Im Gemüsebeet treten Schädlinge oft als Folge von Anbaufehlern auf. Mit einigen **bewährten Kniffen** beim Anlegen und Bestellen des Beetes erhalten Sie Ihre Pflanzen widerstandsfähig und gesund und **ersparen sich** die spätere **Schädlingsbekämpfung**.

FERTIG IN 30 MINUTEN

► Ein Gemüsebeet von 1,2 m x 3 m auf Schädlingsbefall kontrollieren, befallene Pflanzenteile entfernen und Pflanzen vorbeugend mit Schachtelhalmbrühe gießen.

Widerstandsfähige pflegeleichte Sorten

In erster Linie sind die Bodenverhältnisse sowie eine ausreichende Versorgung mit Nährstoffen, Wasser, Licht und Luft für ein gesundes Pflanzenwachstum wichtig. Doch auch die Auswahl der Sorten entscheidet darüber, ob Ihr Gemüse von Schädlingen befallen wird oder nicht.
So wachsen im Frühling ausgebrachte Sommersorten in aller Regel schlecht und haben kaum Widerstandskraft. Ebenso werden Sorten fürs Freiland im Unter-Glas-Anbau oft leichte Beute von Krankheiten und Schädlingen. Bevorzugen Sie darum bei allen Gemüsen unbedingt Sorten, die resistent oder zumindest widerstandsfähig oder tolerant gegen bestimmte Erreger von Pilz-, Bakterien- oder Viruserkrankungen sowie

In bunter Mischung
So wirkt ein Gemüsegarten nicht nur optisch schöner – die darin gezogenen Pflanzen bleiben auch gesünder.

auch gegen diverse Schädlinge sind, z. B. welkefreie Tomaten und blattlausresistente Salate.

Mischkulturen sind stärker

Mit Mischkulturen nutzt man den positiven Einfluss, den Pflanzen durch Ausscheidungen oder Aromastoffe ihrer Wurzeln, Blätter und Blüten aufeinander und auf Schädlinge haben. Bewährt ist die Kombination von Möhren mit Lauch, Knoblauch oder Zwiebeln, die sich gegenseitig vor der Möhren- und der Zwiebelfliege schützen. Zwischen Erdbeeren

Gute Nachbarn – schlechte Nachbarn

Gemüse	Gute Nachbarn	Schlechte Nachbarn
Erbsen	Möhren, Gurken, Kohlrabi, Salat, Zucchini, Radieschen	Bohnen, Kartoffeln, Tomaten, Zwiebeln, Lauch
Gurken	Erbsen, Kohlrabi, Lauch, Dill, Kümmel	Tomaten, Rettich Kartoffeln
Kartoffeln	Spinat	Tomaten
Kohl	Dill, Koriander, Kümmel, Kopfsalat, Endivien, Erbsen, Bohnen, Kartoffeln	Erdbeeren, Zwiebeln, Senfsaat, Knoblauch
Kopfsalat	Dill, Kresse, Radieschen, Lauch, Möhren, Tomaten, Kohl, Zwiebeln	Petersilie, Sellerie
Möhren	Zwiebeln, Lauch, Knoblauch, Mangold	Rote Bete
Tomate	Petersilie, Salat, Lauch, Kohl	Erbsen, Kartoffeln, Fenchel, Gurken
Zwiebeln	Möhren, Bohnenkraut, Dill, Erdbeeren, Salat	Bohnen, Erbsen, Kohlarten

und Gemüse gepflanzt, verhindern Zwiebeln und Knoblauch aber auch Pilzinfektionen. Stark duftendes Bohnenkraut schützt benachbarte Buschbohnen vor schwarzen Läusen, während Kapuzinerkresse dafür sorgt, dass Tomaten und Obstbäume nicht von Blatt- und Blutläusen befallen werden. Ringelblumen und Tagetes im Gemüsebeet schützen mit ihren Wurzelausscheidungen vor Bodenälchen (Nematoden). Salbei wehrt nicht nur Möhrenfliegen und Kohlweißlinge ab, auch Schnecken und Ameisen kommen nur selten in seine Nähe. Sellerie zwischen Kohlpflanzen vertreibt ebenfalls Kohlweißlinge, sodass diese sich einen anderen Ort für die Eiablage suchen.

Außerdem kommt in Mischkulturen deutlich weniger Unkraut auf, da tief wurzelnde Pflanzen neben flach wurzelnden, kompakte Pflanzen mit breiten Blättern neben dünnen langen wachsen. **Sie müssen also weniger Arbeit mit Hacken und Jäten verbringen als bei Reinkulturen**.

Einfach, aber wirksam
Mit einem engmaschigen Netz oder Vlies halten Sie fliegende Schädlinge erfolgreich von Gemüse fern (links), und mit einem Kragen schützen Sie Ihre Kohlpflanzen (unten).

Fruchtwechsel und andere Tricks

Zieht man sein Gemüse Jahr für Jahr an derselben Stelle, dann breiten sich spezifische Schädlinge und Krankheiten rapide aus. Mit einem Fruchtwechsel, bei dem Sie den Gemüsegarten in drei Bereiche einteilen und jeden Bereich nacheinander mit Stark-, Mittel- und Schwachzehrern bepflanzen, verhindern Sie das. Starkzehrer wie Kohl, Gurken, Kartoffeln und Zucchini haben einen hohen Nährstoffbedarf, während Schwachzehrer wie Bohnen und Erbsen mit ihren Wurzelbakterien dafür sorgen, dass sich wieder Stickstoff im Boden anreichert, der den danach gepflanzten Gemüsearten zugute kommt. Zwiebeln, Knoblauch, Möhren, Rote Bete und Schwarzwurzeln sind Mittelzehrer. Mit Netzen, Vliesen und Kragen halten Sie Gemüsefliegen, Lauchmotten, Kohlweißlinge und Kohlfliegen von Ihren Beeten ab. Schachtelhalmbrühe beugt Pilzerkrankungen vor. Dazu 2 Esslöffel trockenes Kraut mit 2 l Wasser aufkochen, 15 Minuten sieden lassen, nach dem Abkühlen abseihen. Spritzen Sie die Brühe alle 2–3 Wochen an einem sonnigen Vormittag über die Blätter der Pflanzen und auf die Erde.

SO SPAREN SIE ZEIT

■ Greifen Sie beim Saatgut zu schädlingsresistenten oder -toleranten Sorten. Kopfsalatsorten wie 'Dynamite', 'Irina', 'Fiorella' und 'Estelle' bleiben weitgehend von falschem Mehltau oder Blattläusen verschont. Bei Eisbergsalat gilt das für die Sorten 'Resi', 'Merkur', 'Fortunas' und 'Minas'. Die Tomatensorten 'Estrella' und 'Suso' sind resistent gegen Tomatenwelke. Gegen Korkwurzelkrankheit ist die 'Luxor'-F1-Hybride resistent.

Pflanzvorschlag: Gemüse in Mischkultur
Dieser Anbauplan für die Sommerbestellung nutzt die günstigen Effekte einer Mischkultur – und durch die bevorzugte Verwendung spezieller Sorten (resistent gegen diverse Krankheiten und Schädlinge) bleibt die Ernte auch gesund.

Buschbohne
Bohnenkraut
Kohl: Brokkoli, Kohlrabi, Blumenkohl
Dill
Zucchini
Tomate
Kopfsalat, Eissalat, Batavia
Radieschen
Lauch
Rucola

1,2 m
2 m

Gefeit vor Schädlingen
Die schönen Möhren der Sorten 'Fly Away' und 'Resistafly' werden nicht von der Möhrenfliege befallen.

Nutzgarten
Hier lacht auch das Auge

Nutzgärten wirken niemals eintönig grün, denn auch **Gemüse** kann erstaunlich **dekorativ** sein. Wenn Sie ganz **gezielt ausgewählte** Arten und Sorten einsetzen, dann wird sich Ihr Gemüsebeet bald auch optisch in ein **wahres Prachtstück** verwandeln.

Bunt und gesund

Mit verschiedenen Gemüsearten können Sie ohne großen Aufwand bunte Beete gestalten, die vom Frühjahr bis zum Herbst Augen und Gaumen gleichermaßen Freude bereiten. Indem Sie hohe Arten mit niedrig wachsenden und buntblättrige mit grünblättrigen kombinieren, erhöhen Sie den Reiz Ihres Gemüsebeetes augenfällig. **Sie schlagen damit sozusagen zwei Fliegen mit einer Klappe**, denn der Nutzen geht mit Zierde einher – auf diese Weise lässt sich sogar ein Blumenbeet gleichwertig ersetzen.

Ein Kunstwerk aus Gemüse

Für ein Beet, das auch das Auge erfreut, fügen Sie verschiedene Gemüsearten wie ein Mosaik zusammen.

Aus robusten Salatsorten mit den unterschiedlichsten Blattformen und -farben, wie Roter und Grüner Eichblattsalat, 'Lollo rossa' und 'Lollo bionda', lassen sich überaus fantasievolle Mosaike gestalten, die vor allem im Frühjahr und im Herbst den Garten verschönern. Durch die Ernte entstehende Lücken füllen Sie mit Nachsaat oder neuen Pflanzen einfach wieder auf.

FERTIG IN 30 MINUTEN

▶ In ein Gemüsebeet (ca. 1,2 m x 4 m) 3 Reihen à 15 Pflanzen unterschiedlicher Salatsorten einsetzen und anschließend gründlich wässern.

Edle Damen
Mit ihren prächtigen Blütenköpfen krönen die ausdauernd wachsenden Artischocken jedes Beet, ob nun im Nutz- oder im Ziergarten.

Hell leuchtend
Kürbisse muss man nicht erst in Halloween-laternen verwandeln, damit sie strahlend aufleuchten – ihren glänzenden Auftritt feiern sie schon im Beet.

Schöne Gemüsesorten

Pflanze	Dekorative Teile
Artischocke	Blätter und Blüten
Blumenkohl 'Graffiti'	Blütenstände
Eissalat 'Frillice'	Blattränder
Grünkohl 'Redbor' F1 Hybride	Blütenstände
Mangold 'Rhubarb chard'	Blätter
Palmkohl 'Nero di Toscana'	Blätter
Pflücksalat 'Lollo rossa'	Blätter
Prunkbohne 'Hestia'	Blüten
Roter Eichblatt-salat	Blätter
Spinat 'Reddy' F1-Hybride	Stiele
Wirsing 'De Pontoise 2'	Laub, Kopf, Blätter

Auch von den zahlreichen Kohlarten gibt es unterschiedlich gefärbte Sorten, mit denen sich sehr reizvolle Effekte erzielen lassen. Blumenkohl mit grünen oder violetten Röschen (Türmchenkohl oder Romanesco), Grünkohl mit roten Blättern oder auch der aufrecht wachsende Toskanische Palmkohl sind wohlschmeckend, vitaminreich und äußerst dekorativ. Ist der Winter nicht allzu frostig, schmücken Zierkohlarten das Beet sogar bis zum Frühjahr.

Mangold wirkt im Garten vor allem mit seinen imposanten Blättern und den Stängeln, die je nach Sorte leuchtend rot, gelb oder orange gefärbt sind. Da man üblicherweise nur ein paar Blätter und Stängel von einer Pflanze erntet, wächst er immer wieder nach und schmückt so den ganzen Sommer hindurch das Beet.

Zierpflanzen im Gemüsebeet

Besonders bunt und fröhlich gestalten Sie Ihren Gemüsegarten, wenn Sie noch Kräuter, Stauden und Sommerblumen, z.B. Salbei, Lavendel, Phlox oder Zinnien, zwischen Salat und Kohl pflanzen. Ringelblumen, Tagetes oder Kapuzinerkresse lockern das Gemüsebeet nicht nur mit ihren leuchtenden Blüten auf, **sondern halten auch die gefährlichen Bodenälchen und Schwarze Läuse von Ihrem Gemüse fern**. Obendrein sind die essbaren Blüten eine kleine Delikatesse und verfeinern manches Gericht.

Gemüse für den Ziergarten

Wenn Sie auf einen ausgesprochenen Nutzgarten verzichten möchten, können Sie auch im Blumenbeet Gemüse und Salate dekorativ unterbringen. Nicht nur Tomaten mit ihren roten Früchten oder Zucchini mit ihren silbrig gemusterten Blättern und den gelben Blüten kommen im Ziergarten gut zur Geltung. Auch Artischocken stehen mit ihren gebuchteten Blättern Prachtstauden nicht nach. Sie bringen schon im ersten Jahr imposante Knospen hervor. Werden sie nicht abgeerntet, entfalten sie daraus im Herbst violette Blüten. Der winterharte Bronzefenchel sorgt mit seinem filigranen Laub für Luft und Leichtigkeit im Blumenbeet. Rotstieliger Mangold harmoniert besonders mit gelben Tagetes und allen rot blühenden Pflanzen. Zartes Fenchelgrün umspielt Stauden und ein roter Kopfsalat wirkt fast wie eine Rose.

SO SPAREN SIE ZEIT
■ Wenn Sie in die Lücken, die in Ihrem Beet im Lauf des Sommers durch Abernten entstehen, direkt neue Gemüsepflanzen setzen, müssen Sie das Beet nicht so bald ganz neu anlegen.

Nutzgarten
Schön und nützlich: Beeteinfassungen

Ob als **Schutz** gegen Wind und Wetter oder um **Schädlinge fern zu halten** – eine Beetumrahmung ist in jedem Fall angebracht. Zudem **wertet** eine schöne Einfassung Ihre Nutzgartenbeete auch **optisch** erheblich **auf**.

Schützende und zierende Hecken

Mit niedrigen Zäunen und Hecken geben Sie Ihrem Gemüsebeet einen ansprechenden ästhetischen Rahmen und schaffen gleichzeitig einen Bereich mit günstigem Kleinklima, der vor Wind besser geschützt ist. Auch der eine oder andere von Kindern versehentlich in Richtung Nutzgarten geschossene Ball kann damit abgefangen werden.

Zur grünen Einfassung eignen sich niedrig wachsende Liguster- oder Buchshecken. Falls Sie sich dafür entscheiden, das Beet mit Buchs einzurahmen, achten Sie aber darauf, sich eine langsam wachsende Sorte, z.B. 'Suffruticosa', zu besorgen. Zur optischen Abgrenzung der Beete reichen dekorativ an die Beetecken gepflanzte Buchskugeln aus.

Sauber eingerahmt

Schon mit einfachen Holzbohlen oder -brettern lässt sich ein Gemüsebeet sehr attraktiv einfassen und wirksam vor Gefährdungen schützen.

Mehrfachnutzen erzielen Sie, wenn Sie Küchenkräuter oder duftende Zwerg- und Halbsträucher um Gemüsebeete ziehen. Sie liefern gleich noch Küchenwürze – etwa Petersilie und Schnittlauch – und halten mit ihren ätherischen Ölen Schädlinge wie Raupen, Läuse oder sogar Schnecken fern. Eberraute, Heiligenkraut, Bergbohnenkraut, Ysop und Lavendel lassen sich im Frühjahr leicht in Form bringen, **man kann sie aber ebenso als pflegeleichte schnittfreie Heckenpflanzung anlegen**, die dann etwas mehr Raum benötigt.

FERTIG IN 30 MINUTEN

► Schneckenschutzzaun aus Fertigbauteilen um ein Beet (1,2 m x 2 m) errichten. Dazu eine Rinne von etwa 10 cm Tiefe ziehen und Eckelemente einsetzen, abschließend die Längselemente montieren.

Weidengeflecht und Ziegelsteine: ideale Platzsparer

Lebende Beeteinfassungen brauchen nicht nur regelmäßigen Schnitt und Pflege, sie benötigen auch Platz und verringern damit die Anbaufläche. Deutlich weniger Fläche beanspruchen hingegen Begrenzungen aus Stein, Holz oder Metall, die Sie in den Boden setzen. Schräg in die Erde versenkte Ziegelsteine oder niedrige Zäune aus geflochtenen Weiden bieten sich dazu genauso an wie aneinander gereihte Rundhölzer oder Betonpalisaden, um schnell klare Grenzen zu schaffen. Falls Sie Wert auf verspielte Details legen, können Sie im Handel auch Ornamente aus Gusseisen erhalten. **Sie lassen sich als Begrenzung einfach in den Boden stecken** und dienen höheren Pflanzen gleichzeitig als Stütze.

Nutzen Sie außerdem die thermischen Effekte von Stein und Holz geschickt für die Verbesserung des Kleinklimas in Ihrem Gemüsebeet aus: Insbesondere Stein speichert tagsüber die Sonnenwärme und strahlt diese nachts langsam wieder ab – funktioniert also wie eine Art Heizung. Eine Beetumrandung aus Stein sorgt damit für besonders günstige Verhältnisse im Nutzgartenbereich, denn in ihrer unmittelbaren Nähe gedeihen vor allem wärmebedürftige Arten optimal – ohne dass Sie gleich zusätzliche Schutzmaßnahmen vor leichten Nachtfrösten ergreifen müssen.

Nicht zuletzt bewirkt jede Art von Umrandung aber auch, dass die wertvolle Erde dort bleibt, wo sie hingehört: im

Halt, hier Grenze!
Ein Schneckenzaun mit scharf umgebogener Kante hält die unerwünschten Tiere sicher fern, allerdings darf keine Pflanze als Kriechhilfe darüber hinweg ragen.

Beet. Selbst nach ergiebigem Regen, gründlichem Wässern und Einbringen von reichlich Kompost hält die Umrandung das Beet gut in Fasson.

Schneckenschutz

In feuchten Sommern entwickeln sich Nacktschnecken zu einer großen Plage auch für heranwachsendes Gemüse. Sie schaffen es manchmal durchaus, alle Pflanzen in einer Nacht vollständig abzufressen. Verschiedene Mittel helfen gegen diese ungeliebten Gartentiere. So sorgen Schneckenschutzzäune dafür, dass die gefräßigen Tiere erst gar nicht ins Gemüsebeet gelangen. Es gibt sie in unterschiedlichen Ausführungen. Meist handelt es sich um Steckelemente aus Kunststoff oder verzinktem Stahlblech, die an der Oberseite scharfkantig umgebogen sind. Wichtig: Es darf kein Pflanzenteil über den Zaun nach außen oder innen ragen, da die Tiere jeden Halm als Brücke benutzen!

Batteriegespeiste elektrische Kunststoffzäune wehren die Schnecken mit Stromschlägen ab. Um keine Schnecken zu übersehen, sollten Sie das Beet gründlich inspizieren, sobald Sie einen Schneckenzaun errichtet haben.

SO SPAREN SIE ZEIT

■ Baufertige Kunststoff-Steckelemente zur Beetumrandung mit integrierter Mähkante lassen sich weit schneller und leichter einsetzen als selbstgebaute Stein- oder Holzbegrenzungen. Außerdem kann der Rasenmäher auf dem ebenen Ansatz einfach entlanggeführt werden – damit sparen Sie pro 10 m Rasenkante 10 Minuten Arbeit.

Kräuter als Rahmen
Schnittlauch, Petersilie, Currykraut, Heiligenkraut und Thymian machen sich gut als Reihenpflanzung um ein Gemüsebeet. Abgesehen von ihrem dekorativen Effekt schützen diese Kräuter zugleich das Gemüse – sei es vor Mehltau, Läusen oder Schnecken.

Jetzt umgestalten

– später Zeit sparen

Ersparen *Sie sich in Zukunft mühevolle Pflege- arbeiten, indem Sie Ihren Garten* **umsichtig umgestalten**. *Vor allem eine sinnvolle Auf- teilung der Flächen und eine* **angemessene Bepflanzung** *wer- den Sie von einer großen Last befreien.*

Einen Ort zum Genießen schaffen

Ein Kiesgarten ersetzt die Grünfläche

*Ein Kiesgarten ist **ideal** für alle, die keine **Zeit** für regelmäßige Gartenpflege haben oder gern längere **Reisen** unternehmen. Trockenheit liebende Pflanzen müssen selbst im Sommer **wochenlang** nicht gewässert werden.*

Die Ausgangssituation

Dieser Garten ist in die Jahre gekommen. Die großen Fichten verschatten einen großen Teil der Anlage. Die Südterrasse ist zu klein und im Sommer zu heiß. Wasserbecken und Gartenhaus stehen isoliert im Rasen da und sind nur über unpraktische Schrittplatten zu erreichen. Die Pflege der Kanten ist sehr arbeitsaufwändig, ebenso die des Prachtstaudenbeetes an der Terrasse. Der Zustand des Rasens lässt zu wünschen übrig, besonders unter und vor den Fichten sowie vor der Hecke, wo es zu trocken ist. Die gesamte Anlage wirkt bereits bei der kleinsten Nachlässigkeit ungepflegt.

Die pflegeleichte Alternative

Ein Kiesgarten braucht kaum Pflege und kann sogar im heißen Sommer wochenlang ohne Bewässerung auskommen. Selbst nach monatelanger Abwesenheit wird er Sie stets mit einem schönen Anblick begrüßen. Durch die natürliche Gestaltung verträgt die Anlage auch die eine oder andere Nachlässigkeit. Die immergrüne Hecke muss nicht immer akkurat geschnitten sein und **das trockenresistente Beet kann man getrost sich selbst überlassen**. Pflegeleichte Gräser schaffen natürliche Übergänge zwischen Gehölzen und Bodenbelägen. Zur Südterrasse haben Sie eine Westterrasse und einen zusätzlichen schattigen Sitzplatz neben dem Gartenhaus gewonnen, der Holzschwellen-Kiesweg verbindet beide. Das Wasserbecken ist durch das angrenzende Sumpfbeet und den Natursteinbelag besser in den Garten integriert und wirkt so viel natürlicher. Auf eine der großen Fichten haben Sie verzichtet, stattdessen bietet eine begrünte Pergola Sicht- und Windschutz hinter dem neuen Holzdeck. In diesem recht großen Garten **reicht je ein Pflegetag im Frühjahr und Herbst** aus, um ihn in seiner Schönheit zu erhalten.

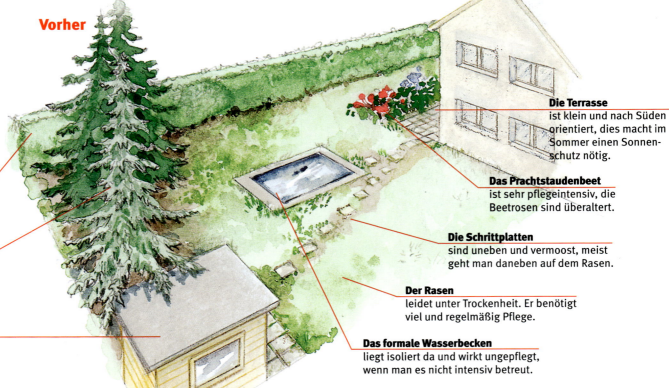

Vorher

Die immergrüne Hecke
muss stets akkurat geschnitten werden, damit sie nicht vernachlässigt aussieht.

Diese Fichte
wirft Schatten und steht zu nah am Gartenhaus. In ihrem Umkreis wächst der Rasen nicht mehr.

Das Gartenhaus
wirkt isoliert und muss jedes Jahr gestrichen werden, damit es nicht ungepflegt wirkt.

Die Terrasse
ist klein und nach Süden orientiert, dies macht im Sommer einen Sonnenschutz nötig.

Das Prachtstaudenbeet
ist sehr pflegeintensiv, die Beetrosen sind überaltert.

Die Schrittplatten
sind uneben und vermoost, meist geht man daneben auf dem Rasen.

Der Rasen
leidet unter Trockenheit. Er benötigt viel und regelmäßig Pflege.

Das formale Wasserbecken
liegt isoliert da und wirkt ungepflegt, wenn man es nicht intensiv betreut.

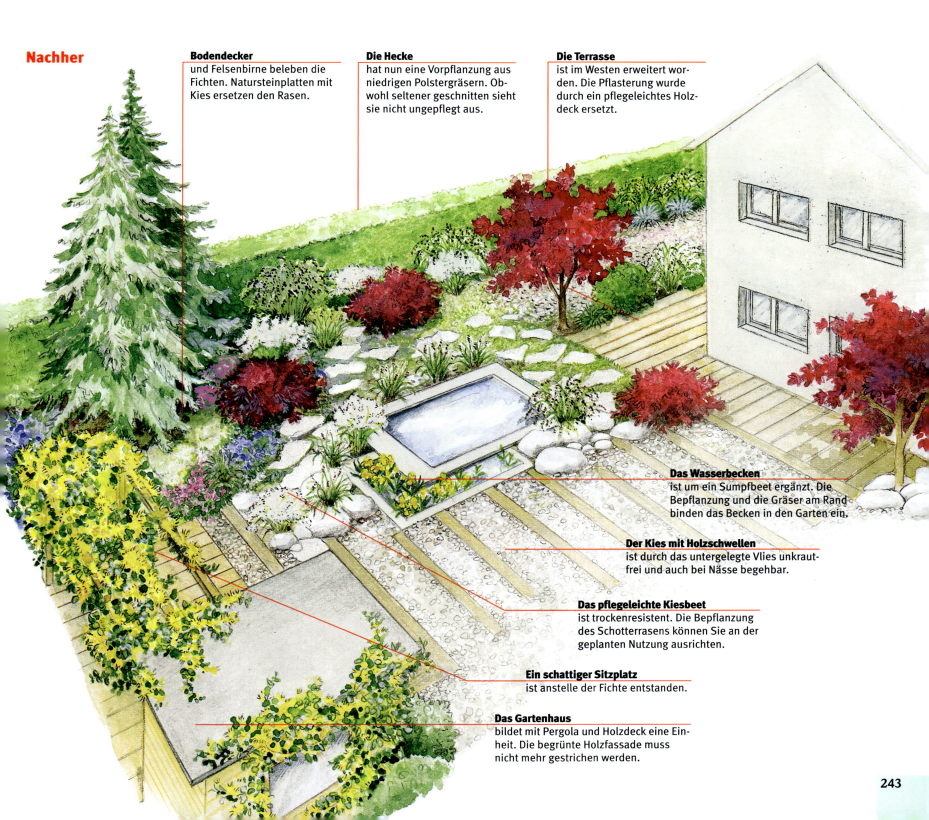

Nachher

Bodendecker
und Felsenbirne beleben die Fichten. Natursteinplatten mit Kies ersetzen den Rasen.

Die Hecke
hat nun eine Vorpflanzung aus niedrigen Polstergräsern. Obwohl seltener geschnitten sieht sie nicht ungepflegt aus.

Die Terrasse
ist im Westen erweitert worden. Die Pflasterung wurde durch ein pflegeleichtes Holzdeck ersetzt.

Das Wasserbecken
ist um ein Sumpfbeet ergänzt. Die Bepflanzung und die Gräser am Rand binden das Becken in den Garten ein.

Der Kies mit Holzschwellen
ist durch das untergelegte Vlies unkrautfrei und auch bei Nässe begehbar.

Das pflegeleichte Kiesbeet
ist trockenresistent. Die Bepflanzung des Schotterrasens können Sie an der geplanten Nutzung ausrichten.

Ein schattiger Sitzplatz
ist anstelle der Fichte entstanden.

Das Gartenhaus
bildet mit Pergola und Holzdeck eine Einheit. Die begrünte Holzfassade muss nicht mehr gestrichen werden.

Einen Ort zum Genießen schaffen

Ein Kiesgarten ersetzt die Grünfläche

SO SPAREN SIE ZEIT

■ **Kiesbeet und Bodendecker statt Rasen**

■ **Trockenresistente Wildstauden statt Rosen und Prachtstauden**

■ **Fassadenbegrünung statt Farbanstrich**

■ **Kiesflächen statt Schrittplatten**

■ **Vlies unter der Pflanzung**

So gehen Sie bei der Umgestaltung vor

Als erste Maßnahme steht das Fällen der Fichte an, die zu nah am Gartenhaus steht – das sollten Sie einem Spezialunternehmen überlassen. Danach wird der Rasen abgetragen und entsorgt, auch dies eine Arbeit für den Gärtner. Er fräst anschließend den Boden und arbeitet dabei etwa 20 cm tief viel Sand ein. **Diese Arbeiten können sehr gut im Winter erledigt werden**, wenn die Gartenbauer mehr Zeit haben. Pergola und Holzdeck können Sie an frostfreien Tagen im Winter selbst bauen, und wer geschickt ist, mauert an frostfreien Tagen auch das Sumpfbeet. Es kann aber ebenso gut mit einem Fertigbecken oder einer Folie hergestellt werden. Das Staudenbeet können Sie gleichfalls selbst entfernen.

Zwei Varianten für pflegeleichte Kiesbeete

Im oberen Beispiel wird nach Abtragen des Mutterbodens ein steriles Pflanzsubstrat auf Gärtnerfolie aufgebracht. In der unteren Variante wird der vorhandene, abgemagerte Rohboden als Pflanzsubstrat genutzt, das man mit einem Vlies abdeckt.

Kies, Schotter oder Splitt
begrenzen die Verdunstung.

Steriles Pflanzsubstrat,
z. B. Lavabims mit Kompost, fördert angemessenes Wachstum.

Vlies oder Gärtnerfolie
verhindert das Durchwachsen von Wurzelunkräutern.

Kies, Schotter oder Splitt
sind passende Abdeckmaterialien.

Vlies oder Gärtnerfolie
ist wasserdurchlässig und verhindert Unkraut.

Mutterboden oder Rohboden
ist ein ideales Pflanzsubstrat.

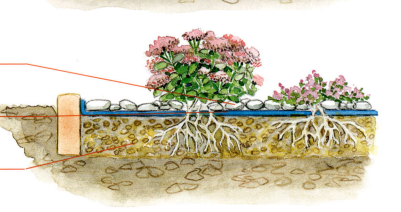

Danach wird der Unterbau für die Terrasse, den Kiesweg und die Natursteinplatten hergestellt, wieder eine Arbeit für den Gartenbauer. Er verlegt auch die Holzschwellen sowie die Terrassendielen und die Natursteinplatten. Die Findlinge sollten Sie ebenfalls von ihm heranschaffen und die Pflanzkübel eingraben lassen.

Anschließend können Sie wieder selbst aktiv werden und die Gehölze, Kletterpflanzen, Stauden und Gräser pflanzen. Zuletzt wird der Kies oder Splitt herangeschafft und auf den Wegen sowie zwischen den Pflanzen verteilt.

Sie mögen vor einer solch radikalen Umgestaltung zurückschrecken, aber der Mut dazu wird schon im Folgejahr reichlich belohnt: **durch ein Minimum an Pflegeaufwand.**

Zwei Wege zum pflegeleichten Kiesbeet

Variante 1: Zunächst wird der Mutterboden abgeschoben. Auf den freigelegten Rohboden wird nun eine wasserdurchlässige Gärtnerfolie oder ein Vlies gelegt und an den Kanten sauber hochgeschlagen. Anschließend trägt man ein fertiges steriles Substrat (z. B. Lavabims mit 20 % Humusanteil für Dachbegrünungen) auf. Hier hinein pflanzt man die Stauden und Gräser im Abstand von jeweils 20–30 cm. Anschließend wird die Pflanzung mit einer 2–3 cm hohen Kies- oder Splittschicht abgedeckt. Hier können sich die Pflanzen durch Wurzelausläufer und Samen vermehren.

Unkrautsamen können zwar angeweht werden, aber nur wenige kommen zum Keimen. Nach einigen Jahren sollte man die Pflanzung ausdünnen.

⏱ FERTIG IN 30 MINUTEN

▶ **Eine Gärtnerfolie oder ein Vlies auslegen und steriles Pflanzsubstrat aufbringen.**

▶ **Trockenresistente Stauden pflanzen und angießen.**

▶ **Eine hübsche Abdeckung aus Splitt oder Kies zwischen die Pflanzen streuen.**

Wenig Arbeit
Ein sonniges Kies-beet (links) mit tro-ckenresistenten Stauden auf einem Vlies – eine pflege-leichte Sache.

Blüten auch im Schatten
Hier sind Boden-decker wie das Kleine Immergrün die pflegeleichte Alternative zu ver-moostem Rasen.

X UNBEDINGT VERMEIDEN

Sparsam gießen, denn Staunässe ist der einzige Feind der trockenresistenten Kies-pflanzung. Harte Winter können ihr nichts anhaben, nasse Wurzeln dagegen faulen und lassen die Pflanzen absterben.

Niedrige Stauden und Gräser für sonnige Kiesbeete

Pflanze	Wuchs/Höhe	Blüte (Blühmonate)/Pflege
Blauminze	graugrünes Laub/ 20–40 cm	blaue Blütenstände (V–IX)/ggf. Rückschnitt nach der Blüte
Echter Lavendel	graugrünes schmales Laub/20–40 cm	violette Blütenstände (VII–VIII)/ ggf. Rückschnitt im Frühjahr
Gelbpanaschierter Garten-Salbei	gelbbuntes Laub/ 30–60 cm	blaue aufrechte Blütenstände (V–VII)/ggf. Schnitt im Frühjahr
Gewöhnliche Grasnelke	Polsterstaude/ 5–15 cm	leuchtend rosa (V–XI)
Gewöhnliches Sonnen-röschen	niedrige lockere Polster/10–30 cm	Einzelblüten, gelb (VI–IX)
Goldhaar-Aster	aufrecht, grazil/ 15–40 cm	gelbe Blütenkörbchen (VII–IX)
Grünes Heiligenkraut	kompakter Halb-strauch/20–40 cm	kleine gelbe „Bommel" (VI–IX)/ ggf. Schnitt im Frühjahr
Karthäuser-Nelke	Polster bildend/ 15–30 cm	purpur (VI–IX)
Kleines Habichtskraut	bodendeckend/ 5–25 cm	gelb (V–X)/Ausreißen, wenn zu dicht.
Rosen Zwerg-Lauch	aufrechte grazile Staude/20–30 cm	pinkfarbene Dolden (VI–VII)/ Ggf. Blüten abschneiden.
Scharfer Mauerpfeffer	bodendeckend/ 5–15 cm	leuchtend gelb (VI–VII)
Teppich-Schleierkraut	bodendeckend/ 5–20 cm	winzige rosa Blütchen (V–VIII)/ Für Trockensträuße schneiden.
Weiße Fetthenne	bodendeckend/ 5–20 cm	weiß (VI–VII)
Zypressen-Wolfsmilch	rotlaubige Sorte/ 10–20 cm	gelbe Blütenstände (IV–VI)/ Ggf. zurückschneiden.
Weniger geeignete Pflanzen		
Echte Goldrute	aufrecht/20–50 cm	gelbe Blüten (VII–IX)
Raublatt-Aster	aufrecht, wuchernd/ 1–1,5 m	lachsrot (IX–X)
Taglilie	aufrecht/60–120 cm	diverse Farben (VI–VIII)

Variante 2: Auch hier wird der Mutterboden abgeschoben. Dann lockert man den Rohboden etwa 30 cm tief auf, mischt ihn mit Sand oder Splitt, damit er magerer und was-serdurchlässig wird, und bedeckt ihn mit einem Vlies, in das man für die Pflanzung kreuzförmige Schlitze schneidet. Die Stauden und Gräser werden durch die Schlitze hindurch ge-pflanzt. Nun wird die Kies- oder Splittabdeckung auf dem Vlies aufgebracht. Die Stauden können sich weder durch Wurzelausläufer, noch durch Samen vermehren. Nach eini-gen Jahren müssen überalterte Stauden ausgetauscht wer-den. Unkrautsamen haben auch hier fast keine Chance.

Das Entree einladend gestalten
Aus Flickwerk wird ein attraktiver Vorgarten

Der Vorgarten muss viele **praktische** Funktionen erfüllen, zugleich soll er aber zu allen Jahreszeiten **einladend** wirken. Planen Sie zunächst die **Infrastruktur** und erst anschließend die **Pflanzflächen**.

Die Ausgangssituation

Viele schmale Wege zerschneiden hier den Vorgarten, die Pflege der Pflanzflächen ist darum sehr zeitaufwändig. Kantensteine erschweren das Zusammenrechnen von Laub und unebene Platten sind zu gefährlichen Stolperfallen geworden. Der Autostellplatz mit Fahrspuren ist anderweitig nicht nutzbar. Die Rasenflächen sind vermoost und pflegeintensiv. Die Traufstreifen am Haus sehen ungepflegt aus, die Mülltonnen verunzieren die Hausfassade. Die Blumenbeete vor der Hecke erschweren den Heckenschnitt.

Dieser überalterte Vorgarten bedarf einer grundlegenden Renovierung, wenn man denn die praktische Seite mit einem schönen Erscheinungsbild verbinden will.

Die pflegeleichte Alternative

Durch Zusammenfassen der befestigten Flächen und der Pflasterung bis an die Fassade wirkt der Vorgarten viel großzügiger. Farblich abgesetzte Pflasterbänder rahmen die Beete und Wege ein. Die Pflanzen sind auf zwei Beete verteilt, **die von allen Seiten leicht zugänglich und pflegeleicht sind**. Die Mülltonnen wurden in einem großzügigen Verschlag aus Holzgitterelementen untergebracht. Seine anspruchslose Begrünung passt zur immergrünen Hecke auf der anderen Seite des Gartentores. **Einkäufe können vom Kofferraum bequem zur Haustür getragen werden**. Vor dem Haus laden Bänke zum Abstellen oder Sitzen ein, ein praktisches Waschbecken erleichtert die Haus- und Gartenarbeit.

Vorher

Der Traufstreifen
ist schmutzig und veralgt, Gitterroste und Mülltonnen sind hässlich. Betonkanten erschweren die Pflege, ein Wasseranschluss fehlt.

Die Bank
muss vor jedem Mähen weggestellt werden, auf dem Weg ums Haus bekommt man bei Regen nasse Füße.

Der Rasen
ist vermoost und durch die Stellkanten und die Schattenlage schwer zu pflegen. Die Trittplatten sind Stolperfallen und an der falschen Stelle.

Die Garagenzufahrt
mit Fahrspuren ist unfallträchtig, pflegeintensiv und nicht anderweitig nutzbar.

Der Weg zur Haustür
ist zu schmal, man kann nicht zu zweit nebeneinander darauf gehen.

Die Pflanzschale
auf dem Zisternendeckel betont diesen mehr als ihn zu kaschieren und ist mit ihrer Wechselbepflanzung pflegeintensiv.

Das Blumenbeet
erschwert den Heckenschnitt und ist zu breit, um es vom Rasen aus pflegen zu können, ohne es zu betreten.

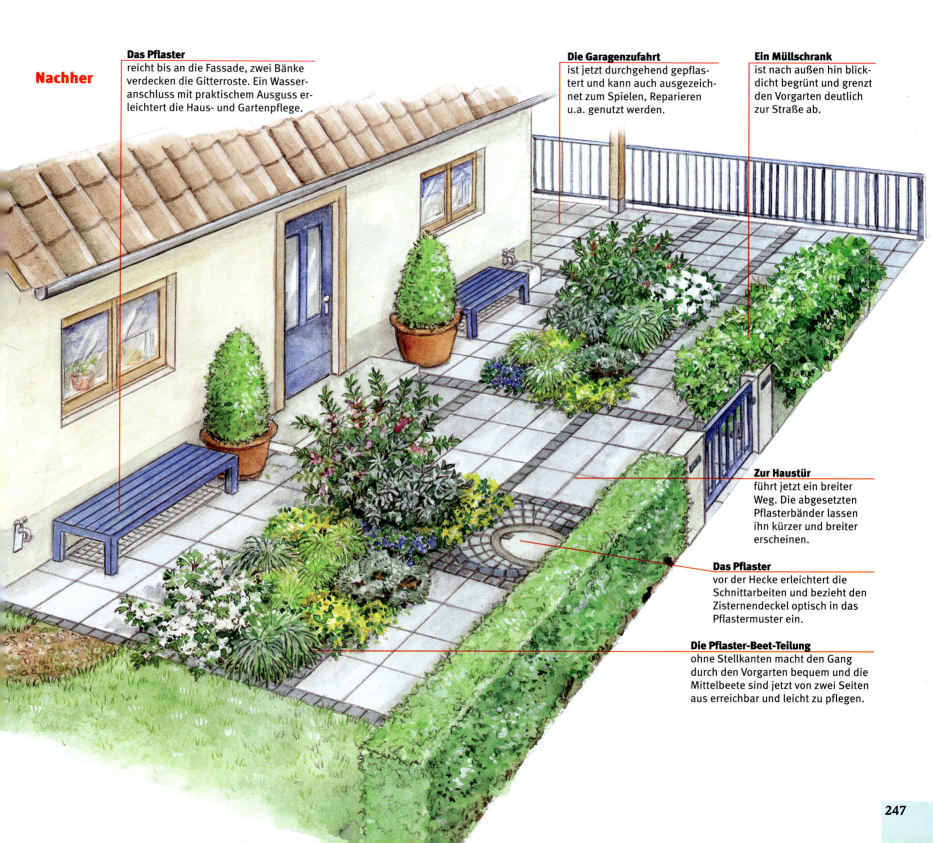

Das Pflaster
reicht bis an die Fassade, zwei Bänke verdecken die Gitterroste. Ein Wasseranschluss mit praktischem Ausguss erleichtert die Haus- und Gartenpflege.

Nachher

Die Garagenzufahrt
ist jetzt durchgehend gepflastert und kann auch ausgezeichnet zum Spielen, Reparieren u.a. genutzt werden.

Ein Müllschrank
ist nach außen hin blickdicht begrünt und grenzt den Vorgarten deutlich zur Straße ab.

Zur Haustür
führt jetzt ein breiter Weg. Die abgesetzten Pflasterbänder lassen ihn kürzer und breiter erscheinen.

Das Pflaster
vor der Hecke erleichtert die Schnittarbeiten und bezieht den Zisternendeckel optisch in das Pflastermuster ein.

Die Pflaster-Beet-Teilung
ohne Stellkanten macht den Gang durch den Vorgarten bequem und die Mittelbeete sind jetzt von zwei Seiten aus erreichbar und leicht zu pflegen.

Das Entree einladend gestalten

Aus Flickwerk wird ein attraktiver Vorgarten

DAS MACHT'S LEICHTER

● Ein elektrischer Anschluss für Garten- und Autopflegegeräte

● Eine Wasserstelle für den Anschluss eines Gartenschlauchs

● An der Wasserstelle ein Becken in bequemer Höhe zum Reinigen von Pflanzkübeln und Gartengerät

So gehen Sie bei der Umgestaltung vor

Nehmen Sie als erstes alle erhaltenswerten Pflanzen aus den Beeten und parken Sie sie in einem anderen schattigen Beet oder in flachen, mit Erde gefüllten Kisten im Schatten. Dann tragen Sie die Erde der Beete sorgfältig ab und lagern sie ebenfalls.

Entfernen Sie nun die alte Hecke rechts vom Eingang mitsamt ihrer Wurzeln und schneiden Sie die linke Hecke auf die Maße der rechts geplanten Müllbox zurück.

Als nächstes entfernen Sie alle alten Platten und lassen den freigelegten Untergrund von einem Pflasterer auf Unebenheiten, Tragfähigkeit und Wasserdurchlässigkeit prüfen. Er wird Ihnen

Kanaldeckel und Pflasterbepflanzung
Ein Kanaldeckel (oben) lässt sich gut ins Pflastermuster integrieren und Steingartenpflanzen, Polsterstauden und Bodendecker verschönern die Pflasterung.

SO SPAREN SIE ZEIT

■ Beachten Sie beim Verlegen des Pflasters die Kehrrichtung, sodass Sie den Schmutz bequem in angrenzende Beete kehren können.

FERTIG IN 30 MINUTEN

▶ Ein Beet von 3 m² für die Bepflanzung vorbereiten.

▶ Ein Staudenbeet von 3 m² bepflanzen.

▶ Ein Staudenbeet von 3 m² im Frühjahr pflegen.

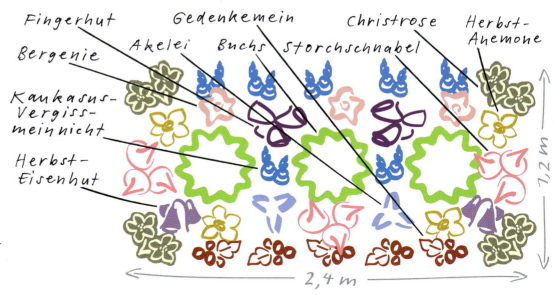

Fingerhut · Gedenkemein · Christrose · Herbst-Anemone · Bergenie · Akelei · Buchs · Storchschnabel · Kaukasus-Vergissmeinnicht · Herbst-Eisenhut

auch sagen können, ob hier gegebenenfalls eine neue Schotterschicht hergestellt werden muss, wobei man die späteren Beetflächen sowie zwei Pflanzgruben für die Müllboxberankung ausspart.

Elektrische Leitungen werden vor dem Ausbringen der Schotterschicht 60 cm tief im Boden in Leerrohren verlegt und an der Oberfläche gekennzeichnet; Wasserleitungen und Abflussrohre legt man unter Umständen noch tiefer, um sie vor Frost zu schützen. Auch die Betonfundamente der Pfostenschuhe für eine eventuelle Haustürüberdachung, für Carport, Fahrradständer, Müllbox, Lampensockel, Zaunpfosten usw. werden frostgeschützt gegründet und betoniert.

Die Höhe der Schotterschicht unter dem Pflaster richtet sich nach der Bodenart und der Beanspruchung: Gehwege benötigen weniger Unterbau als Fahrwege und Stellplätze, lehmige und feuchte Böden mehr als wasserdurchlässige. Auch Dicke und Form der Pflastersteine für die Garagenzufahrt sowie den Stellplatz sollten auf die Belastung abgestimmt sein. Breite Fugen und Dränpflaster ersparen Ihnen Entwässerungsrinnen und deren Anschluss an den Kanal. Überlassen Sie das Pflastern aber einem Profi, der Ihre Wünsche und die technischen Gegebenheiten berücksichtigt.

Wenn alle Pflasterarbeiten beendet sind, können Sie die Müllbox bauen und die Pflanzerde in die ausgesparten Beet-

flächen füllen. Humose Gartenerde oder eine Mischung aus je einem Drittel lehmigem Unterboden, Sand und Kompost wird den meisten Gartenpflanzen gerecht. Die Beetfläche sollte etwa 5 cm niedriger liegen als die Pflasterfläche, **um später das Kehren zu erleichtern**. Stauden benötigen meist nur 25 cm Gartenboden, für Kletterpflanzen und Gehölze sollten Sie die Pflanzgruben 40–50 cm hoch mit guter Erde auffüllen. Pflanzen Sie die Gewächse nicht zu dicht, damit Sie nicht schon nach 2 oder 3 Jahren auslichten müssen. Setzen Sie größere Pflanzen in den Hintergrund bzw. in die Beetmitte, kleinere nach vorn. Polsterstauden bilden den Übergang zur Pflasterfläche. Bringen Sie zum Schluss eine dicke Mulchdecke zwischen den Pfanzen auf, **die Unkräuter unterdrückt**.

Jetzt nur noch die Bänke auf- und den Sekt kaltstellen – dann können die Gäste kommen!

Pflanzvorschlag: ein Vorgartenbeet
Dieses Vorgartenbeet mit einer Größe von 2,4 m Länge und 1,2 m Breite ist mit seiner höhengestaffelten Bepflanzung gut von allen Seiten zu pflegen.

Pflasterrand

Schräge Randstützen für Pflasterbeläge (Mörtelkeile oder Betonfundamente) schließen etwa 3 cm unter der Beetoberkante ab – für eine Bepflanzung mit Sträuchern oder Blumen reicht die Erde darauf nicht.

Umpflanztes Müllhäuschen
Sichtschutz für die Müllbox kann eine Weiden- oder Bambusmatte, aber auch ein begrüntes Spalier bilden.

Spezielle gerade Randsteine (Palisaden) lösen dieses Problem, da sie 2- bis 3-mal so tief wie die Pflastersteine in den Boden reichen. Dadurch kann man direkt neben den Weg auch tiefer wurzelnde Sträucher, Stauden und sogar Bäume einpflanzen.

Den Übergang zum Haus verschönern

Einen Hang stilvoll terrassieren

Ein Hügel an der Terrasse kann die **Pflanzen- pflege** *beschwerlich und Zeit raubend machen. Hier schafft ein terrassierter Hang mit verschiedenen* **pflegeleichten** *und den* **Rücken schonenden** *Treppenbeeten Abhilfe.*

Die Ausgangssituation

Der Terrassenhang aus Aushuberde ist steil und trocken, Mulchmaterialien rutschen immer wieder zum Fuß des Hanges ab. Der Hügel setzt sich und flacht ab, Terrassenbeläge sind durch die Setzung gefährdet. Neu Gepflanztes lässt sich kaum gießen, die Pflege der Pflanzen ist sehr schwierig und anstrengend. Solch eine Aufschüttung aus Aushuberde sieht immer provisorisch aus und wird der Architektur keines Hauses und keinem Gartenstil gerecht.

Die pflegeleichte Alternative

Der Hang wurde in drei Ebenen gegliedert, in die sich auch gut eine Treppe integrieren lässt. **Alle Beete sind in körpergerechter Höhe und lassen sich vom jeweils** **darunter liegenden Standort bequem pflegen.** Vom Haus aus gesehen wirken sie wie eine Terrassenerweiterung, vom Garten aus rahmen sie Haus und Terrasse ein. Mit den drei Treppenbeeten ist ein schöner Übergang zwischen Baukörper und Garten entstanden, der die Höhendifferenz optisch überspielt. Die Erde wurde mit Kompost, Sand oder Kalkschotter gemischt und so für die jeweilige Bepflanzung vorbereitet. An der Terrasse wurde eine Steingartenbepflanzung mit niedrigen Polsterstauden und Zwerggehölzen gepflanzt und mit Steinen dekoriert. Das mittlere Beet ist mit mediterranen Kräutern und passenden Zwerggehölzen bepflanzt und mit Kalkschotter gemulcht. Die unterste Stufe ziert eine Mischung aus dekorativen Nutzpflanzen und Küchenkräutern mit einer organischen Mulchdecke aus Grasschnitt.

Vorher

Der Anschluss
des Erdhügels am Haus ist unsauber. Unter dem Dachüberstand wächst nur Unkraut, nackte Erde ist sichtbar.

Die Terrasse
ist durch Setzung des Hügels gefährdet, es entstehen Unebenheiten und einzelne Platten sind gebrochen.

Der Hang
ist nicht begehbar, eingelegte Trittsteine rutschen ab – Unfallgefahr! Eine ordentliche Pflege der Pflanzen ist kaum möglich.

Die Pflanzen
kümmern wegen anhaltender Bodentrockenheit und Humusmangel, man kann sie nicht gut gießen oder düngen, Mulchmaterialien und Erde rutschen ab.

Der Fuß des Hanges
ändert durch Erosion beständig seine Form, ein ordentlicher Übergang zum Rasen kann nicht gestaltet werden, sodass auch die Rasenpflege erschwert ist.

Nachher

Die drei Stufen
verhindern eine Hügelsetzung. Das oberste Beet kann auf gleicher Höhe mit der Terrasse enden und so von beiden Seiten gepflegt werden.

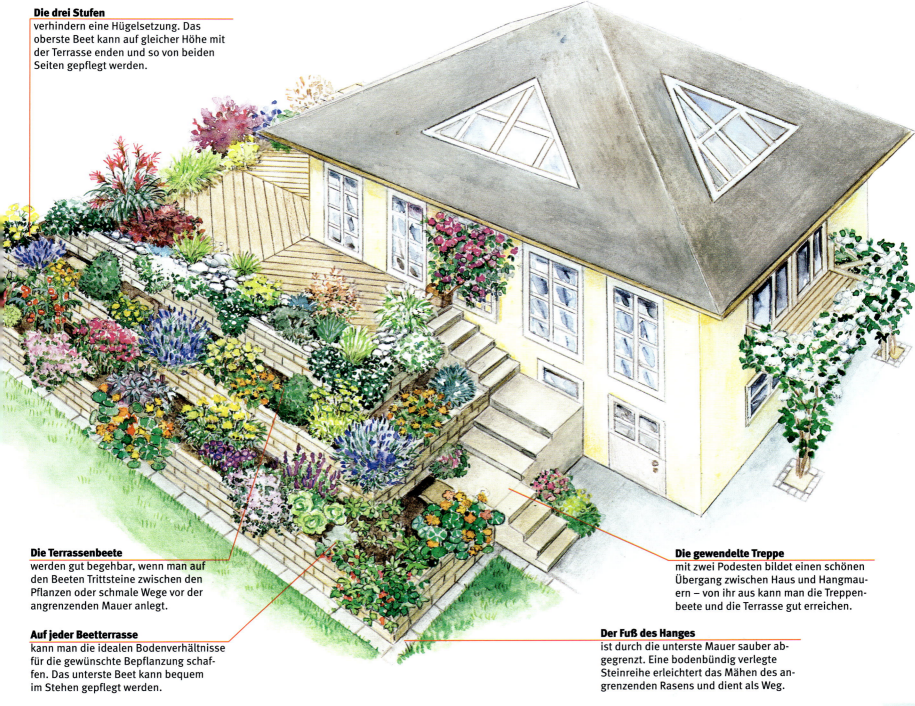

Die Terrassenbeete
werden gut begehbar, wenn man auf den Beeten Trittsteine zwischen den Pflanzen oder schmale Wege vor der angrenzenden Mauer anlegt.

Auf jeder Beetterrasse
kann man die idealen Bodenverhältnisse für die gewünschte Bepflanzung schaffen. Das unterste Beet kann bequem im Stehen gepflegt werden.

Die gewendelte Treppe
mit zwei Podesten bildet einen schönen Übergang zwischen Haus und Hangmauern – von ihr aus kann man die Treppenbeete und die Terrasse gut erreichen.

Der Fuß des Hanges
ist durch die unterste Mauer sauber abgegrenzt. Eine bodenbündig verlegte Steinreihe erleichtert das Mähen des angrenzenden Rasens und dient als Weg.

Den Übergang zum Haus verschönern

Einen Hang stilvoll terrassieren

Naturmauer
Naturstein passt in jeden Garten. Kleinere behauene Steine lassen sich mit etwas Übung selbst bis etwa 1 m Höhe stabil aufschichten.

So planen Sie die Umgestaltung

Überlegen Sie zunächst, ob Sie die Terrassengröße oder -form ändern möchten. Planen Sie dann eine oder mehrere Treppen nach Ihren Bedürfnissen von der Terrasse in den Garten. Sie gehören immer mitgeplant und -gebaut und können nicht nachträglich angesetzt werden. Überlegen Sie dann, wie hoch und tief die Treppenbeete werden sollen. **Bequem im Stehen zu pflegen sind Höhen von 75–100 cm**, je nach Körpergröße und Bepflanzung. Die bepflanzte Beettiefe sollte einschließlich Mauer 70 cm nicht überschreiten (eine Armlänge). Hinzu kommen je nach Wunsch 30–40 cm Wegbreite vor der nächsthöheren Mauer, damit man auch das zweite Beet bequem im Stehen pflegen kann. Bei einer Mauerdicke von 25 cm ergibt das eine Stufentiefe von 1,2–1,3 m. Da das oberste Beet auch von der Terrasse aus erreichbar ist, kann man es breiter anlegen, allerdings muss man sich von hier aus zur Pflege bücken bzw. hinhocken.

Je breiter (tiefer) die Stufen angelegt werden, desto flacher wird der Hügel. Dies hat den Vorteil, dass auch die Treppenaufgänge flacher und damit bequemer werden. Weniger Hangneigung bedeutet aber größeren Platzbedarf.

Finden Sie also den für Sie und zu den Haus- bzw. Gartenproportionen passenden Kompromiss und berechnen Sie die Mauerlängen. Multipliziert mit der Mauerhöhe haben Sie ein Maß für die Maueransichtsfläche. Der Materialbedarf in Kubikmetern ist von der Dicke des gewählten Steins, in Tonnen gemessen auch von der Gesteinsart abhängig. Hier stehen vorgefertigte Betonscheiben, vor Ort gegossener Beton, Betonsteine und Natursteine zur Auswahl. Jedes der genannten Materialien hat Vor- und Nachteile, die, wie auch die Baukosten, von den Transport- und Arbeitsbedingungen im Garten abhängen. Schauen Sie sich verschiedene Materialien und fertige Mauern in Ausstellungen, Gartenausstellungen und in der Nachbarschaft an.

Holen Sie dann mehrere Kostenvoranschläge von Gartenbaubetrieben ein. Die wirklichen Baukosten lassen sich nur vor Ort beurteilen, denn es müssen je nach Bodenbeschaffenheit womöglich Maschinen verwendet und unterschiedlich tiefe Fundamentgräben ausgehoben und dräniert werden. Auch Treppen kosten je nach Material, Bauart und Breite unterschiedlich viel. Besprechen Sie mit den Fachleuten außerdem die Vorgehensweise der Erdlagerung, -lockerung und -aufbereitung. Die Stützmauern müssen mit Dränagematerial hinterfüttert werden, damit kein drückendes Hangwasser im Winter gefriert und die Mauer umwirft. Unter der Erdfüllung kann je nach Standort eine mit Vlies abgedeckte Dränageschicht sinnvoll sein.

Das können Sie selbst gut leisten

Alle schweren Erdarbeiten, aber auch Stein- und Pflasterarbeiten sollten Sie immer dem Fachmann überlassen. Er weiß mit den notwendigen Maschinen umzugehen und gewährleistet eine fachgerechte Bauausführung. Sind diese Arbeiten alle erledigt, bleibt noch genug Feinarbeit zu tun, die Sie selbst ausführen können. Besonders das Planen und Ausführen der Pflanzungen sollten Sie in die Hand nehmen, denn **nur Sie können dafür sorgen, dass das Ergebnis ganz auf Ihre Bedürfnisse abgestimmt ist**. Machen Sie sich am besten zuvor einen Pflanzplan für die unterschiedlichen Beete und berechnen Sie den Pflanzenbedarf. Oftmals ist der Einkauf im 10er-Pack günstiger, was

FERTIG IN 30 MINUTEN

▶ 5 m Treppenbeet mit Stauden pflegen.

▶ 10 m Treppenbeet mit mediterranen Käutern pflegen.

▶ In ein Treppenbeet von 3 m Breite Salate einsäen oder einpflanzen.

✗ UNBEDINGT VERMEIDEN

Sparen Sie vor dem Mauerbau nicht an einer Bodenlockerung und dem Entfernen aller Unkräuter. Sie plagen sich sonst jahrelang mit Wurzelunkräutern und schlechtem Boden herum.

Sie bei einem hohen Bedarf frühzeitig berücksichtigen sollten. Passen Sie die obersten 30 cm der Beeterde an die Bedürfnisse der Pflanzen an. Mit Zuschlagstoffen wie Sand, Kalkschotter, Lavabims, Gesteinsmehlen und Kompost lassen sich in den Treppenbeeten die unterschiedlichsten Bodenbedingungen schaffen.

Sind die Beete fertig gebaut und mit Erde verfüllt, können Sie die Zuschlagstoffe mit dem Spaten einarbeiten und die Beete bepflanzen. Da sich die Erde mit der Zeit noch etwas setzen kann, sollten Sie die Beete ruhig bis zum oberen Rand anfüllen. Später können Sie dann die Setzung mit einer entsprechend dickeren Mulchdecke ausgleichen. **Lassen Sie genügend Abstand zwischen den Pflanzen,** denn sie werden bei guten Startbedingungen noch beträchtlich wachsen. Beginnen Sie die Pflanzung mit dem obersten Beet, dann zertreten Sie auch keine Pflänzchen.

Treppenbeet
An einem steilen Hang kann man nur mit mehrstufigen Treppenbeeten verschiedene Pflanzen mit unterschiedlichen Bodenansprüchen auf kleinem Raum bequem pflanzen und pflegen.

Stufe 3
Immergrüne Zwerggehölze und Gräser an der Grenze zur Terrasse sind pflegeleicht und bieten auch im Winter einen schönen Anblick.

Stufe 2
Ein mediterranes Kräuterbeet mit Lavendel, Salbei, Zitronen-Melisse, Majoran und Thymian. Die Beetabdeckung aus Kalksplitt kann ohne weiteres betreten werden.

Stufe 1
Ein Nutzbeet von 60 cm bepflanzter Tiefe mit Hänge-Erdbeeren, Salat, Tomaten und Küchenkräutern. Dahinter ein unbepflanzter Streifen zum Pflegen der 2. Stufe.

Gartenvielfalt in Stufen
Weniger steile Hänge kann man auch sehr schön mit Flechtzäunen aus Haselruten oder mit waagrechten Brettern aus Hartholz abtreppen.

DAS MACHT'S LEICHTER
● Legen Sie bei der Anpflanzung von Nutzpflanzen gleich einen Bewässerungsschlauch für Tröpfchenbewässerung mit in das Hochbeet. Das erspart Ihnen das Kräfte zehrende Schleppen schwerer Gießkannen.

Den Generationswechsel bewerkstelligen

Ein Spielplatz wird zum Heideparadies

Sind Ihre **Kinder** groß und der frühere **Spielbereich** liegt verlassen da, dann sollten Sie den Platz **pflegeleicht umgestalten**. Ein Heidegarten mit Bankschaukel **nutzt** die Gegebenheiten **geschickt**.

Die Ausgangssituation

Eine große eingefasste Sandkiste steht auf dem kargen früheren Spielplatz. Der Sand hat sich im Lauf der Jahre über den ganzen Platz verteilt. Der Boden unter der Schaukel ist völlig abgenutzt und verdichtet und rund um die Birke in der Ecke sehr trocken. Das Schaukelgerüst ist noch intakt und standfest und kann darum zum Aufhängen einer Bankschaukel erhalten bleiben.

Die pflegeleichte Alternative

Ein Heidegarten mit Winter- und Sommerheide sowie typischen Begleitpflanzen **stellt eine besonders pflegeleichte Bepflanzung für sonnige bis halbschattige Gartenteile dar**. Winterheide (Erica) und Sommerheide (Calluna) benötigen abgemagerten sandigen, neutralen bis sauren Boden und passen vorzüglich zu Birken – darum kann der Baum an seinem Platz bleiben. Weitere typische Begleitgehölze sind Wacholder, kleine Kiefern und Ginster. Horstgräser und Stauden wie die Heide-Nelke runden die Bepflanzung ab. Ein außerordentlich schönes Bild ergibt sich mit einer Dekoration aus großen Steinen, Wurzeln und Holzstücken, auch eine leicht hügelige Gestaltung mit einem geschwungenen Weg sieht naturnah aus. **Ausgelegte flache Steine und Baumscheiben können betreten werden und erleichtern die Pflege**. Heidegärten werden niemals gedüngt und nur in den ersten Wochen nach der Pflanzung gewässert. Die weitere Pflege beschränkt sich auf das Zurückschneiden der immergrünen Zwerggehölze nach der Blüte.

Vorher

Die Birke
spendet lichten Schatten, trocknet aber auch den Boden aus.

Die Schaukel
wird von den Kindern schon lange nicht mehr benutzt.

Der Boden
ist hier verdichtet, Pfützen bilden sich, der Rasen ist stark abgetreten und teils kahl.

Die Sandkiste
wird von den Herangewachsenen nicht mehr benötigt.

Nachher

Rund um die Birke
wachsen Winter- und Sommerheide sowie Reiher-Federgras. Baumscheiben als Schrittplatten erleichtern die Pflege.

Steinsetzungen
markieren den Anfang des Mulchwegs zur Bankschaukel. Färber-Ginster und Heide-Nelke setzen Farbakzente. Aststücke und Gräser rahmen den Weg.

Der Schaukelplatz
wurde dick mit Rindenschrot gemulcht, um Unkrautbildung zu verhindern, und mit pflegeleichtem Geißblatt begrünt.

Zwerg- und Säulen-Wacholder
markieren die Wegbiegungen. Dazwischen wachsen Heidekräuter in Gruppen aus verschiedenfarbigen Sorten.

So gehen Sie bei der Umgestaltung vor

Entfernen Sie die Einfassung des Sandkastens und prüfen Sie das Holz auf seine Wiederverwendbarkeit. Tragen Sie dann alle Grassoden in den geplanten Beetbereichen sorgfältig ab. Sie können damit Ihren Rasen an anderer Stelle reparieren oder einen Rasensodenkompost aufschichten. Danach lockern Sie den Boden mit einer Grabgabel oder Gartenfräse – beschädigen Sie dabei aber nicht die Birkenwurzeln. Anschließend widmen Sie sich den Wegeinfassungen. **Dazu können Sie die Rundhölzer und Stammstücke einfach auslegen**, denn das aufgefüllte Substrat und der Wegbelag stützen sie von beiden Seiten. Man kann sie aber auch an kurzen angespitzten Pflöcken, die man auf der Beetseite in den Boden rammt, festschrauben.

Nach der Bodenlockerung verteilt man auf der Beetfläche pro m² etwa 40 l Rindenkompost mit 20–40 l gewaschenem Sand. Das Material wird mit der Harke gemischt, verteilt und modelliert. Es darf auch die oberflächennahen Birkenwurzeln bedecken, sollte aber nicht bis an den Stamm heranreichen. Jetzt wird der Weg eingeebnet und mit Splitt oder Rinden- bzw. Holzhäcksel aufgefüllt. Sinnvollerweise legt man vorher ein Vlies unter die Deckschicht, damit kein Unkraut durchwachsen kann.

Nun kann die Beetfläche mit Trittplatten, größeren Steinen, Wurzelstümpfen und immergrünen Gehölzen gegliedert werden. Schauen Sie sich die Fläche von allen Seiten an, bevor Sie die Gehölze pflanzen. Dann stellen Sie die Zwerggehölze und Heidekräuter in Töpfen an den gewählten Platz. Heidekraut sollte immer in Gruppen von mindestens 5 Pflanzen einer Sorte in 20–25 cm Abstand gepflanzt werden. Nehmen Sie die Pflanzen aus den Töpfen und pflanzen Sie sie ein. Nach dem Angießen jedes Pflänzchens mit einem Schlauch ohne Vorsatz oder einer Gießkanne ohne Tülle wird die Erde nochmals geglättet und eine 3–5 cm dicke Schicht aus Holz- oder Rindenschrot aufgebracht.

Wie in der Natur
Eine Wacholderheide ist das Vorbild für diese Pflanzung mit Heidekraut.

DAS MACHT'S LEICHTER

● Gliedern Sie die Beetfläche mit Trittplatten aus Holz oder Stein, die das Begehen und die Pflege erleichtern. Füllen Sie die Lücken zwischen den Zwerggehölzen etwa 3 cm dick mit Rindenschrot – das unterdrückt aufkommendes Unkraut, bis die Pflanzendecke geschlossen ist.

Die schönsten Heidesorten für den Garten

Pflanze	Aussehen/Blühmonate
Sommerheide	
Calluna vulgaris 'Alba Plena'	breiter aufrechter Wuchs bis etwa 40 cm Höhe, grünes Laub, Blüten reinweiß/ VIII–X
Calluna vulgaris 'Aurea'	kompakt, bis 30 cm Höhe, goldgelber Austrieb, hellviolette Blüten/VIII–X
Calluna vulgaris 'Darkness'	aufrechter Wuchs bis 50 cm Höhe, graugrünes Laub, immergrün, üppige karminrote Blüten/VIII–X
Calluna vulgaris 'County Wicklow'	besonders breit und niedrig wachsend, bis 20 cm Höhe, mit bronzefarbenen Triebspitzen und reinrosa Blüten/VIII–IX
Calluna vulgaris 'H. E. Beale'	breit gedrungen wachsend bis 25 cm Höhe, mit lachsrosa Blüten/VIII–IX
Winterheide	
Erica carnea 'Myretoun Ruby'	dunkelgrünes Laub, Höhe bis 20 cm, weinrote Blüten/III–IV
Erica carnea 'Ruby Glow'	niedriger kompakter Wuchs, spät und reichlich karminrot blühend/III–V
Erica carnea 'Snow Queen'	hellgrünes Laub, aufrecht wachsend bis 30 cm Höhe, große reinweiße Blüten/I–III
Erica carnea 'Vivellii'	niedrig bleibend, bis 20 cm, im Sommer dunkelgrünes, im Winter bronzerotes Laub und karminrote Blüten/II–III
Erica carnea 'Winter Beauty'	sehr kompakte und kurztriebige Form mit dunkelgrünem Laub, lang und reich blühend, Blüten rosarot/XI–III

Heidegarten anlegen

1 Ein lockerer, wasserdurchlässiger, leicht saurer und unkrautfreier Boden an einem sonnigen bis halbschattigen Standort ist eine gute Voraussetzung für einen Heidegarten.

2 Größere Gestaltungselemente wie Wurzelstücke legt man zuerst auf die vorbereitete Pflanzfläche, denn sie gliedern den Garten. Etwa zu einem Drittel eingegraben sehen sie besonders natürlich aus. Dann verteilt man die Pflanzen.

3 Kleine Dekorationsstücke wie Steine verteilt man zusammen mit weiteren Pflanzen. Dann prüft man das Arrangement von allen Seiten. So kann man die Anordnung leicht korrigieren. Schauen Sie dazu auch aus dem Fenster des Hauses!

4 Die Heidepflanzen selbst setzt man in Gruppen von mindestens 5 Pflanzen im Abstand von jeweills 20–25 cm und gießt jede Pflanze mit ca. 5 l Wasser an. Zum Abschluss wird der Boden dick mit Rindenschrot oder Holzhäcksel gemulcht.

FERTIG IN 30 MINUTEN

► Zurückschneiden des Heidekrauts nach der Blüte im Frühjahr (Erica im Mai/Juni) und Herbst (Calluna im November/Dezember)

UNBEDINGT VERMEIDEN

Heidepflanzungen sind sehr robust, vertragen aber keine Staunässe, darum muss der Boden vor der Bepflanzung spatentief locker und wasserdurchlässig sein. Die Sommerheide verträgt außerdem keinen Kalk.

Dem Areal wieder Luft verschaffen

Einen überalterten Garten verjüngen

Sind Ihnen die stets grünen **Nadelbäume,** *die Sie vor 20 Jahren gepflanzt haben, mittlerweile* **über den Kopf** *gewachsen? Dann sollten Sie endlich wieder* **Licht** *in das düstere Grundstück bringen – und dazu müssen Sie Ihren* **Garten** *nicht einmal ganz neu* **gestalten.**

Die Ausgangssituation

Dieser zugewachsene Garten lässt kaum noch Licht ins Haus und auf die Terrasse kommen. Die Koniferen sind viel zu groß geworden, unter ihnen wächst kaum noch etwas. Die Wurzeln schauen überall durch die Grasnabe, die fast nur noch aus Moosen besteht. Da das Fällen großer Bäume mit zunehmender Höhe schwieriger und riskanter wird, ist es höchste Zeit, den Großteil der Koniferen entfernen zu lassen. In diesen Garten können keine Maschinen fahren, deshalb muss alles von Hand erledigt werden und die Wurzelstümpfe müssen im Boden verbleiben. Das anfallende Stammholz soll möglichst im Garten verwendet werden. Die Äste und Zweige können zum Teil als Reisighaufen aufgeschichtet werden, zum anderen Teil – vor Ort geschreddert – als Mulchdecke und Wegbelag dienen.

Die pflegeleichte Alternative

Durch die Umgestaltung ist ein überaus abwechslungsreicher naturnaher Garten entstanden. Wo früher Bäume waren, sind jetzt Baumstümpfe mit einer interessanten Zwischenbepflanzung zu sehen. Alle neuen Beete wurden mit den anfallenden Stämmen eingefasst und mit Erde aufgefüllt. Darunter können die Baumwurzeln nach und nach verrotten. Der naturnahe Gartenteich bereichert den Garten optisch und um einen neuen Lebensraum. **Die Bepflanzung der neuen Beete orientiert sich an robusten, so genannten Schlagpflanzen,** wie sie auch in der Natur nach Kahlschlägen und in Waldlichtungen auftreten. Der Rasen wurde teilweise mit Sand und Dünger saniert. An der Terrasse entstand ein Stufenbeet aus Baumstämmen. Dadurch wirkt sie großzügiger und **der Terrassenhang lässt sich besser pflegen.** Die neuen Wege wurden teils mit Kalksplitt, teils mit Rindenmulch abgedeckt. Nun kommt wieder Licht in den Garten, er wirkt viel größer, **während sich zugleich der Aufwand für seine Pflege nachhaltig minimiert hat.**

Vorher

Hohe Nadelbäume
verschatten Garten, Haus und Terrasse – sie sollen gefällt werden. Laubhecken werden vorher zurückgeschnitten.

Der Rasen
ist vermoost, unter den großen Gehölzen wächst kaum etwas. Der Gesamteindruck ist düster und wenig ansprechend.

Die Terrasse
auf dem steilen Hügel wirkt optisch zu klein. Die Treppen sind zu steil, die Platten sind uneben.

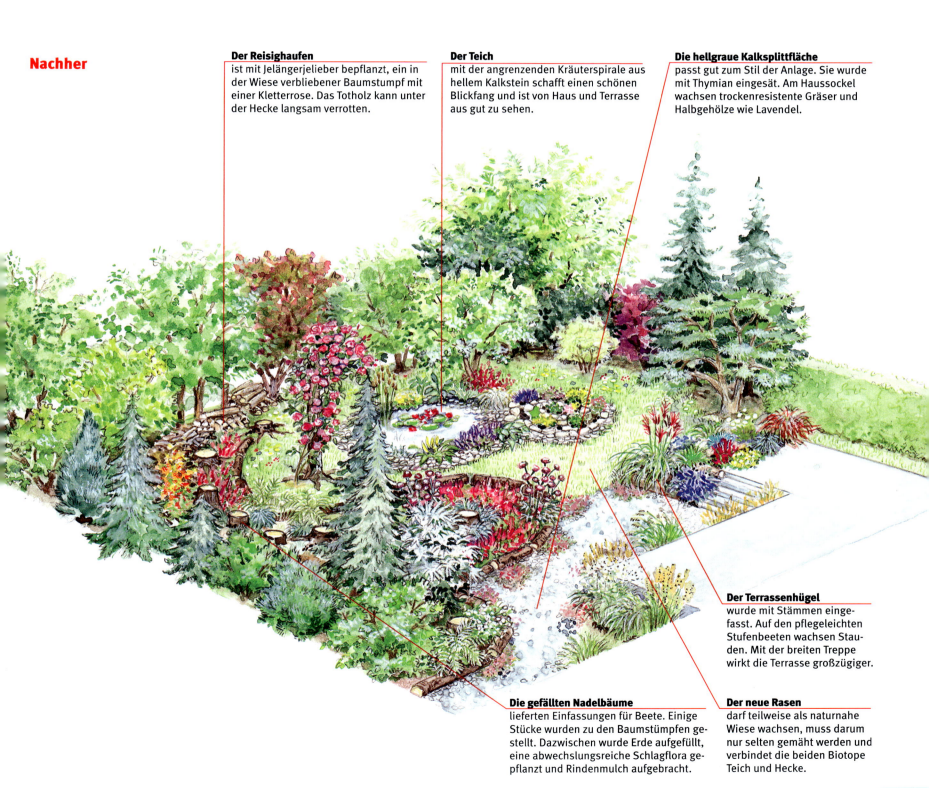

Nachher

Der Reisighaufen
ist mit Jelängerjelieber bepflanzt, ein in der Wiese verbliebener Baumstumpf mit einer Kletterrose. Das Totholz kann unter der Hecke langsam verrotten.

Der Teich
mit der angrenzenden Kräuterspirale aus hellem Kalkstein schafft einen schönen Blickfang und ist von Haus und Terrasse aus gut zu sehen.

Die hellgraue Kalksplittfläche
passt gut zum Stil der Anlage. Sie wurde mit Thymian eingesät. Am Haussockel wachsen trockenresistente Gräser und Halbgehölze wie Lavendel.

Der Terrassenhügel
wurde mit Stämmen eingefasst. Auf den pflegeleichten Stufenbeeten wachsen Stauden. Mit der breiten Treppe wirkt die Terrasse großzügiger.

Die gefällten Nadelbäume
lieferten Einfassungen für Beete. Einige Stücke wurden zu den Baumstümpfen gestellt. Dazwischen wurde Erde aufgefüllt, eine abwechslungsreiche Schlagflora gepflanzt und Rindenmulch aufgebracht.

Der neue Rasen
darf teilweise als naturnahe Wiese wachsen, muss darum nur selten gemäht werden und verbindet die beiden Biotope Teich und Hecke.

Den Hügel zum Leben erwecken
Zum Terrassenhügel führen Stufenbeete, die mit Baumstämmen eingefasst sind. Die Treppe wirkt großzügig.

Bäume fällen lassen

Erkundigen Sie sich bei Ihrer Umweltbehörde nach der Baumschutzsatzung und vereinbaren Sie mit einem Forstwirt den Fälltermin. Wichtig ist, sich zu vergewissern, dass keine Tiere in den Gehölzen wohnen. Hier können Ihnen die örtlichen Naturschutzvereine helfen. Auch müssen Sie vorher genau entscheiden, welche Gehölze erhalten bleiben sollen

Wegeinfassung mit Baumstämmen

1 Zunächst hebt man entlang der Linie der geplanten Wegeinfassung einen Graben aus. Seine Tiefe soll dem halben bis drittel Stammdurchmesser entsprechen, bei etwa doppelter Breite, um den Stamm platzieren zu können.

✗ UNBEDINGT VERMEIDEN

Fällen Sie größere Gehölze niemals selbst, sondern engagieren Sie dafür ein Fachunternehmen, das den Baum stückweise von oben her kappt. Solche Profis sind auch gegen alle auftretenden Schäden versichert.

2 Wenn Sie die Stammstücke in den Graben gelegt haben, können Sie einen Teil des Erdaushubs wieder einfüllen. Verdichten Sie die Erde neben den Stämmen so, dass diese fest in der Grube sitzen und nicht mehr rollen. Mit Aushub füllt man auch das angrenzende Beet zur Hälfte auf.

bzw. müssen. Teilen Sie dem Fachmann vor dem Fällen möglichst genau mit, wie Sie die Stammstücke verwenden möchten. **Er schneidet sie Ihnen dann gleich in die entsprechenden Längen.** Sollen viele kurvige Einfassungen gelegt werden, kann er die Schnitte von vornherein schräg ansetzen.

3 Auf die Pflanzerde bringt man nun Rindenkompost etwa bis zur Stumpfhöhe auf und reichert ihn mit Hornspänen an. Jetzt kann die Fläche bepflanzt und anschließend gemulcht werden. Der Weg wird 3–10 cm hoch mit Holzhäcksel bedeckt.

Dünnere Äste werden in der Regel vor Ort geschreddert, das Material kann man anstelle von Rindenmulch für Weg- und Beetabdeckungen verwenden. Ist dies nicht möglich, müssen sie per Hand zugeschnitten und in einer Grundstücksecke aufgeschichtet werden. Solche Reisighaufen sind ökologisch sehr wertvoll und verrotten nach einigen Jahren von selbst. Vorher dienen sie aber noch Vögeln als Nistplatz, Igeln als Versteck und vielen Insekten als Winterquartier.
Dicke kurze Stamm- und Aststücke kann man unter einem Baum oder in der Hecke zu größeren Totholzhaufen auf-

Viele Kräuter an einem Fleck
Eine Kräuterspirale braucht viel Sonne. Nach einer Rodung kann sie auch um einen verbliebenen Baumstumpf herum angelegt werden und ihn so verdecken.

Estragon

Berg-Bohnenkraut

Salbei

Zitronen-Melisse

Schnittlauch

Minze im Topf

1,5 m

1,5 m

alter Baumstumpf bedeckt mit Thymian oder schale mit Thymian/ Kaskadenthymian

Pflanzvorschlag: Kräuterspirale
Rund um einen Baumstumpf wurde eine Kräuterspirale gebaut und mit (von außen nach innen) Schnittlauch, Minze, Zitronen-Melisse, Salbei, Estragon, Berg-Bohnenkraut und Thymian bepflanzt.

schichten – sie sind eine Bereicherung für die Tierwelt und gehören in jeden Naturgarten. Viele Holzarten kann man auch zu Brennholz schneiden und abgedeckt lagern.

Einen Baumstumpf kaschieren

Muss ein einzelner Baum gerodet werden, kann man, wenn dadurch dort ein besonntes Fleckchen entsteht, den verbliebenen Stumpf mit einer Kräuterspirale kaschieren. Dazu ordnet man eine Trockenmauer spiralförmig so um den Baumstumpf herum an, dass dieser an der höchsten Stelle der Schnecke zu liegen kommt. Auf der gesamten Fläche wird viel Dränagematerial (z. B. Schotter oder vulkanischer Bims) aufgebracht. Darauf verteilt man eine 20–30 cm hohe Schicht aus magerem Substrat aus gleichen Teilen Dachsubstrat (Poroton, Bims oder Ziegelschrot), Sand und sterilem Kompost. Je nach Höhe des Stumpfes kann man diesen auch 10–20 cm hoch mit Substrat abdecken und Thymian einsäen. **Am einfachsten können Sie ihn allerdings verschönern**, indem Sie eine flache frostfeste Schale darauf stellen, die Sie mit Thymian, *Sedum* oder *Sempervivum* bepflanzen bzw. schlicht als praktische Vogeltränke mit Wasser füllen.
Ist der Platz auch nach dem Fällen des Baums noch schattig, bietet sich eine Bepflanzung im Stil einer Schlagflora an – streuen Sie dazu 100 g Hornspäne auf die Erde rund um den Stumpf und mischen Sie sie mit viel Rindenkompost. Dort hinein setzen Sie nun Roten und Großblättrigen Fingerhut, Glockenblumen, Nieswurz, Königskerze, Pfennigkraut, Wald-Erdbeere, Horstgräser und Farne.

DAS MACHT'S LEICHTER

● Man fördert das Verrotten alter Baumwurzeln, indem man auf die Sägeflächen Hornspäne streut und mit Erde bedeckt. Man kann Baumstümpfe, die schnell verrotten sollen, auch oben kreuz und quer mit der Kettensäge einkerben. So läuft das Regenwasser hinein, was die Rotte zusätzlich beschleunigt.

FERTIG IN 30 MINUTEN

► Ein Gatter für Baum- und Strauchschnitt bauen.

► 1 m³ Mulchmaterial aus Ästen und Zweigen schreddern.

► Einen kleinen Totholzhaufen aufschichten.

Die Pflicht zur Kür machen

Ein Wassergarten befreit von Pflegelast

Sie wollen sich **Rasen-mähen** *in Zukunft* **ersparen**, *aber auch die aufwändige Stauden-pflege? Ein* **pflege-leichter Garten** *mit einem* **Teich** *als Zentrum ist eine gute Alternative.*

Die Ausgangssituation

Dieser kleine Garten war viele Jahre den Kindern vorbehalten und ist entsprechend abgenutzt. Er bot ein Maximum an Freiraum zum Spielen, lässt aber kein wirkliches gestalterisches Konzept erkennen. Man könnte natürlich jetzt, da die Kinder groß sind, den Rasen sanieren und weitere Gehölze an die Grundstücksgrenze pflanzen, hätte dann aber zumindest im Sommer regelmäßig die lästige Rasenpflege zu bewältigen. Darum sollte man über die Alternative eines pflegeleichten Wassergartens nachdenken.

Die pflegeleichte Alternative

Der Teich im Mittelpunkt lässt den kleinen Garten wesentlich heller und größer erscheinen. Zwei Holzdecks und ein Steg bieten viele Sitz- und Liegemöglichkeiten. Die umlaufenden Holzdielen bedecken den Teichrand und dienen zugleich als Weg und Abgrenzung zu den Beeten. **Alle Pflanzflächen sind damit übersichtlich gegliedert und bequem erreichbar**. Begrünte Sichtschutzwände und Bambus bewahren vor lästigen Einblicken. Der kleine Nutzgartenteil mit Kompostplatz, Hochbeet und Beerenobst wird durch ein großzügiges Garten- oder Gewächshaus ergänzt. Wahlweise kann man auch hier pflegeleichte Sträucher oder Bambus pflanzen. Die verkahlten Koniferen am Grundstücksende wurden durch pflegeleichte kleinwüchsige Laubgehölze ersetzt. Die Beete sind mit Bodendeckern bepflanzt oder mit Mulch abgedeckt.

Diesen Garten kann man im Sommer wochenlang allein lassen, ohne dass er vernachlässigt wirken würde. Seine Pflege beschränkt sich auf wenige Stunden im Jahr.

Vorher

Eine Abgrenzung zum Nachbarn und damit ein Strukturelement fehlt.

Die Rosen sind überaltert und benötigen viel Pflege.

Die alten Koniferen verdunkeln den Garten und drohen zu groß zu werden.

Die Kinderspielgeräte sind längst überflüssig geworden.

Der Rasen ist abgenutzt und bei den Koniferen vermoost.

Das Gartentor ist unter dem großen Baum nicht mehr nutzbar.

Der Terrassenbelag ist alt, unschön und uneben geworden.

Die Wäschespinne kann nur bei trockenem Wetter genutzt werden.

Der Kompost ist bei nassem Wetter schlecht erreichbar.

Nachher

Die größere Holzterrasse
verbindet Haus und Garten, dicht
begrünte Sichtschutzwände schirmen
sie zu den Nachbarn hin ab.

Die Holzdecks
fungieren hier als Liege- oder Sitzplatz,
als Teichumrandung und als Weg. Sie
sind viel pflegeleichter als Rasen.

Das Gartenhaus
dient zum Unterbringen von Gartenmöbeln und Geräten. Als Pavillon gebaut ist
es ein zweiter schattiger Sitzplatz.

Die Bambushecke
ist immergrün und sorgt für guten Sichtschutz bei minimalem Pflegeaufwand.

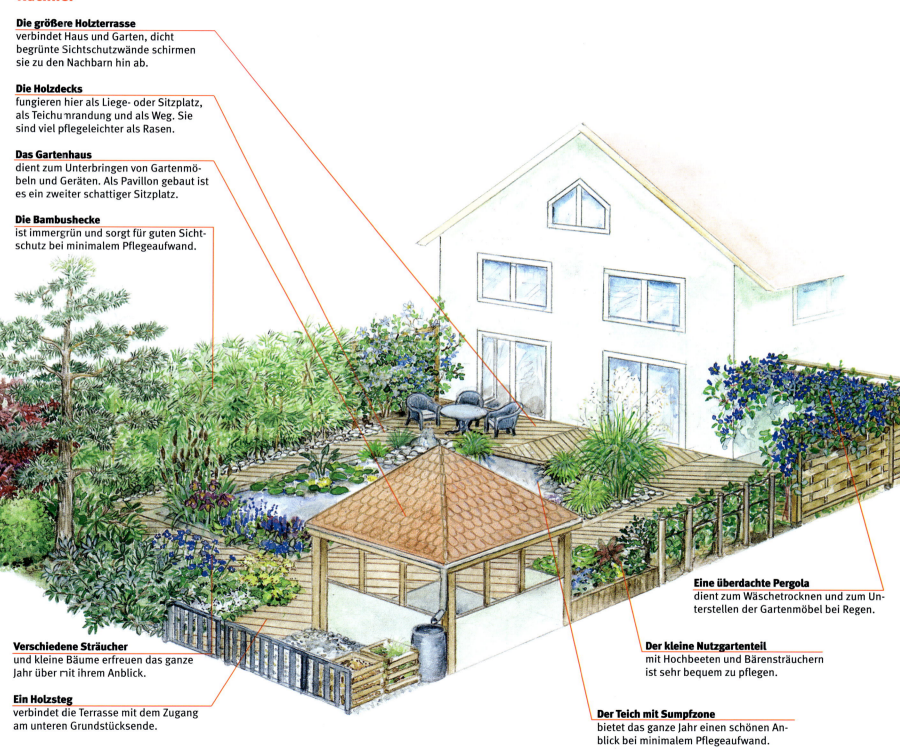

Verschiedene Sträucher
und kleine Bäume erfreuen das ganze
Jahr über mit ihrem Anblick.

Ein Holzsteg
verbindet die Terrasse mit dem Zugang
am unteren Grundstücksende.

Eine überdachte Pergola
dient zum Wäschetrocknen und zum Un-
terstellen der Gartenmöbel bei Regen.

Der kleine Nutzgartenteil
mit Hochbeeten und Bärensträuchern
ist sehr bequem zu pflegen.

Der Teich mit Sumpfzone
bietet das ganze Jahr einen schönen Anblick bei minimalem Pflegeaufwand.

Die Pflicht zur Kür machen

Ein Wassergarten befreit von Pflegelast

So gehen Sie bei der Umgestaltung vor

Zunächst steht die Beseitigung der alten Kinderspielgeräte, der Gehölze und der alten Terrassenplatten an (letztere können als Unterlage für die Lagerhölzer der Holzdecks dienen). Dann wird die Rasensode entfernt und abgefahren und das Niveau für Teich und Holzdecks festgelegt. Überschlagen Sie, wie viel Erdaushub beim Bau des Teichs anfällt. Sie können damit Löcher, die beim Entfernen alter Baumwurzeln entstehen, auffüttern oder das Gelände einebnen. Einen Teil Mutterboden können Sie auch in ein Hochbeet am Gartenhaus füllen, der Rest muss abgefahren werden.

Heben Sie dann den Teich in der gewünschten Größe und Tiefe mit abgestuften Pflanzzonen aus. Bedenken Sie dabei, **dass ein Teich umso weniger Arbeit macht, je größer er ist.** Die etwa 1 m tiefe Tiefenzone sollte einen ebenen Boden haben, damit Pflanzgefäße sicher stehen. Eine schmale Sumpfzone, die man vom Ufer aus gut erreichen kann, erleichtert die Pflege. Bauen Sie den Teich in einer einfachen Form und mit geraden Ufern, das macht nachher die Randabdeckung leichter.

Messen Sie die Foliengröße mit einer kreuzweise in die Teichgrube gelegten Schnur aus und geben Sie an den Rändern je 50 cm zu. Die 1 mm dicke Teichfolie können Sie auch als

Dem Wasser und dem Land nahe
Eine Brücke mit luftigem Geländer macht den Teich gut zugänglich und damit auch pflegeleicht.

Schön und praktisch
Direkt an der Terrasse wird der Teich stilecht von einem schönen Holzdeck begrenzt.

Die Sumpfzone
Eine üppige Sumpf-beetbepflanzung rahmt den Teich ein und lässt auch ein gerade gestaltetes Ufer natürlich er-scheinen.

Holzdeck als Teichrand

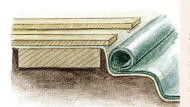

1 Schwellen aus Hart-holz werden parallel zum Teichrand auf die Erde gelegt. Darüber schlägt man das über-stehende Teichvlies und schraubt in Abständen Lagerhölzer darauf.

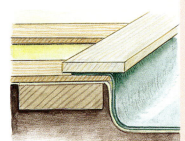

2 Die überstehende Teichfolie wird über die Lagerhölzer geschla-gen und mit einer Diele fixiert (dazu muss der Teich bereits annähernd voll sein!). Diese erste Diele ragt so weit über die Enden der Lagerhöl-zer hinaus, wie es einer Dielendicke entspricht.

Wurzelsperre für die Pflanzen in der Sumpfzone verwenden – dann brauchen Sie aber entsprechend mehr.
Kleiden Sie die Grube zum Schutz der Teichfolie zunächst mit einem starken Vlies aus; dort wo es übersteht können Sie es ebenfalls als Wurzelsperre nutzen. Legen Sie dann mit ei-nem oder mehreren Helfern die Teichfolie in der Grube aus. In den Ecken müssen Sie sie in möglichst ordentliche Falten schlagen und gut an den Rand anlegen. Der Teichrand selbst wird erst gebaut, wenn der Teich bis zur vorletzten Stufe mit Wasser gefüllt ist. Unebenheiten des Randes können Sie so am besten sehen und durch Unterfütterung der Folie mit Erde akkurat ausgleichen.

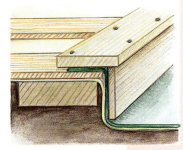

3 Eine weitere Diele wird nun als Blend-brett an die Lagerholz-enden geschraubt. Das Blendbrett versteckt die Folie, wenn das Teich-niveau absinkt und schützt sie vor UV-Strah-lung. Außerdem verleiht es der Holzterrasse ein massiveres Aussehen.

FERTIG IN 30 MINUTEN

► 10–20 m² Holzdeck im Frühjahr mit einem Schrubber und Wasser reinigen.

► 5–10 m² trockenes Holzdeck im Sommer mit einer Öllasur streichen.

► Abgestorbene Stauden der Sumpfzone im späten Frühjahr vom Ufer aus abschneiden und entsorgen.

► Eine Seerose im Pflanzkorb aus dem Wasser holen, teilen und wieder einsetzen.

4 Man deckt nun die Lagerhölzer mit wei-teren Dielen ab. An den so befestigten Teichrand kann man ein Sumpfbeet angrenzen lassen, das vom Holzdeck aus gut zu pflegen ist. Die tieferen Stufen des Teichs be-pflanzt man ganz nach Belieben.

SO SPAREN SIE ZEIT

■ Pflegeleichte Holzdecks und Teich statt Rasen

■ Gartenhaus statt Unterbringung der Möbel und Geräte im Keller

Die besten pflege

leichten Pflanzen

Mit diesen **220** sehr sorgfältig ausgewählten **Pflanzen** können Sie am richtigen **Standort Pflegeaufwand** und **Geld sparen**.

Licht-
bedarf

○ Sonnig: ganztägig von Sonne beschienen

◑ Absonnig: sonnig, aber keine pralle Mittagssonne

◗ Halbschattig: halbtags sonnig oder unter
lichter Baumkrone

● Schattig: ganztägig ohne direkte Sonne

Pflanzen-
größe

▲ Wuchshöhe: durchschnittliche Maße inklusive Blüten

▶ Wuchsbreite: durchschnittliche Maße bei freiem Stand

Wasser-
bedarf

💧 Viel: Darf nie austrocknen, muss viel gegossen werden.

💧 Mittel: Darf kurzfristig trocken stehen, ab und zu
gießen.

💧 Wenig: Verträgt zeitweise Trockenheit, muss wenig
gegossen werden.

Die 10 besten Bäume
Höhepunkte in jedem Garten

Mit ihrem großen Wuchs setzen Bäume im Garten deutliche **Akzente**. Unter ihrem Blätterdach entstehen frisch-schattige **Oasen**, und außer mit schönem **Herbstlaub** bezaubern manche Arten auch durch überaus **dekorative** Blüten oder Früchte.

Japanischer Ahorn
Acer japonicum

○–◐   ▲ 2–5 m   ▶ 2–5 m   ◐

Wenn sich der Sommer verabschiedet, trumpft der Japanische Ahorn mit seinen satten Herbstfarben auf. Er zählt zu den attraktivsten Vertretern seiner Gattung. Als sehr niedriger, aber ausladender und breitkroniger Baum eignet er sich auch für kleine Gärten.

Blüte/Frucht: IV–V, dunkel- und rosarote Blüten in eher unscheinbaren Doldenrispen; zweiflügelige rötliche Früchte im September.

Pflege: Überaus anspruchslos. Lediglich bei Trockenheit wässern.

Tipp: Man kann zwischen Sorten mit unterschiedlichem Blattwerk wählen.

Hahnensporn-Weißdorn
Crataegus crus-galli

○–◐   ▲ bis 8 m   ▶ bis 4 m   ◇

Der kleine, oft schlicht Hahnendorn genannte, bedornte Baum imponiert vor allem durch seine herbstliche, gelb-

orange bis intensiv rote Laubfärbung. Seine roten Früchte dienen Vögeln vom Herbst bis in den Winter als Nahrung.

Blüte/Frucht: V–VI, weiß bis rosa, in Doldenrispen, streng duftend; rote Früchte ab August.

Pflege: Selbst ältere Pflanzen vertragen einen rigorosen Verjüngungsschnitt.

Tipp: Der dicht belaubte Baum bietet Gartenvögeln ein schützendes Versteck.

Blumen-Esche, Manna-Esche
Fraxinus ornus var. *ornus*

○–◐   ▲ bis 10 m   ▶ bis 6 m   ◇

Über und über mit duftenden zarten Blütenrispen schmückt sich im Frühling die Blumen- oder Manna-Esche. Die Blütenrispen bilden sich nach etwa 10–15 Jahren am Ende der Zweige. Die sattgrünen, gefiederten Blätter des imposanten Baums nehmen im Herbst einen blassgelben bis bronzefarbenen Farbton an.

Blüte: IV–VI, creme bis weiß, duftend, in bis zu 15 cm langen Rispen.

Pflege: Ungestört wachsen lassen, kein Rückschnitt notwendig.

Tipp: Da die jüngeren Bäume noch etwas frostempfindlich sind, sollte man die Baumscheiben im Winter mit einer dicken Mulchschicht versehen.

Ginkgo, Mädchenhaarbaum
Ginkgo biloba

○–◐   ▲ bis 30 m   ▶ bis 9 m   ◇

Der hoch wachsende, anspruchslose Ginkgo ist der ideale Stadtbaum. Obwohl mit Nadelbäumen nahe verwandt, besitzt er fächerförmige Blätter. Sie färben sich im Herbst goldgelb.

Blüte/Frucht: IV–V, mit 20 Jahren mirabellenähnliche Scheinfrüchte.

Pflege: Gedeiht ohne besondere Pflege an einem windgeschützten Platz auf fruchtbarem Boden.

Tipp: Die Samen sind essbar. Da die Früchte sehr unangenehm riechen, empfiehlt es sich jedoch, nur männliche Bäume zu pflanzen.

Chinesische Zaubernuss
Hamamelis mollis

○–◐   ▲ bis 4 m   ▶ bis 4 m   ◐

Schon im Winter verbreiten die zierlich gelben, duftenden Blüten einen Hauch von Frühling. Erst später entwickeln sich die Blätter an den strauchartig wachsenden Zweigen. Im Herbst verzaubern sie goldgelb den Garten.

Blüte: I–III, gelb, schon im Winter an den noch kahlen Ästen.

Pflege: In den ersten Jahren den Boden freihalten; Wildtriebe entfernen. Der

Baum mag keine Kalkböden und entwickelt sich am besten ohne Schnitt.
Tipp: Neben Züchtungen mit größeren Blüten gibt es auch solche mit schwefelgelbem oder rötlichem Flor.

Kirschpflaume
Prunus cerasifera ssp. *cerasifera*

○ – ● ▲ bis 9 m ▶ bis 4 m ◐

Üppige blassrosa Blütenpracht im Frühling, je nach Sorte eine dichte Krone aus grünem bis dunkelviolettem Laub und essbare Früchte – damit bietet der

kleine Baum gleich drei attraktive Gründe, ihn zu pflanzen.
Blüte/Frucht: IV, weiß bis rosa, vor dem Blattaustrieb; gelblich-rote, mirabellenartige Früchte.
Pflege: Bei Bedarf Rückschnitt; ansonsten keine besondere Pflege.
Tipp: Sorten mit roten Blättern sind eine schöne Abwechslung im Garten.

Tulpen-Magnolie
Magnolia × soulangeana

○ ▲ bis 7 m ▶ bis 6 m ◐

Kaum schickt sich der Frühling an, den Winter zu vertreiben, erblüht schon die Tulpen-Magnolie – ein rosa-weißer Traum aus großen, duftenden „Tulpenblüten". Die Farbnuancen reichen von weiß (z. B. 'Alba Superba') bis kräftig rosarot (z. B. 'Rustica Rubra'). In schönen Sommern Zweitblüte möglich.

Blüte: IV–V, weiß, rosa, große glockenförmige duftende Blüten erscheinen bereits vor dem Laub.
Pflege: Die Tulpen-Magnolie gedeiht am besten ohne Schnitt, allerdings vertragen selbst ältere Pflanzen noch einen starken Verjüngungsschnitt; die Pflanze mag keine kalkhaltigen Böden.
Tipp: Damit die Schönheit der gegenüber Wind und Regen empfindlichen Magnolienblüten möglichst lange erhalten bleibt, empfiehlt sich ein geschützter Platz im Garten.

Schwarz-Kiefer
Pinus nigra ssp. *nigra*

○ ▲ 20–30 m ▶ bis 10 m ◐

Als immergrüner Nadelbaum ist die Schwarz-Kiefer das ganze Jahr über mit ihrem dunkelgrünen Laub präsent. Sie

widersteht Hitze wie Kälte und gedeiht auch in Stadtgärten gut.
Blüte/Frucht: V–VI, männliche und weibliche Blüten; auffallende braune Zapfen, bis 10 cm lang.
Pflege: Keine besondere Pflege nötig.
Tipp: Setzen Sie diesen hohen Einzelbaum als ein ganzjährig markantes Gartenelement ein.

Japanischer Schnurbaum
Sophora japonica

○ ▲ bis 20 m ▶ bis 15 m ○

In langen Rispen stehen die gelblichweißen, manchmal auch rosafarbenen Schmetterlingsblüten des Schnurbaums zusammen. Sie bilden sich im Spätsommer am Ende der mit Fiederblättern bestückten Zweige. Charakteristisch sind die perlenkettenartigen Hülsen, die zwischen den Samen eingeschnürt sind.
Blüte/Frucht: VII–VIII, gelbweiß, in bis 30 cm langen, aufrechten Rispen; ab Oktober erscheinen giftige Früchte.
Pflege: Junge Bäume müssen vor Frost geschützt werden.

Tipp: Eine kleine und als Einzelbaum besonders hübsche Trauerform ist *Sophora japonica* 'Pendula'.

Gewöhnliche Eberesche
Sorbus aucuparia ssp. *aucuparia*

○ – ◐ ▲ bis 15 m ▶ bis 6 m ◐

Mit ihren zart gefiederten Blättern ist die heimische Eberesche ein ausnehmend hübsches Gehölz für den Garten. Im Mai erscheinen weiße, schirmartige Blütenstände, aus denen später die roten, lange vorhaltenden „Vogelbeeren" hervorgehen. Die Herbstfarben des Laubs reichen von Gelb bis Dunkelrot.
Blüte/Frucht: V–VI, weiß, in schirmförmigen Doldentrauben, intensiv duftend; ab September rote, beerenartige Apfelfrüchte.

Pflege: Kein Schnitt erforderlich; kann jedoch, wenn sie strauchförmig wächst, zur Verjüngung bis auf den Stock zurückgeschnitten werden.
Tipp: Den etwas herben Geruch der Blüten mag nicht jeder, darum nicht eben am Sitzplatz pflanzen. Die großen, Vitamin-C-reichen Früchte der Süßen Eberesche (*Sorbus aucuparia* ssp. *moravica*) eignen sich hervorragend zum Einkochen und zur Herstellung köstlicher Marmeladen.

Die 10 besten Sträucher
Blickfänge fürs Auge

Dank ihrer **Höhe** überragen Sträucher die meisten anderen Pflanzen und **strukturieren** den Garten. Einige bringen essbare **Früchte** hervor, andere zarte **Blüten** oder reizvolles **Laub**.

Gewöhnlicher Erbsenstrauch
Caragana arborescens

○ – ◑ ▲ bis 5 m ▶ bis 2 m ◇

Vielleicht nicht der Prächtigste unter den Ziergehölzen, hat der hohe Strauch aber viele andere Vorzüge: Er ist anspruchslos, robust und winterhart. Im späten Frühjahr zeigt er gelbe Schmetterlingsblüten in lockeren Büscheln.

Blüte/Frucht: V, gelb; die bohnenartigen Hülsen sind giftig.

Pflege: Starker Schnitt nur am jungen Strauch; er braucht keinerlei Düngung.

Tipp: Der Erbsenstrauch ist über die eigenen Samen leicht zu vermehren.

Sal-Weide
Salix caprea

○ – ◑ ▲ bis 8 m ▶ bis 3 m ◐

Zu einem großen Strauch in mattem Grün wächst die Sal-Weide heran. Schon früh im Jahr erscheinen pelzige Blütenstände an den Zweigen. Über die frühe Blüte freuen sich besonders die Bienen, die emsig den nahrhaften Blütenstaub sammeln.

Blüte: III–IV, gelblich-grüne männliche und kleinere grünliche weibliche Kätzchen an verschiedenen Sträuchern.

Pflege: Kein Schnitt notwendig; kann aber stark zurückgeschnitten werden und treibt vor allem in jungen Jahren danach wieder gut aus.

Tipp: 'Pendula' ist eine Form mit hängenden Trieben, die auf Stämmchen gezogen wird und überaus reizvolle Trauerbäumchen ergibt.

Gewöhnlicher Blasenstrauch
Colutea arborescens

○ – ◑ ▲ bis 4 m ▶ bis 2 m ◇

Neben anmutigen, hellgelben Blütentrauben fallen besonders die Früchte dieses südeuropäischen Strauchs ins Auge: Die etwa fingerlangen, perga

mentartigen Hülsen wirken wie aufgeblasen und bleiben lange am Strauch. Gedeiht selbst auf kargen, steinigen Böden, verträgt Hitze und Trockenheit. Samen und Blätter sind giftig!

Blüte/Frucht: VI–VIII, gelb; ab August silbrige, rötlich überhauchte Hülsen.

Pflege: Braucht keine Düngung.

Tatarischer Hartriegel
Cornus alba

○ – ◑ ▲ bis 3 m ▶ bis 6 m ◐

Außer durch ihre Blüten bestechen viele Sorten vor allem durch ihr dekoratives Laub. Dank seiner leuchtendroten

Zweige ist dieser große Strauch vor allem im Winter eine geradezu unverzichtbare Gartenzierde, da er die Tristesse der dunklen Jahreszeit farbenfroh durchbricht.

Blüte/Frucht: V–VII, weiß bis gelblich, in Trugdolden; erbsengroße, bläulich-weiße Steinfrüchte.

Pflege: Schätzt man die rot gefärbten Triebe, muss man den Strauch im Frühjahr regelmäßig auslichten, da die Färbung mit dem Alter blasser wird.

Tipp: 'Spaethii' bringt zu Beginn bronzefarbenes, später mehr oder weniger stark goldgelb geflecktes Laub hervor; da diese Hartriegel-Sorte geradezu dickichtartig wächst, bietet sie Tieren guten Schutz.

Gewöhnliche Hasel
Corylus avellana

○ – ◐ ▲ bis 6 m ▶ bis 4 m ◐

Ein hoch wachsender Strauch, der nur dann die begehrten Haselnüsse hervorbringt, wenn man einen männlichen und einen weiblichen Strauch zusammen pflanzt.

Blüte/Frucht: II–IV, weibliche gelbgrün, unscheinbar, männliche als hängende Kätzchen; ab August bis September essbare Nüsse.

Pflege: Nur hin und wieder leicht auslichten; kann bei Bedarf auch radikal zurückgeschnitten werden.
Tipp: Um die skurrilen Zweige der Sorte 'Contorta' besser zur Geltung zu bringen, den Strauch einzeln an einen besonderen Platz pflanzen.

Europäischer Perückenstrauch
Cotinus coggygria

○ – ◑ ▲ bis 5 m ▶ bis 4 m ◊

Die reich verzweigten Blütenstände im frühen Sommer tragen nur unscheinbare Blüten und Früchte. Dekorativ ist der ausgefallene, in allen Teilen giftige Strauch trotzdem – dank seiner feinen, rötlich gefärbten und federig behaarten Fruchtstiele. Die ovalen Blätter wechseln ihre Färbung mit der Jahreszeit.
Blüte/Frucht: VI–VII, grün-gelbe oder grün-rote Blütenrispen; perückenartiger Fruchtstand.
Pflege: Kein Rückschnitt, da die natürliche Form verlorengeht, ältere Pflanzen

Schnitt nur schlecht vertragen und der Strauch dann weniger Blüten bildet.
Tipp: Der Perückenstrauch eignet sich auch als Kübelpflanze.

Eingriffliger Weißdorn
Crataegus monogyna ssp. *monogyna*

○ – ◑ ▲ bis 7 m ▶ bis 4 m ◊

Der bei Bienen und Vögeln beliebte heimische Strauch mit seinen üppigweißen, duftenden Blütendolden bietet einen schmucken Anblick. Die relativ kleinen Blätter an dornigen Zweigen färben sich im Herbst orange-braun.

Blüte/Frucht: V–VI, weiß, stark duftend, in Doldenrispen; dunkelrote, runde Früchte ab August.
Pflege: Verträgt starken Rückschnitt, wächst ohne Schnitt aber natürlicher.
Tipp: *Crataegus laevigata* 'Paul's Scarlet' bildet gefüllte, rote Blüten aus.

Gewöhnlicher Sanddorn
Hippophae rhamnoides ssp. *rhamnoides*

○ – ◑ ▲ bis 5 m ▶ bis 4 m ◊

Ein Gewächs, dass sich auf Sand, Kies und Schotter heimisch fühlt und im Garten selbst in trockenen Problemecken gut gedeiht. Der große, dornige Strauch trägt weidenähnliches, silbriges

Laub, durch das im Herbst orangene, essbare Früchte hervorleuchten.
Blüte/Frucht: IV, unauffällig; orangerote Früchte ab September.
Pflege: Schnitt ist nicht notwendig, wird aber vertragen.
Tipp: Die Vitamin-C-reichen Früchte sind essbar und lassen sich zu

Sanddornsaft, Marmelade oder Gelee verarbeiten; sie entwickeln sich nur, wenn männliche und weibliche Pflanzen zusammen stehen.

Rote Heckenkirsche
Lonicera xylosteum

○ – ● ▲ bis 4 m ▶ bis 3 m ◊

Der anspruchslose Strauch ist im Herbst mit dekorativen dunkelroten Beeren geschmückt. Im Herbst verfärbt sich das mattgrüne Laub gelb. Doch Vorsicht: Als Giftpflanze ist der Strauch für Gärten, in denen Kinder spielen, nicht geeignet!
Blüte/Frucht: V–VI, gelblich-weiß, duftend; ab August rote Früchte.
Pflege: Jährlicher Rückschnitt kann, muss aber nicht sein; der Strauch kompensiert starken Rückschnitt rasch. Ältere Pflanzen sollte man hin und wieder etwas auslichten.

Tipp: Nahe verwandt: *Lonicera* × *xylosteoides* 'Clavey's Dwarf', ein schöner, nur kniehoher Strauch.

Gold-Johannisbeere
Ribes aureum

○ – ● ▲ bis 2 m ▶ bis 2 m ◐

Der kleine Strauch wird nur maximal 2 m hoch. Er lässt sich gut als Lückenfüller oder Unterpflanzung einsetzen, eignet sich aber auch für Hecken. Goldgelb sind allerdings nicht die essbaren, herb-sauren Früchte, sondern die Blütentrauben. Im Herbst rötliches Laub.
Blüte/Frucht: IV–V, gelb, in hängenden Trauben, duftend; purpurbraune bis schwarze Früchte.
Pflege: Alle 2–3 Jahre ganz nach Bedarf auslichten.

Die 10 besten Blütensträucher
Reicher Flor für alle Gärten

Duftige **Blüten** *machen diese Sträucher zu wahren* **Schaustücken**, *die leicht ein buntes Blumenbeet ersetzen können. Viele warten mit* **Früchten** *oder überaus farbigem* **Herbstlaub** *auf.*

Echter Roseneibisch
Hibiscus syriacus

○　▲ bis 2 m　▶ bis 1,5 m　◐

Im Spätsommer sorgt der straff aufrecht wachsende Strauch für ein Blütenschauspiel, das seinesgleichen sucht. Die vielen Sorten unterscheiden sich in Farbe und im Füllungsgrad der Blüten, neben einfachen Trichterblüten gibt es auch dicht gefüllte, wie Rüschenröcke wirkende Formen.

Blüte: VI–IX, weiß, rosa, rot, violett, auch zweifarbig.

Pflege: Den Wurzelbereich den Winter über mit Laub abdecken; Rückschnitt nach Bedarf.

Tipp: Blau blühende Sorten brauchen besonders geschützte Standorte. Regelmäßiges Einkürzen der Zweige um ein Drittel fördert die Größe der Blüten im nächsten Jahr. Auch für große Kübel und Dachgärten gut geeignet.

Kahle Felsenbirne
Amelanchier laevis

○ – ◐　▲ bis 4 m　▶ bis 2 m　◇

Wahre Blütenwolken im Frühling, ein adrettes Laubkleid im Sommer, feurige Herbstfärbung und dazu noch schmucke Früchte, die viele Vögel ernähren – all das bietet die Felsenbirne. Für eine schöne elegante Krone braucht der Strauch einen lockeren Boden.

Blüte/Frucht: IV–V, weiß, duftend; purpurschwarze, essbare Apfelfrüchte erscheinen ab August.

Pflege: Ungestört wachsen lassen, Rückschnitt wird aber gut vertragen.

Chinesische Scheinquitte
Chaenomeles speciosa

○ – ◐　▲ bis 1,5 m　▶ bis 1,5 m　◇

Im Frühling entfalten sich an dem breitbuschigen Strauch zahllose Schalenblüten in leuchtenden Farben. Sie bieten Insekten reiche Nahrung, und im Geäst nisten gerne Vögel.

Blüte/Frucht: VI–V, dunkelrosa bis dunkelrot, duftend; grüngelbe, quittenähnliche Früchte ab August.

Pflege: Damit sich ein reicher dauerhafter Blütenansatz bildet, lässt man die Scheinquitte weitgehend ungeschnitten; überalterte Sträucher allerdings auslichten.

Tipp: Sorten der ebenfalls pflegeleichten, oft dornigen *Chaenomeles × superba* gibt es in vielen Blütenfarben.

Garten-Forsythie
Forsythia × intermedia

○ – ◐　▲ bis 4 m　▶ bis 3 m　◇

Die leuchtend gelben Blütenwolken der Forsythie bezeugen, dass der Frühling im Garten Einzug gehalten hat. So auf-

fällig die dichten Sträucher zur Blütezeit sind, so harmonisch schlicht fügen sie sich danach in die Umgebung ein.

Blüte: III–V, gelb.

Pflege: Ab dem vierten Jahr nach Pflanzung jährlich nach der Blüte auslichten, d. h. die ältesten Zweige bis zum Boden herausnehmen.

Tipp: 'Minigold' ist eine Sorte mit kompaktem Wuchs (1–2 m hoch), aber großen Blüten.

Ranunkelstrauch
Kerria japonica

○ – ◐   ▲ bis 2 m   ▶ bis 2 m   ◇

Kleine rosenartige Blüten in sonnigem Gelb reihen sich an den rutenartigen Trieben zwischen den Blättern auf, und das oft die ganze Saison über.

Blüte: V–VI, gelb, oft geringere Nachblüte bis IX.
Pflege: Alle 3–4 Jahre auslichten, die ältesten Triebe bodennah wegnehmen.
Tipp: Kann durch rigorosen Schnitt begrenzt oder verjüngt werden; die Sorte 'Plena' trägt dicht gefüllte Blüten.

Feuerdorn
Pyracantha Cultivars

○ – ◐   ▲ bis 3 m   ▶ bis 2 m   ◇

Obwohl bereits zur Blütezeit im Frühsommer attraktiv, fällt der reich verzweigte Strauch doch vor allem im Herbst ins Auge, wenn er unzählige Früchte mit giftigen Samen hervorbringt. Vögel lieben das dornige Gehölz, weil es Schutz, Nistgelegenheiten und Futter bietet. Das ledrige Laub bleibt das ganze Jahr über grün.
Blüte/Frucht: V–VI, cremeweiß, streng duftend; gelbe, orange oder rote beerenartige Früchte ab September.
Pflege: Rückschnitt nach Bedarf.

streckt sich gewöhnlich über einige Wochen, anschließend macht der hübsche Strauch aber auch mit seinen frischgrünen Blättern an den überhängenden Zweigen eine gute Figur.

Tipp: Möglichst Sorten bevorzugen, die gegen Feuerbrand und Schorf resistent sind, z. B. 'Red Column' oder 'Orange Glow'.

Falscher Jasmin
Philadelphus coronarius

○ – ◐   ▲ bis 4 m   ▶ bis 3 m   ◐

Im Frühsommer produziert der ausladende Strauch eine überschäumende Fülle an Blüten mit intensivem Duft.

Blüte: V–VI, weiß, duftend.
Pflege: Alle 2–3 Jahre etwas auslichten, dabei die ältesten Zweige bis zum Boden herausschneiden.
Tipp: Hybriden *(Philadelphus* Cultivars) gibt es auch mit gefüllten Blüten.

Braut-Spierstrauch
Spiraea × arguta

○ – ◐   ▲ bis 2 m   ▶ bis 2 m   ◐

Viele filigrane Blütenschirme überziehen den Strauch im Frühling wie ein üppiger weißer Schleier, so wie es der Name verspricht. Die Blütezeit er-

Blüte: IV–V, weiß, duftend.
Pflege: Ungestört wachsen lassen, alle 4–5 Jahre etwas auslichten.
Tipp: Verträgt auch einen radikalen Rückschnitt.

Weigelie
Weigela Cultivars

○ – ◐   ▲ bis 3 m   ▶ bis 2,5 m   ◑

Glöckchenblüte an Glöckchenblüte drängt sich an den Zweigen, sodass man die attraktiven Blätter kaum erkennen kann. Die Freude an diesem überaus üppigen Flor währt oft den ganzen Sommer, wenn sich immer neue Knospen bilden, jedoch nicht mehr so zahlreich wie zu Beginn des Sommers.

Blüte: V–VI, rosa, rot, weiß, oft Nachblüte bis zum Herbst.
Pflege: Jährlich etwas auslichten, d.h. die ältesten Zweige herausschneiden.
Tipp: Freistehend entwickelt sich die Weigelie am besten, man kann sie aber auch ausgezeichnet in eine frei wachsende Hecke einfügen.

Schwarzer Holunder
Sambucus nigra

○ – ◐   ▲ bis 7 m   ▶ bis 5 m   ◇

Mit seinen schirmartigen Blütenständen zeigt der Holunder den Frühsommer an und mit seinen schwarzen Früchten

den Frühherbst. Blüten und Früchte werden seit jeher als delikate Speise wie zu Heilzwecken genutzt und von Insekten und Vögeln geschätzt.
Blüte/Frucht: V–VI, weiß, streng duftend; schwarze, beerenartige Früchte ab Juli.
Pflege: Kein Schnitt erforderlich, aber möglich, selbst radikaler Rückschnitt.
Tipp: Holunderbeeren sind roh ungenießbar; traditionell bereitet man sie vielerorts mit Äpfeln zu einem wohlschmeckenden Gelee. Die Blätter gelten als Vergrämungsmittel gegen Wühlmäuse, dazu stopft man sie fest in deren Gänge.

Die 10 besten Immergrünen
Dezente Farben rund ums Jahr

Ganzjährig grüne Gewächse setzen besonders im **Winter** auffällige **Farbtupfer**. Und während sich der Garten mit den Jahreszeiten **wandelt**, vermitteln diese Bäume und Sträucher das ganze Jahr hindurch **Kontinuität**.

Europäischer Buchsbaum
Buxus sempervirens

○ – ◐   ▲ bis 3 m   ▶ bis 3 m   ◐

Ob als kastenförmige Mini-Hecke, kompakte Kugel, elegante Pyramide oder lustige Tierfigur – diese mit ledrigen Blättern bestückte Pflanze lässt sich fast jeder gärtnerischen Laune anpassen. Ohne Schnitt wächst sie zu einem hohen, dichtbuschigen Strauch heran.

Blüte: III–IV, gelblich-grün, duftend, in Knäueln.

Pflege: Kann bei Bedarf stark und regelmäßig – zwischen April und September – geschnitten werden. Blätter und Früchte sind giftig!

Tipp: Mit niedrigen Buchsbaumhecken kann man Beete dekorativ einfassen; auch für Pflanzkübel geeignet.

Berg-Kiefer
Pinus mugo

○ – ◐   ▲ bis 6 m   ▶ bis 4 m   ◇

Ganz natürlich fügt sich die heimische Berg-Kiefer, die Latsche, in den Garten ein. Äußerst vielseitig, lässt sie sich gut mit Heidepflanzen kombinieren, eignet sich aber auch für Steingärten oder für die Kübelbepflanzung.

Blüte/Frucht: V–VII, männliche und weibliche Blüten; eiförmige Zapfen.

Pflege: Kein Schnitt erforderlich, kann aber klein gehalten werden, indem man einmal im Jahr die neuen Triebspitzen ausbricht.

Tipp: Die Wuchshöhe variiert bei den unterschiedlichen Sorten mitunter stark. Beim Kauf darauf achten.

Feuer-Scheinzypresse
Chamaecyparis obtusa

◐ – ●   ▲ bis 20 m   ▶ bis 5 m   ◐

Wie eine kegelförmige Säule wirkt diese japanische Koniferenart. Die unkomplizierte, allerdings in alllen Teilen giftige Pflanze, von der zahlreiche Sorten angeboten werden, besitzt ähnlich wie die

als Heckenpflanze bekannte Thuja schuppenförmige Nadelblätter an kurzen, fächerartig angeordneten Trieben. Sie erinnern an Muschelschalen, daher auch der Name Muschelzypresse.

Blüte/Frucht: III–IV; kugelige blaugrüne bis braune Zapfen.

Pflege: Benötigt kaum Pflege; am besten ungeschnitten wachsen lassen, Schnitt wird jedoch vertragen.

Tipp: Wer niedrigeren Wuchs wünscht, greift zu 'Nana Gracilis' (bis zu 3 m hoch) oder zu Zwergsorten, die meist nicht einmal 60 cm hoch werden; 'Aurea' trägt goldgelbe Schuppenblätter.

Gewöhnlicher Wacholder
Juniperus communis ssp. *communis*

○ – ●   ▲ bis 6 m   ▶ bis 4,5 m   ◇

Als heimische Pflanze macht sich der blaugraue bis blaugrüne Wacholder in naturnahen Gärten, zum Beispiel zusammen mit Heidepflanzen, bemerkenswert gut. Er wächst sehr langsam und strukturiert den Garten als schmale Säule ebenso wie als gedrungener, kugeliger oder flacher Strauch.

Blüte/Frucht: IV–VI, männliche und weibliche Blüten, unauffällig; ab Herbst fleischige, in 2–3 Jahren heranreifende blauschwarze Beerenzapfen.

Pflege: Dieser schöne Immergrüne macht kaum Arbeit – kein Schnitt erforderlich, bei Bedarf stutzen; droht der Strauch (etwa durch Schneelast) auseinander zufallen, bindet man ihn locker zusammen.

Tipp: Besonders dekorativ, weil von effektvoller grafischer Wirkung, sind streng säulenförmig wachsende Sorten, die ohne weiteres ein Formschnittgehölz ersetzen können.

Stechpalme
Ilex × meserveae

◯ – ◑   ▲ bis 3 m   ▶ bis 2 m   ◒

Grün glänzende Blätter, kräftig rote Blattstiele und dunkelrote, beerenartige Scheinfrüchte sind typisch für die Hybriden dieser Gruppe. 'Blue Princess', 'Blue Angel' oder 'Blue Girl' heißen drei ihrer Vertreter. Blätter und Früchte der Stechpalme sind giftig!
Blüte/Frucht: V, weiß, unscheinbar; rote beerenartige Früchte.
Pflege: Im Sommer und vor Winterbeginn gießen; in der Regel kein Rückschnitt, allenfalls auslichten.
Tipp: Damit Früchte entstehen, müssen männliche (z. B. 'Blue Prince') und weibliche Pflanzen zusammen stehen.

Gewöhnlicher Liguster
Ligustrum vulgare

◯ – ◑   ▲ bis 5 m   ▶ bis 3 m   ◐

Robust, unkompliziert und selbst für Hecken perfekt geeignet. Im Sommer zieren weiße, herb-süß duftende Blü-

tenrispen den schnell wachsenden Strauch, ab September freuen sich Vögel über die schwarzen Beeren, die, wie Blätter und Rinde, giftig sind.
Blüte/Frucht: VI–VII, weiß, intensiv duftend; Früchte ab September.
Pflege: Entfaltet sich ohne Schnitt am besten, als Hecke jedoch regelmäßig stutzen; verträgt rigorosen Rückschnitt.
Tipp: 'Atrovirens' trägt dunkles, fast schwarzgrünes Laub, das im Winter metallisch glänzt.

Gewöhnliche Mahonie
Mahonia aquifolium

◯ – ●   ▲ bis 2 m   ▶ bis 2 m   ◌

Die glänzenden, dornig gezähnten Blätter ähneln denen der Stechpalme *(Ilex)*. Von dem dunkelgrünen Hintergrund heben sich im Frühjahr die Büschel goldgelber Glöckchenblüten ab, im Herbst strahlen blaue Beeren hervor. Alle Teile sind schwach giftig!
Blüte/Frucht: IV–V, gelb, in dichten Büscheln, duftend; bläulich-schwarze, hell bereifte Früchte.
Pflege: Kann ab und an zurückgeschnitten werden, auch radikal.
Tipp: Als schattenverträgliches Gewächs gedeiht die Mahonie selbst unter Bäumen und Sträuchern.

Omorika-Fichte
Picea omorika

◯ – ◑   ▲ bis 35 m   ▶ bis 3 m   ◑

Hoch aufgeschossen, gerade und elegant – mit ihrer imposanten Erscheinung prägt die Omorika-Fichte den Garten zu jeder Jahreszeit. Als relativ abgasfeste Fichte ist sie auch für größere, in Städten gelegene Gärten geeignet.
Blüte/Frucht: V, männliche und weibliche Blüten; ab September sehr dekorative Zapfen.
Pflege: Kein Rückschnitt! Bei anhaltender Trockenheit sollte der Baum durchdringend gegossen werden.
Tipp: Eine deutlich kleinere Sorte ist z. B. 'Nana', die erst nach vielen Jahren etwa 4 m Höhe erreicht.

Kirschlorbeer
Prunus laurocerasus

◯ – ●   ▲ bis 8 m   ▶ bis 4 m   ◑

Ein robuster, anspruchsloser Strauch, dessen hartlaubige, dunkelgrün-glänzende Blätter dem Lorbeer ähneln. Blüht im Frühjahr mit kleinen, weißen Rosenblüten in kerzenförmigen, aufrechten Trauben. Alle Teile sind giftig!
Blüte/Frucht: IV–V, weiß, in dichten Trauben, intensiv duftend; ab August rote bis schwarze Steinfrüchte.

Pflege: Kann geschnitten werden, wächst ohne Schnitt aber schöner..
Tipp: Manche Sorten sind besonders frosthart, großblättrig oder reichblühend. Außerdem gibt es Unterschiede in Wuchsform und -höhe, sodass bei der richtigen Wahl auf Schnitt weitestgehend verzichtet werden kann.

Runzelblättriger Schneeball
Viburnum rhytidophyllum

◯ – ◗   ▲ bis 4 m   ▶ bis 4 m   ◑

Cremefarbene, duftende Blütenschirme am Ende der Zweige, aber vor allem sein auffallendes Laub – dunkelgrün,

runzelig und unterseits filzig behaart – zeichnen diesen großen Strauch aus. Er wirkt in Einzelstellung ebenso attraktiv wie in Gehölzgruppen. Blätter und Früchte sind giftig!
Blüte/Frucht: V–VI, gelblich-weiß, in flachen Trugdolden; beerenartige Früchte, erst rot, später schwarz.
Pflege: Alle 2–3 Jahre sollte man den Runzelblättrigen Schneeball etwas auslichten; kann bei Bedarf auch stark zurückgeschnitten werden.
Tipp: Keine Sorge, wenn der Strauch im Winter bei anhaltender Kälte die Blätter hängen lassen sollte – das ist ganz natürlich.

Die 10 besten Heckenpflanzen
Abgrenzung und Schmuck zugleich

Hecken dienen im Garten als Rahmen oder Sicht-schutz. **Weniger Arbeit** als eine stets akkurate Schnitthecke macht eine frei wachsende **Wildhecke**, die auch ein **Anziehungs-punkt** für viele Vögel und Insekten ist.

Heckenberberitze
Berberis thunbergii

Der beliebte, ursprünglich aus Japan stammende Strauch besitzt kleine, oval-runde Blätter, die je nach Sorte grün oder braun-rot gefärbt sein können. Im Frühjahr dekorieren kleine gelbe Blü-ten, im Herbst rote Früchte die leicht dornige Hecke. Die Heckenberberitze eignet sich für kleinere Schnitthecken von 0,5–1 m Höhe, großwüchsige Sor-ten auch für frei wachsende Hecken. Je nach Sorte benötigt man 3–5 Pflan-zen pro lfd. Meter.
Blüte/Frucht: V, gelb-rötlich, in Bü-scheln; hellrote Beeren ab Herbst.
Pflege: Schnitt einmal pro Jahr nach der Blüte.
Tipp: Die Blüten sind eine gute Bienen-weide. 'Atropurpurea' gilt als eine der schönsten Sorten, mit rotbraunem Laub, das im Herbst prächtig aufleuch-tet. Kräftiger wächst die ebenfalls rot-laubige Sorte 'Red Chief'.

Feld-Ahorn
Acer campestre

Für eine Hecke mit naturnahem Flair eignet sich der Feld-Ahorn. Seine fünf-lappigen Blätter färben sich im Herbst gelb bis rötlich. Für frei wachsende He-

cken und Schnitthecken von 1,5–3 m Höhe geeignet; 3 Pflanzen pro lfd. Me-ter erforderlich.
Blüte/Frucht: V, gelbgrün, in hängen-den Rispen; ab August geflügelte Früchte.
Pflege: Jahresschnitt im Sommer.
Tipp: Verträgt radikalen Rückschnitt.

Kornelkirsche
Cornus mas

Zum Ende des Winters überziehen gelb-liche Blüten die noch blattlosen Zweige. Ab dem Hochsommer liefert der Strauch eine große Zahl von dekorati-ven Früchten, die sogar in der Küche Verwendung finden. Vorwiegend für frei wachsende Hecken bis 5 m Höhe geeignet; 2 Pflanzen pro lfd. Meter erforderlich.
Blüte/Frucht: III–IV, gelblich-grün, in Dolden; ab August rote, länglich-ovale Steinfrüchte.

Pflege: Benötigt keine Pflege. Kann aber nach Bedarf geschnitten werden, verträgt selbst radikalen Rückschnitt.

Gewöhnliche Hainbuche
Carpinus betulus

Die Hainbuche wird häufig als Schnitt-hecke gepflanzt. Im Herbst werden die Blätter gelb, später braun. Sie bleiben aber lange am Strauch, sodass die He-cke fast permanent blickdicht bleibt.

Vorzugsweise für Schnitthecken von 1,5–4 m Höhe verwenden; 2–3 Pflan-zen pro lfd. Meter setzen.
Blüte/Frucht: IV–VI, Kätzchen, männ-liche und weibliche Blüten; grüne, spä-ter braune Fruchtstände.
Pflege: Schnitt zweimal pro Jahr: Juni/Juli sowie im September/Oktober.
Tipp: Aus Rücksicht auf brütende Vö-gel nicht zu früh schneiden!

Gewöhnliche Schlehe
Prunus spinosa

Schlehen bringen ein Stück dornige Wildnis in ein Wildhecken-Ensemble. Noch vor dem Blattaustrieb hüllen sich die Sträucher in ein duftiges, schneeweißes Blütenkleid. Vorzugsweise für

frei wachsende Hecken bis 4 m Höhe geeignet; man braucht 2 Pflanzen pro lfd. Meter.
Blüte/Frucht: IV–V, weiß, in Büscheln; schwarzblaue Steinfrüchte.
Pflege: Keine Pflege notwendig; nach Bedarf auslichten oder schneiden.
Tipp: Die herben Früchte werden erst bekömmlich, wenn sie dem Frost ausgesetzt waren.

Alpen-Johannisbeere
Ribes alpinum

Der kleine, dichte Strauch drängt sich nie in den Vordergrund, sondern ist ein dezentes schmuckes Gartengehölz. Außer dem zartgelben Blütenflor gefällt sein schönes Blattwerk, das bis tief in den Herbst an den Zweigen bleibt. Für frei wachsende und für Schnitthecken von 1–2 m Höhe zu empfehlen; pro lfd. Meter 3–4 Pflanzen setzen.

Blüte/Frucht: IV–V, gelblich-grün, in aufrechten Trauben; die roten Beeren sind essbar.
Pflege: Schnitt jährlich nach der Blüte.

Japanischer Spierstrauch
Spiraea japonica

Dekoratives Laub und eine Blütenpracht aus weißen, rosa oder roten Blütenschirmen ziert diese niedrigen, locker wachsenden Heckensträucher. Die Blüte reicht vom frühen Sommer häufig bis in den Herbst hinein.

Vorzugsweise für niedrige Hecken von 0,5–1 m Höhe geeignet; 4–5 Pflanzen pro lfd. Meter erforderlich.
Blüte: VI–X, weiß, rosa, rot, in flachen Doldenrispen.
Pflege: Rückschnitt im Frühjahr fördert die Blüte.
Tipp: Eine sehr beliebte, karminrot blühende Sorte, die sich auch für Stadtgärten gut eignet, ist *Spiraea japonica* 'Anthony Waterer'.

Europäische Eibe
Taxus baccata

Mit kleinen, sehr dicht stehenden Nadelblättchen sorgt die immergrüne Eibe für blickdichte Paravents, und zwar sommers wie winters. Das anspruchslose, robuste Gehölz lässt sich vielseitig einsetzen. Aber alle Teile sind giftig!

Vorzugsweise für Schnitthecken von 1–5 m Höhe geeignet; Pflanzenbedarf: 2–3 Stück pro lfd. Meter.
Blüte/Frucht: III–IV, zweihäusig, gelbgrün, unscheinbar; im Herbst rote oder gelbe, becherförmige Früchte.
Pflege: Schnitt ein- oder zweimal pro Jahr, im Juni/Juli und/oder Oktober.
Tipp: Eiben lassen sich auch zu extravaganten Formen erziehen.

Lebensbaum, Thuja
Thuja occidentalis

Ob als Hecke oder Säulenreihe – immergrüne Thujen bilden einen hervorragenden Sichtschutz. Gut geeignet für frei wachsende wie für Schnitthecken von 1,5–3 m Höhe; 2–3 Pflanzen pro lfd. Meter. Alle Teile sind stark giftig!
Blüte/Frucht: III–V, unscheinbar; im Herbst winzige hellbraune Zapfen.

Pflege: Schnitt ein- bis zweimal pro Jahr, im Mai und/oder September.
Tipp: Kleinere, säulenartig wachsende Sorten machen sich gut in frei wachsenden Hecken ('Columna', 8–10 m; 'Smaragd', 4–6 m; 'Holmstrup', 2–4 m).

Lawsons Scheinzypresse
Chamaecyparis lawsoniana

Von den zahlreichen Sorten eignen sich einige gut für die Anlage einer Hecke, darunter etwa die bis 7 m hoch wachsende 'Alumii' mit blau bereiften Blättern. Die langsam wachsenden Pflanzen benötigen kaum Pflege. Alle Teile sind

leicht giftig. Geeignet für frei wachsende wie für Schnitthecken von 1–3 m Höhe; 2–3 Pflanzen pro lfd. Meter.
Blüte/Frucht: III–IV, männliche keulenförmige und weibliche kugelige Blüten; im Herbst winzige, kugelige Zapfen.
Pflege: Schnitt ein- bis zweimal pro Jahr, im Frühling und/oder Frühherbst.

Die 10 besten Zwerggehölze
Ideal für kleine Gärten und Kübel

Von vielen Gehölzen gibt es auch niedrige Arten und Sorten, die selbst im **kleinsten** Garten Platz finden. Durch ihren **Zwergwuchs** und ihr **langsames** Wachstum sind sie äußerst pflegeleichte Pflanzen – eine **dekorative** Ergänzung für Stein- und Heidegärten, aber auch für Tröge und Kübel.

Buchsblättrige Berberitze 'Nana'
Berberis buxifolia 'Nana'

○ – ◐ ▲ bis 50 cm ▶ bis 80 cm ◇

Die kleine, langsam halbkugelig wachsende Sorte dieser chilenischen Berberitzen-Art lässt sich gut für Einfassungen und niedrige Hecken verwenden. Ihre kleinen, dunkelgrünen Blätter bleiben das ganze Jahr über am Strauch.
Blüte: IV–V, orange-gelb, selten.
Pflege: Kein Schnitt notwendig, aber möglich; im Winter vor starker Sonneneinstrahlung schützen.
Tipp: Hübsch für Pflanzenkombinationen in Kübeln; ähnlich ist die ebenfalls immergrüne Schneeige oder Kissen-Berberitze *(Berberis candidula)*.

Gelbe Fadenzypresse
Chamaecyparis pisifera 'Filifera Aurea Nana'

○ – ◐ ▲ bis 1,5 m ▶ bis 2,5 m ◐

Eine reizvolle und beliebte Alternative zu ganzjährig grünen Zwergkoniferen bildet diese goldgelbe Sorte der Fadenzypresse. Die schlanken Zweige des robusten, halbkugeligen Strauchs hängen peitschenartig über.
Blüte/Frucht: III–IV, unscheinbar; kleine, kugelige, braune Zapfen.

Pflege: Kein Schnitt notwendig, im Winter an exponierten Stellen vor kaltem Wind und starker Sonneneinstrahlung schützen.
Tipp: Verträgt städtisches Klima gut.

Kriechende Zwergmispel
Cotoneaster adpressus

○ – ◐ ▲ bis 30 cm ▶ bis 1 m ◇

Zu einem gedrungenen Busch wächst der auch Kissenmispel oder Spalier-Zwergmispel genannte kriechende

Strauch heran. Im Frühsommer entfalten sich rötliche Blüten an den Zweigen, im Herbst verfärben sich die kleinen, stumpfgrünen Blätter rot.
Blüte/Frucht: V–VI, rosa, rot, leicht duftend; rote, kugelige Früchte.
Pflege: Schnitt nicht notwendig.
Tipp: Passt gut in Steingärten und ist auch als Bodendecker geeignet; die Blüten werden gerne von Bienen besucht.

Kriechspindel
Euonymus fortunei var. *radicans*

○ – ● ▲ bis 50 cm ▶ bis 80 cm ◐

In vielen Sorten kann dieses vorwiegend kriechende, bisweilen auch kletternde Gehölz den Garten zieren. Die

niedrigen, immergrünen Sträucher tragen grünes, häufig weiß oder goldgelb gerandetes Laub, das sich bei manchen Sorten zum Winter hin purpurn bis rosarot verfärbt. Alle Teile sind giftig!
Blüte: V–VI, grünlich.
Pflege: Nur behutsam zurückschneiden, sonst treibt das Gehölz nicht mehr aus; Boden unter frisch gepflanzten Sträuchern mulchen.
Tipp: Eignet sich auch als Bodendecker, etwa unter Bäumen, und wächst an Zäunen, rauen Stämmen oder Mauern malerisch empor.

Schuppen-Wacholder
Juniperus squamata

○ – ◐ ▲ bis 1 m ▶ bis 2,5 m ◇

Blaugrün bis silbrig-grau sind die nadelartigen Blätter dieser Zwergkonifere. Viele Sorten, so 'Blue Carpet' oder 'Blue Star', bilden unregelmäßige, flache Polster, die in aller Regel unter 1 m Wuchshöhe bleiben.
Blüte: IV–V, unscheinbar.

Pflege: Schnitt unnötig, der Strauch kann aber bei Bedarf problemlos eingekürzt werden.
Tipp: Verträgt besonders gut innerstädtische Bedingungen und kann auch auf Dachgärten gepflanzt werden.

Zwerg-Liguster
Ligustrum vulgare 'Lodense'

○ – ◗ ▲ bis 70 cm ▶ bis 1 m ◔

Ein Liguster in Miniaturformat, mit weißen Blütenrispen und blauschwarzen Früchten, ist die Sorte 'Lodense'. Die festen Blätter nehmen im Herbst einen Bronzeton an und verbleiben lange am Strauch. Beeren, Blätter und Rinde sind giftig!

Blüte/Frucht: VI–VII, weiß, in Rispen, duftend; kugelige Früchte.
Pflege: Verträgt Rückschnitt gut.
Tipp: Der kompakte Kleinstrauch eignet sich auch für niedrige Hecken – frei

wachsend wie geschnitten; Insekten mögen die Blüten, Vögel die beerenartigen Früchte.

Böschungsmyrte
Lonicera pileata

○ – ◗ ▲ bis 80 cm ▶ bis 1,2 m ◔

Auch unter dem Namen Immergrüne Kriech-Heckenkirsche bekannt, begrünt dieser nestförmig wachsende Kleinstrauch kleinere Flächen. Und das sogar im Winter, vorausgesetzt, es wird nicht zu kalt, denn dann behält er sein Laub. Die duftenden Blüten bleiben trotz ih-

rer großen Zahl unauffällig, die violett gefärbten Beeren blitzen dagegen aus dem Laub heraus.
Blüte/Frucht: V, gelb, duftend; kugelige, dunkelviolette, giftige Früchte.
Pflege: Kein Schnitt nötig, verträgt aber regelmäßigen Rückschnitt.
Tipp: Der Zwergstrauch eignet sich für eine frei wachsende oder geschnittene Hecke wie als niedrige Einfassung.

Blaue Igelfichte
Picea glauca 'Echiniformis'

○ – ◐ ▲ bis 50 cm ▶ bis 80 cm ◔

Ihren Namen verdankt diese stachelige Zwergsorte ihren blaugrünen, silbrig bereiften Nadeln und dem flach kugel-

bis kissenartigen Wuchs, wodurch sie tatsächlich wie ein liebenswertes blaues „Stacheltier" wirkt.
Blüte: IV–V.
Pflege: Bei starker Trockenheit durchdringend wässern.
Tipp: Als langsam wachsende, pflegeleichte Sorte ist die Blaue Igelfichte unter anderem für die Bepflanzung von Grabstellen geeignet. Sie macht sich auch in Kübeln gut.

Berg-Kiefer, Legföhre
Pinus mugo

○ – ◗ ▲ bis 2 m ▶ bis 1,5 m ◔

Für Gärten mit beschränktem Platz eignen sich zwergige, langsam wachsende Züchtungen der Berg-Kiefer mit

kugeligem bis kissenförmigem Wuchs. 'Gnom' erreicht rund 2 m Höhe, 'Mops' selbst im hohen Alter nur rund 1 m und 'Mini Mops' überschreitet kaum 30 cm.
Blüte: V–VI.
Pflege: Kein Schnitt notwendig.
Tipp: Recht klein bleibt mit nur etwa

75 cm auch die Zwerg- oder Kriech-Kiefer (*P. mugo* ssp. *pumilio*) – ideal für die Bepflanzung eines Trogs.

Fingerstrauch
Potentilla fruticosa

○ – ◗ ▲ bis 1,5 m ▶ bis 1,5 m ◔

Mit einem üppigen gelben, weißen oder orangeroten Flor, der vom Frühsommer bis weit in den Herbst anhält, wartet

der Fingerstrauch auf. Das sonnenliebende Rosengewächs blüht verschwenderisch und zuverlässig. Wuchshöhe und Blütenfarbe variieren mit der Sorte. 'Goldfinger' bildet gelbe Blüten über grünem Laub, 'Goldteppich' über grauem. 'Kobold' blüht ebenfalls gelb, bleibt aber besonders kleinwüchsig. 'Manchu' trägt strahlend weißen Flor, 'Blink' rosaroten.
Blüte: V–VIII, weiß, gelb, orangerot, schalenförmig.
Pflege: Für Dichte und Blütenfülle ist ein starker Rückschnitt sowie eine reichliche Kompostgabe alle paar Jahre vorteilhaft.
Tipp: Fingersträucher eignen sich für viele Bereiche – unter anderem auch als niedrige Hecke, für einen Platz im lichten Schatten von Gehölzen oder im Pflanzenkübel.

Die 10 besten Rosen
Die unbestrittenen Majestäten

Die **Königinnen** unter den Blumen gelten als heikel. Dabei gibt es viele **unkomplizierte** und **robuste** Rosen, die dem Gärtner kaum Arbeit machen, etwa die schönen **Wildrosen**.

Flächenrosen

◐ – ◑   ▲ bis 1,5 m   ▶ bis 3 m   ◑

Früher Bodendeckerrosen genannt, bilden diese meist mit flachen, bogenförmigen Trieben über den Boden streichenden Rosen einen wahren Blütenteppich. Besonders pflegeleicht sind jene, die auf eigener Wurzel stehen.

Blüte: Rosa, weiß, gelb oder rot.
Pflege: Meist kein Schnitt notwendig, bei Bedarf jedoch radikaler Rückschnitt möglich; Sorten mit eigener Wurzel allenfalls alle paar Jahre einkürzen.
Tipp: Robuste Sorten, die auch im Halbschatten oder an etwas sonnigeren Standorten noch gedeihen, sind 'The Fairy' (rosa, gefüllt) und 'Heidetraum' (rosa, halbgefüllt). 'Aspirin' bildet weiße, gefüllte Blüten aus. Alle drei sind öfterblühende Rosen.

Englische Rosen

◐ – ◑   ▲ bis 2 m   ▶ bis 2 m   ◑

Bei diesen vom englischen Züchter David Austin entwickelten Rosen gehen die Vorzüge moderner Züchtung – häufiges Blühen, gute Gesundheit und moderne Farben – mit der Schönheit und dem Duft Alter Rosen einher. Zudem gelten sie als stabil und wuchsfreudig.

Blüte: Ein- oder mehrmalig blühend, alle Farben außer Blau und Schwarz, meist duftend.
Pflege: Ohne Frühjahrsschnitt blühen die Rosen früher, mit Schnitt werden sie kräftiger; bei öfterblühenden Rosen Verblühtes entfernen; im Frühjahr mit reifem Kompost versorgen.
Tipp: Eine zauberhafte und robuste Sorte ist z. B. die apricot- bis rosafarbene, gefüllte 'Abraham Darby'.

Moderne Strauchrosen

◐ – ◑   ▲ bis 2 m   ▶ bis 2 m   ◑

Bei den etwas höheren Sträuchern kann man die üppige Blütenpracht bis in den Herbst hinein bewundern. Sie machen sich ebensogut als Einzelpflanzen wie als lockere Hecke und sind auch ideale Gewächse für kleine Gärten.

Blüte/Frucht: Alle Farben außer Blau und Schwarz, häufig duftend; oft rote bis schwarze Hagebutten.
Pflege: Bei öfterblühenden Rosen Verblühtes herausschneiden; im Frühjahr von erfrorenen Trieben befreien und mit reifem Kompost versorgen; alle 3–5 Jahre ist ein radikaler Verjüngungsschnitt möglich.
Tipp: Zu den besonders robusten Sorten zählen z. B. 'Angela' (rosarot),

'Centennaire de Lourdes' (rosa), 'Mozart' (rosa Mitte, außen karminrot, einfach), 'Westerland' (orange-rosa).

Kletterrosen

◐   ▲ bis 3 m   ▶ bis 6 m   ◑

Wer Kletterrosen pflanzt, erhält ein Maximum an Blütenpracht auf einem Minimum an Fläche. An Häuserwänden, über Pergolen oder Rosenbögen geben sie Heim und Garten einen nostalgisch-romantischen Touch. Climber-Rosen erreichen mit steifen Trieben Höhen von 2–4 m, die biegsamen, hängenden Triebe der Rambler-Rosen werden noch wesentlich länger.

Blüte/Frucht: Climber meist öfterblühend, Rambler meist einmalblühend, alle Farben außer Blau und Schwarz, einfach bis edelrosenartig, teils duftend.
Pflege: Kletterhilfe nötig, Seitentriebe waagrecht leiten (fördert Blüte); im Frühjahr bei Bedarf auslichten, mit reifem Kompost versorgen.
Tipp: Besonders zu empfehlen sind die Sorten 'New Dawn' (Climber, perlmuttfarben, gefüllt), 'Rosarium Uetersen' (Climber, rosa, stark gefüllt), 'Super Excelsa' (Rambler, karminrosa, gefüllt, öfterblühend) sowie 'Golden Gate' (Climber, goldgelb, öfterblühend).

Hunds-Rose, Heckenrose
Rosa canina

○ – ◐   ▲ bis 3 m   ▶ bis 2 m   ◐

Vom Frühsommer an verführt eine Fülle von zartrosa Blüten den Betrachter zum Schwelgen und Bienen zum

Besuch. Später entstehen aus den Blüten der an Wald- und Wegrändern heimischen Pflanze die in der Küche verwertbaren Hagebutten.
Blüte/Frucht: VI, rosa, 3–5 Wochen, einfach, einmalblühend; von Juli an orangerote Hagebutten.
Pflege: Kann zur Verjüngung radikal zurückgeschnitten werden.
Tipp: Gedeiht selbst auf kargen, leicht steinigen Böden und eignet sich auch für frei wachsende Hecken.

Essig-Rose
Rosa gallica

○ – ◐   ▲ bis 1 m   ▶ bis 1 m   ◐

Die robuste, stark stachelige Wildrose ist wohl schon seit mehr als 500 Jahren in Kultur. Sie blüht einmal im Jahr, wobei sich ihre zarten, rosafarbenen Blüten später zu Hagebutten entwickeln. Sie verbreitet sich recht gut über Ausläufer und ist frosthart.
Blüte/Frucht: VI, rosa, einfach, einmalblühend; rundliche Hagebutten.

Pflege: Nach Bedarf auslichten, auch radikaler Rückschnitt möglich.
Tipp: Angeboten werden zahlreiche Sorten, z. B. 'Officinalis' (Apothekerrose; karminrot) oder 'Rosa Mundi' (rosa, rot, weiß gestreift).

Chinesische Goldrose
Rosa xanthina fo. *hugonis*

○ – ◐   ▲ bis 3 m   ▶ bis 3 m   ◐

Zahlreiche goldgelbe Blüten überziehen die weit überhängenden Triebe dieses Wildrosenstrauchs schon im Frühjahr. Im Herbst trumpft dann die oft noch als *Rosa hugonis* geführte Wildrose mit einer Fülle leuchtender Früchte auf. Das

im Austrieb hellgrüne Laub färbt sich im Sommer in ein mattes Grün um.
Blüte/Frucht: V–VI, goldgelb, einfach, einmalblühend; breit kugelförmige, schwarzrote Hagebutten.
Pflege: Nach Bedarf auslichten.

Tipp: Damit sie sich optimal entfalten kann, braucht diese ausladende Rose ausreichend Platz.

Vielblütige Rose
Rosa multiflora

○ – ◐   ▲ bis 3 m   ▶ bis 3 m   ◐

Bei dieser Wildrose ist der Name Programm, denn die kleinen, in ihrer Schlichtheit ungemein reizvollen Blüten erscheinen in unglaublicher Fülle an den elegant geschwungenen Zweigen.

Anschließend schmücken kleine Hagebutten die Rose noch bis tief in den Herbst hinein.
Blüte: VI–VII, weiß, einfach, in Dolden.
Pflege: Nach Bedarf auslichten, verträgt auch radikalen Rückschnitt.
Tipp: Auch für schattige Standorte geeignet, blüht dort allerdings weniger.

Bibernell-Rose
Rosa spinosissima

○ – ◐   ▲ bis 3 m   ▶ bis 2 m   ◌

So früh wie kaum eine andere Rose streift sich die Bibernell- oder Dünenrose ihr Kleid aus wunderbaren Schalenblüten über. Die Zweige des kleinen bis mittelhohen Strauchs sind mit Stacheln und Borsten bedeckt.

Blüte/Frucht: V–VI, cremeweiß, zum Teil rosa überlaufen, einfach, duftend; bräunliche Hagebutten ab September.
Pflege: Verträgt rigorosen Rückschnitt.
Tipp: Toleriert auch trockenere Böden; Sorten blühen in Gelb, Weiß oder Rot, die Blüten sind z. T. halbgefüllt.

Kartoffel-Rose
Rosa rugosa

○ – ◐   ▲ bis 2 m   ▶ bis 1,5 m   ◌

Der mittelhohe Blütenstrauch bildet mit seinen stark stacheligen Trieben schnell ein dichtes Gebüsch. Seine zarten Blüten duften nach frischen Äpfeln. Mindestens ebenso attraktiv ist der Fruchtschmuck: dicke, runde, leuchtend gefärbte Hagebutten.
Blüte/Frucht: V–IX, weiß, gelb, rosa, rot, einfach bis halbgefüllt, duftend; Hagebutten bis in den Winter.
Pflege: Kann ganz nach Bedarf stark zurückgeschnitten werden.
Tipp: Verträgt keinen Kalk, auf kalkreichen Standorten werden ihre Blätter gelblich. Dafür toleriert sie trockenere und sogar leicht salzhaltige Böden.

Die 10 besten Bodendecker
Teppiche für freie Flächen

Als überaus attraktive **Alternative** zum Rasen bilden **flächig** wachsende Bodendecker zwischen höheren Pflanzen, unter Sträuchern oder an Hängen einen pflegeleichten **Teppich**. Ob als flache Stauden oder als niedrige Sträucher – sie füllen freie Flächen dicht mit schönem **Laub** und nicht selten auch mit reizvollen **Blüten**.

Kriechender Günsel
Ajuga reptans

◐ – ● ▲ bis 20 cm ▶ bis 1 m ◑

Eine schmucke Fläche aus dunkelgrünem Blattwerk und kerzenartigen, beblätterten Blütenständen bildet der Kriechende oder Teppich-Günsel aus, der auch unter dem Blätterdach von Bäumen und Sträuchern noch ausgezeichnet gedeiht. Die Blätter können je nach Sorte in Farbnuancen von creme, dunkelrosa, violett, braun bis grün variieren.
Blüte: V–VII, violettblaue Lippenblüten, manchmal auch weiß oder rosa.
Pflege: Benötigt kaum Pflege, kann sogar hin und wieder gemäht werden; im Frühling düngen.
Tipp: Die ausgefallenen Blattfärbungen mancher Sorten (etwa 'Atropurpurea' in Violett) entwickeln sich oftmals erst richtig an etwas sonnigeren Plätzen.

Scheinerdbeere
Duchesnea indica

◐ – ● ▲ 5–10 cm ▶ 10–50 cm ◑

Walderdbeeren ähnelt die anspruchslose Scheinerdbeere, auch Indische Erdbeere genannt, frappierend. Die gelbe Färbung ihrer Blüten ab Mai verrät jedoch den Unterschied, während die roten Früchte kaum vermuten lassen, dass es sich hier um einen Bodendecker handelt, der selbst unter einem schattigen Baumdach überaus üppig gedeiht. Die Pflanze besiedelt rasch größere Flächen dank zahlreicher Ausläufer, über die sie sich auch vermehren lässt
Blüte/Frucht: V–VIII, gelb, 2,5 cm groß; erdbeerähnliche, rote Früchte, essbar, aber fader Geschmack.

Pflege: Sehr wuchsfreudig, nur mit konkurrenzstarken Pflanzen kombinieren; nach Bedarf abschneiden bzw. Ausläufer abtrennen.
Tipp: Auch als Zimmerpflanze, für Ampeln oder Beetränder geeignet.

Echte Goldnessel
Lamium galeobdolon

◐ – ● ▲ bis 50 cm ▶ bis 2 m ◑

Die Goldnessel bildet schnell dichte Bestände. Ihre gelben Lippenblüten stehen etagenweise in Quirlen an aufrechten Stängeln, die vom späten Frühjahr an schattige Gartenbereiche aufhellen. Außerhalb der Blütezeit sorgt das nesselartige Laub, das jedoch keine Nesselhaare trägt, für Schmuck.
Blüte: V–VII, gelb.
Pflege: Die Pflanze kann beliebig zurückgeschnitten werden.

Tipp: Die Sorte 'Herman's Pride', mit schönen, silbrig gemusterten Blättern, wuchert kaum.

Großblütiges Johanniskraut
Hypericum calycinum

○ – ◑ ▲ bis 40 cm ▶ bis 1,5 m ◑

Der niedrige Strauch bildet mit seinen ledrigen Blättern rasch einen grünen Teppich aus, der – immergrün – auch im Winter noch den Boden überdeckt. Vor allem an einem sonnigen Platz wird das Johanniskraut in den Sommermonaten von unzähligen großen, leuchtend gelben Blüten überzogen.

Blüte: VII–X, gelb, etwa 7 cm groß.
Pflege: Verträgt nach dem Winter einen kräftigen Rückschnitt.
Tipp: Treibt selbst nach Frostschäden wieder gut nach.

Pfennigkraut
Lysimachia nummularia

○ – ● ▲ bis 10 cm ▶ bis 1 m ◆

Das kleine Kraut verdankt seinen Namen den nahezu kreisrunden Blättern. Es bevorzugt eher feuchte Böden, etwa

am Rand eines Gartenteichs. Dort breitet es sich über seine Seitentriebe aus, die im Sommer gelbe Blüten tragen.
Blüte: V–VIII, gelb.
Pflege: Bei längerer Trockenheit gießen; im Frühjahr mit Kompost düngen.
Tipp: Reizvoll gelbrünes, im Schatten sogar beinahe zitronengelbes Laub hat die Sorte 'Aurea'.

Japanischer Ysander
Pachysandra terminalis

◑ – ● ▲ bis 30 cm ▶ bis 50 cm ◇

Da er selbst im tiefsten Schatten unter Gehölzen wächst, erhielt dieser adrette Kleinstrauch auch den Namen Schat-

tengrün. Weiße Blütenähren ragen im Frühjahr aus dem wadenhohen Blätterteppich heraus. Alle Teile sind giftig!
Blüte/Frucht: IV–V, weiß, manchmal rosafarben oder violett getönt.
Pflege: Verträgt Rückschnitt zumindest als junge Pflanze gut, braucht dann in der Regel keine besondere Pflege mehr.
Tipp: Gedeiht auch unter Rhododendren; zu einem niedrigeren, dafür aber noch geschlosseneren Teppich wächst die Sorte 'Green Carpet' heran.

Goldfetthenne
Sedum floriferum
'Weihenstephaner Gold'

○ ▲ bis 15 cm ▶ bis 50 cm ◇

Mit goldgelben Blütensternen ist zur Blütezeit der immergrüne Teppich aus kleinen, fleischigen Blättern überzogen.

Die sukkulente, Trockenheit sehr gut ertragende Pflanze fühlt sich auf Sand- und Kiesböden heimisch.
Blüte: VII–IX, goldgelb, in doldenartigen Trauben.
Pflege: Keine Pflege nötig.
Tipp: Attraktive Bodendecker aus der gleichen Gattung sind: Weißer Mauerpfeffer *(Sedum album)*, Kaukasus-Fetthenne *(Sedum spurium)* und Colorado-Fetthenne *(Sedum spathulifolium)*.

Großes Immergrün
Vinca major

◗ – ● ▲ bis 80 cm ▶ bis 1,5 m ◊

Einer der beliebtesten Bodendecker ist seit langem das Immergrün. Es ist anspruchslos, unkompliziert, ganzjährig grün und bildet vor allem im Frühjahr ungemein attraktive, große, blauviolette, windradförmige Blüten aus. Die Nachblüte kann bis zum September andauern. Alle Teile sind giftig!
Blüte: IV–V, blauviolett.
Pflege: Da die Pflanze stark wuchern kann, nach Bedarf zurückschneiden; eventuell in Trockenperioden wässern.
Tipp: Weiß gemusterte Blätter mit hellem Rand hat die Sorte 'Variegata'; eine kleinere, einheimische Art mit vielen schönen Sorten ist das Kleine Immergrün *(Vinca minor)*.

Woll-Ziest
Stachys byzantina

○ ▲ bis 40 cm ▶ bis 50 cm ◇

Nicht grün, sondern silbrig schimmern die fein filzig behaarten und sich samtweich anfühlenden Blätter der Staude, die man daher auch Hasenohren nennt.

Im Sommer erheben sich Blütenstängel aus dem Teppich und präsentieren kleine rosafarbene Blumen.
Blüte: VII–VIII, blassrosa, unscheinbar.
Pflege: Nach dem Winter abgestorbene Pflanzenteile ausputzen; Verblühtes zurückschneiden.
Tipp: Mit dem silbrigen Laub des Woll-Ziest erzielt man im Garten eine schöne Fernwirkung.

Teppich-Wiesenknöterich
Bistorta affinis

○ – ◗ ▲ bis 25 cm ▶ bis 50 m ◆

Mit ihrem formschönen, immergrünen Blattwerk bildet die Staude, die oft noch unter ihrem alten Namen *Poly-*

gonum affine geführt und im Volksmund auch Scheckenknöterich genannt wird, schöne große Matten. Im Sommer recken sich wie Kerzen unzählige weiß bis rosa blühende Ähren daraus empor.
Blüte: VI–IX, weiß bis rosa, in langen Ähren.
Pflege: Nimmt der Teppich zu viel Platz ein, einfach mit dem Spaten abstechen; eventuell abgestorbene Pflanzenteile nach dem Winter entfernen.
Tipp: Nur mit konkurrenzstarken Pflanzen kombinieren.

Die 10 besten Kletterpflanzen
Gewächse, die hoch hinaus wollen

Kletterpflanzen hüllen Wände, Mauern oder Zäune in ein **grünes Kleid** und liefern Pergola und Laube ein vor Sonne und Blicken schützendes **Blätterdach**. Manche von ihnen warten mit prunkvollen **Blüten** auf oder mit buntem **Laub**. Dabei brauchen diese Himmelsstürmer nur sehr **wenig** Bodenfläche und Zuwendung.

Mongolische Waldrebe
Clematis tangutica

○ – ◗   ▲ bis 6 m   ▶ bis 3 m   ◐

Mit einer überreichen Pracht glockenförmiger, gelber Blüten schmückt sich diese Wildpflanze im Sommer und – weniger üppig – bis in den Herbst hinein. Sie wächst mit ihren Blattranken in die Höhe, wobei sie Mauern und Zäune ebenso ziert wie eine Pergola. Alle Teile sind giftig!
Blüte/Frucht: VI, gelb; silbrig-fedrige Fruchtperücken.
Pflege: Benötigt eine Kletterhilfe; bei Trockenheit wässern; zum Austrieb mit reifem Kompost düngen; verträgt Rückschnitt im Frühjahr, wächst aber besser ungeschnitten.
Tipp: Auch die Fruchtstände der Mongolischen Waldrebe sind dekorativ.

Feuer-Bohne, Prunk-Bohne
Phaseolus coccineus

○   ▲ bis 4 m   ▶ bis 1 m   ◐

Einen attraktiven Sichtschutz mit zusätzlichem Nährwert liefert die Feuer-Bohne. Aus den sehr attraktiven roten oder weißen Schmetterlingsblüten dieser rasant wachsenden, in unseren Breiten einjährigen Pflanze reifen essbare Bohnen heran.

Blüte/Frucht: VI–IX, weiß, rot; Hülsen gekocht essbar, roh giftig!
Pflege: Aussaat ab Mai direkt an Ort und Stelle; Kletterhilfe nötig; bei Trockenheit wässern, keine Düngung.
Tipp: Die Hülsen können jung, die Samen ausgereift geerntet werden; für die

Aussaat im kommenden Jahr zumindest einige Samen ausreifen lassen und aufbewahren.

Kletter-Hortensie
Hydrangea anomala ssp. *petiolaris*

◐ – ●   ▲ bis 10 m   ▶ bis 5 m   ◐

Mit dichten, weißen Blütenschirmen schmückt sich dieser Kletterer im Sommer. Mit seinen Haftwurzeln erklimmt er große Höhen. Die großen Laubblätter färben sich zum Herbst hin gelb.
Blüte: VI–VII, weiß, in schirmartigen Blütenständen.
Pflege: Bei Trockenheit und an sonnigen Standorten regelmäßig feucht halten; jährlich zum Austrieb mit reifem Kompost düngen; Rückschnitt wird vertragen (nach der Blüte); hin und wieder alte Triebe entfernen.
Tipp: Die Kletter-Hortensie kann zwar auch ohne fremde Hilfe klettern, besonders an glatten Wänden ist sie jedoch für eine Kletterhilfe dankbar.

Gewöhnlicher Efeu
Hedera helix

◐ – ●   ▲ bis 20 m   ▶ bis 10 m   ◐

Nicht Schnelligkeit, sondern Ausdauer ist die Stärke des Efeus. Er kann ein hohes Alter erreichen, und seine überaus formenreichen Blätter zieren auch im Winter die bewachsenen Mauern, Wände, Bäume oder Zäune. Blüte und Frucht zeigen sich erst bei älteren Exemplaren.

Blüte/Frucht: IX–XI, grüngelb, in Dolden; blauschwarze, giftige Beeren.
Pflege: Kommt dank seiner Haftwurzeln in der Regel ohne Kletterhilfe aus; Rückschnitt bei Bedarf.
Tipp: Efeu schließt nicht nur senkrechte, sondern als Bodendecker auch waagrechte Flächen und macht sich hübsch als malerischer Säulenbewuchs; es gibt sehr dekorative Sorten mit farben- und formenreichem Laub.

Gewöhnlicher Hopfen
Humulus lupulus

○ – ◗ ▲ bis 6 m ▶ bis 3 m ◊

Im Uhrzeigersinn schlingen sich die Triebe aufwärts. Dabei schließen sich die großen Blätter schnell zu einer dichten, sattgrünen Wand.
Blüte/Frucht: VII–VIII, grüngelb, weibliche Kätzchen, männliche Rispen; zapfenartige Schließfrüchte.
Pflege: Benötigt eine Rankhilfe; bei anhaltender Trockenheit wässern; im Herbst Rückschnitt bis fast zum Boden;

neigt zum Wuchern, darum vorsichtshalber mit Wurzelsperre einsetzen.
Tipp: Einjährig, aber ähnlich ist der Japanische Hopfen *(Humulus japonicus)*.

Duft-Wicke
Lathyrus odoratus

○ ▲ bis 2 m ▶ bis 1,5 m ◊

Große, duftende Schmetterlingsblüten bringt die Duft-Wicke hervor, die bis zu 2 m Höhe hinauf klettert. Manche einjährige Sorten trumpfen sogar mit gefüllten oder zweifarbigen Blüten auf.
Blüte/Frucht: VI–IX, weiß, apricot, rosa, rot, blau, violett; bräunliche, bohnenartige Hülsen. Samen sind giftig!
Pflege: Eine möglichst dünnholmige Rankhilfe mit vielen Längs- und Quer-

streben erforderlich; regelmäßig wässern und düngen.
Tipp: Duft-Wicken sind hervorragend als Schnittblumen geeignet.

Wald-Geißblatt
Lonicera periclymenum

○ – ● ▲ bis 6 m ▶ bis 3 m ◊

Der in Europa heimische Schlingstrauch betört vor allem durch den besonders abends intensiven Duft seiner zierlichen Blüten. Die dekorativen Beeren werden gern von Vögeln verzehrt, sind für Menschen allerdings giftig.
Blüte/Frucht: VI, weiß, creme, gelb, rötlich, duftend, in gestielten Köpfen; im Herbst rote Beeren.
Pflege: Benötigt eine Kletterhilfe; kommt ohne Schnitt aus, verträgt aber radikalen Rückschnitt; hin und wieder auslichten; zum Austrieb mit reifem Kompost versorgen.
Tipp: Eine ähnliche Art mit vergleichbaren Ansprüchen ist Jelängerjelieber *(Lonicera caprifolium)*.

Silberregen
Fallopia baldschuanica

○ – ● ▲ bis 15 m ▶ bis 5 m ◊

Er ist mit bis zu 6 m Zuwachs pro Jahr der Sprint-Weltmeister unter den Kletterpflanzen im Garten. Das anspruchs-

lose Klettergehölz ist damit die beste Wahl für ungeduldige Gärtner. Von Sommer bis Herbst überziehen weiße Blütenrispen das dichte Laub.
Blüte/Frucht: VIII–X, weiß, in zarten Rispen; kleine, geflügelte Nüsschen.
Pflege: Braucht eine stabile Kletterhilfe; bei Trockenheit wässern; verträgt gelegentlichen Schnitt.
Tipp: Ist eine gute Bienenweide.

Himmelblaue Prunkwinde
Ipomoea tricolor

○ ▲ bis 5 m ▶ bis 1,5 m ◊

Die schnell wachsende Einjährige betört vor allem durch ihre großen, trichterförmigen Blüten. Ihr Blütenflor ist so üppig, dass er die kurze Blühzeit der Einzelblüten von nur einem Tag spielend ausgleicht. Die Farben reichen je nach Sorte von Himmelblau bis Weiß, Rosa oder Violett.
Blüte/Frucht: VII–IX, blau, weiß, rosa, violett; Früchte mit giftigen Samen.
Pflege: Braucht eine Kletterhilfe sowie

regelmäßiges Wässern und Düngen; Vorkultur ab Ende März, Pflanzung ab Mitte Mai, Direktsaat ab Mitte Mai ebenfalls möglich.
Tipp: Die Schlingpflanze lässt sich auch in Kübeln gut kultivieren.

Rostrote Rebe
Vitis coignetiae

○ – ◗ ▲ bis 15 m ▶ bis 4 m ◊

Ein schnell wachsendes Klettergehölz mit ausgesprochen attraktivem Laub ist die Rostrote Rebe. Ihre Blätter sind groß und herzförmig. Zum Herbst hin verfärben sie sich von Grün zu einem kräftigen Orange- bis Rostrot. Dekorativ, aber ungenießbar sind die bläulichen, bereiften Beeren.

Blüte/Frucht: V–VII, grünlich; dunkelpurpurne, ungenießbare Trauben.
Pflege: Braucht eine stabile Kletterhilfe; Rückschnitt bei Bedarf.
Tipp: Besonders attraktiv verfärben sich die Blätter in Regionen mit etwas kühlerem Klima.

Die 10 besten Blütenstauden
für prallsonnige, trockene Standorte

Sonne, Sonne und nochmals **Sonne**, vom frühen Morgen bis zum Abend – das ist für diese Stauden **kein** Problem! Tatsächlich kommen nicht wenige Pflanzen mit **Hitze** außerordentlich gut zurecht. Besonders pflegeleichte Arten stammen aus der großen Familie der **Korbblütler**.

Gewöhnliche Schafgarbe
Achillea millefolium ssp. *millefolium*

○ ▲ bis 1,2 m ▶ bis 50 cm ◇

Mit ihren schirmförmigen, relativ kompakten Blütenstauden, die sich aus vielen Mini-Korbblüten zusammensetzen, zaubern die anspruchslosen Pflanzen je nach Sorte weiße, hell bis kräftig rosafarbene oder rote Farbtupfer ins Blumenbeet. Typisch sind auch ihre zart gefiederten, aromatischen Blätter.
Blüte: VI–IX, weiß, rosa, rot, Korbblüten, in schirmartigen Blütenständen.
Pflege: Im Frühjahr düngen; Rückschnitt vor dem Winter; da die Pflanze sehr ausbreitungsfreudig ist, eventuell nach 3–4 Jahren teilen.
Tipp: Schafgarben sind ausgezeichnete Schnittblumen, die sich gut in Sträuße binden lassen.

Silberimmortelle
Anaphalis margaritacea

○ ▲ bis 60 cm ▶ bis 60 cm ◇

Die Silberimmortelle – auch Großblütiges Perlkörbchen genannt – ist die Idealbesetzung für einen sonnigen Platz im Steingarten. Aber auch mit anderen Standorten kommt der Korbblütler gut zurecht – Hauptsache, es wird nicht zu nass. Mit den silbrig-weißen, perga-

mentartigen Blütenkörbchen harmonieren die fein behaarten, ebenfalls silbrig schimmernden Blätter.
Blüte: VII–IX, gelb, mit silbrig-weißen Hüllblättern, Korbblüten.
Pflege: Sollte im Spätherbst stark zurückgeschnitten werden.
Tipp: Hervorragende Trockenblume; ähnlich ist *Anaphalis triplinervis*.

Färber-Hundskamille
Anthemis tinctoria

○ ▲ bis 1 m ▶ bis 60 cm ◇

Bis zu 1 m hohe Büsche mit einer Fülle margaritenähnlicher Blütenkörbe bildet die kurzlebige Pflanze aus. Sie gedeiht

gut in Trockenbeeten und im Steingarten, verträgt aber keine Staunässe.
Blüte: VI–IX, gelb mit gelber Mitte, Korbblüten.
Pflege: Rückschnitt nach der Blüte regt die Bildung neuer Triebe an.

Roter Scheinsonnenhut
Echinacea purpurea

○ ▲ bis 1 m ▶ bis 1 m ◇

Mit ihren großen Korbblüten bietet diese kurzlebige Staude eine schöne Abwechslung in bunten Blumenbeeten. Die Blüten ragen meist hoch über die übrigen Blumen hinaus, sodass die Pflanze auch im Hintergrund wirkt.
Blüte: VII–IX, rosa, rote, seltener weiße Zungenblüten mit kegelförmiger Mitte.
Pflege: Keine Pflegemaßnahmen, aber alle paar Jahre nachpflanzen oder teilen.
Tipp: Die Pflanzen ziehen viele Insekten, besonders Schmetterlinge, an.

Erika- oder Myrten-Aster
Aster ericoides

○ ▲ bis 1,2 m ▶ bis 60 cm ◇

Wolken aus Blüten im Miniaturformat zieren diese Staude im Herbst. Ihre schmalen Blätter erinnern an das Laub

der Erika-Heide. Der Flor bietet im Herbst zahlreichen Insekten einen reich gedeckten Tisch.

Blüte: IX–X, weiß, rosa, blau, violett, mit gelber bis brauner Mitte, Korbblüten, in stark verzweigten Rispen.

Pflege: Düngung im Frühjahr; bei anhaltender Trockenheit wässern; nach der Blüte ganz zurückschneiden.

Tipp: Empfehlenswert auch die Blaue Wald-Aster *(A. cordifolius)* mit kleinen, lavendelfarbenen Blütenkörbchen.

Sonnenauge
Heliopsis helianthoides var. *scabra*

○   ▲ bis 1,5 m   ▶ bis 1 m   ◊

Eine Fülle sonnig-gelber Blütensterne bringen diese hohen Staudenbüsche in den Garten – und das über viele Wochen hinweg. Die Auswahl bei den Sorten reicht von einfachen Korbblüten bis hin zu dicht gefüllten Blütenbällen.

Blüte: VI–IX, gelb, einfach bis gefüllt.

Pflege: Bei anhaltender Trockenheit wässern; für eine längere Blüte Verblühtes regelmäßig entfernen, die Pflanze nach der Blühperiode bis zum Boden zurückschneiden.

Tipp: Hübsch für Sträuße; zwei dekorative gefüllte Sorten sind zum Beispiel 'Sonnenschild' oder 'Goldgefieder'.

Rotstängelige Nachtkerze
Oenothera fruticosa ssp. *fruticosa*

○   ▲ bis 1 m   ▶ bis 60 cm   ◊

Die Pflanze betört mit gelben, aus zarten Blütenblättern gebildeten, bis 5 cm großen Blütenschalen. Die Blüten öffnen sich zwar jeweils nur einen einzigen Tag, doch es erscheinen ständig neue Knospen, sodass die Staude zu den echten Dauerblühern gehört.

Blüte: VI–VIII, gelb.

Pflege: Verblühtes möglichst regelmäßig entfernen.

Tipp: Ähnlich ist *Oenothera fruticosa* ssp. *glauca*.

Steppen-Salbei
Salvia nemorosa ssp. *nemorosa*

○   ▲ bis 80 cm   ▶ bis 60 cm   ◊

Üppige Blüten und kräftige Farben kennzeichnen den Steppen-Salbei. Seine blauen bis violetten Lippenblüten stehen quirlig an länglichen Blütenstandsachsen und zieren den ganzen Sommer über das Staudenbeet.

Blüte: VI–VIII, violett, blau, Lippenblüten in schlanken Kerzen.

Pflege: Nach der Blühperiode kompletter Rückschnitt und Düngung, dann Zweitblüte im Spätsommer; kann sogar abgemäht werden.

Tipp: Als Gewürz- und Heilpflanze geschätzt wird der verbreitete Garten-Salbei *(Salvia officinalis)*, der ebenso dekorativ ist und sonnige, trockene Standorte liebt.

Seidenhaar-Königskerze
Verbascum bombyciferum

○   ▲ bis 1,8 m   ▶ bis 80 cm   ◊

Die oft kurzlebige Pflanze bildet im ersten Jahr eine beachtliche Rosette aus silbrig-grau behaarten Blättern und erst

im zweiten Jahr ihre mächtigen Blütenkerzen aus, an denen dann nach und nach die beeindruckenden gelben becherförmigen Blüten aufblühen. Durch Seitentriebe oder Sämlinge bleibt diese schöne Blütenpflanze gewöhnlich ein Dauergast im Garten.

Blüte: VI–VIII, gelb.

Pflege: Blütenstiele nach der Blüte tief abschneiden, dann treibt die Pflanze mehrere Jahre neue Blüten nach.

Tipp: Zuchtsorten gelten gemeinhin als langlebiger.

Kugeldistel
Echinops rito ssp. *ritro*

○   ▲ bis 80 cm   ▶ bis 60 cm   ◊

Einen Schuss Extravaganz bringt die Kugeldistel in den Garten. Die igelartigen, stahlblau leuchtenden Blütenköpfe des Korbblütlers erheben sich in locker verzweigten Trauben an straffen Stielen. Unter ihnen stehen die fiederförmig zerteilten Laubblätter, oberseits matt blaugrün, unterseits weiß oder graufilzig behaart und fein bedornt.

Blüte: VII–IX, blau, zahlreiche Einzelblüten in kugeligen Köpfen.

Pflege: Erst im Frühjahr zurückschneiden. Die verblühten Blütenstände zieren den Garten auch im Winter.

Tipp: Eignen sich gut für kalkhaltige Stein- oder Steppengärten; die Blüten ziehen Schmetterlinge, Bienen und viele andere Nützlinge an. Als Trockenschmuck für die Vase schneiden, solange die Hüllblattröhren noch geschlossen sind.

Die 10 besten Blütenstauden
für sonnige Standorte und normale Böden

Licht *ja, pralle Sonne nein – so mögen es diese ganz anspruchslosen* **Mehrjährigen** *am liebsten. Sie verschönern mit ihrem überaus vielfältigen, sei es dezent oder auch intensiv gefärbten* **Blütenschmuck** *den Garten über viele Jahre hinweg. Auch wärmere* **Standorte** *sind für sie kein Problem, wenn nur die Wasserversorgung stimmt.*

Weicher Frauenmantel
Alchemilla mollis

○ – ◑ ▲ bis 60 cm ▶ bis 60 cm ◐

In der Regel pflanzt man Blütenstauden wegen ihrer Blüten an. Beim Weichen Frauenmantel faszinieren die Blätter mindestens ebenso: groß, fast rund und mit buchtigem Rand. Unaufdringlich fügen sich die zarten Blütenstände aus grünlich-gelben Blüten ins Beet ein.
Blüte: VI–VII, grünlich-gelb, duftend, in lockeren Trugdolden.
Pflege: Düngen und bei Trockenheit wässern; Rückschnitt nach der Blüte fördert Zweitblüte; dank der Vielzahl großer Blätter kaum Unkraut.
Tipp: Wassertropfen, die sich an den Blättern bilden, signalisieren eine optimale Feuchtigkeitsversorgung.

Buschige Aster, Kissen-Aster
Aster dumosus

○ – ◑ ▲ bis 50 cm ▶ bis 40 cm ◐

Die maximal einen halben Meter hohen, dichten Astern-Polster sind vom Spätsommer an mit kräftig gefärbten Korbblüten überzogen. Als recht niedrige Pflanzen machen sie sich gut in vorderster Reihe oder als Einfassung.
Blüte: VIII–X, weiß, rosa, rot, lavendelblau bis lila, Mitte meist gelb.

Pflege: Bei Trockenheit wässern, Düngen im Frühjahr oder Herbst; bei nachlassender Blühfreudigkeit teilen.
Tipp: Zahlreiche Sorten mit Farben für fast jeden Geschmack, etwa die weiß-

blühende, niedrige Sorte 'Schneekissen', während 'Rosenwichtel' mit karminroten Blüten aufwartet.

Großblütige Braunelle
Prunella grandiflora ssp. *grandiflora*

○ – ◑ ▲ bis 45 cm ▶ bis 30 cm ◐

Aufrechte Ähren mit großen Lippenblüten überragen zur Blütezeit die länglichen Blätter. Trotz ihres niedrigen Wuchses kann die Staude Beete sehr bereichern, etwa als Vorpflanzung.

Blüte: VI–IX, violett, weiß, rosa, rot, Lippenblüten.
Pflege: Keine Pflege notwendig.
Tipp: Als unempfindliche Mattenbildner eignen sich die Pflanzen auch gut als Bodendecker für größere Flächen.

Berg-Flockenblume
Centaurea montana

○ – ◑ ▲ bis 60 cm ▶ bis 50 cm ◐

Vor allem durch die zerschlitzten Randblüten wirken die Blütenkörbe dieser Staude federleicht – ein Traum aus zarten, filigranen Spitzen.

Blüte: V–VII, blau, weiß, rosa.
Pflege: Um Blütenbildung anzuregen, Verblühtes zurückschneiden; nur selten leicht düngen.
Tipp: Die Berg-Flockenblume eignet sich gut als Schnittblume.

Stauden-Sonnenblume
Helianthus decapetalus

○ ▲ bis 1,5 m ▶ bis 1 m ◆

Anders als bei ihrer einjährigen Verwandten, der sehr populären Gewöhnlichen Sonnenblume, erscheinen bei dieser ausdauernden Sonnenblumenart die satt-gelben, 10 cm großen Korbblüten nicht nur üppig, sondern jedes Jahr aufs Neue.

Blüte: VII–X, gelb, mit gelbbrauner Mitte, Korbblüten.

Pflege: Das Entfernen verblühter Triebe regt die Blütenbildung an; nach mehr als 5 Jahren eventuell teilen; Schutz vor Schnecken ratsam.

Tipp: Die hohen Staudenbüsche machen sich gut auf sonnigen Beeten, wo sie fleißig von Bienen besucht werden.

Blaue Katzenminze
Nepeta × *faassenii*

○ ▲ bis 60 cm ▶ bis 60 cm ◑

Ein lavendelblaues Meer von Lippenblüten überzieht den ganzen Sommer über die niedrigen Büsche. Die Pflanze duftet aromatisch, was offenbar betörend auf Katzen wirkt.

Blüte: V–IX, blau, Lippenblüten, in lockeren Quirlen.

Pflege: Einen Rückschnitt nach der ersten Blüte dankt die Pflanze mit einer

zweiten Blüte und dichterem Wuchs; nur hin und wieder düngen.

Tipp: Die Staude ist extrem vielseitig verwendbar und lässt sich auch gut in Trögen kultivieren.

Taglilie
Hemerocallis Cultivars

○ – ◗ ▲ bis 1,1 m ▶ bis 60 cm ◑

Über den großen Horsten aus länglichen, schmalen Blättern öffnen sich zur Blütezeit die sternförmigen, lilienähnlichen Blüten immer nur für einen Tag. Aber täglich entstehen neue Blüten und das über Wochen.

Blüte: V–VIII, fast weiß, gelb, orange, rosa, rot, lavendel, braun, fast schwarz, auch zweifarbig.

Pflege: Bei Trockenheit wässern, im Frühjahr düngen (Kompostgabe), Verblühtes entfernen.

Tipp: Es gibt Tausende von Sorten mit sehr unterschiedlichen Blüten, viele davon duften angenehm.

Punktierter Gilbweiderich
Lysimachia punctata

○ – ◗ ▲ bis 1 m ▶ bis 80 cm ◕

Die Staude entfaltet ihre gelbe Farbenpracht üppig und zuverlässig jeden Sommer. Dann entstehen am oberen

Ende der Stängel kerzenartige Blütenstände aus unzähligen goldgelben fünfblättrigen Blüten.

Blüte: VI–VIII, gelb, duftend.

Pflege: Die wuchskräftige Pflanze wächst gern ausufernd; wenn sie zu dominant wird, zurückschneiden oder mit dem Spaten abstechen; an sonnigen Standorten ausreichend gießen.

Tipp: 'Hometown Hero' ist besonders pflegeleicht und wuchert nicht.

Sonnenhut
Rudbeckia fulgida var. *sullivantii*

○ ▲ bis 1 m ▶ bis 80 cm ◑

Die buschartig wachsende Staude ziert im Sommer eine Fülle von malerischen Korbblüten, bei denen ein Kranz aus goldgelben Zungenblüten die dunkle,

aufgewölbte Mitte umrahmt. 'Goldsturm' ist eine der bekanntesten und beliebtesten Sorten.

Blüte: VIII–X, goldgelbe Randblüten, schwarzbraune Mitte, Korbblüten.

Pflege: Braucht nährstoffreichen Boden; bei Trockenheit wässern; die Blütezeit lässt sich durch Entfernen der verblühten Stängel verlängern.

Tipp: Die Fruchtstände der Pflanze sind auch im Winter attraktiv. Es lohnt sich, sie bis zum Frühjahr stehen zu lassen. Als Schnittblumen geeignet.

Purpur-Fetthenne
Sedum telephium ssp. *telephium*

○ – ◑ ▲ bis 60 cm ▶ bis 60 cm ◇

Die Purpur-Fetthenne zieht mit ihrer späten Blüte vor allem im Spätsommer und Herbst die Blicke auf sich. Aber schon vorher besticht sie mit ihrem sehr regelmäßigen Aufbau und mit ihren fleischigen Blättern. Die braunroten Samenstände bleiben den Winter hindurch ein schöner Blickfang.

Blüte: VII–IX, rosa, rot, in Trugdolden.

Pflege: Im Frühjahr zurückschneiden; bei nachlassender Blühfreudigkeit teilen.

Tipp: Die flachen Blütenschirme ziehen Unmengen von Insekten an, denn sie bieten reichlich Nektar.

Die 10 besten Blütenstauden
für halbschattige Standorte

Diese genügsamen Stauden eignen sich für Standorte, die nur **vor- oder nachmittags** Sonne abbekommen oder von lichten **Baumkronen** beschirmt werden. Sie erfreuen mit reizenden **Blüten** und sehr schönem **Laub**.

Kaukasus-Gämswurz
Doronicum orientale

◐ – ◗   ▲ bis 50 cm   ▶ bis 50 cm   ◐

Schon im April öffnen sich die gelben, margeritenähnlichen Korbblüten der Kaukasus-Gämswurz. Sie hat es gerne kühl und leicht schattig, kann bei ausreichender Versorgung mit Wasser aber auch sonnig stehen. Das Laub zieht nach der Blüte ein.

Blüte: IV–V, gelb.

Pflege: Bei Trockenheit wässern; vor Schnecken schützen; zum Austrieb mit reifem Kompost düngen.

Tipp: Hervorragend als Schnittblume geeignet.

Weißer Federmohn
Macleaya cordata var. cordata

◐ – ◗   ▲ bis 2,5 m   ▶ bis 1 m   ◐

Die stattliche Staude ist dank ihrer großen gelappten, graugrünen Blätter über Monate dekorativ. Im Sommer entstehen ihre fedrigen Blütenrispen. Die Pflanze führt in allen ihren Teilen Milchsaft und ist giftig.

Blüte: VII–VIII, weiß, lockere Rispen.

Pflege: Keine Pflege notwendig.

Tipp: Ockerfarbene Blüten hat der etwas kleinere Ockerfarbige Scheinmohn (*M. microcarpa*).

Garten-Astilbe, Prachtspiere
Astilbe × arendsii

◐ – ●   ▲ bis 1,2 m   ▶ bis 75 cm   ◉

Ab dem Frühsommer erblühen die aufrechten, wie Federschweife wirkenden Blütenrispen aus unzähligen kleinen Blüten. Doch auch ohne Blüten sind die

attraktiven horstförmigen Stauden mit ihren gezähnten Fiederblättern eine besondere Zierde.

Blüte: VI–IX, weiß, rosa, rot, in Rispen.

Pflege: Bei Trockenheit wässern, im Frühjahr mit reifem Kompost düngen.

Tipp: Die Pflanzen vertragen es nicht, wenn der Boden austrocknet. Bei guter Wasserversorgung wachsen sie auch an sonnigen Stellen. Im tiefen Schatten gedeihen sie zwar auch, bilden aber weniger üppige Blüten.

Bergenie, Elefantenohr
Bergenia Cultivars

◐ – ●   ▲ bis 40 cm   ▶ bis 60 cm   ◐

Schon im Frühjahr treiben Blüten an dicken Stängeln aus der Blattrosette hervor, je nach Sorte weiß bis karminrot. Dank ihrer großen, fleischigen Blät-

ter sind die Pflanzen auch außerhalb der Blütezeit hübsch. Im Herbst verfärbt sich das Laub oft leuchtend rot.

Blüte: III–V, weiß, rosa, rot, glockenförmig, in Rispen.

Pflege: Bei Trockenheit wässern, sonst keine Pflegemaßnahmen notwendig.

Tipp: Die Pflanzen eignen sich gut als Bodendecker unter Gehölzen, aber auch für Beete, wo sie bei ausreichender Versorgung mit Wasser sogar sonnig stehen können.

Großblättriges Kaukasus-Vergissmeinnicht
Brunnera macrophylla

◐ – ●   ▲ bis 50 cm   ▶ bis 80 cm   ◉

Zarte, leuchtend blaue Blüten schweben im Frühjahr in luftigen Rispen über den allzeit sehr adrett wirkenden Büschen aus dicht an dicht stehenden, herzförmigen Blättern.

Blüte: IV–VI, blau, auch weiß.
Pflege: Keine Pflege notwendig.
Tipp: Sorten mit weiß-bunt marmoriertem Laub eignen sich bestens als attraktive Bodendecker.

Juli-Silberkerze
Cimicifuga racemosa var. *racemosa*

◗–● ▲ bis 2 m ▶ bis 50 cm ◉

Wie schlanke Flaschenputzer stehen die cremeweißen Blütenstände aufrecht oder leicht übergeneigt auf fast unsichtbaren Stielen weit über den Blättern. Das hübsche Laub ist gefiedert. Die Pflanze ist in allen Teilen giftig.

Blüte: VII–VIII, cremeweiß, herb duftend.
Pflege: Bei Trockenheit wässern, zum Austrieb im Frühjahr mit reifem Kompost düngen.
Tipp: Etwas kleiner und später blühend ist die Oktober-Silberkerze *(C. simplex)*.

Japanische Herbst-Anemone
Anemone hupehensis var. *japonica*

◗–● ▲ bis 1,4 m ▶ bis 1 m ◉

Bis weit in den Herbst erfreuen die Herbst-Anemonen mit ihren in lockeren Rispen stehenden Blütenschalen.
Blüte: VIII–X, weiß, rosa, rot, einfach oder halbgefüllt.

Pflege: Bei anhaltender Trockenheit wässern; brauchen kaum Dünger; Jungpflanzen in sehr rauen Wintern vor Frost schützen.
Tipp: Dekorativ sind auch die flaumigen, watteartig umhüllten Früchte. Wer allerdings eine weitere Verbreitung im Garten ausschließen möchte, muss diese beizeiten entfernen.

Pracht-Storchschnabel
Geranium × magnificum

◐–◗ ▲ bis 60 cm ▶ bis 50 cm ◑

An den stattlichen Büschen leuchtet im Sommer eine üppige Pracht violettblauer Schalenblüten. Die tief gelapp-

ten, behaarten Blätter färben sich im Herbst rötlich.
Blüte: VI–VII, violettblau.
Pflege: Keine Pflege notwendig; einfach abstechen, wenn die Pflanzen zu groß werden.
Tipp: Schneidet man den Storchschnabel nach der Blüte kräftig zurück, treibt er noch einmal frisch nach.

Akelei
Aquilegia vulgaris

◐–◗ ▲ bis 80 cm ▶ bis 40 cm ◑

Mit ihren extravagant gespornten Blüten und dem filigran zerteilten Laub wirkt die Staude ausgesprochen elegant. Obwohl als einzelnes Exemplar eher kurzlebig, samt sich die Akelei immer wieder aus und bleibt auf diese Weise dauerhaft im Garten. Die Pflanzen sind in allen Teilen giftig, insbesondere die Samen.
Blüte: V–VI, weiß, rosa, violett, blau, oft zweifarbig, teilweise gefüllt.
Pflege: Bei Trockenheit wässern.

Tipp: Die zahlreichen Hybridformen, insbesondere *Caerulea*-Hybriden, sind ebenso attraktiv und genügsam.

Akeleiblättrige Wiesenraute
Thalictrum aquilegifolium

◐–◗ ▲ bis 1,2 m ▶ bis 80 cm ◉

Wie zarte Puderquasten erscheinen die in Doldenrispen stehenden Blüten. Sie bilden sich in großer Fülle an langen, drahtigen Stielen über dem gefiederten Laub, das ähnlich wie das der Akelei *(Aquilegia)* aussieht.

Blüte: V–VII, weiß, rosa bis hellviolett, in Doldenrispen.
Pflege: Bei Trockenheit wässern; zum Austrieb mit reifem Kompost düngen; bei Bedarf stützen.
Tipp: Vor dunklem Hintergrund, z. B. einer Hecke oder einem Nadelgehölz, kommen die zarten Blüten am besten zur Geltung.

Gerade Schattenstauden bringen häufig ein sehr **dekoratives Blattwerk** hervor.

Sie gedeihen gern unter dem **Blätterdach** von Bäumen und Sträuchern oder am **Rand** von Gehölzen, wo ihre Blüten **Farbe** ins Grün bringen.

Weißfrüchtiges Christophskraut
Actaea alba

◗ – ● ▲ bis 1 m ▶ bis 50 cm ◔

Diese robuste Staude bildet schöne Büschel aus großen grünen, markant geäderten Blättern, im Frühsommer gestielte, fedrige weiße Blütenstände und zum Ausklang des Sommers glänzend weiße Beeren an rötlichen Stielen. Beeren und Samen sind schwach giftig.

Blüte/Frucht: V–VI, weiß, in Ähren; weiße, glänzende, erbsengroße Beeren.

Pflege: Keine besondere Pflege erforderlich; im Frühjahr mit etwas reifem Kompost düngen.

Tipp: Eignet sich auch als Bodendecker.

Wald-Geißbart
Aruncus dioicus var. *dioicus*

◗ – ● ▲ bis 2 m ▶ bis 1,2 m ◔

Der stattliche Geißbart, dessen farnartig gefiederte Blätter allein schon rund 1 m Länge erreichen, ist nicht zu übersehen,

vor allem zur Blütezeit. Dann entfalten sich an langen Stängeln große Rispen cremefarbener Blüten. Im Herbst färben sich die Blätter gelb.

Blüte: VI–VII, weiß bis gelblich weiß.

Pflege: Bei Trockenheit wässern; im Frühjahr mit reifem Kompost düngen; im Herbst zurückschneiden.

Tipp: Die hellen Rispen heben sich besonders gut von dunkleren Gehölzen ab. Die Blütenrispen der männlichen Pflanzen wirken feiner und strahlen heller.

Wald-Glockenblume
Campanula latifolia var. *macrantha*

◗ – ● ▲ bis 1 m ▶ bis 70 cm ◔

Sehr reizvolle robuste Waldstaude, die in Europa und Asien weit verbreitet ist. Sie bildet leuchtend violettblaue Blütenglocken, die sich aus einer dichten Blattrosette an langen Stängeln zu üppigen Kerzen aufreihen.

Blüte: VI–VII, blauviolett, weiß, glockenförmig.

Pflege: Bei Trockenheit wässern; im Frühjahr mit reifem Kompost düngen; vor Schnecken schützen.

Tipp: Eine vollkommen weiß blühende, sehr dekorative Sorte ist *C. latifolia* var. *macrantha* 'Alba'.

Elfenblume
Epimedium grandiflorum

◗ – ● ▲ bis 25 cm ▶ bis 20 cm ◔

Die Staude zählt mit zu den besten Schattenpflanzen und wird wegen ihres dichten Wuchses auch als Bodendecker geschätzt. Sie entfaltet hübsche, dreizählige Blätter, die sich wiederum aus leicht asymmetrischen Einzelblättern zusammensetzen. Wahrlich elfengleich schweben die zierlichen, lang gespornten Blüten darüber.

Blüte: IV–V, weiß, rosa.

Pflege: Keine besondere Pflege erforderlich; Falllaub liegen lassen, es dient als Dünger; unschönes Laub im Frühjahr entfernen.

Tipp: In milden Gegenden bleibt die Staude immergrün.

Gewöhnliche Nachtviole
Hesperis matronalis ssp. *matronalis*

◐–● ▲ bis 1 m ▶ bis 60 cm ◐

Sie ist zwar nur kurzlebig, aber unbedingt eine Bereicherung für schattige Gartenplätze, denn an feuchten Abenden durchzieht der süße Duft ihrer Blüten die Luft. Die kleinen vierzähligen Kreuzblüten stehen in langen Trauben.
Blüte: V–VI, weiß, rosa, violett, stark duftend.
Pflege: Verblühte Stängel herausschneiden; vor Schnecken schützen.
Tipp: Die Weiße Nachtviole *(H. matronalis* ssp. *candida)* trägt weiße Blüten.

Blauer Eisenhut
Aconitum napellus

◐–● ▲ bis 1,5 m ▶ bis 1 m ◐

Der Eisenhut begeistert mit üppigen Rispen aus meist tiefblauen, bei Sorten aber auch andersfarbigen Helmblüten.

Sein handförmiges, tief eingeschnittenes Laub untermalt die kerzenartigen Blütenstände eindrucksvoll. Die Pflanze

enthält in allen ihren Teilen sehr stark giftige Stoffe, vor allem in Wurzel und Samen.
Blüte: VI–VIII, blau, weiß, rosa, teilweise auch zweifarbig.
Pflege: Bei Trockenheit wässern; im Frühjahr mit reifem Kompost düngen; nach der Blüte auf Handbreite über den Boden zurückschneiden.
Tipp: Beim Umgang mit der stark giftigen Pflanze am besten Handschuhe tragen. Wegen der Giftigkeit für Gärten, in denen Kinder spielen, ungeeignet.

Graublatt-Funkie
Hosta 'Fortunei'

◑–● ▲ bis 80 cm ▶ bis 60 cm ◐

Graublatt-Funkien sind langlebige Blattschmuckpflanzen mit mattgrünem, wie gefaltet wirkendem Laub. Im Sommer

sprießen Blütenschäfte empor, an denen sich überaus elegante violette Blüten öffnen.
Blüte: VII, violett, teils weiß, schlank glockenförmig, in Rispen.
Pflege: Kaum Pflegemaßnahmen erforderlich; im Frühjahr zum Austrieb düngen; vor Schnecken schützen.
Tipp: Funkien gibt es in vielen Arten und Sorten, die sich insbesondere in Blattform und -färbung unterscheiden.

Großgeflecktes Lungenkraut
Pulmonaria saccharata

◑–● ▲ bis 30 cm ▶ bis 30 cm ◐

Mit ihren fein behaarten, silbrig gefleckten Blättern bildet die Staude einen dichten Teppich im lichten Schatten von Gehölzen. Sie trägt trichterförmige, in Trauben angeordnete Blüten.
Blüte: III–V, weiß, rosa, rot, violett, blau.
Pflege: Bei Trockenheit wässern; im Frühjahr mit reifem Kompost düngen.
Tipp: Andere Lungenkrautarten und -sorten tragen kleinere Blüten und weniger intensiv gemusterte Blätter.

Bronzeblatt, Rodgersie
Rodgersia

◑–● ▲ bis 1,8 m ▶ bis 1 m ◔

Die feuchtigkeitsliebenden, stattlichen Stauden erfreuen den Betrachter vor allem mit den großen, sehr dekorativ

wirkenden Blättern. Im Sommer tragen sie flaumige Rispen aus kleinen hellen Blüten.
Blüte: VI–VII, cremeweiß, hellrosa, rot, in Rispen.
Pflege: Bei Trockenheit gut wässern; zum Austrieb mit reifem Kompost düngen; vor Schnecken schützen.
Tipp: Das Laub der verschiedenen Arten ist recht unterschiedlich. *R. podophylla* hat handförmig gefiedertes Laub, das zu Beginn bronzefarben, später grün bis rot ist. *R. aesculifolia* zeigt gefingerte, kastanienähnliche Blätter.

Herzblättrige Schaumblüte
Tiarella cordifolia

◑–● ▲ bis 30 cm ▶ bis 25 cm ◐

Über den gelappten Blättern entstehen im Frühsommer duftige Blütenwolken aus winzigen, in aufrechten Kerzen zusammenstehenden Blüten, wodurch die Pflanze tatsächlich wie von Schaum gekrönt wirkt.

Blüte: V–VI, weiß, zart duftend.
Pflege: Keine besondere Pflege notwendig; verträgt keine verdichteten Böden.
Tipp: Die Pflanze ist dank ihres flächigen Wuchses ein guter Bodendecker, dessen Blätter sich zum Herbst hin auffällig orangerot verfärben.

Die 10 besten Zwiebel- / Knollengewächse

Blütenpracht wie hingezaubert

Unscheinbare

Zwiebeln und Knollen, die man einfach in den **Boden** setzt, bringen die **prunkvollsten** Blüten hervor. Die ganze **Saison** hindurch bis zum Ausklang des Gartenjahres schenken diese Unverwüstlichen dem Garten ihre **Farben**.

Riesen-Lauch
Allium giganteum

◐   ▲ bis 1,7 m   ▶ bis 1 m   ◊

Mit seinen großen Blütenkugeln setzt der Riesen-Lauch Blickpunkte in Beete und Rabatten. Am schönsten wirkt das fast mannshohe Zwiebelgewächs, wenn es in Gruppen gepflanzt wird.
Blüte: VII–VIII, rosa bis violette Sternblüten in großen Kugeln, manchmal auch weiß oder rosa.
Pflege: Im Herbst 10–20 cm tief mit mindestens 25 cm Abstand pflanzen; welke Blütenschäfte abschneiden, wenn kein Samenansatz gewünscht; den Winter über mit Laub abdecken.

Tipp: Ähnlich sind *Allium stipitatum* und *Allium aflatunense*; letzterer blüht bereits im Mai und Juni.

Strahlen-Anemone
Anemone blanda

○ – ◐   ▲ bis 25 cm   ▶ bis 15 cm   ◊

Einmal gepflanzt, treiben Strahlen-Anemonen jedes Jahr mehr von ihren äußerst reizvollen Blüten, die so zart erscheinen und doch heftigem Wind und Wetter trotzen. Die anmutigen Blumen passen besonders gut in die Vor- oder Unterpflanzung von Hecken und Strauchgruppen. Die Blumen sind in allen Teilen giftig.

Blüte: IV–V, blau, auch weiß, rosa oder violett, margeritenähnliche Blüten
Pflege: Im Herbst 5–10 cm tief und mit 10–15 cm Abstand pflanzen; ungestört wachsen lassen.
Tipp: Knollen vor der Pflanzung einen Tag in lauwarmem Wasser vorquellen lassen, dann wurzeln sie sicherer ein.

Montbretie
Crocosmia Cultivars

○ – ◐   ▲ bis 80 cm   ▶ bis 50 cm   ◐

Elegant und prunkvoll zugleich zeigen sich diese wunderschönen Zwiebelblüher. Sie verleihen mit ihren lange blühenden Blütenständen sommerlichen Beeten hübsche Blickpunkte – ohne dabei anspruchsvoll zu sein. Dank eifriger Brutzwiebelbildung werden die Büsche mit den Jahren immer üppiger.
Blüte: VII–X, orange, rot, gelb, elegante Trichterblüten in waagrechten Rispen.
Pflege: Zwischen April und Mai die Zwiebelknollen etwa 10 cm tief mit 20–35 cm Abstand einpflanzen; bei Bedarf stützen; in rauen Gegenden den Winter über gut abdecken oder im Haus überwintern.
Tipp: Die Blütenstiele ergeben lange haltbare Schnittblumen.

Herbst-Zeitlose
Colchicum autumnale

○ – ◐   ▲ bis 20 cm   ▶ bis 25 cm   ◐

Im Herbst zeigen sich unmittelbar aus dem Boden sprießende Blütenkelche. Erst im folgenden Frühjahr erscheint das Grün, dichte Büschel aus breiten Blättern. Die Pflanzen sind giftig.
Blüte: VIII–X, rosa bis violett, auch weiß, bis 10 cm lange Kelche.
Pflege: Im Juli oder August die zwiebelförmigen Knollen 5–10 cm tief und mit 15 cm Abstand einpflanzen.
Tipp: Besonders prächtige, auch gefüllte Blüten tragen die Hybriden.

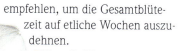

Botanische Krokusse
Crocus-Arten

○ – ◑ ▲ bis 40 cm ▶ bis 1,5 m ◊

Unter botanischen Krokussen bietet der Handel eine Reihe von Wildarten an. Eine der schönsten ist der Dalmatiner Krokus *(Crocus tommasinianus)*.
Blüte: II–III, je nach Art und Sorte weiß, gelb, violett, auch zweifarbig.
Pflege: Im Herbst die kleinen Knollen 5 cm tief mit 10 cm Abstand pflanzen.
Tipp: Botanische Krokusse setzen sich auch in Rasenflächen durch.

Spanisches Hasenglöckchen
Hyacinthoides hispanica

◗ – ● ▲ bis 40 cm ▶ bis 30 cm ◊

Lässt man die Pflanzen gewähren, bilden sie bald dichte Bestände, die im Frühsommer blühen. Wie ein blaues Meer wogen ihre zart duftenden Blüten über grasartigen Blattbüscheln.

Blüte: V–VI, blau, auch rosa oder weiße Glöckchenblüten in Trauben.
Pflege: Im Herbst 5–10 cm tief mit 15 cm Abstand einpflanzen.
Tipp: Unter größeren Bäumen und Sträuchern schützt deren Herbstlaub die Glöckchen und düngt sie.

Armenische Traubenhyazinthe
Muscari armeniacum

○ – ◗ ▲ bis 20 cm ▶ bis 20 cm ◊

Im Frühjahr erscheinen strahlend blaue Trauben an langen Stielen. Die anmutigen bauchigen Glöckchen zeigen einen

fein gezähnten, weißen Saum. Das grasartige Laub der Traubenhyazinthe treibt oft noch im Herbst aus.
Blüte: IV–V, blau; Glöckchen in dichten Trauben.
Pflege: Zwiebeln trocknen leicht aus, deshalb nach Kauf im August 5–10 cm tief mit 5–10 cm Abstand einpflanzen.
Tipp: Wer große Bestände wünscht, lässt sie ungestört wachsen.

Narzissen
Narcissus Cultivars

○ – ◗ ▲ bis 60 cm ▶ 50 cm ◊

Unzählige Sorten von Narzissen warten auf ihren Auftritt im Garten. Mit Blüten, die wie Trompeten, wie Teller oder

auch fast schon rosenartig aussehen, vollführen sie in jedem Frühjahr ihren Blütenreigen.
Blüte: III–V, je nach Sorte gelb, weiß, orange oder rosa, auch zweifarbig.
Pflege: Im Herbst die Zwiebeln je nach Größe 5–15 cm tief mit 5–20 cm Abstand pflanzen; Blätter erst entfernen, wenn sie vergilbt sind.
Tipp: Großblumige Sorten wirken gut in Beeten und Rabatten, kleine Sorten hingegen im Steingarten.

Blaustern
Scilla-Arten

○ ▲ bis 20 cm ▶ bis 15 cm ◊

Wie es ihr Name verspricht, zaubern Blausterne im Frühling blaue Blütensterne in Beete, unter Hecken oder auch in Gefäße. Neben dem Sibirischen Blaustern *(Scilla siberica)* sind auch *Scilla mischtschenkoana* oder Zweiblättriger Blaustern *(Scilla bifolia)* zu

empfehlen, um die Gesamtblütezeit auf etliche Wochen auszudehnen.
Blüte: II–IV, je nach Art, blau, auch weiß oder rosa.
Pflege: Sofort nach dem Kauf die Zwiebeln 10 cm tief mit 10 cm Abstand einpflanzen. Nicht lagern, sie trocknen leicht aus.

Botanische Tulpen
Tulipa-Arten

○ – ◗ ▲ bis 40 cm ▶ bis 30 cm ◊

Kein Frühjahr ohne Tulpen, am besten mit Arten und Sorten, die besonders willig gedeihen und zuverlässig blühen. Empfehlenswert sind botanische Tulpen: Seerosentulpen mit Sternblüten,

Fosteriana-Tulpen mit den größten Tulpenblüten überhaupt und Greigii-Tulpen mit oft elegant gemusterten Blättern sowie die Mischformen davon.
Blüte: III–IV, rot, orange, gelb, rosa, oft mehrfarbig.
Pflege: Im Herbst 10–15 cm tief mit 10 cm Abstand einpflanzen; verwelkte Blüten abschneiden; Laub erst entfernen, wenn es vergilbt ist.
Tipp: Auch für Blumenkästen und Schalen gut geeignet.

Die 10 besten Ziergräser
Elegante und filigrane Ruhepole

Mit zierlichen Halmen, rustikalen Ähren oder hübschen Rispen in **dichten Horsten** und **Polstern** bilden Ziergräser im Garten die **gesamte** Saison über sehr **stilvolle** Blick- und Anziehungspunkte.

Moor-Reitgras
Calamagrostis × acutiflora

◐–◑ ▲ bis 1,5 m ▶ bis 1 m ◊

Treffend spricht man auch vom Gartensandrohr, von dem fast ausschließlich die Sorte 'Karl Foerster' gepflanzt wird. Das früh austreibende, im Sommer grüne und im Herbst rotgolden leuchtende Gras gibt sich mit sandigen, kargen Böden zufrieden und reckt selbst nach langer Trockenheit seine Halme wie Rohre in die Höhe.
Blüte: VI–VII, strohfarben, schlanke Ähren.
Pflege: Keine besondere Pflege nötig.
Tipp: Erst im Frühjahr zurückschneiden, da die Horste im Winter noch als hübsche Zierde wirken.

Alpen-Raugras
Stipa calamagrostis

○ ▲ bis 1,2 m ▶ bis 1 m ◊

Meist noch als *Achnatherum calamagrostis* geführt, zeigt sich das auch Silberährengras genannte Gras zur Blütezeit am schönsten, wenn seine fedrigen Blütenstände auf schwingenden Stängeln in der Sonne silbrig glitzern.
Blüte: VI–IX, silbrig, auch goldfarben, 25 cm lange, schweifartige Blütenstände.

Pflege: Wer auf lang anhaltende Blüte Wert legt, sollte das Gras im Sommer immer wieder reichlich gießen.

Tipp: Das prächtige Gras ist ein ausgezeichneter bewährter Begleiter von Rosen und Lilien.

Wald-Segge
Carex sylvatica

◐ ▲ bis 60 cm ▶ bis 50 cm ◊

Am Gehölzrand oder unter lichten Bäumen ist die Wald-Segge eine gute Wahl, will man den Boden mit allzeit hübschem Grün versehen. Die erst aufrechten und hellgrünen, später überhängenden und matt dunkelgrünen Halme und Blätter bilden weiche Kissen.
Blüte: V–VI, hellbraune Ähren.
Pflege: Im Frühjahr zurückschneiden und mit reifem Kompost versorgen.
Tipp: Für tiefen Schatten eignet sich die Schatten-Segge *(Carex umbrosa).*

Fontänen-Schirmbambus
Fargesia nitida

◐ ▲ bis 4 m ▶ bis 3 m ◑

Die mit feinen Blättern besetzten Halme hängen an den Spitzen mit elegantem Schwung über. Diese Bambusart gilt als eine der frosthärtesten und gedeiht selbst in rauen Lagen noch gut.
Pflege: Pflanzung im Frühjahr; Boden mit Mulchschicht bedecken; herabgefallene Blätter unbedingt liegen und an Ort und Stelle verrotten lassen.
Tipp: Beim Kauf beachten, dass der Bambus nicht demnächst zur Blüte kommt, er stirbt danach nämlich ab.

Blaustrahl-Wiesenhafer
Helictotrichon sempervirens

○–◐ ▲ bis 1,2 m ▶ bis 1 m ◊

Silber und Blaugrün sind die Farben, in denen sich das stattliche Ziergras zeigt. Die Horste kennzeichnet ein gefälliger

Aufbau: Innen streben die Halme straff nach oben, außen hängen sie schwungvoll über.

Blüte: VI–VIII, strohfarbene, lockere Rispen, an langen Stielen hoch über den Horsten.

Pflege: Das Ziergras im Frühjahr zurückschneiden.

Tipp: Unbedingt darauf achten, die Pflanzen nicht zu düngen, weil ansonsten die schöne blaugrüne Färbung verloren geht.

Wald-Hainsimse
Luzula sylvatica

◗ – ● ▲ 20–80 cm ▶ 20–50 cm ◐

Über Ausläufer, an denen immer neue Büschel aus am Rand fein bewimperten Blättern treiben, breitet sich die auch

Waldmarbel genannte Pflanze allmählich aus, jedoch ohne zu wuchern und lästig zu werden.

Blüte: IV–V, braune bis rotbraune, sternförmige Blüten in Büscheln an langen Stielen.

Pflege: Die Pflanze im Frühjahr zurückschneiden oder ausputzen; mit etwas Kompost versorgen.

Tipp: Die Schneeweiße Hainsimse (*Luzula nivea*) ist ähnlich, sie trägt strahlend weiße Blüten.

Ruten-Hirse
Panicum virgatum

○ ▲ bis 1,8 m ▶ bis 80 cm ◐

Ins Auge fällt das straff aufrecht wachsende Gras vor allem im Herbst. Von leuchtendem Gelb bis hin zu tiefem Rot reichen die Farbtöne, in denen die Horste auflodern.

Blüte: VII–IX, bräunlich bis rötlich, kleine Ährchen, eher unscheinbar.

Pflege: Bei anhaltender Trockenheit wässern; Rückschnitt im Frühjahr.

Tipp: Die Sorte 'Heavy Metal' trägt schönes blaugrünes Laub.

Chinaschilf
Miscanthus sinensis

○ – ◗ ▲ bis 20 cm ▶ bis 20 cm ◌

Von dem recht stattlichen Ziergras werden im Handel zahlreiche Sorten angeboten. Bereits die üppigen Blattbüschel

wirken imposant, und zur Blütezeit zieht das schilfartige Gras erst recht alle Blicke auf sich.

Blüte: VIII–X, silbrig weiß bis hellgrau, teils bräunlich oder rötlich überhaucht; große, fahnenartige Schweife.

Pflege: Pflanzung im Frühjahr; bei anhaltender Trockenheit wässern; jährlich zum Austrieb mit reifem Kompost düngen; das Gras im zeitigen Frühjahr zurückschneiden.

Tipp: 'Strictus', das Stachelschweingras, treibt grün-weiß quer gebänderte Blätter.

Japanisches Federborstengras
Pennisetum alopecuroides

○ – ◑ ▲ bis 1 m ▶ bis 1 m ◐

Federborsten- oder Lampenputzergras beschreibt bereits, was dieses Ziergras so außergewöhnlich macht. Die Blütenstände erinnern an Katzenschweife, sie krönen einen filigranen Blatthorst.

Blüte: VII–X, grünlich weiß, gelblich bis rosa, oft purpurn überlaufen.

Pflege: Rückschnitt im Frühjahr; jährlich zum Austrieb mit reifem Kompost düngen.

Tipp: In rauen Gegenden sicherheitshalber den Winter über mit dicker Laubschicht schützen.

Rohr-Pfeifengras
Molinia arundinacea

○ – ◗ ▲ bis 2,5 m ▶ bis 50 cm ◐

Im Hochsommer schieben sich zwischen den feinen Blatthalmen die langen Stiele mit den filigranen Blütenrispen empor. Im Herbst lodert das Laub golden oder rotbraun auf.

Blüte: VII–IX, grün, braun oder purpur.

Pflege: Keine besondere Pflege erforderlich; im Frühjahr zurückschneiden.

Tipp: 'Fontäne' ist eine Sorte mit besonders attraktiver, einer Springbrunnenfontäne ähnelnden Wuchsform.

Die 10 besten Farne

Schattenkünstler in vielerlei Grün

In ihrer **Färbung** eher schlicht, dafür in ihren **Formen** ausgesprochen vielfältig zeigen sich diese das **Halbdunkel** liebenden Ziergewächse. Sie brauchen meist nur einen leicht **feuchten** Boden, um **ohne** großen Pflegeaufwand prächtig zu gedeihen.

Wald-Frauenfarn
Athyrium filix-femina

◐ – ● ▲ bis 1 m ▶ bis 70 cm ◐

Filigrane, zwei- bis dreifach gefiederte grüne Wedel ordnen sich zunächst zu ordentlichen, trichterförmigen Horsten, im Lauf der Jahre bildet der Waldfrauenfarn einen dichten Busch aus über 1 m langen Blättern. Als Waldfarn pflanzt man die Art am besten unter Gehölze.
Pflege: Bei anhaltender Trockenheit wässern; abgestorbene Wedel im Frühjahr entfernen; zum Austrieb mit reifem Kompost düngen.
Tipp: Im Fachhandel werden auch kleinwüchsige Sorten angeboten, die sich hervorragend für Steingärten eignen.

Europäischer Straußenfarn
Matteucia struthiopteris

◐ – ● ▲ bis 1,2 m ▶ bis 70 cm ◉

Ihrem weiteren Namen Trichterfarn wird diese Art völlig gerecht, stehen doch die filigranen Wedel in schlanken Trichtern zusammen. Im Lauf der Zeit wächst das Rhizom mehr und mehr aus der Erde heraus und bildet ein kurzes Stämmchen. In der Trichtermitte entfalten sich im Sommer kleinere, unfruchtbare Blätter, die an Straußenfedern erinnern und den Winter über braun und trocken überdauern.
Pflege: Im Frühjahr mit reifem Kompost düngen; bei Trockenheit ausgiebig wässern.

Tipp: Neigt zum Wuchern, daher besser mit Wurzelsperre einpflanzen (z. B. in Ring mit wurzelfester Teichfolie).

Spreuschuppiger Wurmfarn
Dryopteris affinis

◐ – ● ▲ bis 80 cm ▶ bis 70 cm ◐

Im Austrieb präsentieren sich die doppelt gefiederten Wedel des Waldfarns golden, später zeigen sie sich grün bis dunkelgrün. Wegen dieser goldfarbenen bis bräunlichen Schuppen nennt man den Farn auch Goldschuppenfarn. In milden Gegenden bleibt er immergrün, seine schönen Horste entfaltet er auf saurem, leicht feuchtem Humusboden am beeindruckendsten.

Pflege: Im Frühjahr mit etwas reifem Kompost versorgen; abgestorbene Wedel im Frühjahr entfernen.
Tipp: Auf feuchten Böden verträgt der Farn auch absonnige Lagen.

Seefeder, Rippenfarn
Blechnum penna-marina

◐ – ◐ ▲ bis 40 cm ▶ bis 50 cm ◐

Der immergrüne kleine Farn wächst mit seinem dichten Rhizomgeflecht teppichartig. Seine schlanken Wedel sehen aus wie Federn – daher sein Name. Sehr ähnlich, in allen Teilen

aber größer wird der Gewöhnliche Rippenfarn *(Blechnum spicant)*, der ebenfalls immergrün ist. Die Farne bevorzugen sauren Boden.
Pflege: Den Winter über mit Laub und Reisig abdecken.
Tipp: Bei reichlicher Wasserversorgung kann die Seefeder auch sonnig stehen.

Gewöhnlicher Wurmfarn
Dryopteris filix-mas

◗ – ● ▲ bis 1 m ▶ bis 80 cm ◊

Die gefiederten Wedel des Farns stehen zunächst ordentlich zu einem Trichter aufgereiht, später durchdringen sie sich und bilden einen dichten Busch. Ein leicht saurer, nicht zu trockener Boden behagt dem Farn am meisten.

Pflege: Im Frühjahr mit Kompost düngen bzw. im Herbst Falllaub verrotten lassen; welke Wedel entfernen.
Tipp: Die Sorten unterscheiden sich vor allem hinsichtlich der Wedelform.

Gewöhnlicher Rispenfarn
Osmunda regalis

◗ – ● ▲ bis 1,2 m ▶ bis 80 cm ◆

Die majestätische Art gilt als eine der schönsten unter den Gartenfarnen. Große, doppelt gefiederte und lang gestielte Wedel bilden einen prächtigen

Horst, aus dessen Mitte sich die zimtbraunen Wedel empor recken. Auf schwach saurem, humusreichem und sehr feuchtem Boden wächst der auch Königsfarn genannte Farn am besten.
Pflege: Im Frühjahr mit reifem Kompost düngen; unschöne Wedel abschneiden.
Tipp: Im Herbst bietet der Farn mit seiner goldgelben Färbung ein wahrlich königliches Schauspiel.

Dorniger Schildfarn
Polystichum aculeatum

◑ – ● ▲ bis 1 m ▶ bis 80 cm ◊

Die ledrigen, doppelt gefiederten Wedel in dunklem Grün erheben sich an kur-

zen, braun beschuppten Stielen. Im Austrieb erscheinen sie gelblich. Auf nicht zu trockenem Boden verträgt dieser sehr attraktive Farn auch sonnige Standorte.
Pflege: Im Frühjahr mit reifem Kompost düngen; Falllaub im Herbst über den Horsten liegen lassen.
Tipp: Wächst gerne an Gewässerufern.

Hirschzungenfarn
Asplenium scolopendrium
(auch *Phyllitis scolopendrium*)

◗ – ● ▲ bis 40 cm ▶ bis 20 cm ◊

Dieser Farn bildet dichte Büschel aus ledrigen, ungeteilten und daher wie lange Zungen wirkenden Wedeln, deren Glanz und kräftiges Grün auch den Winter über erhalten bleiben. Es gibt eine Fülle verschiedener Sorten. Besonders attraktiv wirken 'Cristata'-Sorten mit ihren am Rand zerschlitzten Wedeln, sowie 'Crispa'-Sorten mit gewellten oder gekräuselten Wedeln.
Pflege: Bei anhaltender Trockenheit wässern; im Herbst mit Falllaub überziehen; im Frühjahr mit Kompost versorgen; unschöne Wedel abschneiden.
Tipp: Für eine flächige Pflanzung 8–9 Exemplare pro Quadratmeter pflanzen; gut wirken sie auch im Steingarten in Mauerritzen gepflanzt.

Borstiger Schildfarn
Polystichum setiferum

◑ – ● ▲ bis 1 m ▶ bis 80 cm ○

Doppelt gefiederte Wedel von sattem Moosgrün zeichnen diesen Farn ebenso aus wie eine weiche Borste, in welche die Blätter auslaufen. Die Stängel sind dicht von bräunlichen Schuppen überzogen, dadurch stehen sie in schönem Kontrast zu den grünen Fiedern. Der robuste, recht anspruchslose Farn be-

vorzugt einen humusreichen Boden und verträgt bei ausreichender Feuchtigkeit auch sonnige Standorte.

Pflege: Im Frühjahr mit reifem Kompost düngen.
Tipp: 'Proliferum'-Sorten haben besonders filigran gefiederte Wedel.

Japanischer Schildfarn
Polystichum polyblepharum

◗ – ● ▲ bis 60 cm ▶ bis 50 cm ◊

Im Frühjahr, wenn der Austrieb erfolgt, zeigen die stark beschuppten Wedel Ähnlichkeit mit Bärentatzen, weshalb man den Farn auch Bärentatzenfarn nennt. Später entrollen sie sich zu bogenförmig überhängenden, dunkelgrünen Wedeln, die oberseits glänzen.
Pflege: Zum Austrieb mit reifem Kompost düngen; den Winter über dick mit trockenem Laub und Reisig abdecken.
Tipp: Passt perfekt zu Rhododendren.

Die 10 besten Steingartenpflanzen
Standhaft in sprödem Terrain

Zwischen Stein und Fels gedeihen **wahre** Schätze der Natur, die Sie mit einem überschäumenden **Flor** begeistern. Polsterpflanzen sind nicht nur ausgesprochen **wuchsfreudig**, sondern auch ganz besonders **pflegeleicht**.

Gewöhnliches Berg-Steinkraut
Alyssum montanum

○ ▲ bis 20 cm ▶ bis 30 cm ◊

In leuchtendem Gelb strahlen die kleinen Blüten, die so dicht stehen, dass man von den kriechenden Trieben mit ihren silbergrau filzigen Blättchen kaum etwas sieht. Bienen und andere Insekten werden vom sanften Honigduft des Flors der Polsterstaude angelockt.
Blüte: III–VI, gelb, in dichten Büscheln, duftend.
Pflege: Im Herbst sämtliche Triebe der Staude um etwa ein Drittel zurückschneiden.
Tipp: Nur sparsam mit etwas reifem Kompost versorgen, denn zu hohe Düngergaben gehen zu Lasten einer üppigen Blüte.

Kleines Seifenkraut
Saponaria ocymoides

○ ▲ bis 25 cm ▶ bis 40 cm ◊

Zierliche Blüten überziehen die duftigen Polsterstauden wie Wolken, je nach Sorte in Rosarot oder auch Weiß. Ihre kleinen, ovalen Blätter, die fein behaart sind, verschwinden förmlich unter der Blütenfülle.

Blüte: V–VII, dunkelrosa, rot, weiß, sternförmig.
Pflege: Die Stauden nach der Blüte gründlich zurückschneiden; nur wenig düngen.
Tipp: *Saponaria × lempergii* 'Max Frei' ist dem Kleinen Seifenkraut ähnlich und blüht anhaltend mit intensiv rosa leuchtenden Blüten von Juni bis September.

Karpaten-Glockenblume
Campanula carpatica

○ – ☽ ▲ bis 30 cm ▶ bis 40 cm ◊

Halbkugelige Polster mit frischgrüner Belaubung verschwinden fast unter den zahlreichen, glockigen Blüten, die für eine solch kleine Pflanze eine erstaunlicher Größe besitzen. Je nach Sorte gibt es die hübschen Blüten in verschiedenen Farbtönen, von leuchtendem Blau bis strahlendem Weiß.

Blüte: V–IX, blau, violett, weiß, große Glockenblüten.
Pflege: Bei anhaltender Trockenheit die Pflanze wässern, nur sehr sparsam düngen.
Tipp: Schneiden Sie die Polster nach der Blüte zurück, dann treibt die Pflanze neu durch und blüht bald noch einmal nach.

Walzen-Wolfsmilch
Euphorbia mysinites

○ ▲ bis 20 cm ▶ bis 40 cm ◊

Mit ihren sich zwischen Steinen dahinschlängelnden Trieben, die dicht mit schuppigen, blaugrünen Blättern be-

setzt sind, wirkt diese immergrüne Staude das ganze Jahr über attraktiv. Zur Blütezeit tragen die zapfenartigen Sprosse an ihren Spitzen kleine gelbgrüne Sträuße. Die Pflanze ist in allen ihren Teilen giftig.
Blüte: IV–VI, gelbgrün, eingefasst von gelben Hochblättern, straußförmig.
Pflege: Nach Bedarf zurückschneiden; eine Winterschutzabdeckung aus Reisig ist ratsam; nicht düngen.
Tipp: Keine Sorge, wenn die Pflanze nach strengen Wintern stark zurückgefroren ist – sie regeniert sich meist.

Storchschnabel
Geranium cinereum

○ – ☽ ▲ bis 20 cm ▶ bis 30 cm ◊

Die Blüten des kleinen, teppichartig wachsenden Storchschnabels sind außerordentlich schön und haben eine besonders intensive Färbung. Überdies gehört die Pflanze noch zu den wenigen, die sich durch eine sehr lange Blütezeit auszeichnen.

Blüte: VI–X, lilarosa, rot, purpur, mit dunkler Äderung, schalenförmig.
Pflege: Es ist keine besondere Pflege erforderlich; die Pfanze nur sehr sparsam düngen.
Tipp: Der Storchschnabel eignet sich auch bestens zur Pflanzung in Kübeln und Schalen.

Purpurglöckchen
Heucnera Cultivars

○–◑　▲ bis 50 cm　▶ bis 50 cm　◐

Man kann kaum entscheiden, was bei diesen anmutigen Pflanzen schöner ist, das Laub oder die Blüten. Die hübschen

buschigen Purpurglöckchen stellen einerseits herzförmige, gelappte Blätter in oft ungewöhnlicher, teils metallisch glänzender Färbung zur Schau, krönen ihre Blattbüsche andererseits aber auch mit sehr eleganten Blütenständen. Ein wunderbar farbenfroher Blickfang.

Blüte: V–VII, rot, rosa, weiß, glockenförmig, in langen Trauben.
Pflege: Die Pflanze im Frühjahr mit reifem Kompost düngen; bei Trockenheit wässern.
Tipp: Gelbgrün, schwarzrot, bronzefarben oder kupferbraun belaubte Sorten sind überaus attraktive Blattschmuckstauden, die auch in Beeten und Rabatten hervorragend wirken.

Polsterphlox, Moosphlox
Phlox subulata, Phlox douglasii

○–◑　▲ bis 40 cm　▶ bis 60 cm　◐

Diese niedrigen Phloxarten weben weiche Matten aus zierlichen, nadelig belaubten Trieben. Im Frühjahr und Frühsommer zeigen sie sich von leuchtend gefärbten und duftenden Blüten übersät.
Blüte: IV–VI, weiß, rosa, rot, violett, blau, auch zweifarbig, sternförmig, duftend.
Pflege: Nach der Blüte die Pflanzen ein wenig zurückschneiden, um die Nachblüte anzuregen; nur sehr sparsam düngen.
Tipp: Die blütenreichen Pflanzen eignen sich außerordentlich gut, um sie über Steine oder Mauerkronen wallen zu lassen.

Liegender Ehrenpreis
Veronica prostrata

○　▲ bis 20 cm　▶ bis 30 cm　◐

Teppichveronika lautet ein weiterer Name für diese Kleinstaude, der den Wuchs eindeutig beschreibt. Kriechende Triebe mit schmalen Blättern bilden dichte Matten, aus denen sich eine Fülle von kerzenartigen Blütenständen erhebt.
Blüte: IV–VI, leuchtend blau, auch rosa, in pyramidenförmigen Ähren.
Pflege: Nach der Blüte zurückschneiden; nur sparsam düngen.
Tipp: Recht ähnlich ist der Große Ehrenpreis *(Veronica teucrium)*, besonders attraktiv ist die Sorte 'Knallblau'.

Blaukissen
Aubrieta Cultivars

○　▲ bis 20 cm　▶ bis 50 cm　◐

Diese unverwüstlichen, wuchsstarken Polsterpflanzen sind unverzichtbar für Steingärten. Ihrem Namen machen sie alle Ehre, denn im Frühling wirken sie

– übersät von unzähligen vierstrahligen Blüten – tatsächlich wie blaue Kissen. Je nach Sorte zeigen sich die Pflanzenkissen mit den grau behaarten Blättchen aber auch andersfarbig.
Blüte: IV–V, blau, violett, rot, rosa.
Pflege: Nach der Blüte kräftig zurückschneiden; bei anhaltender Trockenheit wässern; nur sehr sparsam düngen.
Tipp: Auf Mauerkronen oder an Felsvorsprünge gepflanzt, wachsen die Pflanzen malerisch überhängend.

Dachwurz, Hauswurz
Sempervivum Cultivars

○　▲ bis 15 cm　▶ bis 20 cm　◊

Diese Stauden gelten als Sinnbilder der Genügsamkeit und Langlebigkeit. Immer lebend – so heißt auch ihr botanischer Name übersetzt. In ungezählten Varianten präsentieren sich die markanten Rosetten aus fleischigen Blättern, aus denen sich im Sommer bei älteren Exemplaren stattliche Blütenschäfte emporrecken.
Blüte: VI–VII, rosa, rot, weiß, strahlig, in Büscheln an dicken, beblätterten Schäften.
Pflege: Keine Pflege erforderlich.
Tipp: Tochterrosetten kann man abtrennen und andernorts einpflanzen.

Die 10 besten Wasser- und Sumpfpflanzen
Farbe für Feuchtbiotope

Am **Ufer** ebenso wie im **Wasser** eines Teichs oder Bachlaufs sorgen Pflanzen nicht nur für **optische** Reize. Sie sind zugleich nötig für ein intaktes **Biotop**, in dem sich viele interessante und nützliche Tiere tummeln – der Gärtner kann sich **entspannt** zurücklehnen und das rege Treiben **beobachten**.

Sibirische Schwertlilie
Iris sibirica

○ – ☽ ▲ bis 1 m ▶ bis 1 m ◆

Graziös wie riesige Schmetterlinge scheinen die eleganten Blüten der Sumpfstaude über Büscheln aus grasartigen Blättern zu schweben. Diese Schwertlilien lassen sich in Sumpfzonen und am Ufer von Gewässern (Wassertiefe bis 20 cm) in vielerlei Sorten ziehen, gedeihen bei reichlichem Gießen aber sogar in Beeten.
Blüte: V–VI, violett, weiß, gelb, rot, blau, auch mehrfarbig.
Pflege: Pflanzung vorzugsweise im Frühjahr oder Herbst; im Frühjahr abgestorbene Blätter und Stängel entfernen.
Tipp: Möglichst ungestört wachsen lassen, da die Stöcke mit den Jahren immer prächtiger werden und reich blühen.

Schwanenblume
Butomus umbellatus

○ – ☽ ▲ bis 1 m ▶ bis 70 cm ◆

Die hübsche Blütenstaude für die Uferzone stehender und fließender Gewässer (bis 20 cm Wassertiefe) bildet grasartige Blattbüsche, aus denen sich auf langen Stängeln hellrosa Blütendolden erheben.

Blüte: VI–VIII, rosa, auch weiß, in lockeren Dolden
Pflege: Bei beengten Platzverhältnissen in Pflanzkörbe einsetzen, um zu starke Ausbreitung zu verhindern.

Tipp: Diese hübsche Blume sorgt auch dann noch für Blütenschmuck, wenn die meisten anderen Wasserpflanzen bereits verwelkt sind.

Sumpfdotterblume
Caltha palustris

○ – ☽ ▲ bis 40 cm ▶ bis 40 cm ◆

Auf stets feuchten Böden, am Ufer von Bächen wie an Teichen (nasser Boden, Wassertiefe maximal bis 5 cm), sorgt

die Sumpfdotterblume zeitig im Jahr für einen goldgelben Blickfang, untermalt von einem dichten Busch aus glänzenden dunkelgrünen, herzförmigen Blättern.
Blüte: III–V, goldgelb, schalenförmig, einige Sorten auch gefüllt oder weiß.
Pflege: Keine Pflege erforderlich.
Tipp: Braucht reichlich freien Wuchsraum, deshalb darauf achten, dass benachbarte Gewächse die Staude nicht bedrängen.

Purpur-Wasserdost
Eupatorium purpureum

○ – ☽ ▲ bis 1,8 m ▶ bis 1,2 m ◆

Die mächtige Blütenstaude gibt einem Teich den richtigen Rahmen. In stets sehr feuchtem bis nassem, aber nicht

überflutetem Boden sorgen die großen Büsche mit den purpurnen Blütenschirmen für einen schönen Hintergrund.
Blüte: VII–X, purpurrot, rot, kupferrot, flaumige Blütenköpfchen in schirmförmigen Dolden.
Pflege: Bei anhaltender Trockenheit wässern; nur sehr sparsam düngen.
Tipp: Rückschnitt erst im Frühjahr, weil die abgeblühten Stängel im Winter sehr zierend wirken und vielen Kleintieren als Unterschlupf dienen.

Die besten pflegeleichten Pflanzen

Tannenwedel
Hippuris vulgaris

○ – ● ▲ bis 50 cm ▶ bis 60 cm ●

Das ausdauernde Gewächs lebt vorwiegend untergetaucht (5–30 cm Wassertiefe), treibt aber immer wieder markante Sprosse über die Wasseroberfläche. Diese sehen aus wie kleine Tannenbäumchen.

Blüte: V–VIII, grünlich, ziemlich unscheinbar.

Pflege: Am besten in Pflanzcontainer einsetzen, um ein zu starkes Wuchern zu unterbinden; nach Bedarf zurückschneiden.

Tipp: Eine sehr nützliche Art für die Reinhaltung des Wassers, denn sie beugt Algenbildung vor.

Goldkolben
Ligularia-Hybriden

○ – ◗ ▲ bis 2 m ▶ bis 1,5 m ●

Prächtige Blütenkerzen über ausgesprochen adretten Laubbüschen – so präsentieren sich Goldkolben. Die reizvollen Stauden bevorzugen stets feuchten, aber nicht überschwemmten Boden. Besonders malerisch wirken sie, wenn sie sich am Ufer von Teichen im Wasser widerspiegeln.

Blüte: VII–IX, gelb, Korbblüten in langen, kolbenartigen Blütenständen.

Pflege: Trockenheit vertragen sie nicht, daher stets auf reichliche Wasserversorgung achten.

Tipp: Neben verschiedenen Hybriden eignet sich auch der ziemlich ähnlich anmutende Japanische Goldkolben *(Ligularia dentata)* hervorragend für die Verwendung am Gewässerufer.

Blut-Weiderich
Lythrum salicaria

○ – ◗ ▲ bis 1,5 m ▶ bis 1 m ●

Rosa- bis purpurrote Blüten in schlanken Kerzen sind das Markenzeichen dieser Blütenstaude, die bestens in Sumpfbeeten und seichten Gewässern (Wassertiefe bis 20 cm) gedeiht.

Blüte: VII–VIII, rosa, rot, in schmalen Ähren.

Pflege: Rückschnitt nach der Blüte regt einen zweiten Flor im Herbst an.

Tipp: Die wie Fackeln leuchtenden Blüten ziehen Schmetterlinge und Bienen an.

Seerose
Nymphaea Cultivars

○ ▲ bis 2 m ▶ bis 3 m ●

Bei der Seerose, der Königin der Wasserpflanzen, erscheinen je nach Sorte weiße, rosa, rote oder gelbe Blüten zwischen runden Schwimmblättern. Es gibt klein- bis großblumige, schwach- bis starkwüchsige Sorten für Wassertiefen von 20–200 cm. Seerosen gedeihen nur in ruhigem, stehendem Wasser.

Blüte: VI–IX, weiß, gelb, rosa, rot, orange, schalenförmig, gefüllt mit goldgelben Staubgefäßen.

Pflege: In Pflanzkörbe setzen und im Wasser versenken, wucherndes Blattwerk zurückschneiden.

Tipp: Miniatursorten eignen sich auch zur Pflanzung in Wannenteiche.

Laichkraut
Potamogeton-Arten

○ – ◗ ▲ bis 3 m ▶ bis 3 m ●

Diese Wasserpflanze dient Teichen in erster Linie zur Produktion von Sauerstoff und zur Filterung des Wassers (Wassertiefe mindestens 30 cm).

Blüte: V–IX, grünlich, meist in kleinen Kolben, eher unscheinbar.

Pflege: Am besten in Pflanzcontainer setzen, um zu starkes Wuchern zu vermeiden; bei Bedarf zurückschneiden und kräftig auslichten.

Tipp: Laichkräuter bieten vielen Wassertieren Unterschlupf und Laichplätze.

Gewöhnlicher Wasserschlauch
Utricularia vulgaris

○ – ◗ ▲ bis 2 m ▶ bis 2 m ●

Die wurzellose Unterwasserpflanze fühlt sich in Teichen bei einer Wassertiefe von 20–50 cm am wohlsten. An ihren untergetauchten, fein zerschlitzten Blättern sitzen Bläschen, mit denen die Pflanze Kleintiere fängt. Im Sommer erheben sich an rötlichen Stielen gelbe Blüten über den Wasserspiegel.

Blüte: VI–VIII, goldgelb.

Pflege: Völlig anspruchslos, einfach nur ins Wasser geben.

Tipp: Als Fleisch fressende Pflanze sorgt der Wasserschlauch elegant für die Dezimierung von Mückenlarven.

Die 10 besten Sommerblumen
Schmuck für die Hauptsaison

Vom **Frühling** bis in den **Herbst** sorgen Sommerblumen mit ihrem üppigen **Flor** für farbenfrohe Vielfalt in Beeten und Rabatten oder Kübeln und Kästen. Sie sind **leicht** aus Samen zu ziehen, wachsen rasch heran und bilden eifrig **Blüten**.

Ringelblume
Calendula officinalis

○　▲ bis 60 cm　▶ bis 25 cm　◌

Einfache oder dicht gefüllte Blütenkörbe in sonnigen Farben zeichnen die Ringelblume aus. Sie fügt sich in vielerlei Pflanzungen hervorragend ein. Darüber hinaus sind Ringelblumen auch Heilpflanzen, die als traditionelles Hausmittel von jeher geschätzt werden. Versierte Gärtner können aus ihren Blüten eine sehr wirksame Salbe herstellen, die raue Hände pflegt und Wunden schneller heilen lässt.

Blüte: VI–X, gelb, orange, teils mit kontrastfarbiger Mitte.

Pflege: Aussaat direkt an Ort und Stelle von April bis Juni; Verblühtes umgehend entfernen.

Tipp: Eignen sich vorzüglich als Schnittblumen sowie auch zum Trocknen.

Bunte Wucherblume
Ismelia carinata (auch: *Chrysanthemum carinatum*)

○　▲ bis 80 cm　▶ bis 60 cm　◑

Hier ist das Wuchern eine durchaus wünschenswerte Eigenschaft. Die Sommerblume wächst sehr zügig und bringt unermüdlich Blüte für Blüte hervor.

Blüte: VI–X, weiß, gelb, rosa, gewöhnlich mehrfarbig; margeritenartige, oft bunt geringelte Korbblüten.

Pflege: Aussaat direkt an Ort und Stelle ab Mai; für eine üppigere Blüte empfiehlt sich Vorkultur unter Glas ab März/April; das Ausknipsen des Mitteltriebs regt die Verzweigung und eine vermehrte Blütenbildung an.

Tipp: Sie sind gute Schnittblumen.

Fiederblättriges Schmuckkörbchen
Cosmos bipinnatus

○　▲ bis 1,2 m　▶ bis 80 cm　◑

Körbeweise schmucke Blüten ließen sich von diesen wüchsigen Sommerblumen ernten, aber viel lieber sieht man die zarten Blütenschalen doch an ihren Stielen im Garten.

Blüte: VI–X, weiß, rosa, rot, schalenförmig mit goldgelber, knopfartiger Mitte.

Pflege: Aussaat direkt an Ort und Stelle im Mai, Sämlinge auf etwa 40 cm Abstand vereinzeln; Verblühtes umgehend entfernen.

Tipp: Vorkultur unter Glas im März bis April führt zu einer früheren Blüte. Jungpflanzen dann ab Mitte Mai ins Freie pflanzen.

Duftsteinrich, Silberkraut
Lobularia maritima

○ – ◗　▲ bis 15 cm　▶ bis 50 cm　◌

Dichte Wolken aus weißen oder pastellfarbenen Blüten quellen selbst aus engen Wegfugen oder zwischen Treppenritzen hervor, wenn die Samen des polsterförmig wachsenden Krauts erst einmal Bodenkontakt bekommen haben. Zudem duften sie wunderbar und locken viele Insekten herbei.

Blüte: V–X, weiß, rosa, violett, in üppigen Büscheln.

Pflege: Aussaat an Ort und Stelle ab Ende April oder Vorkultur unter Glas ab Ende März; Rückschnitt nach erster Hauptblüte und eine sparsame Flüssigdüngergabe regen neuen Flor an.

Tipp: Duftsteinrich sät sich gerne selbst aus und erscheint jedes Jahr an neuen Stellen. Die aufkeimenden Jungpflanzen lassen sich problemlos nach Wunsch verpflanzen.

Becher-Malve
Lavatera trimestris

○　▲ bis 1,2 m　▶ bis 80 cm　◑

Dicht an dicht reihen sich die Knospen an den Stängeln zwischen behaarten, gelappten Blättern. Täglich drehen sich einige davon zu zarten Blütenkelchen

auf und geben den Blick ins Innere frei, wo häufig Bienen oder Hummeln nach Nektar suchen.
Blüte: VI–X, weiß, rosa, karminrosa, trichterförmig, oft dunkler geädert.
Pflege: Aussaat an Ort und Stelle ab April; bei Bedarf stützen.
Tipp: Nachsaat alle 3–4 Wochen sorgt für einen anhaltenden Blütenflor bis tief in den Herbst hinein.

Jungfer im Grünen
Nigella damascena

○   ▲ bis 60 cm   ▶ bis 40 cm   ◐

An Kornblumen erinnernde, aber von filigran zerschlitzten Kelchblättern umkränzte Blüten strahlen wie Juwelen, bevor aus ihnen wie aufgeblasene Ballons wirkende Früchte erscheinen.
Blüte: VI–IX, blau, weiß, rosa, gefüllt.
Pflege: Aussaat direkt an Ort und Stelle von März bis April, Folgesaaten alle 2–3 Wochen verlängern den Flor.
Tipp: Die Fruchtstände lassen sich gut trocknen.

Goldmohn
Eschscholzia californica

○   ▲ bis 60 cm   ▶ bis 40 cm   ○

Die leuchtenden Schalenblüten des Goldmohns öffnen sich in voller Sonne. Kappenmohn oder Schlafmützchen heißt die Art, weil die Kelchblätter die Blütenknospen wie Mützen behüten.

Blüte: VI–X, gelb, orange, rot, cremeweiß, auch mehrfarbig, schalen- bis trichterförmig, teils gefüllt.
Pflege: Aussaat an Ort und Stelle ab März oder im Herbst des Vorjahres.
Tipp: Samt sich von selbst aus, wenn der Boden nicht gelockert wird.

Große Kapuzinerkresse
Tropaeolum majus

○   ▲ bis 3 m   ▶ bis 1 m   ◐

Tellerartige, oliv- bis graugrüne Blätter, die an langen Stielen stehen, bilden den hübschen Untergrund für die großen,

leuchtkräftigen Blüten. Kapuzinerkresse wächst je nach Sorte buschig oder kletternd.
Blüte: VII–X, gelb, orange, rosa, rot, cremeweiß, auch mehrfarbig.
Pflege: Aussaat an Ort und Stelle ab April, danach alle 3–4 Wochen Folgesaaten für verlängerte Blüte; kletternde Sorten brauchen eine Kletterhilfe.
Tipp: Mit den essbaren Blüten kann man Speisen garnieren, fein gehackte Blätter können als Würzmittel dienen.

Zinnie
Zinnia angustifolia

○   ▲ bis 50 cm   ▶ bis 30 cm   ◐

Kleine Blütensterne zieren in reicher Zahl die locker buschigen Pflanzen. Die kleinblumige Zinnie kann in Beeten

ebenso wie in Gefäßen gezogen werden. Sie ist robust und fällt so gut wie nie Schädlingen zum Opfer.
Blüte: VI–X, gelb, orange, rot, braun, weiß, auch mehrfarbig.
Pflege: Vorkultur ab März unter Glas, auspflanzen ab Ende Mai; bei anhaltender Trockenheit gießen.
Tipp: Wer sich die Vorkultur sparen möchte, erwirbt Jungpflanzen im Handel und setzt sie nicht vor Ende Mai (sehr kälteempfindlich!) ins Freie.

Tagetes, Studentenblume
Tagetes tenuifolia

○   ▲ bis 20 cm   ▶ bis 20 cm   ◆

Tagetes oder Studentenblumen in der Miniaturvariante blühen nicht nur unermüdlich, sondern wirken auch auf den Boden wie eine Wellnesskur, denn sie vertreiben mit ihren Wurzelausscheidungen schädliche Bodenorganismen. So begünstigen sie auch benachbarte Pflanzen sowie Folgekulturen.
Blüte: V–X, gelb, orange, rot, braun, häufig zweifarbig, gestreift, auch gefüllt.
Pflege: Aussaat an Ort und Stelle ab Mitte April, für frühere Blüte Vorkultur unter Glas ab März.
Tipp: Bei einigen Sorten, z. B. 'Lemon Gem' (zitronengelb) oder 'Orange Gem' (orange), verströmt das farnartige Laub einen recht intensiven, zitronenartigen Duft. Die Blüten sowie die Blätter kann man zum Würzen von Süßspeisen verwenden. Die zitronengelb blühende Sorte 'Lulu' gilt nach wie vor als eine der blühfreudigsten Varianten. Die robusten Sommmerblumen kannn man in Beete und Rabatten ebenso gut wie in Balkonkästen, Schalen und Ampeln setzen. Und auch Hochstämmchen lassen sich mit ihnen wunderschön unterpflanzen.

Die 10 besten Balkon- und Kübelpflanzen

Pflanzenpracht für mobile Gärten

Das Gärtnern in Gefäßen besitzt seinen ganz **eigenen Reiz**, denn mit den oft exotisch anmutenden Gewächsen kann man auf Terrasse und Balkon sehr einfach **paradiesische Oasen** schaffen.

Strandstern, Sternauge
Asteriscus maritimus

○ ▲ bis 35 cm ▶ bis 30 cm ◇

Der Strandstern zaubert goldene Blütentaler in die Gefäße. Die Blüten des buschig wachsenden Pflanzenschatzes bleiben auch bei Regenwetter geöffnet.
Blüte: IV–X, goldgelb, margeritenähnlich mit dunkelgelber Mitte.
Pflege: Langzeitdünger zur Pflanzerde mischen; Verblühtes entfernen.
Tipp: An einem hellen und kühlen Platz im Haus überwintern möglich.

Gazanie, Mittagsgold
Gazania Cultivars

○ ▲ bis 30 cm ▶ bis 30 cm ◇

Blüten, die großen Margeriten ähneln, erscheinen inmitten einer Rosette aus dunkelgrünen Blättern, deren Unterseite silbrig behaart ist. Bei bedecktem Himmel und während Regenperioden bleiben die Blütenkörbe geschlossen, bei Sonne aber öffnen sie sich zu voller Pracht.
Blüte: V–IX, weiß, gelb, orange, rosa, rot, häufig mehrfarbig, teils apart gestreift.

Pflege: Mäßig gießen, bei der Pflanzung Langzeitdünger zum Substrat mischen; Verblühtes entfernen; Überwinterung im Haus möglich.
Tipp: Miniatursorten eignen sich gut für kleine Kästen und Schalen.

Zweizahn, Goldmarie
Bidens ferulifolia

○ ▲ bis 80 cm ▶ bis 40 cm ●

Übersät von gelben Blüten über fein zerschlitztem, fast farnartig wirkendem Laub setzt der hängend wachsende Zweizahn prächtige Akzente. Verwelktes muss nicht ausgeputzt werden.

Blüte: V–X, gelb, fünfzipfelig.
Pflege: Reichlich gießen; Vorratsdünger deckt den hohen Nährstoffbedarf.
Tipp: Nur mit ähnlich wuchsstarken Partnern wie Pelargonien kombinieren, da der Zweizahn schwächere Nachbarn bedrängt und im Wuchs behindert.

Blaues Gänseblümchen
Brachyscome iberidifolia

○ ▲ bis 30 cm ▶ bis 30 cm ◐

Blüten wie vom Gänseblümchen, nur in hellem Blauviolett, überziehen die Pflanzen mit dem feingliedrigen Blattwerk. Die einjährigen Gewächse bilden kompakte Büsche, die in Kästen und

Schalen weit über den Rand wallen. Das Entfernen verwelkter Blüten ist nicht erforderlich.
Blüte: V–X, blauviolett, hellblau, dunkelviolett, rosa, mit gelber Mitte.
Pflege: Gleichmäßig feucht halten; Langzeitdüngung zu Saisonbeginn.
Tipp: Verfärbt sich das Laub gelblich, leidet die Pflanze unter Nährstoffmangel. Flüssigdüngung schafft Abhilfe.

Gewürzrinde, Kassie
Senna corymbosa var. *corymbosa*

○ ▲ bis 2 m ▶ bis 1,5 m ◇

Der südamerikanische Strauch (auch als *Cassia corymbosa* bekannt) sorgt mit seinen fein gefiederten Blättern und den reich erscheinenden, wie kleine

Schmetterlinge wirkenden Blüten in sonnigem Gelb für tropisches Ambiente. Er benötigt nur wenig Wasser.
Blüte: VI–X, teils auch ganzjährig, gelb.

Pflege: Nicht austrocknen lassen, einmal zu Wachstumsbeginn Langzeitdünger geben; im Herbst zurückschneiden; bei 5 °C im Haus überwintern.
Tipp: Der ähnlich anspruchslose und pflegeleichte Kerzenstrauch *(Senna did/mobotrya)* trägt seine gelben Blüten in walzenförmigen Kerzen. Er muss hell und bei 10–15 °C überwintern; erst im Frühjahr zurückschneiden.

Japanische Aukube
Aucuba japonica

◐ – ● ▲ bis 2,5 m ▶ bis 80 cm ◐

Diese strauchige Kübelpflanze ist überaus genügsam. Mit ihrem lorbeerartigen. gemusterten Laub bietet sie einen allzeit reizvollen Anblick.

Blüte: III–V, rötlich, unscheinbar.
Pflege: Gleichmäßig leicht feucht halten; zu lang gewordene Triebe einkürzen; zu Wachstumsbeginn im April am besten mit Langzeitdünger (z. B. Düngekegel) versorgen, der für die gesamte Saison ausreicht; im Winter hell oder dunkel und kühl bei 5 °C aufstellen.
Tipp: In den Genuss roter Beerenfrüchte kommt, wer mindestens ein männliches Exemplar neben weibliche aufstellt und mit einem Pinsel Blütenstaub auf die weiblichen Blüten überträgt.

Fleißiges Lieschen
Impatiens walleriana

◑ – ◗ ▲ bis 30 cm ▶ bis 30 cm ◆

Fleißig sind die einjährigen Pflanzen wirklich, treiben sie doch an den reich verzweigten, glasig erscheinenden Stängeln zwischen dunkelgrünem Laub immer neue Blüten hervor, bis der Frost ihnen Einhalt gebietet.
Blüte: V–X, weiß, rosa, rot, violett, orange, auch zweifarbig, teils gestreift.
Pflege: Stets feucht halten; bei der Pflanzung mit Langzeitdünger versorgen; lässt die Blühfreudigkeit nach, etwas zurückschneiden und nachdüngen.
Tipp: Sorten mit gefüllten, rosenartigen Blüten sind zwar besonders hübsch, gelten aber als empfindlich.

Wandelröschen
Lantana camara

○ ▲ bis 2,5 m ▶ bis 1,2 m ◐

Ministräuße aus runden Blütchen entfalten sich an den Triebspitzen der immergrünen Sträucher. Bei vielen Sorten

ist für Abwechslung gesorgt, denn sie verändern ihre Färbung im Lauf des Flors. Mit diesem Farbumschlag signalisieren sie Insekten, dass sie keinen Nektar mehr enthalten.
Blüte: V–X, weiß, gelb, orange, rot, häufig mit andersfarbigem Auge.
Pflege: Gleichmäßig leicht feucht halten; zu Saisonbeginn mit Depotdünger versorgen; Verblühtes regelmäßig entfernen; bei vermehrter Fruchtreife stoppt die Blütenbildung; hell und kühl bis mäßig warm (bei 8–15 °C) kann die Pflanze im Haus überwintern; im Frühjahr zurückschneiden.
Tipp: Besonders attraktiv wirken Hochstämmchen.

Portulakröschen
Portulaca grandiflora

○ ▲ bis 20 cm ▶ bis 30 cm ◊

Bezaubernde Rosenblüten, wie aus schimmerndem Seidenpapier gewirkt, zieren in verschiedenen, sehr leuchtkräftigen Farben die niederliegend bis hängend wachsende Sommerblume. Mithilfe ihrer fleischig verdickten Triebe und der ebenfalls saftig aufgetriebenen, nadelförmigen Blättchen kann die attraktive Pflanze sehr gut Wasser speichern.

Blüte: V–X, weiß, gelb, orange, rosa, rot, rosenartig, auch gefüllt.
Pflege: In sehr lockeres, sandiges Substrat pflanzen; mäßig feucht halten; sparsam düngen.
Tipp: Portulakröschen können ab Mai auch direkt an Ort und Stelle ausgesät werden.

Rosen-Pelargonie
Pelargonium × graveolens

○ – ◗ ▲ bis 50 cm ▶ bis 40 cm ◐

Streift man über die fein behaarten Blätter des attraktiven Strauchs, steigen Wolken von würzigem Duft auf. Das aparte Blattwerk, gepaart mit zwar kleinen, aber überaus charmanten Blüten, macht die Pelargonie zu einer schmucken und überaus beliebten Kübel- und Balkonkastenpflanze.
Blüte: V–VIII, rosa.
Pflege: Gleichmäßig feucht halten, Düngergabe zu Saisonbeginn; kann hell und kühl (bei 5–10 °C) stehend im Haus überwintern; im Frühjahr zurückschneiden.
Tipp: Der Handel bietet eine Fülle verschiedener Duftpelargonien an, deren Aromen von blumig über fruchtig bis hin zu minzeartig, schokoladig oder gar harzig reichen.

Die 10 besten Obstpflanzen
Reiche Ernte ohne Mühe

Nichts gegen Kirschen aus Nachbars Garten – aber Obst aus **eigenen Beeten** und **Töpfen** schmeckt nun einmal am besten. Außerdem kann man ihm genüsslich beim Wachsen und Gedeihen zuschauen, was die Vorfreude auf die **Ernte** noch zusätzlich steigert ...

Arguta-Kiwi
Actinidia arguta

○　▲ bis 3 m　▶ bis 3 m　◐

Im Vergleich zu den vom Obststand bekannten Kiwis bleiben die Früchte des Kletterstrauchs zwar klein, aber sie schmecken sehr gut. Die Sträucher müssen nicht geschnitten werden.
Blüte: Ende V bis Mitte VI, cremefarben.
Pflege: Stark wachsende Sträucher an stabile Kletterspaliere pflanzen, Triebe bei Bedarf aufleiten; im Frühjahr mit reifem Kompost düngen.
Ernte: Die Früchte ab Ende September pflücken.
Tipp: Selbstbefruchtende Sorte bevorzugen, sonst muss mindestens eine männliche Pflanze dicht neben den weiblichen, fruchttragenden stehen.

Haselnuss
Corylus avellana

○　▲ bis 5 m　▶ bis 3 m　◌

Im Herbst tragen die genügsamen, wuchsfreudigen Sträucher köstliche Nüsse in reicher Fülle.
Blüte: III, gelbe, hängende Kätzchen (männlich); rote, büschelige, unscheinbare Blüten (weiblich).

Pflege: Keine Pflege erforderlich; Rückschnitt nach Bedarf.
Ernte: Ab August bis Oktober, wenn die Nüsse braun und hart werden.
Tipp: Haselsträucher kann man auch baumförmig erziehen bzw. als veredelte Formen auf Stamm erwerben.

Quitte
Cydonia oblonga

○　▲ bis 15 m　▶ bis 10 m　◌

Quitten tragen schöne Blüten, aus denen Früchte reifen, die verlockend duften. Gekocht sind sie eine Delikatesse. Die Bäume wachsen langsam.

Blüte: V–VI, weiß.
Pflege: Kaum erforderlich; bei langer Trockenheit wässern; alle 2–3 Jahre überalterte Zweige herausschneiden.
Ernte: Die apfel- oder birnenförmigen Früchte ab Oktober pflücken.
Tipp: Auf Quitte A veredelte Bäume wachsen auch in raueren Lagen gut.

Erdbeerwiese
Fragaria

○ – ◐　▲ bis 30 cm　◐

Durch Kreuzung von Wald- mit Gartenerdbeeren entstanden Sorten (z. B. 'Florika', 'Spadeka', 'Viva Rosa'), die zahlreiche Ausläufer bilden und zu einer

dichten Pflanzenmatte, eben einer Wiese, heranwachsen. Sie bringen reiche Ernte, auch in Folgejahren.
Blüte: V–VII, weiß, auch rosa.
Pflege: Nach der Ernte mit Rasenmäher oder Sense auf 5–8 cm herunterschneiden, mit Kompost überziehen.
Ernte: Ab Juni bis Ende Juli die reifen Früchte laufend abpflücken.
Tipp: Erdbeerwiesen kann man unter Gehölzen als Bodendecker ansiedeln. Sie vertragen Halbschatten und unterdrücken Unkrautwuchs. Man setzt 4–6 Pflanzen pro Quadratmeter ein.

Wald-Erdbeeren
Fragaria vesca

○　▲ bis 50 cm　◐

Die kleinen Stauden, die knallrote Früchte von unvergleichlichem Aroma tragen, gedeihen auch in Kästen.
Blüte: V–VIII, weiß.

Pflege: Nicht zu tief pflanzen, die Innenblätter müssen über der Erde bleiben; im zeitigen Frühjahr oder nach der Ernte mit reifem Kompost düngen.
Ernte: Ab Juli fortlaufend reife Früchte.
Tipp: Hänge- oder Spaliererdbeeren bilden besonders lange Ranken, an denen fortlaufend Blüten und Früchte entstehen. Sie lassen sich in Kübeln ziehen.

Apfel 'Pinova'
Malus domestica

○ ▲ bis 10 m ▶ bis 7 m ◑

Traum vieler Gartenbesitzer ist ein eigener Apfelbaum. Es gibt niedrige Buschbäume oder ausladende Hochstämme, die knackige, saftige Früchte tragen. Moderne Züchtungen wie die eher schwach wachsende 'Pinova' sind ideal.

Blüte: V, rosa-weiß.
Pflege: Jährlich im Spätwinter oder zeitigen Frühjahr die Krone auslichten, dabei zu dicht stehende Äste herausnehmen, verbleibende einkürzen.
Ernte: Ab Oktober die reifen Äpfel abpflücken.
Tipp: Apfelsorten, deren Namen mit „Pi" oder „Re" beginnen, gelten als robust sowie wenig krankheitsanfällig und bringen dazu noch sehr schmackhafte Früchte hervor.

Säulenapfel, Ballerina-Apfel
Malus domestica

○ ▲ bis 2 m ▶ bis 40 cm ◑

Diese speziell erzogenen Äpfel wachsen säulenförmig, bilden also nur einen Hauptstamm mit extrem kurzen Seitenästen. Auch für Kübelkultur geeignet.
Blüte: V, rosa-weiß.
Pflege: Auf gute Wasserversorgung achten; im Frühjahr mit Langzeitdünger versorgen; Seitentriebe, sofern gebildet, auf 2–3 Knospen zurückschneiden.
Ernte: Je nach Sorte ab September die reifen, gut ausgefärbten Äpfel abpflücken, dabei die Rinde nicht verletzen.
Tipp: Wichtig für reichen Fruchtansatz ist ein Bestäuberbaum, also ein anderer Apfelbaum geeigneter Sorte (beim Kauf danach erkundigen!) in der Nähe.

Rote Johannisbeere
Ribes rubrum

○ ▲ bis 1,8 m ◑

Kleine Sträucher, an denen üppige Trauben mit knallroten Beerchen reifen, gehören unbedingt in einen Naschgarten.

Blüte: IV–V, grünlich-gelb.
Pflege: Pflanzung vorzugsweise im Herbst nach dem Laubfall; Boden unter den Sträuchern dick mulchen; nach der Ernte auslichten.
Ernte: Je nach Sorte ab Ende Juni bis Anfang August die reifen Beeren in ganzen Trauben von den Zweigen pflücken.
Tipp: Hochstämmchen erleichtern Ernte und Pflege, müssen aber zeitlebens mit einem Stützpfahl gesichert werden.

Himbeere
Rubus idaeus

○ ▲ bis 2 m ◑

Wer sich mehrmals tragende Sorten dieser Waldfrüchte in den Garten holt, darf sich im Frühsommer und vor allem im Herbst auf reiche Ernte freuen. Am besten die Sträucher entlang eines Zauns ziehen.
Blüte: V–VIII, weißlich.
Pflege: Da Himbeeren flach wurzeln, nicht unter ihnen graben; den Boden mulchen und bei Trockenheit ausgiebig gießen; abgetragene Ruten bis zum Boden zurückschneiden.
Ernte: Ab Ende Juni bis September die reifen Beeren abpflücken, sie müssen sich leicht vom Zapfen lösen.

Tipp: Himbeeren vermehren sich durch unterirdische Ausläufer. Wo sie stören, einfach ausgraben und abstechen.

Kap-Stachelbeere
Physalis peruviana (auch *P. edulis*)

○ ▲ bis 1,5 m ●

Die wegen ihres fein säuerlichen, aromatischen Geschmacks sehr beliebten Früchte lassen sich gut im Garten und sogar auf dem Balkon ziehen. Sie brauchen ein sonniges, warmes Plätzchen.
Blüte: VI–VII, weiß bis gelb, purpurn gefleckt.
Pflege: Aussaat ab April in Töpfchen auf der warmen Fensterbank (Samen nicht mit Erde abdecken!), ab Ende Mai ins Freie umpflanzen oder im Gewächshaus kultivieren; bei Trockenheit wässern.
Ernte: Ab September die papierartigen Hüllen samt der reifen, satt orange ausgefärbten Beeren pflücken.
Tipp: Beizeiten an Stützstäben aufbinden.

Die 10 besten Kräuter und Gemüse
Gaumenfreuden rundum

Frisches aus dem eigenen Beet **schmeckt** immer ungleich **besser** als alle gekauften Kräuter und Gemüse. Manche Nutzpflanzen wachsen zudem fast **von allein**, sodass sich der **Gärtner** tatsächlich ein wenig wie im **Schlaraffenland** fühlen kann.

Schnittlauch
Allium schoenoprasum

○ – ◗	▲ bis 30 cm	◑

Töpfchen mit vorgezogenem Schnittlauch kaufen, in den Garten setzen und schon hat man stets von den würzigen Halmen etwas zur Hand.
Pflege: Pflanzung vorgezogener Exemplare oder Aussaat in Reihen bzw. Horsten ab April an Ort und Stelle; bei Trockenheit wässern; alle 3 Jahre aufnehmen und durch Teilung verjüngen.
Ernte: Ab April bis zum Herbst nach Bedarf Halme abschneiden.
Tipp: Schnittlauch kann auch gut in Gefäßen kultiviert werden.

Borretsch, Gurkenkraut
Borago officinalis

○ – ◗	▲ bis 60 cm	▶ bis 50 cm	◑

Über dichten Büschen mit spröde behaarten Blättern entfalten sich himmelblaue Sternblüten in reicher Zahl, die Insekten anlocken. Die Blätter verwendet man klein gehackt für Salate.

Pflege: Aussaat an Ort und Stelle ab April bis Juni; samt sich selbst aus.
Ernte: Blätter und Blüten von IV–X.
Tipp: Große Blätter sind guter Mulch.

Rote Bete
Beta vulgaris ssp. *vulgaris*

○ – ◗	▲ bis 40 cm	◑

Blutrote Wurzelknollen von hohem gesundheitlichem Wert wachsen in etwa 3 Monaten Kulturzeit heran.
Pflege: Ab Mitte April in Reihen mit 20 cm Abstand ins Beet säen, bei Trockenheit gießen, Boden ab und zu auflockern.
Ernte: Nach 12–15 Wochen aus der Erde ziehen.
Tipp: Monogermes (einkeimiges) Saatgut verwenden (ist auf den Samentüten vermerkt), nur dann geht aus jedem Samenkorn auch nur ein Sämling hervor. Vereinzeln zu dicht stehender Keimlinge erübrigt sich damit.

Brokkoli
Brassica oleracea var. *italica*

○ – ◗	▲ bis 80 cm	◑

Das Kohlgemüse bildet zwischen den blaugrünen Blattrosetten Blütenstände.
Pflege: Späte Sorten ab Mitte April bis Mitte Juni in Reihen direkt ins Freiland säen, vorgezogene Pflanzen ab Mai mit 40–50 cm Abstand auspflanzen; gießen; mulchen; mit Pflanzenjauche düngen.
Ernte: Ab Juli die noch geschlossenen Blütentriebe herausschneiden.
Tipp: Blütentriebe nicht zu tief herausschneiden, dann kommen immer neue.

Zucchini
Cucurbita pepo

○	▲ bis 1 m	●

Die einjährigen Zucchini – eine Bereicherung der leichten Sommerküche – gedeihen problemlos und rasch und bringen überreiche Ernten hervor.

Pflege: Aussaat ab April in Töpfchen auf der Fensterbank bzw. Jungpflanzen kaufen und ab Ende Mai auspflanzen; reichlich gießen; mehrmals düngen.
Ernte: Früchte möglichst jung abschneiden, wenn sie etwa 15–20 cm lang sind.
Tipp: Neben Sorten mit grünen, länglichen Früchten gibt es auch welche, die gelbe oder kugelige Früchte tragen.

Pflück-Salat
Lactuca sativa var. *crispa*

○　　　　▲ bis 15 cm　　　　◐

Diese Salatsorten zieht man am besten mit Saatbändern, was sogar in mit Folie ausgeschlagenen und mit Blumenerde gefüllten Obstkisten gelingt.
Pflege: Aussaat ab April in Reihen mit 15–20 cm Abstand, Folgesaaten in jeweils 3–4-wöchigem Abstand verlängern die Erntezeit; gut feucht halten.

Ernte: Etwa 2 Monate nach Aussaat die ersten Blätter ernten. Wird dabei das Herz (Innenblätter) geschont, wächst der Pflücksalat weiter und kann erneut beerntet werden.
Tipp: Noch schneller geht es mit Schnittsalat, der in Reihen ausgesät und schon nach 4 Wochen mit der Schere abgeschnitten werden kann.

Busch-Bohne
Phaseolus vulgaris var. *nanus*

○　　　　▲ bis 50 cm　　　　◇

Die Büsche mit den herzförmigen Blättern bringen reiche Ernte. Die schmackhaften Bohnen sind je nach Sorte grün, gelb oder blau.
Pflege: Aussaat direkt ins Freiland ab Anfang Mai mit 5 cm Abstand in Reihen oder Horsten; gut feucht halten; Boden mulchen oder mehrmals hacken.

Ernte: Ab Juli in mehreren Durchgängen reife Bohnen abpflücken.
Tipp: Bohnenjungpflanzen mit Vlies oder Gemüsenetz überdecken, um Bohnenfliegen abzuwehren und die Pflanzen zu schützen.

Radieschen
Raphanus sativus var. *sativus*

○　　　　▲ bis 20 cm　　　　◐

Knackige rote oder rot-weiße Knollen kann man frisch vom Beet ernten, sogar im Balkonkasten ist dies möglich.
Pflege: Aussaat mit 5–10 cm Abstand in Reihen direkt ins Beet oder Gefäß ab April, mehrere Folgesaaten etwa alle 3–4 Wochen verlängern die Erntezeit; gleichmäßig feucht halten; im Frühjahr und Herbst mit Vlies abdecken, das beschleunigt die Reife.

Ernte: Im Frühjahr und Herbst etwa 5 Wochen, im Sommer schon 4 Wochen nach Aussaat Radieschen am Blattschopf packen und aus der Erde ziehen.
Tipp: Beim Samenkauf darauf achten, dass die richtige Sorte für den jeweiligen Saattermin gewählt wird, also Sommersorte für den Sommeranbau, Frühsorte für den Anbau unter Vlies im Frühling.

Neuseeländer Spinat
Tetragonia tetragonioides

○　　　　▲ bis 1 m　　　　◐

Die buschig wachsende Pflanze ist leicht zu kultivieren. Dieser Spinatersatz ist genau das Richtige für den klugen Gemüsegärtner, der wenig Aufwand investieren und trotzdem reich ernten möchte.
Pflege: Ab März auf der Fensterbank in Töpfchen säen bzw. vorgezogene Jungpflanzen kaufen und ab Mai mit 50 cm Abstand ins Freie pflanzen; gut feucht halten; mit Pflanzenjauche düngen.

Ernte: Ab Mitte Juli bis zu Winterbeginn fortlaufend nach Bedarf die äußeren Blätter pflücken und wie Spinat zubereiten.
Tipp: Die Blätter lassen sich problemlos einfrieren.

Zitronenmelisse
Melissa officinalis

○–◐　　　　▲ bis 60 cm　　　　◕

Wie alle Gewürzkräuter ist auch die Zitronenmelisse eine sehr dekorative Pflanze. Sie bildet dichte Büsche mit gezähnten Blättern und entfaltet im Hochsommer viele weiße Blüten, was Scharen von Insekten anzieht. Die Blätter schmecken zitronenartig und eignen sich hervorragend zum Würzen von Salaten, Saucen und viele anderen Speisen.

Pflege: Am besten getopfte Pflanze kaufen und einpflanzen; im Frühjahr zurückschneiden, dabei die harten, dicht dem Boden aufliegenden Winterblätter unversehrt lassen.
Ernte: Nach Bedarf junge Blätter zupfen oder Triebspitzen abschneiden.
Tipp: Frische Blätter verleihen gut gekühltem Mineralwasser ein zartes Zitronenaroma. Zum Trocknen Triebe bündeln und kopfüber aufhängen.

Register

Halbfette Seitenzahlen bedeuten, dass es sich um einen ausführlichen Eintrag handelt, *kursive* Seitenzahlen weisen auf eine Abbildung hin.

Bildnachweis

Ante Haus und Garten GmbH & Co. KG: 45 o.
Bambus-Informationszentrum Bambus-Kultur: 296 r. o.
Birgit Beyer: 4/5, 8/9, 59 r. M. o., 75 l., 79 u., 87, 133 o., 178 u., 268 l. o., 268 r., 269 M. l., 271 l. u., 272 M. o., M. u., r., 273 l. o., M. r. o., 274 M. l., M. r., 275 l. u., M. l., M. r., 276 r. u., 277 M. l. u., M. r., r. u., 278 r., 279 l., 283 l. o., l. u., 283 M. l., M. r. o., 285 M. l. u., 288 l., 289 l. u., 290 r. o., 291 r. o., 292 M. l. o., M. r., 293 l. o., M. l., M. r. o., 294 M. l. o., M. r., 295 l. u., M. l., M. r. o., 296 M. u., 298 l., r. o., r. u., 299 l. o., l. u., M. l. u., 300 r., 301 l. u., M. r. o., 302 l., M. l. u., r., 303 l. o., r. o., 304 M. l., M. r., 305 l. u., M. l. u., r., 306 l., r. o., 307 l., M. l. o., M. l. u., 308 r. o., r. u., 310 M. l. o., M. r., r. o., 311 r.
Böswirth & Thinschmidt: 133 u., 175 o., 179 r., 202 o., 217
Ursel Borstell: 37 alle
Henry Brisse 297 l.
Helga Buchter-Weisbrodt: 309 l., M. l.
Sabine Eberts: 110 alle, 124 u.
Edm. Romberg & Sohn KG: 189
Electrolux Motor GmbH: 167 o.
eltima® Fertighecken: 105
Otto Ganss: 299 r. u.
Gardena AG: 42, 167 u., 171 l. o., r. M., 172 o., 221 r. u., 226 u., 227
GBA/Didillon: 176 o., 286 r. o., 295 r., 309 r.
GBA/Engelhardt: 22 o. l., 84 l., 305 l. o., 306 r. u.
GBA/GPL: 43 r. o., 55 u., 79 o., 99 l. o., 104 alle, 135 l., 138, 143 r., 153 o., 159 r., 160, 169 r., 172 u., 216, 220, 230, 238
GBA/Holzer: 248 r.
GBA/Nichols: 10/11, 24/25, 26 l. u., 114/115, 115 r., 125, 175 u., 276 l., 278 M. u., 283 r.
GBA/Noun: 55 o., 72, 124 o., 240/241, 305 M. r., 311 M. l.
GBA/Perder: 122
GBA/Wothe: 59 l. o., l. M., 86 m. r., 116 o., 237 l., 271 r., 273 l. u., r., 274 r.
GLORIA GmbH: 51 r.
Greiner + Meyer/Greiner: 307 r.
Greiner + Meyer/Layer: 308 l.
Greiner + Meyer/Meyer: 114 l., 279 l. u.
Greiner + Meyer/Schrempp: 275 M. o.
Gerhard Höfer: 269 M. r. u.
IFB München: 271 l. o., 272 l., 277 l., 281 r. u., 282 M., r. u., 286 l., M. u., r. u., 287 l., M. l. o., r., 289 M. l., M. r. o., M. r. u., 290 M. l., M. r., 291 M. o., M. l. r. u., 297 M. r., r. o., 300 M. l., 301 M. l., M. r. u., 302 M. o., r., 304 l., r., 306 M. l., M. r., 311 l., M. r. o.
Stephan Imhof: 132
Joseph Enterprises GmbH: 221 r. o.
Sonja Kerkhoffs: 39 r. o., 43 l. u. (beide)
Brigitte Kleinod: 16 o., 19 u. r., 30, 39 u., 49 alle, 248 l., 252, 260
Längle & Kuhn GmbH: 44
W. Neudorff GmbH KG: 228 l.
Papouschek & Thinschmidt: 253, 281 M. l. u.
Reader's Digest: 48 l.

Wolfgang Redeleit: 16/17, 17 o., 32 o., 36, 45 u., 50, 51 l., 53 alle, 54, 56 r. u., 60 M., 62 M., 64 M., 66 M., 85, 86 o. l., 95 u., 96, 99 r. o., 101, 109 alle, 113 u., 119 alle, 123, 127 u., 140, 143 M., 145 u., 149, 150 alle, 153 u., 154 alle, 155 u., 164, 166, 168 alle, 171 r. o., r. u., 173, 183 alle, 193 l., 196, 204/205, 213, 215 r., 225 o. u., 229, 232 alle, 239 o., 249, 256, 257 alle, 261, 269 r., 270 r., 273 M. l., 276 r. o., 282 l., r. o., 284 r. u., 286 M. o., 287 M. r., 288 M. o., 289 r., 290 l., r. u., 294 l. u., 303 l. l., 309 r. u., 310 r. u.
Hans Reinhard: Umschlag, 2/3, 12 alle, 12/13, 13 u. l., 14 o., M., 15 u. l., u. r., 16 u., 17 M., u., 18 u., 18/19, 19 o. r., u. l., 20 u., 21 alle, 22/23, 22 o. r., u. l., u. r., 23 u., 24 u. l., 26/27, 27 o. l. o. M., u. l., u. r., 28/29, 32 u., 39 l. o., 40 u., 41, 52 o., 56 o., 58, 59 o. M., l. u., 2. von l. u., u. M., r. l., r. M. r. u. r. o., 60 r., 61 l., M. l., M. r., 62 r., 63 l., M. l., M. r., 64 r., 65 l., M. l., M. r., 66 r., 67 l., M. l., M. r., 68/69, 78, 86 o. l., u., 90 alle, 91, 92, 93 alle, 94, 98 r., 99 r. M., 103 alle, 106, 107 u., 113 o., 116 r., 118, 120 alle, 126, 129 l., 131, 135 r. o., r. u., 136, 137 alle, 139 alle, 141 alle, 142, 143 l., 144, 145 o., 146, 147, 148, 151 alle, 152, 156, 157 alle, 159 l. o., l. u., 161, 162/163, 163 o., 169 l., 174, 176 u., 178 o., 179 l., 180, 181, 182 alle, 184 l., 184/185, 191, 198, 199 M. l., M. r., 201 o., 206, 208 o., 211 o., 215 l., 218/219, 222, 223 alle, 225 o. l., 226 o., 228 r., 233, 234, 236, 239 u. l., 245 alle, 264 alle, 265, 266/267, 268 l. u., M., 269 M. r. o., 270 M. l., M. r., 271 r. u., 274 l., 275 r., 277 M. l. o., 278 l., M. o., 279 M. r. o., M. r. u., 280 r., 281 M. l. o., M. r., r. u., 284 M., 285 M. l. o., 288 M. u., 292 r., 293 l. u., 296 l., M. o., r. u., 297 r. u., 298 M., 303 M. l., M. r. u., 307 M. r., 308 M. l., M. r., 311 M. r. u.
Nils Reinhard: 13 o. l., o. r., u. r., 14 u., 16 M., 18 o., M., 19 o. l., 20 o., M., 20/21, 23 o. l., 24 o. l., o. r., u. r., 27 o. r., 40 r., 52 u., 76 l., 86 m. l., 99 r. u., 107 o., 130 l., 163 u., 170, 202 u., 219 r., 276 M., 277 r. o., 279 l. o., 284 r. o., 292 l. u., 293 M. r. u., 299 r. o.
Karstjen Schüffler-Rhode: 279 M. l.
SCHWEGLER Vogel- und Naturschutzprodukte GmbH: 129 r. (alle 4)
Silvestris/Gerhard Kalden: 303 r.
Silvestris/Jürgen Pfeiffer: 310 l. u.
Silvestris/Schweinsberger: 285 l.
Gitte und Siegfried Stein: 74, 76 r., 199 r. o., 235 alle, 239 u. M., u. r.
Strauß: 14/15, 15 o. M., 23 o. r., 38, 48 o., 56 l. u., 60 l., 61 r., 62 l., 63 r., 64 l., 65 r., 66 l. 67 r., 70, 75 r., 77, 80, 81, 82, 84 r., 88 alle, 95 o., 97, 98 l. 99 l. u., 102, 108, 124 M., 127 o., 130 r., 155 o., 158, 162 l., 165, 176 M., 186, 187 alle, 188 alle, 190 alle, 193 r. o., r. u., 195, 197, 199 l. o., 201 M., u., 207, 208 u., 211 u., 212, 221 l., 237 r. 269 l. o., l. u., 270 l., 271 M. l., M. r., 273 M. r. u., 275 l. o., 280 l., M. l., M. r., 281 l., 283 M. r. u., 284 l., 285 M. r., r. o., 287 M. l. u., 289 l. o., 291 l., 293 r., 294 r., 295 l. o., M. r. u., 297 M. l., 300 l., M. r., 301 r., 305 M. l. o., 309 r. o.

Besonderer Dank an:
Gisela Eilbacher und Dr. Christian Bruch,
Editha Roth und Jürgen Bartholomay,
Susanne Kokemoor und Günther Schleper,
Christa und Klaus Rüttger

Bezugsquellen

Ante Haus und Garten GmbH & Co. KG
59969 Bromskirchen-Somplar (Gartenhäuser, Zäune u.a.)

ATIKA GmbH & Co. KG
59227 Ahlen (Gartenhäcksler + Laubsauger)

Bambus-Informationszentrum
31275 Lehrte Steinwedel (Bambus)

Becker Underwood
Littlehampton, United Kingdom (Nematoden gegen Schnecken)

Carl Sperling & Co.
21339 Lüneburg (Saatgut)

Edm. Romberg & Sohn
25470 Ellerau (Jiffy Pots)

Electrolux Motor GmbH
97469 Gochsheim (Mähroboter)

eltima®Fertighecken
93104 Sünching (Fertighecken)

Ering GmbH
84030 Ergolding (Feinkompostierer)

Gardena AG
89079 Ulm (Gartengeräte)

GLORIA GmbH
59329 Wadersloh (Motorhäcksler)

Ing. G. Beckmann KG
88239 Wangen (Gewächshaus und Gartenartikel)

Joseph Enterprises GmbH
52499 Baesweiler (Gartenkralle)

Landshuter Werkstätten GmbH
84032 Altdorf/Landshut (Blumenmatten)

Längle & Kuhn GmbH
75446 Wiernsheim (Gartencaddy)

Lux-Tools
42929 Wermelskirchen (Gartengeräte)

MESTO Sprühgeräte GmbH
71687 Freiberg/Neckar (Sprühgeräte und Abflammgeräte)

Naturagart Deutschland GmbH & Co KG
49479 Ibbenbüren (Teich und Teichbedarf)

Otto GRAF GmbH
79331 Teningen (Kompostierer)

Otto Ganss
62645 Bensheim (Pflanzenverkauf, Bambus, Farne)

SAWI-Vertrieb
87466 Oy-Mittelberg (SAWI-Korn – speichert Wasser in Balkonkästen)

SCHWEGLER Vogel- und Naturschutzprodukte GmbH
73614 Schorndorf (Nistkästen)

Thompson & Morgan
36243 Niederaula (Saatgut)

W. Neudorff GmbH KG
31857 Emmerthal (naturnahe Gartenprodukte)

WOLF-Garten GmbH & Co. KG
57518 Betzdorf (Gartengeräte)